डॉ. तुलसीराम

डॉ. तुलसी राम, सेन्टर फॉर रशियन एंड सेंट्रल एशियन स्ट्डीज, स्कूल ऑफ इन्टरनेशनल स्ट्डीज, जवाहरलाल नेहरू विश्वविद्यालय में प्रोफेसर के पद पर कार्यरत हैं तथा इस सेन्टर के अध्यक्ष भी रह चुके हैं। वे विश्व कम्युनिस्ट आन्दोलन तथा रशियन मामलों के विशेषज्ञ हैं। उक्त विषयों के साथ-साथ ट्रांस काकेशिया एवं बाल्टिक राज्यों की राजनीति पर उनके निर्देशन में लगभग 50 छात्र एम-फिल./पी-एच.डी. कर चुके हैं।

डॉ. तुलसी राम को अन्तर्राष्ट्रीय बौद्ध आन्दोलन, दलित राजनीति तथा साहित्य में भी विशेषज्ञता हासिल है। उन्होंने इन विषयों पर सैकड़ों लेख लिखे हैं। एक कट्टर धर्मनिरपेक्ष विद्वान के रूप में मार्क्स, बुद्ध तथा डॉ. अम्बेडकर उनके हीरो हैं। वे 'अश्वघोष' नामक प्रसिद्ध बुद्धिस्ट एवं साहित्यिक पत्रिका के सम्पादक रह चुके हैं।

उनकी प्रमुख रचनाओं में 'अंगोला का मुक्ति संघर्ष', 'सी.आई.ए. : राजनीतिक विध्वंस का अमरीकी हथियार', 'द हिस्ट्री ऑफ कम्युनिस्ट मूवमेंट इन ईरान', 'पर्सिया टू ईरान' (वन स्टेप फारवर्ड टू स्टेप्स बैक), 'आइडिओलॉजी इन सोवियत-ईरान रिलेशन्स' (लेनिन टू स्टालिन) तथा 'मुर्दहिया' आदि शामिल हैं।

निधन : 18 फरवरी, 2015

मणिकर्णिका

डॉ. तुलसीराम

राजकमल पेपरबैक्स

पहला पुस्तकालय संस्करण
राजकमल प्रकाशन प्राइवेट लिमिटेड द्वारा
2014 में प्रकाशित

राजकमल पेपरबैक्स में
पहला संस्करण : 2014
सातवाँ संस्करण : 2023

राजकमल पेपरबैक्स : उत्कृष्ट साहित्य के जनसुलभ संस्करण

राजकमल प्रकाशन प्रा.लि.
1-बी, नेताजी सुभाष मार्ग, दरियागंज
नई दिल्ली-110 002
द्वारा प्रकाशित

शाखाएँ : अशोक राजपथ, साइंस कॉलेज के सामने, पटना-800 006
पहली मंजिल, दरबारी बिल्डिंग, महात्मा गांधी मार्ग, प्रयागराज-211 001
वेबसाइट : www.rajkamalprakashan.com
ई-मेल : info@rajkamalprakashan.com

विकास कंप्यूटर एंड प्रिंटर्स
ट्रॉनिका सिटी-201 102
द्वारा मुद्रित

मूल्य : ₹299

MANIKARNIKA
Autobiography by Dr. Tulsi Ram

ISBN : 978-81-267-2627-1

भूमिका

'मुर्दहिया' को लिखने से पहले मुझे मालूम नहीं था कि इसमें छिपी कोई रचना होगी। मैं हमेशा कहता रहता था कि आत्मकथा किसी भी व्यक्ति की अंतिम रचना होनी चाहिए। किंतु साहित्यिक पत्रिका 'तद्‌भव' के संपादक अखिलेश ने मेरी उक्त अवधारणा को तोड़वा दिया। इस तथ्य को जानकर मुझे आश्चर्य हुआ कि प्रो. पी.सी. जोशी, मणीन्द्रनाथ ठाकुर तथा बद्री नारायण जैसे जाने-माने समाज वैज्ञानिकों ने 'मुर्दहिया' को ऐंथ्रोपोलाजी (मानव विज्ञान) पर किया गया काम बताया। वहीं नामवर सिंह का कहना है कि ग्रामीण जीवन का जो जीवंत वर्णन 'मुर्दहिया' में है, वैसा प्रेमचंद की रचनाओं में भी नहीं मिलता है। इन तमाम विद्वानों ने 'मुर्दहिया' को वैकल्पिक सामाजिक इतिहास भी बताया है। अभी तक 'मुर्दहिया' की सौ से ज्यादा समीक्षाएं आ चुकी हैं। परिणामस्वरूप 50 से भी ज्यादा शोध छात्र 'मुर्दहिया' पर देश भर के विश्वविद्यालयों में शोध कर रहे हैं। ये सारे तथ्य मुझे आज भी अविश्वसनीय जैसे लगते हैं।

'मुर्दहिया' का दूसरा खंड 'मणिकर्णिका' के रूप में प्रकाशित हो रहा है। 'मुर्दहिया' में आजमगढ़ में 16-17 साल तक की अवस्था का लेखा-जोखा था। उसके आगे करीब 10 साल मैंने बनारस हिंदू यूनिवर्सिटी (बी.एच.यू.) में बिताया, जिसका परिणाम 'मणिकर्णिका' है। बनारस की 'मणिकर्णिका' किसी के भी अस्तित्व को हमेशा के लिए मिटा देती है। किंतु मेरे साथ एकदम उल्टा हुआ। बनारस में मेरा जीवन ही वहीं से शुरू हुआ, फिर भी मैं दुनिया के उन चंद लोगों में शामिल हो गया, जो जीते जी शोकांजलि के शिकार हो गए। अक्टूबर 2010 के अंतिम दिनों की बात है। प्रसिद्ध साहित्यकार मुद्राराक्षस ने मेरे मोबाइल पर फोन किया। उस समय दिल्ली के रॉकलैंड हॉस्पिटल में मेरी डायलसिस चल रही थी। मेरी आवाज सुनकर वे चकित रह गए। पता चला कि लखनऊ की साहित्यिक सर्किल में न जाने कैसे यह अफवाह फैल गई थी कि अब मैं इस दुनिया में नहीं रहा। इतना ही नहीं दलितों की एक साहित्यिक सभा में मुझे श्रद्धांजलि भी दे दी गई थी। खैर, किसी तरह मुद्राराक्षस मेरे जीवित होने के साक्षी बन गए।

बी.एच.यू. मैं गया था इस अंधविश्वास के साथ कि बनारस में कोई भूखा नहीं रहता है, किंतु कुछ ही दिन बीते थे कि मेरी यह मान्यता ध्वस्त हो गई। परिणामस्वरूप सारी अंधविश्वासी मान्यताएं ध्वस्त होती चली गईं। शीघ्र ही एक ऐसा भी दिन आया, जब बुद्ध और मार्क्स ने मिलकर मेरे मस्तिष्क में बसे ईश्वर को भी ध्वस्त कर दिया। इससे पहले आसनसोल की नीघा कोइलउरी से लेकर हबड़ा के दासनगर स्थित पी.एल. बोस आयरन कंपनी तक का सफर कोई खास काम नहीं आया। उच्च से उच्च शिक्षा प्राप्त करने की आकांक्षा नियमित रूप से बेचैन करती चली गई। गंगा के घाटों तथा बनारस के मंदिरों से जो यात्रा शुरू हुई थी, अन्ततोगत्वा वह कम्युनिस्ट पार्टी के दफ्तर में समाप्त हो गई। मार्क्सवाद ने मुझे विश्वदृष्टि प्रदान की, जिसके चलते मेरा व्यक्तिगत दुख दुनिया के दुख में मिलकर अपना अस्तित्व खो बैठा। मुर्दहिया में जो विचार सुप्त अवस्था में थे, वे मणिकर्णिका में विकसित हुए। चाहे क्रांति का सपना हो या एकतरफा प्यार, मैंने दोनों का खूब मजा लिया। जब दोनों मामलों में धराशायी हो गया, तो उठते ही दिल्ली भाग गया। अतः मुर्दहिया की तरह 'मणिकर्णिका' भी अधूरी रह गई। जाहिर है एक और हिस्सा लिखना शेष है। उम्मीद है 'मणिकर्णिका' भी 'मुर्दहिया' की ही तरह शोध छात्रों के लिए बहुत उपयोगी सिद्ध होगी। फ्रेंच दार्शनिक ज्यां जैकब रूसो ने अपने बारे में कहा था : ''मैं औरों से बेहतर भले ही न हूं, किंतु औरों से भिन्न जरूर हूं।'' यही बात रूसो से उधार लेकर मैं अपनी बात समाप्त करता हूं।

एक बार फिर अशोक माहेश्वरी के प्रति मैं आभार प्रकट करता हूं जो पिछले तीन वर्षों से 'मणिकर्णिका' की लगातार मांग करते रहे। मैं जवाहरलाल नेहरू यूनिवर्सिटी (जे.एन.यू.) के हिंदी विभाग की शोध छात्रा मुन्नी भारती को बहुत धन्यवाद देना चाहता हूं, जिसने मणिकर्णिका का अधिकतर हिस्सा बड़े नाजुक समय में डिक्टेशन के माध्यम से कागज पर उतारा। जे.एन.यू. की डॉ. सुनीता भी धन्यवाद की पात्र है, जिसने 'मणिकर्णिका' को बहुत कम समय में कम्पोज कर दिया।

—तुलसीराम

जवाहरलाल नेहरू यूनिवर्सिटी
नई दिल्ली-110067
10 सितंबर 2013

अनुक्रम

मणिकर्णिका

आजमगढ़ की कचहरी से उठती बनजारे के डमरू की ध्वनि ने मुझे पौराणिक शिव के तांडव की कल्पना से सराबोर कर दिया था और जब मैं रिक्शे से रोडवेज पहुंचा तो देखा कि 'स्वर्गवास मेल' के ऊपर एक मुर्दा बांधा जा रहा था। जाहिर है उसे स्वर्ग की आकांक्षा से बनारस के मणिकर्णिका घाट पर ले जाया जाने वाला था। उन दिनों आजमगढ़ रोडवेज के ठीक बगल में दाईं तरफ पचास गज की दूरी पर एक दुकाननुमा मकान था। वहां हमेशा काले रंग की एक बहुत पुरानी मिनी बस खड़ी रहती थी, जिस पर बड़े-बड़े अक्षरों में लिखा हुआ था–'स्वर्गवास मेल'। 'स्वर्गवास मेल' प्रतिदिन मुर्दों को लेकर बनारस स्थित गंगा के किनारे मणिकर्णिका घाट जाया करती थी, जहां उन्हें जलाया जाता था।

एक हिंदू मान्यता के अनुसार जिस किसी का अंतिम संस्कार मणिकर्णिका घाट पर किया जाता है, वह सीधे स्वर्ग चला जाता है। यह भी कहा जाता है कि शिव की पत्नी पार्वती के कानों में पहनी जाने वाली मणि इसी जगह गंगा में खो गई थी, जिसके कारण इस घाट का नाम मणिकर्णिका पड़ा। इस घाट पर सदियों से जलती चिताएं कभी नहीं बुझीं। अतः मृत्यु का कारोबार यहां चौबीसों घंटे चलता रहता है। सही अर्थों में मृत्यु बनारस का एक बहुत बड़ा उद्योग है। अनगिनत पंडों की जीविका मृत्यु पर आधारित रहती है। सबसे ज्यादा कमाई उस डोम परिवार की होती है, जिससे हर मुर्दा मालिक चिता सजाने के लिए लकड़ी खरीदता है। यह डोम परिवार उस पौराणिक कथा का अभिन्न अंग बन चुका है, जिसमें उसके पूर्वजों के हाथों कभी राजा हरिश्चंद्र बिक गए थे। डोम के गुलाम के रूप में राजा हरिश्चंद्र की नियुक्ति मुर्दाघाट की रखवाली के लिए की गई थी। एक घाट आज 'हरिश्चंद्र घाट' के रूप में भी जाना जाता है। इसी मान्यता के कारण लोगों का विश्वास है कि जब तक उस डोम परिवार द्वारा दी गई लकड़ी से चिता नहीं सजाई जाएगी, तब तक स्वर्ग नहीं मिलेगा।

जहां तक 'स्वर्गवास मेल' का सवाल है, उसका रंग रूप देखते ही भय लगने लगता था। यमदूत की कल्पना अनायास ही उभर आती थी। 'स्वर्गवास मेल' में

प्रायः अमीर मुर्दे ही सफर करते थे। मैं टिकट लेकर बनारस जाने वाली बस में बैठ गया। वहां से मुझे काम की तलाश में कलकत्ता जाना था। यह मध्य अप्रैल 1966 की बात है। थोड़ी देर बाद बस बनारस के लिए चल पड़ी। शीघ्र ही मैंने देखा कि ज्यों ही हमारी बस टौंस नदी पर बने नए पुल से गुजरी, 'स्वर्गवास मेल' कभी हमारे आगे तो कभी पीछे भड़भड़ करती चलती रही। करीब आधे रास्ते के बाद गोमती नदी पर बने चंदवक पुल से हम गुजरे। 'स्वर्गवास मेल' हमारे साथ थी। बनारस पहुंचने तक उससे हमारी आंखमिचौनी जारी रही। कभी-कभी तो ऐसा लगता था कि मानो हम सभी शवयात्री ही हों। करीब तीन घंटे के सफर के बाद जब मैं बनारस के कैंट स्टेशन के पास स्थित बसअड्डे पर पहुंचा तो देखते ही देखते मल्दहिया के रास्ते 'स्वर्गवास मेल' मणिकर्णिका की तरफ मुड़ गई। आंखों से ओझल होते हुए एक पूरी मृत्यु की कल्पना वह अपने पीछे छोड़ गई। मणिकर्णिका की चिताएं मेरे मस्तिष्क में जल उठीं। जाहिर था कि मणिकर्णिका मेरे लिए एक नई मुर्दहिया थी। अतः मैंने बस अड्डे पर ही सोच लिया था कि इस बार बनारस में रहते हुए सबसे पहले मणिकर्णिका का ही दर्शन करूंगा। इसी अनुभूति के साथ मैं बस अड्डे से रिक्शे द्वारा भेलूपुर थाने के पास स्थित गौरीगंज मोहल्ला पहुंचा, जहां एक मकान में तपसीराम मेरा इंतजार कर रहे थे। उनके साथ बनारस हिंदू विश्वविद्यालय के एक अन्य छात्र मुन्नीलाल भी रह रहे थे। वे बी.ए. द्वितीय वर्ष के छात्र थे। वे जौनपुर के रहने वाले थे तथा उनके पिताजी कलकत्ता में रेलवे में पैटमैन की नौकरी करते थे।

तपसीराम लॉ फाइनल में थे। वे लोग मुझसे मिलकर बहुत प्रसन्न हुए और मुझे आश्वस्त किया कि मैं बी.एच.यू. में अवश्य पढ़ूंगा। इस बार करीब दस दिन मैं तपसीराम के साथ बनारस में रहा। विभिन्न मंदिरों से लेकर गंगा के घाटों तथा बी.एच.यू. की प्रतिदिन सैर करता रहा। किंतु सबसे पहले मैं बनारस प्रवास के ठीक दूसरे दिन पूछते-पूछते पैदल ही मणिकर्णिका घाट पहुंचा। 'स्वर्गवास मेल' के साथ की गई मेरी यात्रा का यह अग्रसारित रूप था। वहां का नजारा देखकर मैं चकित रह गया। एक साथ कई चिताएं जल रही थीं। कुछ चिताएं गंगा की तलहटी के बिलकुल पास थीं। वहां बहते फूल मालाओं एवं मुर्दों के अवशेष से गंगा बजबजा उठी थी। मणिकर्णिका की सीढ़ियों पर खड़े-खड़े मुझे बार-बार ऐसा लग रहा था कि मानो मैं एक अदृश्य मुर्दे का अकेला शवयात्री था। करीब आधे घंट बाद जब मैं वहां से वापस चला, तो कबीर की यह पंक्ति, 'चली है कुलबोरनी गंगा नहाय' मेरी जबान पर थी। अचानक वह किंवदंती भी याद आई, जिसके अनुसार मणिकर्णिका घाट की सीढ़ियों पर कभी कबीर लेटे हुए थे, जिनके ऊपर गुरु समानंद ने अपना पैर रख दिया था। लौटानी यात्रा में मैं नेपाली खपड़ा मोहल्ले से गुजरते हुए कचौड़ी

गली, चौक तथा गोदौलिया होकर दशाश्वमेध घाट आ गया। बनारस की इन गलियों से गुजरते हुए मैंने देखा कि अनेक पुराने मकानों की बाहरी दीवारों पर छोटे-छोटे शिवलिंग खुदे हुए थे। यहां का पूरा माहौल शिवलिंगमय जान पड़ता था। उन दिनों बनारस में एक्के या तांगे खूब चलते थे। उनमें नधे घोड़ों की हिनहिनाहट सर्वत्र व्याप्त थी। विशेष रूप से दशाश्वमेध घाट के पास उनकी हिनहिनाहट अश्वमेध यज्ञों की याद दिलाती थी। वैसे भी नाम से ही जाहिर होता है कि कभी दस घोड़ों की बलि गंगा के इस तट पर अवश्य दी गई होगी इसीलिए इसका नाम दशाश्वमेध घाट पड़ा। अश्वमेध यज्ञ घोड़ों के बलि के लिए बहुत प्रसिद्ध था। यह घाट गंगा तट के सभी घाटों में सबसे ज्यादा तीर्थयात्रियों को आकर्षित करता है। अस्सी से लेकर आदिकेशव के बीच बनारस की गंगा पर कुल 64 घाट निर्मित थे, किंतु अभी हाल ही में नगवा लंका के पास रविदास नामक एक अति सुंदर नया घाट स्थापित हुआ है, जिसे मायावती की उत्तर प्रदेश सरकार ने बनवाया है।

इधर-उधर बौड़ियाते हुए जब मैं दशाश्वमेध घाट पर पहुंचा तो दोपहरी की प्रचंड धूप से वहां की सीढ़ियां जल रही थीं। अनेक जगहों पर बांस की खपच्चियों से निर्मित बड़ी बड़ी छतरियों के नीचे पंडे बैठे हुए थे। वे सभी अपने-अपने धार्मिक ग्राहकों को सिल पर रगड़कर चंदन का टीका लगा रहे थे। एक पंडे की छतरी के सामने बीस-पच्चीस व्यक्तियों का झुंड बैठा हुआ था। शक्ल-सूरत से वे बंगाली तथा उनमें से कुछ दक्षिण भारतीय लग रहे थे। मैं उस पंडे की छतरी के पीछे गंगा की तरफ देखते हुए खड़ा हो गया ताकि ऐसा प्रतीत न हो कि मैं उसके प्रवचन को सुन रहा हूं। उस पंडे की बातें बहुत रोचक थीं। पंडा बोल पड़ा–"काशी एक ऐसी नगरी है जहां मर जाने मात्र से किसी को भी मुक्ति मिल जाती है।" वह आगे कहता रहा कि कोई व्यक्ति पाप चाहे जहां भी करे, किंतु काशी में प्रवेश करते ही उसके सारे पाप इस नगरी के बाहर ही छूट जाते हैं। पंडा काशी तथा गंगा की महिमा बखानता रहा। बीच-बीच में वह कुछ संस्कृत के श्लोकों का भी उच्चारण करता रहा। उसके द्वारा बोली गई संस्कृत का यह वाक्य 'काश्यां मरणं मुक्तिः' आज भी रटी-रटाई याद है। पंडे का प्रवचन इतना आश्वस्त करने वाला था कि वहां से हटने का मन नहीं कर रहा था। उसकी आवाज में बहुत बुलंदी थी। उसके धार्मिक ग्राहक कड़ाके की धूप में मंत्रमुग्ध बैठे रहे।

इस बीच एक मल्लाह अपनी नौका लेकर मेरे सामने रुककर बोलने लगा : "आवा आवा मणिकर्णिका होत राजघाट से वापस आवै क बस तीन रुपया लगी।" सन् 1966 में दो-तीन रुपए में गंगा में दूर दूर तक की सैर हो जाती थी। वह जमाना बड़ा सस्ता था। आजकल तो विशेष रूप से दीवाली के अवसर पर मल्लाह पांच-पांच हजार रुपए लेकर घाटों की सैर कराते हैं। किंतु उस समय मैं जिस

परिस्थिति में दशाश्वमेध घाट की सीढ़ियों पर खड़ा था, तीन रुपयों की सैर असंभव थी। तुरंत वहां से हटते हुए मैं वापस सीढ़ियों पर चढ़ने लगा। आज यह भी याद आता है कि इन्हीं सीढ़ियों पर नवीं शताब्दी के आदि शंकराचार्य का एक चांडाल (दलित) के साथ शास्त्रार्थ हुआ था, किंतु पंडितों ने इसे अमान्य करते हुए यह कहानी जोड़ दी कि चांडाल को इतनी बुद्धि कहां से आ सकती थी, जो शंकराचार्य से वार्तालाप करे। अतः उन्होंने अफवाह फैला दी कि चांडाल के वेश में साक्षात् शिव जी थे, जो शंकराचार्य की परीक्षा लेने के लिए मणिकर्णिका घाट की सीढ़ियों पर बैठे थे। क्योंकि शंकराचार्य वहां गंगा स्नान के लिए आने वाले थे। जाहिर है शंकराचार्य अपने बौद्ध विरोधी अभियान के चलते बनारस आए थे और उनके ही प्रभाव के चलते यह नगर शैवमय हो गया था। बाद में 16वीं शताब्दी में टोडरमल ने विश्वनाथ मंदिर बनवाया तो बनारस, शिव आराधना का एक बहुत बड़ा केंद्र बन गया। शंकराचार्य की उस यात्रा के बाद अनेक दक्षिण भारतीय पंडितों का बनारस आना जारी रहा। वे यहां के स्थानीय पंडितों से शास्त्रार्थ करने आते थे। उनमें से अधिकतर यहीं बस गए। पिछली सदी के महान तमिल क्रांतिकारी कवि सुब्रमणियम भारती इसी उद्‌देश्य से बनारस आए थे। यह परंपरा सैकड़ों वर्ष तक कायम रही, किंतु आजकल इसका नामोनिशान तक नहीं है।

मैं दशाश्वमेध घाट की ऊपरी अंतिम सीढ़ी पारकर बगल में स्थित सोनारपुरा मोहल्ले में घुस गया। कुछ दूर आगे जाने पर एक उप गली बाईं तरफ मुड़ गई। मैं उसके सहारे एक बार फिर गंगा के किनारे आ गया। यहां शीतला घाट था, जो दशाश्वमेध घाट के ठीक बगल में था। मैंने देखा कि उस पंडे का प्रवचन अभी भी जारी था। एक खास बात यह थी कि बी.एच.यू. से लेकर मैदागिन तक करीब सात किलोमीटर लंबी सड़क के पूरब में स्थित किसी भी गली में घुस जाइए, वह आपको गंगा तट पर अवश्य पटक देती है। मैं शीतला घाट के बगल में अहिल्या बाई घाट से होते हुए केदार घाट के ऊपर आ गया। उसके पास नारद घाट था, जहां एक जगह देखा कि नन्हे-नन्हे सैकड़ों शिवलिंग जमीन पर स्थापित थे। यह नजारा बड़ा ही अद्‌भुत था। मैं वहां काफी देर तक खड़ा रहा। बीच-बीच में प्रायः युवतियां छोटे-छोटे दोने में फूल लेकर आतीं और बिना निशाना साधे वे फूलों को फेंककर हाथ जोड़े वापस चली जातीं। फेंके हुए ये फूल किसी न किसी शिवलिंग की तलहटी पर अवश्य अटक जाते थे।

एक जगह पर इतने ज्यादा शिवलिंग याद दिलाते हैं; कर्नाटक के उन लिंगायत साधुओं की जो सदियों पूर्व अपने पूरे शरीर पर शिवलिंग बनाकर नंगधड़ंग इधर-उधर घूमा करते थे। मैं वहां से चलने लगा तो मकानों की परछाइयों से बनारस की गलियां ढकने लगी थीं। उनसे गुजरना उस गर्मी में काफी राहतकारी था। मैं

जंगमबाड़ी, बंगाली टोला तथा अवध गर्वी होते हुए हरिश्चंद्र घाट पहुंच गया। वहां एक अकेला मुर्दा जल रहा था, जिसके इर्द-गिर्द बीस-पच्चीस आदमी खड़े थे। मैं वहां ज्यादा देर नहीं रुका, आगे बढ़ा तो हनुमान घाट से सामना हो गया। वहां पहलवानों का एक बड़ा झुंड गदा तथा मुग्दल घुमा रहा था। उनमें से कुछ कुश्ती लड़ रहे थे, कुछ दंडबैठक में मस्त थे, तो कुछ गंगा में कूदकर डुबकी लगा रहे थे। गंगा में कूदने से पहले वे जोर का नारा लगाते–'जै बजरंग बली की'। हनुमान घाट की यह पहलवानी शैव पूजा से बिलकुल भिन्न थी।

शाम होने वाली थी। अतः मैं भदैनी, शिवाला होते गौरीगंज वापस आ गया। उस दिन मैं खूब पैदल चला था। पैरों से कहीं ज्यादा थकावट मेरे दिमाग में थी। दिनभर की घुमाई से बनारस का आकर्षण कई गुना बढ़ गया था, किंतु भविष्य की अनिश्चयता से काफी दुखित था। तीसरे दिन तपसीराम मुझे लेकर बनारस हिंदू यूनिवर्सिटी गए। उस दिन उन्होंने महिला कालेज से लेकर मेडिकल कालेज सर सुंदरलाल हास्पिटल, म्यूजिक कालेज, कला भवन, संस्कृत कालेज, आर्ट्स कालेज, साइंस कालेज, माइनिंग तथा मेटलर्जी कालेज, एग्रीकल्चर कालेज तथा इंजिनियरिंग कालेज (जो बाद में इंस्टीच्यूट ऑफ टैक्नोलाजी में बदल गया) होते बी.एच.यू. फ्लाइंग क्लब तक का दर्शन कराया। फ्लाइंग क्लब में दो हेलीकाप्टर खड़े थे। उसके बाद कई एकड़ में फैला एग्रीकल्चरल लैंड था। तपसीराम ने बताया कि पूरे बी.एच.यू. कैंपस में पहले 35 गांव बसे थे, जिन्हें खाली कराकर मदन मोहन मालवीय ने यह विशाल विश्वविद्यालय बनवाया था, जिसकी नींव 1916 में बसंत पंचमी के दिन डाली गई थी। उनसे यह जानकर मुझे बड़ी हैरत हुई कि मालवीय जी ने पूरा विश्वविद्यालय चंदा इकट्ठा करके बनवाया था। वापसी यात्रा में वे मुझे बी.एच.यू. की सेंट्रल लाइब्रेरी ले गए, जिसका नाम सयाजी राव गायकवाड़ पुस्तकालय था। इस विशाल पुस्तकालय के प्रवेशद्वार के ठीक अंदर संगमरमर के स्तंभ पर संगमरमर से से ही निर्मित एक मोटी खुली किताब के पन्ने पर प्रसिद्ध फारसी कवि शेख सादी की ये पंक्तियां खुदी हुई थीं।

साकी की मोहब्बत में दिल साफ हुआ इतना,
सिर को झुकाता हूं तो शीशा नजर आता है।

पुस्तकालय में घुसते ही इन पंक्तियों ने बहुत प्रभावित किया था, इसलिए वे मुझे तुरंत याद हो गईं। पुस्तकालय का मुख्य अध्ययन कक्ष गोलाकार गुम्बद में अपनी विशालता लिए फैला हुआ था। वहां बैठकर पढ़ने की व्यवस्था के साथ-साथ खड़े होकर पढ़ने के लिए तिरछी आकृति वाले लंबे-लंबे मेज रखे हुए थे। पुस्तकालय का हर कोना घूम-घूमकर देखता रहा। लाखों किताबों का अम्बार मुझे चौंकाने वाला सिद्ध हुआ। मन-ही-मन मैंने सोच लिया कि भविष्य में मेरा यही

असली ठिकाना होगा। मैं लगभग एक घंटे बाद जब तपसीराम के साथ पुस्तकालय से बाहर निकलने लगा तो एक बार फिर शेख सादी की उपरोक्त पंक्तियों ने मुझे रोक लिया। उन्हें रटते हुए हम पास में स्थित बी.एच.यू. के विश्वनाथ मंदिर चले गए। पूरा मंदिर फिर से देखा। प्रथम तल की उस दीवार पर जूता सिलते रविदास ने एक बार फिर अपनी तरफ खींच लिया। वहां से जब मैं कीर्तन स्थल पर गया तो देखा कि जो नेत्रहीन व्यक्ति मेरी पहली यात्रा 15 अगस्त, 1964 के दौरान भजन गा रहा था, वह उस दिन भी गायकी की नेतृत्वकारी भूमिका निभा रहा था। उस दिन का भजन था : 'भजु मन राम चरन सुखदाई'। भजन समाप्ति का जब उस व्यक्ति ने अंतिम शास्त्रीय आलाप लिया तो हम मंदिर से बाहर आ गए। मंदिर के प्रांगण में पत्थर की पटिया से बनी एक बेंच पर बैठकर हम सुस्ताने लगे। सामने गेंदा के खिले हुए फूलों की क्यारियां थीं। दृश्य बड़ा मनमोहक था, किंतु भविष्य हृदय विदारक। बी.एच.यू. में पढ़ने की चिंता के जवाब में तपसीराम बार-बार आश्वस्त कर रहे थे कि कोई न कोई उपाय अवश्य निकल आएगा। इसके बाद हम बी.एच.यू. के मुख्य द्वार पर स्थित लंका मोहल्ले के ठीक पीछे बनारस के विख्यात संकटमोचन मंदिर चले गए। वहां बहुत भारी भीड़ थी, जिसमें अधिकतर बी.एच.यू. के छात्र तथा छात्राएं थीं। कारण यह था कि विश्वविद्यालय की विभिन्न विषयों की फाइनल परीक्षाएं चल रही थीं।

तपसीराम मुझे बताने लगे कि इम्तहान के दौरान ये सभी अच्छी श्रेणी में पास होने के लिए हनुमान जी से विनती करने आते हैं। छात्रों की यह आस्था मेरे मस्तिष्क में भी समा गई। आगे की शिक्षा की कामना लिए हनुमान जी की सिन्दूरी मूर्ति के सामने मैं भी झुक गया। इस दौरान मंदिर के आसपास अनेक बंदरों की झपटमारी मुझे बड़ी रोचक लगी। इस पर तपसीराम ने कहा कि बंदर तो सिर्फ खाने की चीजों पर झपटते हैं, किंतु यहां आस्था के बहाने बहुत सारे लफंगों की दृष्टि महिलाओं के आभूषणों पर रहती है। वे जूता चप्पल चुराते हैं तथा छेड़खानी में भी लिप्त रहते हैं। मुझे यह सब जानकर बड़ा आश्चर्य हुआ। तपसीराम वहां से मुझे लेकर यह कहते हुए चल दिए कि संकटमोचन की लोकप्रियता से लफंगई कुछ ज्यादा ही रौनक हो जाती है। उस दिन की हमारी यात्रा तुलसी मानस मंदिर होते दुर्गाकुंड में समाप्त हुई और हम गौरीगंज लौट गए।

बनारस प्रवास के चौथे दिन यानी अप्रैल 1966 के तीसरे सप्ताह का कोई दिन था, मैं बेनिया बाग से एक बस पकड़कर सारनाथ गया। मन में बड़ा कुतूहल मचा हुआ था कि यहीं ढाई हजार साल पहले गौतम बुद्ध ने अपना प्रथम उपदेश दिया था। वहां पहुंचकर मैं विदेशी पर्यटकों के एक समूह के पीछे लग लिया। उनके साथ एक गाइड था। उनका पीछा करते हुए मैं सारनाथ के उस प्रमुख बौद्धमठ में पहुंच

गया, जिसकी दीवारों पर बुद्ध का जीवन चित्रित था। लुम्बिनी में जन्म से लेकर गृहत्याग तथा अंत में निर्वाण यानी मृत्यु तक का चित्रण था। निर्वाण की मुद्रा में बुद्ध को लेटे देखकर मैं अत्यंत भावुक हो उठा था, इसलिए रो पड़ा। मुझे ऐसा प्रतीत हो रहा था कि मानो मैं सदियों पूर्व बुद्ध के निर्वाण के समय वहां उपस्थित था। उनकी मृत्यु की ताजा कल्पना मेरे लिए काफी दुखदाई थी। बाद में इतिहास की किताबों से पता चला कि जब कुशीनगर में बुद्ध का निर्वाण हुआ तो उसकी खबर मगध सम्राट अजातशत्रु को एक ऐसी ही पेंटिंग के माध्यम से दी गई थी, क्योंकि दरबारियों को भय था कि सीधे-सीधे मृत्यु की खबर से राजा के साथ कोई अनहोनी अवश्य हो सकती थी। जाहिर है अजातशत्रु के लिए बुद्ध अत्यंत प्रिय थे। बताया जाता है कि पेंटिंग में निर्वाण का दृश्य देखकर अजातशत्रु बेतहाशा रो पड़े थे। तबसे न जाने कितने लोग उनके निर्वाण की कल्पना करके रोए होंगे। मैं यह भी सोचने लगा कि बुद्ध से प्रेरित होकर मेरी ही तरह न जाने कितने लोग घर से भागे होंगे! मैं उस मठ में काफी देर तक उस भित्तिचित्र को बार-बार एक सिरे से दूसरे सिरे तक देखता रहा। इस बीच विदेशी सैलानियों का वह समूह पास में ही स्थित सारनाथ के प्रसिद्ध स्तूप को देखने चला गया था। कुछ देर बाद जब मैं स्तूप के पास पहुंचा तो वे तस्वीर उतारने में तल्लीन थे।

स्तूप की एक परिक्रमा करने के बाद मैं पूछते-पूछते ऋषिपत्तन मृगदाव चला गया। मृगदाव में अनेक हिरन उछल-कूद कर रहे थे। एक भूरा चितकबरा मृग बरबस ही सबका ध्यान अपनी तरफ खींच रहा था। वहां पानी से भरी एक छोटी सी तलैया थी, जिसमें अनेक हंस के जोड़े नौका की तरह तैर रहे थे। सैकड़ों की संख्या में दूसरे पक्षी भी थे। इस तलैया के काफी ऊपर एक लौह जाल तम्बू की तरह तना हुआ था, ताकि कोई पक्षी उड़ान भरकर कहीं अन्यत्र न भाग जावे। एक तरह से यह पक्षियों का कैदखाना ही था। ढाई हजार वर्ष पूर्व गौतम बुद्ध ने यहीं अपने पांच पूर्व सहपाठियों कौंडिन्य, भद्दिय, वप्प, महानाम तथा अश्वजित् को प्रथम उपदेश दिया था। जब बुद्ध कठिन तपस्या छोड़कर अन्न ग्रहण करने लगे, तो ये पांचों उन्हें पथभ्रष्ट कहकर उनका साथ छोड़ गए और सारनाथ आकर ऋषिपत्तन मृगदाव में रहने लगे। मैं इस जगह आगे-पीछे, दाएं-बाएं हर दिशा में चारिका करता रहा और सोचता रहा कि सदियों पूर्व बुद्ध के न जाने कितने पदचिह्न यहां पड़े होंगे। मैं उन्हीं विलुप्त पदचिह्नों पर खड़ा होने की कोशिश कर रहा था। मृगदाव के इर्द-गिर्द घूमते हुए मैं कई बार बुद्ध के प्रथम उपदेश की अनेक बातों को दोहराता रहा। किसी अन्य पर्यटक के पास आ जाने पर मेरे स्वर धीमे पड़ जाते थे और मैं सोचने लगता था कि कहीं अकेलेपन की बड़बड़ाहट मुझे पागल न प्रमाणित कर दे।

यहां मुझे प्रथम उपदेश का वह हिस्सा सबसे ज्यादा याद आता, जिसमें बुद्ध ने कहा था कि दुनिया में जो कुछ पैदा होता है, वह नश्वर है; दुनिया हर क्षण परिवर्तित हो रही है, परिवर्तन का नियम ही एक ऐसा नियम है, जो कभी भी परिवर्तित नहीं होता; इसीलिए दो अच्छी वस्तुएं हमेशा एक साथ नहीं रह सकतीं। अतः दुख अवश्यम्भावी हो जाता है, जैसे हर दीपक के नीचे अंधेरा होता है। फलतः जीवन भी दुख है, मरण भी दुख है, अप्रिय का मिलन भी दुख है, प्रिय का बिछड़न भी दुख है, आदि-आदि। इन्हीं दुखों की सोच लिए मैं ऋषिपत्तन से काफी देर बाद टहलते हुए सारनाथ म्यूजियम देखने चला गया। उस विशाल म्यूजियम में प्रवेश करते ही ऐसा लगा कि मानो मैं पाषाण युग में संतरित हो गया। उसके अंदर अनेक अशोककालीन बौद्ध अवशेषों से लेकर बाद की कई सदियों में निर्मित मूर्तियां थीं, किंतु सबसे ज्यादा ध्यान खींच रहा था वह अशोक स्तंभ, जिसके ऊपर चतुर्मुखी शेर खुदा हुआ था। म्यूजियम की पूरी परिक्रमा करने के बाद मैं काफी थक चुका था। अतः एक चाय की तलाश करने लगा। चाय की दुकान में प्रवेश करते ही एक ऐसी घटना घटी, जिसके चलते बुद्ध के प्रथम उपदेश में वर्णित दुख की अवधारणा तुरंत साकार हो गई। हुआ यह कि एक बंगाली परिवार पहले ही से वहां बैठा था। मेरा पैर उस परिवार के पुरुष के पैर से थोड़ा-सा टकरा गया। वे क्रोधित होकर खड़े हो गए और बंगला भाषा में जोर-जोर से चिल्लाने लगे। उनकी रौद्र मुद्रा मेरे लिए थपड़ियाने जैसी थी। शुरू में मैं समझ नहीं पाया कि वे इतना क्रोधित क्यों हो गए? मैं डरा हुआ चुपचाप उनसे काफी दूर पीछे की बेंच पर बैठ गया। चाय वाले के लड़के ने चाय देने से पहले मुझे बताया कि बंगाली लोग पैर लग जाने को अशगुन समझते हैं, इसलिए वे आपा खो बैठते हैं। मैं बड़े दुखित मन से वहां चाय पीकर बाहर निकला, तो देखा कि उस बंगाली परिवार की घूरती निगाहें मुझे छिन्न भिन्न कर रही हैं। मैं सीधे बनारस के बेनियाबाग जाने वाली बस में बैठ गया। बनारस पहुंचने के बाद भी सारनाथ का दुख मेरा पीछा करता रहा। मैं बेनियाबाग से पैदल ही जब नई सड़क होते होते गोदौलिया की गिरजाघर वाली चौमुहानी पर पहुंचा, तो देखा कि बगल में ठीक सामने एक खुले आसमान वाले शराबखाने में दर्जनों लोग शराब पी रहे थे। बीच-बीच में जोर का शोर आने-जाने वाले का ध्यान अपनी तरफ खींच रहा था। उस बंगाली परिवार की डांट तथा थकावट से चकनाचूर मुझे उस समय अपने आजमगढ़ वाले पियक्कड़ दोस्त लाल बहादुर सिंह यकायक बहुत याद आए।

वाराणसी प्रवास के पांचवें दिन मेरे साथ नगर भ्रमण पर मुन्नी लाल चल दिए। हम सबसे पहले लहुराबीर के पास पिशाचमोचन गए, जहां अनेक क्षेत्रों के ओझा तांत्रिक भूत बैठाने आते हैं। यह स्थान बचपन से ही मेरे दिमाग में कौंधता रहता

था, क्योंकि हमारे दो रिश्तेदार जो ओझा तांत्रिक थे, वे अनेक गांवों के भूतों को गठरी में बांधकर यहीं छोड़ने आते थे। भूत बैठाने वाली अंधविश्वासी विद्या के चलते लोग उन पर खूब धन लुटाते थे। पिशाच मोचन में एक पोखरा था, जिसमें भूतों की गठरी को फेंका जाता था। पोखरे के भींटे पर एक दो छोटे-छोटे दुर्गा मंदिर थे, जो पूर्णरूपेण लाल रंग में रंगे होने के कारण भयोत्पादक लग रहे थे। अन्यथा यहां भूतों के डेरे जैसी कोई निशानी नहीं थी। जो कुछ यहां था, वह था घोर अंधविश्वास। पोखरे के किनारे मैं काफी देर तक बैठकर काल्पनिक भूतों का इंतजार करता रहा, किंतु कोई दिखाई नहीं पड़ा। वहां से हम कबीर चौरा होते राजघाट के पास काशी स्टेशन चले गए। बनारस कैंट से कलकत्ता की तरफ जाने वाली सारी रेलगाड़ियां यहीं से गुजरते हुए गंगा पार करती थीं। रेलगाडियों का आंखों से गुजरना मेरे लिए हमेशा मनोहारी रहा है। अतः हम बड़ी देर तक वहां बैठकर आती-जाती गाड़ियों को देखते रहे। मेरे लिए एक कुतूहल यह भी था कि इन्हीं में से किसी गाड़ी को पकड़कर मुझे शीघ्र ही कलकत्ता पहुंचना था। काफी देर बाद हम लोग टहलते हुए राजघाट पुल चले गए। पुल के बीचोबीच से नीचे बहती गंगा भयावह लगती थी। मुन्नी लाल ने बताया कि प्रेम में असफल कई लड़के-लड़कियां इस पुल से कूदकर गंगा में जलसमाधि ले चुके हैं। प्रेम की इस जलसमाधि ने हमें डरा दिया और हम वहां से चल दिए।

हम जब बनारस चौक के पास पहुंचे तो मुन्नी लाल ने कहा कि यहां पास में ही रंडियों का कुख्यात मोहल्ला दालमंडी है, जहां बिरयानी कबाब आदि बहुत सस्ता मिलता है। उन्होंने यह भी बताया कि बदनामी के बावजूद यह एक बड़ा व्यापारिक केंद्र है। मुझे आजमगढ़ के कालीनगंज की याद आई और मैं हिचकने लगा। मुन्नी लाल ने यह कहकर आश्वस्त किया कि घबड़ाइए नहीं यहां हरदम दुकानदारी के लिए सैकड़ों लोगों की भीड़ जमा रहती है, किंतु उनका वेश्याओं से कुछ लेना-देना नहीं रहता। उस समय भूख खूब लगी थी। अतः हम दालमंडी में दाखिल हो गए। एक ठेले पर रखे हुए बड़े देग से गरम बिरयानी की निकलती भाप ने हमें अपनी तरफ खींच लिया। बिरयानी की मांग के पहले सामने स्थित मकानों के प्रथम तल की खिड़कियों पर जमघट लगाए कई वेश्याएं हमें बुलाने लगीं। उनकी भाषा में वासना का बवंडर था। उनकी निर्वस्त्र शब्दावली से मैं हैरान था। तभी मुन्नी लाल ने कहा कि हम अपनी निगाहें बिरयानी के ठेले पर ही केंद्रित करें, अन्यथा उनका भाषायी हमला और तेज हो जाएगा। हमने वैसा ही किया और बिरयानी खाकर दालमंडी से बाहर आ गए। बाद में बौद्ध ग्रंथ 'विनय पिटक' से पता चला कि बनारस या काशी में वेश्यावृत्ति एक अतिप्राचीन उद्योग रहा है। वैशाली की आम्रपाली के भिक्षुणी बनने के बाद बनारस की वेश्याएं भी बुद्ध से दीक्षित होकर भिक्षुणी बन

जाती थीं। बनारस की एक ऐसी ही वेश्या का जिक्र आता है, जिसका नाम था अड्ढकाशी। वह श्रावस्ती जाकर बुद्ध से उपसम्पदा यानी भिक्षुणी होने का संन्यास लेना चाहती थी। किंतु इस बात का पता चलने पर कुछ बनारसी गुंडे रास्ते में जा छिपे, ताकि उस वेश्या को पकड़कर दुराचार कर सकें। ऐसा जानकर अड्ढकाशी ने श्रावस्ती की यात्रा स्थगित कर बुद्ध के पास एक दूत भेजा ताकि उसके माध्यम से ही वह उपसम्पदा ले सके। बुद्ध ने उस वेश्या को दूत के माध्यम से उपसम्पदा देना स्वीकार कर लिया था।

दालमंडी से टहलते हुए हम एक बार फिर गौरीगंज लौट आए। गौरीगंज में शाम के समय अंधेरा होते ही एक विचित्र नजारा देखने को मिलता था। पांच से लेकर दस बारह साल के बीच वाले पचासों बच्चे आसपास के मोहल्लों से शिवाला चौमुहानी पर एक बरगद के पेड़ के नीचे इकट्ठा हो जाते और इधर-उधर गलियों में घूम-घूमकर देर रात तक नारा लगाते : 'छागला हाय हाय, छागला मुर्दाबाद'। हुआ यह था कि सन् 1965 में भारत के तत्कालीन शिक्षा मंत्री मोहम्मद करीम अली छागला बी.एच.यू. से 'हिंदू' तथा अलीगढ़ मुस्लिम यूनिवर्सिटी से 'मुस्लिम' शब्द हटाने के लिए एक विधेयक लाने वाले थे, जिसका प्रबल विरोध बी.एच.यू. के छात्रों ने किया था। कई महीनों तक छात्र आंदोलन के चलते विश्वविद्यालय अनिश्चित काल के लिए बंद कर दिया गया था। गोलियां भी चली थीं। यह आंदोलन पूरे पूर्वांचल क्षेत्र में फैल गया था। उस समय 'छागला हाय हाय...' करते बी.एच.यू. के हजारों छात्र लंका, अस्सी, मदैनी, शिवाला, सोनारपुरा, गौरीगंज, जंगमबाड़ी तथा मदनपुरा आदि मोहल्लों से होते हुए गोदौलिया पहुंचकर प्रतिदिन जनसभाएं किया करते थे। इस आंदोलन का बनारस के जनमानस पर बड़ा गहरा प्रभाव पड़ा था। जिन जिन मोहल्लों से यह जुलूस गुजरा था, वहां के बच्चे तभी से रोज शाम को अंधेरा होने पर उक्त नारा लगाते हुए वर्षों तक अपना मनोरंजन करते रहे। इस आंदोलन के बाद बी.एच.यू. में छात्रसंघ को फिर से बहाल कर दिया गया था। स्मरण रहे कि सन् 1958 से छात्रसंघ वहां प्रतिबंधित था। बच्चों का यह नाटकीय आंदोलन 'हिंदू बचाओ' संघर्ष की याददाश्त को हमेशा ताजा कर देता था। उन्हीं गलियों में एक लंबा व्यक्ति जो प्रतिदिन अपनी तरफ ध्यान आकर्षित करता, वह था एक पिपिहरी वाला। वह एक डंडे में बेंड़े-बेंड़े बंधी खपच्चियों में पंद्रह-बीस पिपिहिरी खोंसे थोड़ा पीछे की तरफ झुके हुए चलता और बीच-बीच में एक पिपिहिरी से 'पीं' की ध्वनि ऐसे निकालता, जैसे टिटिहिरी नामक चिड़िया अचानक बोल उठे। उसकी चाल से ऐसा लगता, जैसे हवा के झोंके उसे उड़ा रहे हों। वह दोपहर से पहले ताड़ के पत्तों से पिपिहिरी स्वयं बनाता और बाद में उन्हें बेचने आता। उसकी पिपिहिरी से निकलती एकरसिया 'पीं' वाली ध्वनि बड़ी दुखियारी लगती थी। उसके मटमैले उटंग पाजामे तथा कमीज से गरीबी साफ टपकती नजर आती थी। सिर पर

फटी टोपी तथा गालों पर आधी छिली किंतु मुंह के नीचे बढ़ी दाढ़ी से वह बादशाह शाहजहां जैसा लगता था। अपने कंधे पर डंडे में लटकाई पिपिहिरियों से ऐसा प्रतीत होता कि मानो वह ताजमहल को ही बेचने चला हो। मेरे पूछने पर एक दिन उसने अपना नाम बताया–'ताज मोहम्मद'।

ऐसा ही एक अन्य व्यक्ति आलू की पकाई हुई सब्जी बेचने आता। वह उबले आलू को हल्दी में रंगकर एक टिन की परात में मीनार की तरह सजा लेता और सिर पर रखकर इधर-उधर गलियों में फेरी लगाते हुए गाता : 'लेला लेला आलूदम चार आना में पा भो।' अंतिम शब्द 'पा भो' यानी 'पाव भर' को वह एक विचित्र शैली में गाते हुए विलम्बित टेक लगाता। 'पा भो' सुनते ही अनेक दिशाओं से बच्चे इसी शैली को दोहराने लगते थे। वह आलू की सब्जी को तौलकर बेचता था। अनेक घरों में लोग सिर्फ रोटी बनाते और उसके चार आने में पा भो से काम चला लेते। आलूदम वाला भी उस क्षेत्र के बच्चों के लिए मनोरंजन का एक बड़ा जरिया बन गया था। उसे देखकर मुझे अपने गांव में आने वाला हिंगुहारा बरबस ही याद आने लगता था। एक और व्यक्ति जिससे उस इलाके में अकसर लोगों की निगाहें टकरा जातीं, वह था मुन्नी नामक एक हिजड़ा। वह बहुत काला तथा लंबा व्यक्ति था। एकदम लाल साड़ी पहनकर सड़क के किनारे कहीं भी नाचने लगता था। उसके साथ एक ढोलकची भी था, जो अपनी उंगलियों की थाप से बहुत मधुर ध्वनि निकालता। ढोलक की उस सुरीली ध्वनि पर मुन्नी हिजड़ा उछल-उछलकर मिरजापुरी कजरी की एक ही पंक्ति को बार-बार और रोज-रोज गाता। वह पंक्ति थी :

पटना शहरिया गुलजारि हो,
कचौड़ी गल्ली सून कइला बलमा।

उसके नृत्य और स्वर में ढोल वाद्य का अद्भुत सहमेल हुआ करता था। उसकी नृत्य स्थली के पास बिछी एक चादर पर लोग कुछ पैसे फेंक देते, जिससे उसकी रोजी रोटी चल जाती थी। मुन्नी हिजड़ा आज भी याद दिलाता है बुद्धकालीन उस पंडक यानी हिजड़े की, जो भिक्षु बनकर अपेक्षाकृत युवा भिक्षुओं से कहता कि वे उसे दूषित करें। भिक्षुओं की शिकायत पर बुद्ध ने उसे भिक्षुसंघ से निकालते हुए एक नियम बना दिया था कि किसी पंडक को कभी भिक्षु न बनाया जाए।

इस प्रकार बनारस प्रवास का प्रथम सप्ताह कैसे बीता, उसका पता नहीं चल पाया। एक खास बात यह थी कि रोज रात को चार बजने से पहले ही नींद टूट जाती थी, क्योंकि विभिन्न दिशाओं में स्थित मंदिरों के घंटे बजने लगते थे। विशेष रूप से शिव मंदिरों से 'हर हर महादेव' का नारा गूंज उठता था। बीच-बीच में एक अन्य नारा सुनने को मिलता, वह था 'राम नाम सत्य है'। इसका मूल कारण यह था कि परंपरा के अनुसार बनारस शहर तथा आसपास के गांवों के मुर्दों को लेकर

आधी रात के बाद से ही लोग शवयात्राएं आरंभ कर देते थे। ये शवयात्राएं मणिकर्णिका या हरिश्चंद्र घाट पर समाप्त होती थीं। रात के सन्नाटे में शवयात्राओं में लगाया जाने वाला उक्त नारा बड़ा डरावना लगता था। गांव में मेरे पिताजी हमेशा कहा करते थे कि शवयात्रा में ले जाते मुर्दे को हमेशा नमस्कार करना चाहिए। अतः उस दौरान मैंने जितना नमस्कार मुर्दों को किया, उतना संभवतः जिंदा लोगों को नहीं। इस बीच एक विचित्र घटना घटी। मेरे पास के सारे पैसे खत्म हो चुके थे। गौरीगंज के सामने वाली सड़क के उस पार 'ललिता' नामक सिनेमाघर था। सिनेमाघर का एक बड़ा अहाता था। उसके दाएं कोने में एक मिठाई की दुकान थी जो सड़क के बिलकुल किनारे थी। उस मिठाई की दुकान से गुजरते हुए मैं प्रतिदिन उसमें रखी हुई बर्फी को देखा करता था। हकीकत यह थी कि इससे पहले मैंने कभी बर्फी नहीं खाई थी। अतः बर्फी खाने की लालच हद से ज्यादा बढ़ गई। हुआ यह कि गौरीगंज के जिस मकान में मैं तपसीराम तथा मुन्नी लाल के साथ रह रहा था, उसमें एक छोटा सा आंगन था। आंगन में एक छोटी सी दीवार थी और सामने स्नानघर। उस घर की एक महिला दीवार पर चालीस पैसा रखकर भूल गई और नहाकर अपने कमरे में चली गई। मैं जब उस घर में आया तो देखा कि वहां पैसे पड़े हैं। मैंने बिना सोचे-समझे उन पैसों को उठा लिया और तुरंत मिठाई की दुकान से दो बर्फी लेकर खा गया। बाद में जब उस घर में वापस आया तो काफी देर देर बाद उस महिला को भूले हुए पैसों की याद आई। पहले उसने आवाज दी कि दीवार पर रखे पैसों को किसने लिया? कहीं से कोई उत्तर नहीं मिला। अंततोगत्वा, उस महिला का सही निशाना मेरे ऊपर लगा। तपसीराम तथा मुन्नी लाल मेरे बारे में उस महिला को आश्वस्त करते रहे कि मैं चोरी कर ही नहीं सकता! वह महिला चुप तो हो गई, किंतु आश्वस्त नहीं। इसके बाद उस घर में मुझे आते-जाते देखकर उस महिला की निगाहें मेरे दिमाग को आरा की तरह चीरने लगीं। संभवतः मैं इतना तनावग्रस्त इससे पहले कभी नहीं हुआ था। मुझे पहली बार समझ में आया कि चोरी पकड़ी जाने पर किसी का व्यक्तित्व कैसे चकनाचूर हो जाता है। मुझे ऐसा लगने लगा कि मैंने न सिर्फ 40 पैसों की चोरी की बल्कि दो बर्फी की भी।

मेरा उस घर में एक पल भी रहना पहाड़ जैसा लगने लगा। तरह-तरह की कल्पनाओं से मैं घिर गया। उनमें एक कल्पना यह भी थी कि मानो मेरी शवयात्रा मणिकर्णिका की ओर जा रही हो। मैं एकदम निर्जीव सा हो गया था। बुद्ध ने चोरी को पाचित्तीय दोष, यानी ऐसा कर्म जिसे करने के बाद पश्चाताप करना पड़े, बताया था। इस संदर्भ में एक ऐतिहासिक घटना उल्लेखनीय है। बुद्ध के समय में ही एक बार अयोध्या से श्रावस्ती की तरफ जाने वाले मार्ग में चोरों के एक झुंड ने कुछ बौद्ध भिक्षुओं को लूटकर कुछ की हत्या भी कर दी। बाद में श्रावस्ती के राजा प्रसेनजित

के सैनिक कुछ चोरों को पकड़कर मृत्युदंड देने के लिए ले जाने लगे। उन चोरों के झुंड में से कुछ भिक्षु बनकर बौद्ध संघ में शामिल हो गए थे। जब इन चोर भिक्षुओं ने अपने सहयोगी चोरों को वध्य स्थल की तरफ ले जाते देखा, तो वे आपस में कहने लगे कि अच्छा हुआ कि हम बौद्धसंघ में शामिल हो गए, अन्यथा हमारा भी वध हो जाता। इस बात की सूचना अन्य भिक्षुओं ने बुद्ध को दी, जिसके बाद उन्होंने नियम बनाते हुए यह कहा कि कभी किसी चोर को भिक्षु नहीं बनाना चाहिए। अतः उन चोर भिक्षुओं को बौद्धसंघ से निकाल दिया गया। यद्यपि मैंने 40 पैसे की उस चोरी की घटना के ठीक 22 साल बाद एक श्रीलंकाई भिक्षु से बौद्ध दीक्षा 21 मार्च, 1988 को ली थी, किंतु उस अपराधबोध से कभी मुक्त नहीं हो पाया। फिर भी मुझे संतुष्टि इस बात पर है कि मैं 'फिर कभी चोरी नहीं करूंगा' के प्रण पर जिंदगी भर कायम रहा। संतुष्टि इसलिए भी थी कि यदि 999 व्यक्तियों का हत्यारा डाकू अंगुलिमाल बौद्ध बन सकता था, तो मैं तो एक साधारण चोर था। उस घर में चोरी से उत्पन्न स्थिति ने मुझे एकदम बेचैन कर दिया था। अतः मुश्किल से वहां दसवां दिन बीता।

उन दिनों कलकत्ता पहुंचने का रेलगाड़ी का उन्नीस रुपए किराया लगता था, वह भी जनरल डिब्बे में। तपसीराम ने मुझे बीस रुपए दिए। अचानक मेरे दिमाग में यह बात आई कि मैं पहले आसनसोल जाऊं, जो कलकत्ता के रास्ते में पड़ता है। आसनसोल की नीघा नामक कोइलरी में चौधरी चाचा के बीच वाले बेटे चुरई भैया काम करते थे। आसनसोल का भाड़ा था तेरह रुपया। मैं साधारण डिब्बे वाला टिकट लेकर बनारस कैंट से 'देहरादून एक्सप्रेस' में खड़ा हो गया। खड़ा इसलिए कि बैठने की जगह नहीं थी। शाम के 6 बजे थे। कोयले के इंजन वाली गाड़ी शोर मचाती चल पड़ी। मुझे ऐसा लगता था कि वह शोर मचाते हुए 'चोर चोर' कह रही हो। शीघ्र ही रेलगाड़ी राजघाट पुल पर चढ़ गई और शोर बड़ा जोर का होने लगा। अनेक लोग, विशेष रूप से औरतें खिड़कियों से गंगा में पैसे फेंकने लगीं। ऐसा करना एक धार्मिक परंपरा का अंग था। मैं बड़ी मुश्किल से खिड़की से पुल के नीचे बहती गंगा पर अपनी निगाहें डाल पाया। देखा कि एक जगह से खूब धुआं उठ रहा था। शीघ्र ही मैंने भांप लिया कि यही है मणिकर्णिका।

गोरिया हबड़ा पुलवा पर ठड़ी

राजघाट के पुल से रेलगाड़ी जैसे-जैसे आगे बढ़ती जा रही थी, मेरा मानसिक तनाव ठीक वैसे ही तनता चला जा रहा था। कभी कभी तो ऐसा लगता था कि जैसे वह रेलगाड़ी मेरे तनाव को खींचते हुए लंबा करती जा रही थी। पहले से ही खचाखच भरे डिब्बे में मुगलसराय पहुंचते ही भीड़ हद से ज्यादा बढ़ गई। बड़ी मुश्किल से लोग एक दूसरे से सटे हुए खड़े थे। सांस लेना भी बड़ा कठिन हो गया था। ऊपर से अप्रैल 1966 के अंतिम सप्ताह की भयंकर गर्मी से सिर फटा जा रहा था। प्यास हद से ज्यादा सताने लगी थी, किंतु उसे बुझाने का कोई चारा नहीं था। उसी हालत में साढ़े पांच घंटे की यात्रा के बाद गाड़ी बोध गया पहुंची। उस समय स्टेशन की घड़ी में रात के साढ़े ग्यारह बजे थे। वहां बीस मिनट गाड़ी को रुकना था। मैं पानी पीने के लिए जैसे तैसे डिब्बे से बाहर आया। स्टेशन पर लगे नल पर भारी भीड़ थी। करीब पंद्रह मिनट के इंतजार के बाद मैं पानी पी पाया। मैंने कुत्ते की तरह हांफते हुए पानी पिया था। पानी पीने के बाद याद आया कि इसी बोध गया में गौतम बुद्ध को महाज्ञान प्राप्त हुआ था। अचानक चारों तरफ नजर दौड़ाकर मैं कल्पना में ही वह बोधि वृक्ष तलाशने लगा, जिसके नीचे बुद्ध ने ज्ञान प्राप्त किया था। इसी बीच रेलगाड़ी के इंजन से चोकरती हुई सीटी की आवाज आई, जिसका मतलब था कि वह चालू होने वाली थी। मैं दौड़कर अपने डिब्बे के पास आया। अंदर के लोगों ने पहले से ही दरवाजा बंद कर दिया थे। मैं बार-बार उनसे विनती करता रहा कि मैं इसी डिब्बे में बनारस से सफर कर रहा था और पानी पीने के लिए नीचे उतरा था। मुझे उस समय बड़ा दुख हुआ जब खिड़की के पास बैठी एक महिला ने कहा कि डिब्बे में घुसने के लिए सभी ऐसा ही झूठ बोलते हैं।

मैं चिंता में डूब गया कि इस गाड़ी में चढ़ नहीं सका तो आसनसोल कैसे पहुंचूंगा? अतः बंद दरवाजे के बाहर लगे मोटे राड को पकड़कर मैं बड़ी मुश्किल से पावदान पर खड़ा हो पाया। दो आदमी पहले से ही पावदान पर खड़े थे। इसी हालत में गाड़ी चल पड़ी। हर पल मृत्यु, लगता था कि सामने खड़ी है। थकावट से हालत खराब थी। जो दो अन्य आदमी पावदान पर खड़े थे, उन्होंने मुझसे पूछा कि मुझे

कहां जाना है। आसनसोल सुनते ही, उन्होंने कई बार मुझे राड को कसकर पकड़े रहने की सलाह दी। उनकी बातों से मुझे बड़ी राहत मिली थी। वे दोनों हाबड़ा जा रहे थे। करीब पौने चार बजे रात को पावदान पर लटके हम आसनसोल पहुंचे। आसनसोल में उस डिब्बे का दरवाजा खुला और अनेक लोग वहां उतरने लगे। मेरे साथ पावदान पर यात्रा कर रहे दोनों व्यक्ति अंदर घुसकर खड़े हो गए। मैंने उन्हें नमस्कार किया। जवाब में एक ने कहा–"अब अइसे गाड़ी में कबहूं मत चढ़िहा।" जब तक गाड़ी वहां रुकी रही, मैं भी वहीं खड़ा रहा। आसनसोल स्टेशन पर वे दोनों आदमी मुझे हद से ज्यादा अपने लगे। गाड़ी चल देने पर उनके शब्द थे : "जा बाबू जा।" इतना सुनकर मैं रो पड़ा।

स्टेशन से बाहर एक बड़ा खाली मैदान था। सैकड़ों की संख्या में मजदूर टाइप के पुरुष तथा महिलाएं सोई हुई थीं। अधिकतर लोग जागे हुए थे। वे सभी सुबह होने के इंतजार में थे, ताकि आसनसोल की विभिन्न कोइलरियों में बस से जा सकें। वहां एक आदमी ने मुझे बताया कि पास ही में बसअड्डा है, वहां से प्राइवेट बसें सभी कोइलरियों को जाती हैं। छः बजे से चलना शुरू कर देती है। मुझे कम से कम दो घंटे वहां बिताने थे। नींद भी खूब आ रही थी। मैं एक खाली स्थान देखकर वहीं लेट गया। लेटते ही नींद आ गई। अचानक थोड़ी दूर पर लेटी एक महिला चिल्ला-चिल्लाकर कहने लगी–"हमार घिउवा वाली मेटिया कवन चोराइ के ले गयल रे।" उस महिला की चिल्लाहट ने सबकी नींद तोड़ दी। वह एक बिहारी मजदूर की पत्नी थी जो अपने घर से एक हड़िया घी लेकर आई थी। किसी ने उसे सोता देख चुरा लिया। मैं यह बात सोचकर डर गया कि कहीं गौरीगंज वाली महिला की तरह इस महिला का भी चोरी वाला शक मेरे ऊपर तो नहीं। वह महिला बड़ी देर तक उस अज्ञात चोर को गालियां देती रही। वहां सोए हुए मुझे पश्चिम दिशा में काफी दूर भूरे रंग में जलता आसमान दिखाई दे रहा था। बगल में लेटे एक अन्य मजदूर ने बताया कि वहां बर्नपुर का लोहे का कारखाना है, जिसकी चिमनी से आग की लपटें निकल रही हैं। किसी कारखाने से आसमान जल उठेगा, ऐसा मैंने पहली बार अनुभव किया। सवेरा होते ही वहां लेटे लगभग सारे लोग बसअड्डे की तरफ चल पड़े। मैं भी नीघा जाने वाली बस में बैठ गया। किराया सिर्फ चार आने था।

नीघा कोइलरी के स्टाप पर उतरने के बाद बड़ी आसानी से मुझे चुरई भैया का बासा मिल गया। वे मुझसे मिलकर बहुत खुश हुए। उनके बासा से आधा किलोमीटर की दूरी पर कोइलरी का मोहाना था, जो कुएं की शक्ल में बहुत गहरा था, जिसमें बिजली से चलने वाली ट्राली सात आठ मजदूरों को एक साथ लेकर अंदर जाती थी। देखने में बड़ा भयावह दृश्य लगता था। पास में ही शुरू हो जाते थे चौकोर खांचानुमा आकृति वाले विशाल बिजली के स्तंभ। इन्हीं स्तंभों के मोटे तारों से घिसटती हुई

अनगिनत लोहे की ट्रालियों में भरकर बालू बंगाल की दामोदर घाटी से आता और स्वचालित प्रक्रिया के तहत वहां बालू का अंबार लगता रहता था। कोयला खुदाई से निर्मित रिक्त स्थान में बालू भर दिया जाता था। बिजली के तारों से गुजरती हुई अनगिनत बालू भरी ट्रालियां बड़ा मनमोहक दृश्य प्रस्तुत करती थीं। मैं घंटों इन आती जाती ट्रालियों को देखा करता था। मैंने देखा कि हर मजदूर सिर पर बेल्ट लगी एक खास किस्म की चोरबत्ती (टार्च) बांधकर खान के अंदर जाता था और उसकी रोशनी में बेलचे से कोयला काटता था। खान के अंदर से निकाला हुआ कोयला बिजली से ही चलने वाली ट्रालियों से भरकर ऊपर जमीन पर आ जाता था। वहां माल गाड़ी खड़ी रहती थी जिसमें कोयला भरकर गंतव्य स्थलों को भेज दिया जाता था। उन दिनों कोयले की खदानों में बड़ी आसानी से काम मिल जाता था। एक बार मैं चुरई भैया के साथ ट्राली में बैठकर खान के अंदर गया भी, किंतु घुप अंधेरा देखकर डर गया। अतः कोयला काटने का इरादा हमेशा के लिए त्याग दिया। नीघा कोइलरी के आसपास दूर तक ताड़ के पेड़ों की भरमार थी। पानी से भरे तालाब भी थे। ताड़ वृक्षों की आड़ में उगता सूरज या रात में चमकता चांद अविस्मरणीय छटा प्रस्तुत करता था। चंद्रोदय की याद आने पर मुझे आज भी सुकांत भट्टाचार्य की अंतिम कविता 'हे महाजीवन' की ये पंक्तियां बहुत याद आती हैं :

भूख के राज में पृथ्वी गद्यमय है
पूर्णिमा का चांद मानो झुलसी हुई रोटी है।

मैं सूर्योदय से पहले अकसर उठकर पास वाले तालाब पर चला जाता और उसके किनारे लगे ताड़ों के पीछे उगते सूरज को देखा करता था। सूर्योदय का ऐसा दृश्य इससे पहले मैंने कभी नहीं देखा था। एक दिन शाम के समय मैं भविष्य की चिंता लिए कोइलरी के दक्षिण दिशा वाली पगडंडी पर बेमतलब चलने लगा। आधा किलोमीटर चलने के बाद देखा कि सीमेंट से बनी किंतु खुरदरी हो चुकी एक काफी लंबी चौड़ी पुरानी हवाई पट्टी फैली हुई थी। वहां कोई हवाई जहाज आता-जाता नहीं था। जाहिर है अंग्रेजों के राज की वह हवाई पट्टी थी, जहां उसके सैनिक वायुयान से आया-जाया करते थे। मैं उसके एक छोर से दूसरे छोर तक जाता और फिर वापस आता। बनारस हिंदू यूनिवर्सिटी में पढ़ाई की उत्कट इच्छा तथा कोई सहायता न मिलने की संभावना से ग्रसित मेरे लिए वह हवाई पट्टी रोजाना अश्रु पट्टी में बदल जाती थी। हर शाम उसी पट्टी पर चलते हुए मैं रोया करता था।

मैं आसनसोल इसलिए गया था कि यदि चुरई भैया दस रुपया तथा कलकत्ता वाले उनके ही छोटे भाई सोबरन उतने ही रुपए हर महीने मुझे देना स्वीकार कर लेंगे तो बाद में कुछ ट्यूशन आदि कर के बी.एच.यू. में जीवनयापन करने में सफल हो जाऊंगा। किंतु नाम लिखाने के लिए कम से कम 150 रुपयों की अलग से जरूरत

थी। चुरई भैया शुरू में ही साफ कर दिए थे कि अलग से वे मेरी कोई सहायता नहीं कर पाएंगे। उनकी नकार से उत्पन्न चिंता मुझे हर शाम उस हवाई पट्टी पर भेजने लगी। मुर्दहिया के अलावा दुख हल्का करने का इससे बेहतर निर्जन बियाबान कहीं और नहीं हो सकता था। वैसे कोयला खदान के मजदूरों का जीवन बड़ा ही शोषणयुक्त हुआ करता था। बिचौलिया ठेकेदारी का बोलबाला था। वहां अधिकतर मजदूर दलित या अति पिछड़ी जातियों के होते थे, किंतु ठेकेदार सवर्ण होते थे। नीघा में एक ठेकेदार बलिया जिले के क्षत्रिय जमींदार थे, जिनका नाम था उमा शंकर सिंह। वे एक किराने की दुकान के साथ-साथ चाय समोसा भी बनाते थे। मजदूरों को साप्ताहिक मिलने वाली तनख्वाह भी वे ही लाकर बांटते थे। कोई भी मजदूर सोलह सत्रह रुपए से ज्यादा हर सप्ताह नहीं पाता था। तनख्वाह देते समय ठेकेदार हर मजदूर की कमाई में से हर सप्ताह दो-दो रुपए पहले अपने पास रख लेता था। इस तरह सैकड़ों रुपए हर सप्ताह ठेकेदार को बिना किसी मेहनत के मिल जाते थे। ऊपर से ये सारे मजदूर उसी की दुकान से सारी खरीदारी करते थे तथा चाय समोसा भी खाते-पीते थे। उन कोयला मजदूरों के बीच एक खास बात यह थी कि मुफ्तखोर साधु फकीरों का भी जमघट लगा रहता था। ये साधु फकीर मजदूरों के अपने ग्रामीण क्षेत्रों के हुआ करते थे। शाम के समय ढोल, खजड़ी तथा झाल के साथ भजन कीर्तन करते उन्हें अकसर देखा जा सकता था। मजदूर भी उनके राग में राग मिलाने लगते थे। ऐसे साधुओं को मजदूर बारी-बारी से अपने बासा में खाना खिलाते तथा वहां से वापस जाते समय किराया भाड़ा के साथ दक्षिणा भी देते।

ऐसे ही एक साधु थे सुखराम जो अपने को कबीरपंथी बताते थे, किंतु श्रीकृष्ण पर अकसर भाषण देने लगते थे। उनकी कृष्णप्रियता का असली राज तब खुला जब चुरई भैया के बासा के ठीक पड़ोस में हमारे गांव के ही कुनकुन भैया के बासा में वे आने लगे। कुनकुन भैया की पत्नी काफी स्मार्ट थी। वे घूम फिरकर उस समय वहां आते, जब कुनकुन चुरई भैया के साथ खदान के अंदर चले जाते। सुखराम उस युवती को कृष्ण तथा गोपियों के संबंध के बारे में किस्से कहानियां सुनाकर उसे अपनी तरफ प्रभावित करने की कोशिश करने लगे। एक दिन उन्होंने खुलेआम रति याचना का प्रस्ताव रख दिया, जिससे घबड़ाकर उस महिला ने सारा किस्सा अपने पति कुनकुन को बता दिया। कुनकुन ने पत्नी से कहा कि वह उस साधु को दोपहर के समय बुला ले क्योंकि उस समय सभी लोग खदान के अंदर होते हैं। पत्नी ने वैसा ही किया। कुनकुन तथा उनके दो साथी चुरई भैया के बासा में छिप गए थे। साधु के घर में प्रवेश करते ही वह महिला 'बचाओ बचाओ' कहकर चिल्लाने लगी। परिणाम स्वाभाविक था। तीनों व्यक्तियों ने चुरई भैया के बासा से निकलकर उस साधु की खूब पिटाई की। हाथ पैर जोड़ते सुखराम किसी तरह जान बचाकर वहां से भाग निकले। यह सारा हादसा मेरे सामने हुआ।

इस तरह नीघा में करीब दस दिन बीत चुके थे। मैं शीघ्र से शीघ्र कलकत्ता पहुंच जाना चाहता था। चुरई भैया ने भी बीस रुपए दिए। मैं सुबह-सुबह उन्हें सिर पर चोरबत्ती बांधे कंधे पर बेलचा रखे नीघा कोइलरी के अंदर जाते हुए विदा कर वापस आसनसोल स्टेशन पर जा पहुंचा। छः रुपए वाला साधारण डिब्बे वाला टिकट लेकर मैं दिल्ली से आती हावड़ा मेल में बैठ गया। बारह बजे दोपहर के आसपास रेलगाड़ी हावड़ा पहुंची। मैं स्टेशन के अंदर बाहर आते जाते हजारों लोगों को एक साथ देखकर दंग रह गया। चारों तरफ सिर ही सिर दिखाई दे रहे थे। मधुमक्खी के छत्ते जैसी आवाज प्रतीत हो रही थी। वहां स्टेशन से बाहर जाने के लिए कई निकास थे। जब एक निकास से मैं बाहर जाने लगा तो टिकट कलेक्टर मुझे रोककर उस समय के दफ्ती वाले छोटे टिकट की जांच करने लगा। उसने मेरी बांह पकड़कर निकास के अंदर खींच लिया और कहने लगा कि जिस रेलगाड़ी से मैं आया, वह एक्सप्रेस ट्रेन थी, जिसमें साढ़े तीन सौ मील से कम दूरी की यात्रा करना मना है। अतः उसके अनुसार वह गाड़ी जहां से चली थी, वहां से लेकर हावड़ा तक का किराया देना पड़ेगा, यानी दिल्ली से हावड़ा तक का किराया। मैं एकदम घबड़ा गया और फूट-फूटकर रोने की मुद्रा में आ गया। टी.सी. ने मुझसे पूछा कि मैं क्या करता हूं? मैंने कहा कि मैं काम की तलाश में पहली बार यहां आया हूं और मुझे बिलकुल पता नहीं था किस गाड़ी में सफर कर सकता था या किसमें नहीं। इस पर उसने मुझसे कहा दो रुपए हैं? मैंने अविलंब उसे दो रुपया देकर 'नमस्कार साहब' कहा और स्टेशन से ज्यों ही बाहर आया, हुगली नदी पर बने विशाल हावड़ा पुल को देखकर एकदम स्तब्ध रह गया। दिमाग में पहली कल्पना आई कि इतना बड़ा लोहे का कंकाल कैसे खड़ा है? उसने मुझे चुम्बक की तरह अपनी तरफ खींच लिया। मैंने देखा कि पुल के दाएं वाली पटरी पर पूरा बाजार ही लगा था। साग सब्जी, चावल दाल से लेकर मछली तक बिक रही थी। इस बीच सामने आती हुई बाल खोले एक अति सुंदर युवती दिखाई दी। मुझे बचपन में अपने गांव आने वाले उस बाइसकोप वाले का गाना याद आ गया :

मारै गुंडन से नजरिया
गोरिया हबड़ा पुलवा पर ठड़ी।

मैं उसे साग सब्जी की ही तरह एकटक देखता रहा। कई अधेड़ उम्र वाले बंगाली कांख में छाता दबाए धान के डंठल में गुथी खरीदी हुई मछलियों को साबुत लटकाए हुए गुजर रहे थे। वहां यह भी देखा कि अनेक युवतियां, बूढ़े बुढ़िया मोलभाव करने में व्यस्त थे। मैं सारी चिंता भूलकर पुल के आर-पार गया। हर चीज पर निगाहें गड़ा गड़ाकर देखा। पुल के बगल से ही सवारियों से भरे धुआं छोड़ते 'भक भक' करते हुए स्टीमर सांप की तरह पानी को चीरते हुए कलकत्ता के बड़ा बाजार की तरफ जाकर रुक जाते थे। स्टीमरों का यह क्रम लगातार बना रहता था।

वहीं पहली बार ट्रामों को चलते देखा। वास्तविकता यह थी कि मैं हर चीज को पहली ही बार देख रहा था। पुल के उस पार कलकत्ता की विशालता से मैं एकदम चकाचौंध था। कुछ देर के लिए मैं भूल गया कि मुझे सोबरन भैया के यहां जाना है। मुझे ख्याल आता कि हावड़ा पुल पर ही आने जाने की नौकरी मिल जाती, तो कितना अच्छा रहता! इस चकाचौंध के बीच बचपन में सुनी वह किंवदंती भी याद आने लगी, जिसके अनुसार बंगालिन; लोगों को जादू टोना द्वारा भेड़ा बकरा बनाकर रख लेती हैं। वास्तविकता यह थी कि जादू निश्चित रूप से उन युवतियों की बड़ी-बड़ी निगाहों और खुले हुए काले काले बालों में था। मैंने करीब दो घंटे हावड़ा पुल पर बिताए। वहां से हटने का मन नहीं कर रहा था। घर से भागकर सन् 1961 में कलकत्ता आने का प्रयास अधूरा रह गया था किंतु मई 1966 के प्रथम सप्ताह में वह सपना पूरा होने के बावजूद सपना ही लग रहा था। मैं जब पुल से उतरकर पास में ही स्थित बसअड्डे पर 57 नम्बर की बस पकड़ने चला, तो गांव की नौटंकियों में साड़ी पहनकर नाचते लवंडों का लोकप्रिय गाना याद आया :

लागल झुलनिया क धक्का
बलम कलकत्ता पहुंच गए।

सोबरन भैया गांव में आते-जाते बता चुके थे कि हावड़ा स्टेशन के बाहर से 57 नं. की बस कदमतल्ला जाती है। वे वहीं रहते थे। उनका सिर्फ इतना ही पता मेरे पास था। उन दिनों कलकत्ता हावड़ा में बसों का किराया बहुत सस्ता होता था; पंद्रह-बीस पैसों में दूर-दूर तक जाया जा सकता था। ट्राम का किराया तो दो पैसे से शुरू होता था। मैं 57 नं. की बस देखकर बहुत खुश हुआ और कदमतल्ला पहुंच गया। पूछने पर बड़ी आसानी से मजदूरों के रहने वाली कटरानुमा पंडित की बाड़ी मिल गई। उस दिन रविवार था इसलिए सोबरन भैया बाड़ी में ही थे। मुझे देखकर वे अचंभित किंतु बहुत खुश हुए। उनकी पत्नी जाबी देवी भी उनके साथ थीं। उसकी आंखों में आंसू आ गए क्योंकि मैं घर से भागा हुआ था। सोबरन भैया को मैंने पढ़ाई में आने वाली कठिनाई को बताया और कुछ काम करने की इच्छा प्रगट की। दूसरे दिन सुबह वे मुझे अपने साथ दासनगर ले गए। वहां वे 'पी.एल. बोस आयरन कंपनी' में काम करते थे। लोहे की उस फैक्ट्री में बिजली के खंभो को तानने वाले तार के रस्सों को सीधा रखने के लिए जमीन में गड़े एक अंग्रेजी के उल्टे यू (U) आकृति वाले सयंत्र के लिए नट बोल्ट आदि की ढलाई होती थी। उस सयंत्र को खराद कर चूड़ी भी तैयार की जाती थी। लोहे को जलाकर लाल करने का काम लोहार वाली हाथ से चलाई जाने वाली भट्टी से लिया जाता था। उस भट्टी से फूं फूं की निकलती हुई ध्वनि के साथ लोहा गर्म होकर एकदम लाल हो जाता था। फिर मजदूर उस लाल लोहे को निहाय (यानी लोहे की ईंट) पर रख नट-बोल्ट की शक्ल

में सांचे से काटकर उसके अंदर चूड़ी पेर लेते थे। यह काम बड़ा ही रोचक लगता था। मुझे उस लाल गरम लोहे को बड़े संड़से द्वारा पकड़ने का काम मिला। जब मिस्त्री उस लोहे पर बड़ा हथौड़ा मार-मारकर उसे चपटा बनाता तो मेरा हाथ झनझना उठता था। उस स्थिति की स्मृति मुझे हमेशा केदारनाथ अग्रवाल की 'वीरांगना' नामक कविता की याद दिलाती है :

मैंने उसको
जब जब देखा
लोहा देखा
लोहे जैसा
तपते देखा
गलते देखा
ढलते देखा
मैंने उसको
गोली जैसा
चलते देखा।

उस काम के लिए मुझे दो रुपया रोज के हिसाब से मेहनताना मिलता था। मैंने डेढ़ महीने यह काम किया। आसनसोल की नीघा कोइलरी की ही तरह 'पी.एल. बोस आयरन कंपनी' में भी साप्ताहिक तनख्वाह मिलती थी। होता यह था कि एक सप्ताह बाद जो कुछ मिलता, दूसरे सप्ताह में खा-पीकर बराबर हो जाता। पता नहीं दोबारा कलकत्ता आ सकूंगा या नहीं, यह सोचकर खूब घूमने का मन बना लिया था। कलकत्ता की बड़ी बड़ी इमारतें बहुत प्रभावित करती थीं। आजमगढ़ और बनारस कलकत्ता के सामने बच्चा जैसे लगते थे।

मैं प्रायः आयरन कंपनी के काम के बाद शाम के समय हावड़ा से ट्राम पकड़कर धर्मतल्ला मैदान चला जाता। वहां से चौरंगी, विक्टोरिया मेमोरियल, ईडेन गार्डेन आदि क्षेत्रों का खूब दौरा किया करता था। यूं ही भटकने में बड़ा मजा आता था। सबसे ज्यादा मनोरंजक स्थान धर्मतल्ला होता, जिसका अंग्रेजों ने एस्प्लैनेड यानी 'खुला मैदान' नाम दिया था। ट्रामों के ऊपर एस्प्लैनेड ही लिखा रहता था। छुट्टी के दिन धर्मतल्ला सबसे ज्यादा जीवंत हो उठता था। मालिश करने वालों का फिल्मी अंदाज देखते ही बनता था। डमरू बजा-बजाकर कोई जादू दिखाता तो कोई उसकी ही धुन पर बंदर-बंदरियों को नचाता। सबसे ज्यादा सुरीले किंतु तेज स्वर में 'आल्हा' सुनाई देता। आल्हा विभिन्न देवियों की वंदना से शुरू होता, जैसे :

काली ध्यावों कलकत्ते की
सारद मैहर की सरनाम

विंधवासिनी के पद ध्यावों
ज्वालामुखी करौं परनाम।

चारखाने की लुंगी पहने लंबे लंबे बालों वाला अल्हैता अपने दाएं हाथ की तर्जनी में बांस की एक पतली खपच्ची बांधे रखता था, जिसके माध्यम से उसकी ढोल के स्वर बड़े मनमोहक लगने लगते थे और जब वह युद्धोन्मादी ध्वनि पर सिर के बालों को लहराते हुए गाता :

खट खट, खट खट तेगा बोले
रणमा छपक छपक तलवार।

तो ऐसा लगता था कि मानो धर्मतल्ला का मैदान कटे नरमुंडों से पट गया हो। अपनी इस कला से वह खूब पैसा कमाता था। धर्मतल्ला के एक कोने में यू.पी., बिहार के मजदूरों की बिरहा मंडली भी ढोल करताल के साथ मौजूद रहती। बचपन में गांव की शादियों के अवसर पर गाई जाने वाली बिरहा की दो लाइनें धर्मतल्ला में पुरानी यादों को ताजा कर देती थीं। वे लाइनें थीं :

शिव के परीछैं मैना अपनी बखरियां
भूत पिशाच अइले साथे ससुररियां...

बिरहा मंडली का एक आधुनिक किस्म का गीत काफी लोकप्रिय हो गया था जिसे बंगाली युवक बहुत पसंद करते थे, वह था :

एक ठे नई गाड़ी चलल बा छपरा से...
छपरा क चलल गाड़ी हबड़ा में रुकल बा
पसींजर उतरै घबड़ा के, एक ठे नई गाड़ी...

ऐसी जगहों पर कोई सपेरा न हो, ऐसा हो ही नहीं सकता। मैदान के ट्राम जंक्शन के पास हमेशा सपेरे की बीन पर कोबरा फण फैलाए नाचता रहता था। सपेरे के इर्द-गिर्द हिप्पियों का जमघट लगा रहता था। इस तरह की अनेक विधाओं के कलाकार धर्मतल्ला मैदान में कलकत्ता की मिश्रित संस्कृति को जीवंत बना देते थे। उसी क्षेत्र में स्थित कलकत्ता म्यूजियम, बिरला प्लैनेटोरियम तथा विक्टोरिया मेमोरियल आदि स्थल किसी को भी एक अलग दुनिया में पटक देते थे। विशेष रूप से बिरला प्लैनेटोरियम के माध्यम से ब्रह्मांड की सैर मुझे बहुत अच्छी लगी थी। किंतु कलकत्ता की उस जादुई दुनिया से जब भी घूम-फिरकर मैं कदमतल्ला वापस आता, बंगाल पुलिस की एक हरकत सारा गुड़ गोबर कर देती थी। वहां हर रोज दिन डूबने के बाद एक नीली गाड़ी में बैठकर आठ-दस पुलिस वाले आते और कहीं भी सड़क या गली में आते-जाते यूपी या बिहार के मजदूरों को पकड़ लेते और उन पर अशांति फैलाने या अपराध में लिप्त रहने का झूठा आरोप लगाकर उनसे घूस वसूलते। यद्यपि घूस का काम दो रुपए में चल जाता था, किंतु उस समय के अनुसार

किसी आम मजदूर के लिए दो रुपए काफी बड़ी रकम हुआ करती थी। पुलिस की उस गाड़ी को 'हल्लागाड़ी' कहा जाता था।

'हल्लागाड़ी' को देखते ही लोग बेतहाशा भागकर गलियों में छिपने लगते थे। लोग बताते थे कि हल्लागाड़ी का आतंक मजदूर बस्तियों में सबसे ज्यादा रहता था। उन दिनों हल्लागाड़ी पुलिस की घूसखोरी का एक बड़ा जरिया होती थी। बताया जाता था कि अंग्रेजों ने ही हल्लागाड़ी का आविष्कार किया था। एक बार मैं भी हल्लागाड़ी द्वारा पकड़ लिया गया था, किंतु दो रुपए देकर मुक्त हुआ, अन्यथा हवालात अवश्य पहुंच गया होता।

उस दौरान हावड़ा के शिवपुर में मेरे चचेरे मामा के एक बेटे नंदलाल बिड़ला की जूट मिल में काम करते थे। शिवपुर में स्थित राम खेलावन चौबे की बाड़ी में वे रहते थे। पी.एल. बोस आयरन कंपनी का काम छोड़ने के बाद मैं करीब एक सप्ताह उनके साथ रहा। वहां से बकुल बाग स्थित 'बाटेनिकल गार्डेन' काफी पास था। मैं लगभग रोज ही वहां चला जाता था और गार्डेन का चप्पा-चप्पा छान मारता। यह गार्डेन हुगली के तट पर बसा हुआ था। इसके एक सिरे से हुगली के उस पार बना 'खिदिरपुर डक' अविस्मरणीय छवि प्रस्तुत करता था। वहां दर्जनों पानी के जहाज लंगर लगाए खड़े रहते थे। कई जहाज बहुमंजिली इमारत की तरह पानी में तैर रहे थे। उन्हें देखकर वह इतिहास आज भी ताजा हो उठता है, जिसके तहत यू. पी. बिहार के हजारों मजदूर खिदिरपुर डक से मारीशस, सूरीनाम, ट्रीनीटाड जैसे अनेक अजनबी देशों की अनजान मंजिल की तरफ भेज दिए जाते थे। ऐसी मजबूर यात्राओं का सिलसिला 19वीं शताब्दी के पूर्वार्ध में शुरू हुआ था। खिदिरपुर डक को देखकर कलकत्ता के एक वास्तविक व्यापारिक नगर होने की छवि साफ नजर आने लगती थी। उन्हीं में से किसी जहाज में बैठकर एक अनजान मंजिल की तरफ जाने को मैं व्याकुल सा हो गया था।

ऐसे ही एक जहाज में चोरी से बैठकर वियतनाम के प्रसिद्ध क्रांतिकारी हो ची मिन्ह अपने बचपन में फ्रांस चले गए थे और लौटकर आए तो अपने देश के मुक्तिदाता बन गए। अतः बाटेनिकल गार्डेन के उस छोर से मैं घंटों खिदिरपुर डक की तरफ देखा करता था। जहां तक गार्डेन के अंदर की बात है, उसमें एक तालाब भी था, जिसमें इक्के-दुक्के कमल के फूल खिले दिखाई दे रहे थे। पतले बांसों के झुरमुट बड़े लुभावने थे, किंतु वहां सबसे बड़ा आकर्षण का केंद्र था सैकड़ों वर्गगज में फैला एक बहुत पुराना बरगद का पेड़ जिसके सौ से भी ज्यादा तने दिखाई दे रहे थे। बताया जाता था कि मूल तने को वैज्ञानिक वर्षों पहले हटा दिए थे, ताकि पेड़ की उचित रक्षा की जा सके। मैंने देखा कि विभिन्न डालियों से निकली हुई बरोहों, यानी पतली-पतली रस्सियों जैसी जड़ों को बांस की फोफियों में डालकर सीधे जमीन

पर लाने की कोशिश की गई थी। उन डालियों से लटकी सैकड़ों बांस की फोफियों को देखकर ऐसा लगता था कि मानो बेनिया डोला-डोला कर बरगद को हवा दी जा रही हो। सारे पर्यटक अकसर बरगद के नीचे ही खड़े या घूमते नजर आते थे। ऐसा जान पड़ता था कि बरगद को देखने के बाद बाटेनिकल गार्डेन में कुछ और देखने की जरूरत ही नहीं पड़ती थी। सत्य ही कहा गया है कि बरगद की छाया में कुछ भी नहीं पनपता। बाटेनिकल गार्डेन का यह बरगद हमेशा याद दिलाता है बोध गया के ढाई हजार वर्ष पूर्व उस बरगद की जिसके नीचे बुद्ध ज्ञान प्राप्त करने के बाद एक सप्ताह रुके थे। यद्यपि उन्हें वहां स्थित पीपल के पेड़ के नीचे ज्ञान प्राप्त हुआ था, किंतु आराम के उद्देश्य से अजपाल नामक बरगद के नीचे चले गए थे। वहीं उन्हें उड़ीसा से आए तपस्सु और भल्लिक नामक दो बनजारों ने लड्डू के साथ मट्ठा दिया था।

शिवपुर में राम खेलावन चौबे की बाड़ी का नजारा भी बड़ा रोचक था। पास में ही हुगली नदी का किनारा था। सुबह के समय समुद्री ज्वार की वजह से हुगली एकदम लबालब भर जाती थी और बहुत डरावनी लगने लगती थी, किंतु दोपहर बाद सिकुड़कर अपनी तलहटी में चली जाती थी। यह प्रक्रिया रोज देखने को मिलती थी। दोपहर बाद मोहल्ले के सैकड़ों लोग दुबली पतली हुगली में नहाने लगते थे। वहां एक काली का स्थानीय मंदिर था। एक दिन वहां के पुजारी लाल कागज पर छपा एक पर्चा गली-गली में बांटने लगे। पर्चे पर फुफकारता हुआ एक सांप भी बना हुआ था। एक पर्चा मुझे भी मिला। पढ़ने से पता चला कि मंदिर में काली की मूर्ति के सामने एक गेहुवन सांप फण फैलाकर आराधना की मुद्रा में खड़ा था। पुजारी काली के सामने आंख मूंदे हाथ जोड़कर खड़ा हो गया और जब आंख खोली तो सांप गायब था और उसकी जगह एक ब्राह्मण खड़ा था। शीघ्र ही ब्राह्मण भी अंतर्ध्यान हो गया। अतः पर्चे में अपील की गई थी कि उस मंदिर में देवी का 'चमत्कार' हो गया है, इसलिए लोग भारी संख्या में काली के दर्शन के लिए आवें और श्रद्धा से चढ़ावा दें। पर्चे के सबसे ऊपर तीन बार चमत्कार लिखा हुआ था। चूंकि वह क्षेत्र बड़ी संख्या में अनपढ़ मजदूरों से भरा पड़ा था, इसलिए हजारों लोग काली का चमत्कार देखने को उस मंदिर पर उमड़ पड़े। राम खेलावन चौबे की बाड़ी में करीब 50 मजूदर रहते थे। वे सबके सब मंदिर पर हाजिर हो गए।

मैं नंदलाल को समझाता रहा कि इस तरह के पर्चे पैसा इकट्ठा करने के लिए पंडे पुजारी प्रायः जालसाजी के तहत बांटते रहते हैं, किंतु अंधविश्वास के सामने वहां लोग मुझे ही भला बुरा कहने लगे। अंततोगत्वा, नंदलाल भी पांच रुपए का चढ़ावा दे आए। उस पर्चे के चमत्कार से पुजारियों के बक्से भर गए थे। काली का वह चमत्कार उस क्षेत्र में कई दिनों तक चर्चा का विषय बना रहा। चौबे की बाड़ी में सिर्फ एक बंगाली बुढ़िया जो अपनी बेटी कमला दास के साथ रहती थी, हमेशा कहती कि बंगाली

पंडे बहुत चालाक होते हैं और बहुत झूठ बोलकर पैसा हड़प जाते हैं। वह बहुत गरीब थी, इसलिए मजदूरों की बाड़ी में रहती थी। उसकी बेटी कमला अत्यंत सुंदर थी। वह 18 साल से ज्यादा की नहीं लगती थी। वह जब भी अपनी बाड़ी से बाहर निकलती अनगिनत निगाहें उसे बेंध लेतीं। उसके बारे में चर्चाओं का बाजार रोज गर्म रहता। उसके स्वर में एक तरह का जादू था। रोज सुबह शाम कुछ न कुछ सुरीले अंदाज में वह गाती रहती थी। उसका एक मनचाहा गीत था :

आमि हेरे तोमाके सकल दिशि
तोमि कोथाय आलो रे।

वर्षों बाद मुझे पता चला कि उक्त पंक्तियां रवीन्द्र नाथ टैगोर की 'गीतांजलि' से थीं। 'मैं तुझे सभी दिशाओं में ढूंढ़ती फिरती हूं, तुम कहां हो'। इस रहस्यमयी ध्वनि को सुनकर वहां हर कोई स्वयं को ही ढुंढ़वाने की कल्पना में मस्त रहता। कमला की बूढ़ी मां रोज छोटी-छोटी चल्हवा सिधरी जैसी सस्ते दाम में मिली मछलियों को पकाकर काली की तस्वीर के सामने रख लेती और फिर देवी की आराधना में व्यस्त हो जाती थी। उसकी यह पूजा पद्धति मुझे बड़ी विचित्र लगती थी। कमला हर रोज अपनी अमिट छाप छोड़ते हुए हुगली के किनारे बसे शिवपुर की गलियों में विलुप्त हो जाती और छोड़ जाती अपने पीछे कल्पनाओं का ढेर सारा अम्बार। इस बीच मेरे इंटरमीडिएट का परीक्षाफल प्रकाशित हो चुका था। मैंने 20 जून, 1966 को धर्मतल्ला जाकर एक अखबार वाले के पास अपना परीक्षाफल देखा। पचास पैसे में वह किसी को भी परीक्षाफल बता देता था। मैं द्वितीय श्रेणी में पास था। खुशी तो अपार हुई किंतु प्रथम श्रेणी न प्राप्त करने के दुख ने साथ नहीं छोड़ा। मैं कदमतल्ला वापस चला गया। कदमतल्ला की जिस बाड़ी में सोबरन भैया रहते थे, उसमें भी यू.पी., बिहार के पचासों मजदूर रहते थे। वहां बलिया जिले की एक मजदूर की अनपढ़ पत्नी भी रहती थी। मुझे जब भी आते-जाते देखती, वह अपनी एक आंख दबा लेती और मुझे हमेशा यह जताने की कोशिश करती कि मेरी एक आंख में रोशनी नहीं है। उस महिला का व्यवहार अन्य लोगों से भी बहुत खराब रहता था। वह बहुत घमंडी थी और छोटी छोटी बातों पर किसी से भी झगड़ा कर लेती थी। उसका झगड़ालू स्वभाव सबको डरा देता था। मैं उससे कभी एक शब्द नहीं बोला, किंतु वह आंख दबा-दबाकर हजारों शब्दों का वार हर दिन कर देती थी। उसके सामने से गुजरना मुझे बहुत खटकता था। सोबरन भैया भी भविष्य में मेरी पढ़ाई में घर वालों की राय के बिना किसी भी तरह की सहायता देने से मना कर चुके थे। कलकत्ता/हावड़ा निवास का अंतिम सप्ताह बड़ा ही दुखमय हो गया था।

आजमगढ़ के मेरे एक रिश्तेदार तारातल्ला बेहला में रहते थे। उन्होंने मुझे खाने पर बुलाया। मैं उनके यहां गया। वे आजमगढ़ के रैदोपुर मोहल्ले के रहने वाले थे।

तारातल्ला बेहला में सड़क के किनारे एक झोंपड़ी बनाकर वे रहते थे तथा झोपड़ी के बाहर फटे जूतों को सिलते और उन पर पालिश करते थे। इसी से उनकी रोजी रोटी चलती थी। उन्होंने मुझे बहुत अच्छी तरह खिलाया और रात में मैं उनकी झोपड़ी में ही सो गया। सवेरा होने पर उन्होंने अपनी उंगली के सहारे सामने स्थित कलकत्ता की टकसाल वाली इमारत को दिखाया और कहा कि वहां नोट छापे जाते हैं। नोट छपने की कल्पना से मैं उद्वेलित हो गया था, किंतु उस इमारत पर सिर्फ निगाहें फेरते हुए मैं धर्मतल्ला वापस आकर एक ट्राम के माध्यम से अलीपुर का चिड़ियाखाना देखने चला गया। चिड़ियाखाना के प्रवेश द्वार पर ठेले वालों से लोग भिगोया हुआ चना खरीद रहे थे। लोगों को देखकर मैं भी चना खरीद कर खाने लगा। कुछ बंगाली युवक मेरे ठीक पीछे खड़े थे, वे चना खाते देखकर ठहाके के साथ हंसने लगे। मैं एकदम समझ नहीं पाया और आगे चिड़ियाखाना में दाखिल हो गया। उनके ठहाके का कारण मुझे शीघ्र ही उस समय पता चल गया, जब मैंने देखा कि लोग खरीदे हुए चने को चिड़ियाखाना के पशु- पक्षियों को खिलाने लगे। वास्तव में सारे ठेले वाले पशु पक्षियों के खाने की ही सामग्री बेच रहे थे। शुरू में ही मेढक निगलते सापों का बाड़ा, वहां के जलस्रोतों में शोर मचाते पक्षी, सफेद रंग के शेर, काली सफेद पट्टी वाले जेब्रे आदि से मैं मंत्रमुग्ध था, किंतु सबसे ज्यादा मुझे प्रभावित किया था अफ्रीकी जिराफों का एक परिवार, जो अपनी हद से ज्यादा लंबी लंबी गर्दनों को उठाकर एक पेड़ की ऊंची टहनियों पर लगी पत्तियों को खा रहा था। उन्हें देखने से बाज आने का मन ही नहीं कर रहा था। करीब तीन घंटे बाद उन्हीं जिराफों पर नजर दौड़ाते मैं चिड़ियाखाना से बाहर आ गया। किसी जानवर ने भूल से भी अपनी दबी आंख से मुझे नहीं देखा, किंतु कदमतल्ला वापस आने पर उस बलिया वाली महिला ने एक बार फिर अपनी एक आंख मूंद ली।

कदमतल्ला वैसे तो बड़ा घना क्षेत्र था, किंतु बगल से पूरब दिशा में दक्षिण भारत की ओर जाने-आने वाली रेलगाड़ियों के दर्जनों ट्रैक बिछे हुए थे, जिसके कारण वहां लंबा-चौड़ा मैदान सा बन गया था। शाम के समय गाड़ियों का आना-जाना बहुत बढ़ जाता था। मैं प्रायः वहां जाकर गुजरती रेलगाड़ियों को देखा करता। रेलवे लाइन के किनारे एक बेकार हो चुका क्रेन पड़ा था। मैं उसी क्रेन के ऊपर चढ़ जाता और फिर रेलगाड़ियों का नजारा घंटों तक देखता रहता। उन दिनों कोयले से चलने वाले इंजन का प्रचलन ज्यादा था। इसलिए लंबी दूरी वाली रेलगाड़ियों के आगे पीछे दोनों तरफ इंजन लगे रहते थे। दो-दो इंजनों के बीच धुआं उगलती रेलगाड़ी दोमुहे सांप की तरह फुफकारती नजर आती थी। वह दृश्य मुझे बहुत लुभावना लगता था, किंतु इस वैज्ञानिक आकर्षण के बीच भविष्य की चिंता मुझे फूट फूटकर रोने पर मजबूर कर देती थी। उस क्रेन पर बैठे-बैठे मेरा आर्तनाद उन रेलगाड़ियों के शोर में अस्तित्वविहीन हो जाता था। भविष्य की अनिश्चयता से ऊबकर कई बार क्रेन से

कूदकर ट्रेन के नीचे आ जाने का मन करता था, किंतु बुद्ध सामने आ जाते और मैं आत्महत्या को पाप समझने लगता था। कभी-कभी शाम के ही समय मैं हावड़ा मैदान चला जाता था। वहां आफिस से लौटते हुए रेल कर्मचारियों का जमघट लग जाता और मैदान में घूम-घूमकर वे नारा लगाते :

गोरखपुर आमि जाबो ना
सातो लंका खाबो ना

यानी, गोरखपुर जाकर मैं सत्तू मिर्चा नहीं खाऊंगा। हुआ यह था कि पूर्वी रेलवे के छोटी लाइन वाले सदर मुकाम को कलकत्ता से गोरखपुर किया जा रहा था। अतः वहां कार्यरत बंगाली कर्मचारी गोरखपुर जाने के लिए तैयार नहीं थे, इसलिए वैसा नारा लगाकर करीब दो साल से अपना विरोध प्रकट करते आ रहे थे। यू.पी. बिहार के मजदूर कहते थे कि बंगालियों के दिमाग में हिंदी क्षेत्रवासियों की छवि बहुत खराब होती है, इसलिए वे सत्तू मिर्चा वाला नारा लगाते हैं। वे यह भी बताते थे कि बंगाली लोग हिंदी भाषियों को 'भैया' कहकर बुलाते हैं। 'भैया' का अर्थ वहां 'मूर्ख' से लगाया जाता था। बंगाली लोग हिंदी भाषियों को चाहे जो भी समझते रहे, कलकत्ता मुझे हद से ज्यादा अच्छा लगता था। वहीं बस जाने का मन करता था। किंतु 1966 की पहली जुलाई एकदम नजदीक थी और मुझे वापस जाकर बनारस हिंदू यूनिवर्सिटी में दाखिला लेना था। एकदम धुकधुकी लगी हुई थी। उस दौरान 'पी.एल. बोस आयरन कंपनी' के मालिक बोस की बेटी की शादी थी। शादी की दावत में बोस ने अपनी कंपनी के सभी 35 मजदूरों को निमंत्रित किया। सोबरन भैया मुझे भी अपने साथ दावत में ले गए। जब खाना परोसा जाने वाला था तो पास में बैठे एक मजदूर ने कहा कि बंगाली लोग मछली जैसी अच्छी चीजें आखिर में खिलाते हैं, इसलिए शुरू में ही साग सब्जी से पेट मत भर लेना। मुझे उसकी बातों पर विश्वास नहीं हुआ और सचमुच में मैंने साग सब्जी से पेट भर लिया, किंतु मुझे हैरत तब हुई जब खाकर उठने का समय आया तो दही में बने रोहू को बाल्टी में भरकर बांटा जाने लगा। मैं संकोचवश मछली नहीं खा सका। बंगालियों की उस परंपरा को कोसते हुए मुझे पिताजी द्वारा अकसर दोहराई जाने वाली एक कहावत याद आई :

जे खइले में सकुचाय
ऊ अचबत के पछताय।

आखिरकार, कलकत्ता/हावड़ा प्रवास का अंतिम दिन 29 जून, 1966 आ धमका। शिवपुर वाले नंदलाल भैया कह रखे थे कि बनारस वापस जाने से पहले अंतिम रात उनके यहां बिताऊं। सोबरन भैया ने मुझे एक कमीज और पैंट के साथ 25 रुपए देकर कदमतल्ला से विदाई दी और बस पकड़कर मैं एक बार फिर शिवपुर चला गया। उस दिन मैं रात भर सो नहीं सका। दूसरे दिन दोपहर बाद मैं

जब हावड़ा स्टेशन के लिए बस पकड़ने जा रहा था तो शिवपुर चौराहे पर मोची द्वारा अपनी फटी चप्पलों की मरम्मत करवाती कमला दास पूछ बैठी–'कोथा जाच्छे।' नंदलाल ने कहा–'हावड़ा।' किंतु उस घटना के 47 साल बाद भी साफ नहीं हो पाया कि उसने प्रश्न मुझसे किया था या नंदलाल से? नंदलाल भैया ने हावड़ा से बनारस का टिकट खरीदकर मुझे दिया और सौ रुपए के नोट से बचे अस्सी रुपयों को मेरे पाकेट में रखते हुए उन्होंने कहा कि यह आगे की पढ़ाई के लिए मेरी तरफ से। देहरादून एक्सप्रेस में मुझे बैठना था। टिकट जनरल डिब्बे का था। हावड़ा में किसी रेलगाड़ी के अनारक्षित डिब्बे में घुसना एक असंभव कार्य होता था। मेरी परेशानी को देखते हुए एक कुली मेरे पास आकर बोला कि पांच रुपया लेकर वह गाड़ी में बैठा देगा। मेरे हां कहने पर उसने कहा कि वह पहले से ही जगह छेककर गाड़ी में आएगा और बोलेगा–'चंदा'। उसने आगे कहा कि 'चंदा' सुनते ही 'बिजली' बोलना, ताकि हमारी तुम्हारी पहचान हो सके। आखिरकार साढ़े चार बजे गाड़ी प्लेटफार्म पर आई और जनरल डिब्बे से एक साथ दर्जनों व्यक्तियों की 'चंदा चंदा' वाली आवाजें आने लगीं। उतनी ही संख्या में प्लेटफार्म पर खड़े लोग 'बिजली बिजली' का शोर मचाते रहे। मैंने भी कई बार 'बिजली बिजली' पुकारा, किंतु चंदा का पता नहीं चला। हुआ यह कि कुलियों ने सबको एक ही कोड दे रखा था। मेरी मुश्किल यह थी कि डिब्बा शीघ्र ही भर गया था और मैं जैसे-तैसे अंदर घुसकर खड़ा होने में सफल हो गया। कुछ देर बाद ऊपर सामान रखने वाली जगह पर बैठा एक कुली बोल पड़ा–'चंदा'। मैंने सकुचाते हुए उसकी तरफ देखा और धीरे से बोल दिया 'बिजली'। उसने मुझे उठाकर सामान की तरह ऊपर रख दिया। पांच रुपया लेकर डिब्बे से उतरने के पहले उसने जोर से कहा–"अब तक कहां मर रहा था?" हावड़ा में कुलियों का 'चंदा बिजली' वाला खेल मुझे बड़ा मनोरंजक लगा था। उस भीड़ की मारामारी में नंदलाल को नमस्कार करना भी भूल गया। उस कुली ने मुझे जिस अंगस्थिति में ऊपर बैठाया था, उसमें कामा या पूर्णविराम तक के जुड़ने की संभावना नहीं थी, क्योंकि वहां तीन लोग पहले से ही बोरी में भरे सामानों के साथ बैठे थे। सामान की ही तरह उस डिब्बे में लदा हुआ मैं पहली जुलाई 1966 को पुनः बनारस पहुंचा था। आज भी कलकत्ता की उस पहली यात्रा के बारे में कोई पूछता है, तो मुझे गालिब की ये पंक्तियां ही याद आती हैं :

कलकत्ते का जो जिक्र किया तूने हमनशीं
इक तीर मेरे सीने में मारा कि हाय हाय।

बी.एच.यू. माई की गोद में

बनारस पहुंचने के तुरंत बाद मैं बस से एक बार फिर आजमगढ़ चला गया और इंटर की मार्कशीट लेकर दूसरे दिन वापस आ गया। तपसीराम तथा मुन्नीलाल अब भी उसी गौरीगंज वाले मकान में रह रहे थे। मेरा वहां उस चोरी की घटना से उत्पन्न स्थिति का मुकाबला करना बड़ा मुश्किल था, किंतु मजबूरीवश मुझे जाना पड़ा। तपसीराम बहुत खुश हुए। मैंने उनका बीस रुपया उनके मना करने के बावजूद लौटा दिया। कलकत्ता से जो कुछ अर्जित किया था, उसमें से अब पचास रुपए ही बच पाए थे। बी.एच.यू. में पढ़ने के लिए मैंने बी.ए. का फार्म तो भर दिया, किंतु पूरी फीस यानी 120 रुपए जमा करने का संकट ज्यों का त्यों बना रहा। ऐडमीशन फार्म में मैंने स्थायी पता वाले कालम में गांव का पता भर दिया था। अतः ऐडमीशन हो गया, इसकी सूचना डाक द्वारा गांव चली गई। बहुत बाद में गांव का ही एक आदमी, जो बी.एच.यू. के सर सुंदर लाल अस्पताल में अपना इलाज कराने आया था, उसने मुझे बताया कि ऐडमीशन के लिए जो चिट्ठी गांव गई थी, उससे हुल्लड़ मच गया कि यूनिवर्सिटी में मुझे नौकरी मिल गई है।

तपसीराम की सहायता से मुझे बी.एच.यू. में दाखिला तो मिल गया, किंतु असली संघर्ष आगे था। यद्यपि तपसीराम हॉस्टल में रहते थे, वे मेरे चलते हॉस्टल छोड़कर शहर में किराए के कमरे में मेरे साथ रहने लगे। इसके पीछे विचार यह था कि उन दिनों पांच रुपए में एक कमरा किराए पर मिल जाता था, जिसमें दो लोग आसानी से रह लेते थे और लोहे की बनी सिकड़ी यानी चूल्हे में लकड़ी का कोयला जलाकर खाना पका लिया जाता था, जो हॉस्टल के खर्चे की आधी कीमत पर संभव हो जाता था। उन दिनों राशन बहुत सस्ता होता था। नया चावल एक रुपए में दो-दो-तीन तीन किलो मिल जाता था। आटा भी एक रुपए का दो किलो था। अरहर की दाल एक रुपए किलो और सरसो का तेल दो रुपए किलो मिल जाता था। कुल मिलाकर बीस-पचीस रुपए में महीने भर का खाने का काम चल जाता था। इन्हीं विचारों के साथ तपसीराम के साथ मुन्नी लाल ने भी मेरे साथ रहने के लिए गौरीगंज में ही एक अन्य मकान में एक बड़ा कमरा दस रुपए मासिक किराए पर लिया। उन

दिनों दलितों को गैरदलित लोग किराए पर बनारस में मकान नहीं देते थे। अतः जो भी दलित किराए का कमरा लेते थे, वे अपनी जाति छिपा देते थे। गौरीगंज में जो कमरा हमें मिला, उसे मुन्नी लाल ने तय किया था। मकान मालकिन थी राजवंती चाची, जो जाति से तेली थी, किंतु भेदभाव में उसके सामने कट्टर ब्राह्मण भी कहीं नहीं ठहरते थे। राजवंती चाची ने हम लोगों की जाति शुरू में ही पूछ ली थी। मुन्नी लाल ने उसे बताया था कि वे स्वयं कायस्थ हैं और मेरे बारे में कहा कि मैं उत्तरकाशी का तुलसीराम शर्मा यानी ब्राह्मण हूं। हम दोनों उस कमरे में रहने लगे। तपसीराम एक महीने बाद आने वाले थे। राजवंती चाची मांस मछली आदि पकाने पर भी पाबंदी लगा चुकी थी। अभी महीना भर बीता नहीं था कि एक दिन मेरे एक नए सहपाठी मिर्जापुर निवासी राम जनम जो दलित ही थे, हम लोगों से मिलने उस मकान में आए। हम लोग मकान पर नहीं थे। राजवंती चाची ने उनकी जाति पूछ ली। राम जनम ने ईमानदारी से बता दिया कि वे चमार हैं। फिर चाची ने मुन्नी लाल और मेरी जाति बताने के लिए उनसे कहा। उन्होंने एक बार फिर ईमानदारी से काम लिया। परिणामस्वरूप जब हम दोनों रात के करीब नौ बजे उस मकान पर लौटे तो चाची दरवाजे पर ही बैठी हमारा रास्ता देख रही थी। वहां वह जिस मुद्रा में बैठी थी, उसे देखते ही हमें आभास हो गया था कि आज कुछ गड़बड़ जरूर है।

चाची हमें देखते ही उबल पड़ी और कहने लगी कि चौखट के अंदर घुसना नहीं। चमार होकर हमारे घर में दाग लगा दिया, वह भी झूठ बोल कर। चाची मेरे चेचकदार चेहरे पर निशाना साधते हुए कहने लगी : "ए के त म पहिलै दिनवा देखतै समझि गइलों कि ई जरूर चमार होई।" चाची हमें भाग जाने के लिए कहने लगी। उसकी गालियां बहुत भद्दी थीं। उसने बड़ी मुश्किल से हमें उस कमरे से अपना सामान लेने दिया था। सामान के नाम पर दो अल्मुनियम की पतीली, दो प्लेट और सिकड़ी वाला चूल्हा था। एक किलो लकड़ी का कोयला भी था। ये सारा सामान घर से लेकर भागे बक्से में रखकर मैं और मुन्नीलाल उस रात गौरीगंज के सामने वाली सड़क के किनारे बक्सा रखकर उस पर बैठे रहे और सोचते रहे कि रात में कहां जाया जाए। मुन्नी लाल के एक सहपाठी भदैनी स्थित 'वीर आश्रम' नामक एक सरकारी दलित छात्रावास में रहते थे। गौरीगंज से वह जगह एक किलोमीटर से भी कम दूरी पर थी। हम लोग बक्सा लिये करीब साढ़े दस बजे रात को वीर आश्रम पहुंचे। हम उस रात बिना खाए पीए ही वीर आश्रम में सो गए। मैं रात में बार-बार रामचरित मानस के बालकांड में तुलसीदास द्वारा लिखी उस चौपाई को याद करता रहा, जो इस प्रकार है :

जद्यपि जग दारुण दुख नाना।
सबते कठिन जाति अवमाना॥

जैसे-तैसे हमारी सुबह तो वीर आश्रम में हो गई, किंतु राजवंती चाची की सुबह निश्चित रूप से कष्टकारी रही होगी, क्योंकि हमें भगाते समय उन्होंने धमकी दे रखी थी कि उस कमरे को गंगा जल से धोकर पवित्र करेगी। गंगा गौरीगंज से लगभग एक किलोमीटर दूर थी। वीर आश्रम में मैं करीब 20 दिन रहा। उन दिनों बनारस के 50 प्रतिशत से भी ज्यादा मकानों में बिजली का कनेक्शन नहीं होता था। अतः लोग ढिबरी लालटेन या लैम्प से ही काम चलाते थे। राजवंती चाची के भी मकान में बिजली नहीं थी। वीर आश्रम की भी वही हालत थी। वहां एक-एक कमरे में पांच-छह छात्र रहते थे। वह मकान घुप अंधेरे वाला मकान था। वहां कोई भी छात्र रात में पढ़ता नहीं था। मोमबत्तियां जलते ही अपने नीचे अंधेरा बिखेर देती थीं और ऊपर के प्रकाश में किताब को देर तक पकड़े रहना मुश्किल हो जाता था। वीर आश्रम के प्रबंधक बेचनराम थे। वे मूलतः एक भांड़ मंडली में नचनिया थे, किंतु बाद में कांग्रेस में शामिल होकर चंदौली के पास चकिया विधानसभा क्षेत्र से एम. एल.ए. चुने गए। बेचनराम बातचीत से सज्जन पुरुष थे, किंतु वीर आश्रम उनके लिए सिर्फ कमाई का धंधा बन गया था। अतः छात्रावास की हालत बहुत खराब हो गई थी। वीर आश्रम के पीछे बगल वाली गली में भी एक सरकारी दलित छात्रावास था, जिसे जगजीवन राम के नाम से जाना जाता था।

जगजीवन राम छात्रावास के प्रबंधक थे एक अन्य कांग्रेसी दलित नेता राम लखन राम, जो बाद में कमलापति त्रिपाठी मंत्रिमंडल में मंत्री भी बने थे। उनका भी बेचनराम जैसा ही चरित्र था। जिस तरह का माहौल इन छात्रावासों में था, उससे साफ हो गया था कि वहां रहकर पढ़ना मुश्किल था। अतः मैं, मुन्नी लाल तथा तपसीराम ने मिलकर पुनः एक कमरा खेजवां बाजार में लिया। उसमें हम करीब चार महीने रहे, किंतु वहां से विश्वविद्यालय आने-जाने में काफी समय लग जाता था, इसलिए पढ़ाई बाधित होने लगी। ऊपर से भय हमेशा बना रहता था कि जाति का पता चलने पर फिर न भागना पड़े। खेजवां बाजार वाला मकान एक बनिए का था। उस मोहल्ले के रास्ते में कश्मीरीगंज (नवाबगंज) में खिलौने की अनेक फैक्ट्रियां थीं, जिनमें लकड़ी से प्रदूषणरहित खिलौने बनाए जाते थे। उन फैक्ट्रियों से लकड़ी खरादने की 'घर्र घों घर्र घों' की आवाज हमेशा सुनाई देती थी। यहां के खिलौने निर्यात भी किए जाते थे। हमने जाति प्रतारणा से बचने के लिए खेजवां बाजार वाले कमरे को भी छोड़ दिया। इस तरह सन् 1966 के बीतते-बीतते हम चार मकान बदल चुके थे। पांचवां कमरा हमें मिला दुर्गाकुंड की 'रानी बड़हर कोठी' में। मिर्जापुर जिले में बड़हर नामक एक पूर्व राजा की रियासत थी। उन्हीं का एक मकान दुर्गाकुंड में था। उस मकान का निचला तल्ला कटरानुमा बना था जिसमें 15 कमरे किराए पर दिए जाने के लिए बने थे। शेष दो मंजिलों में तथाकथित 'राजा'

साहब रहते थे। राजा साहब हमेशा शराब के नशे में धुत होकर मकान के बड़े अहाते में कंधे पर दोनाली बंदूक रखकर ऐसे टहलने निकलते थे कि मानो वे शिकार करने जा रहे हों। वहां तीस पैंतीस छात्र रहते थे।

राजा साहब के बंदूकची स्वभाव को देखकर सनसनी फैल जाती थी। उनके सामने कोई नहीं आता-जाता था। वे राष्ट्रीय स्वयं सेवक संघ (आर.एस.एस.) के कट्टर समर्थक थे। इसलिए रानी बड़हर कोठी के अहाते में रोज शाम को करीब डेढ़ सौ लड़के शाखा लगाने आ जाते थे। शाखा के सर संघ चालक थे बी.एच.यू. के ही एक छात्र विपिन बिहारी चतुर्वेदी। शाखा में परेड तथा लाठी भांजने आदि के बाद हर रोज चतुर्वेदी जी अनेक मनगढ़ंत कहानियों के माध्यम से भाषण दिया करते थे। उनके एक-एक शब्द में साम्प्रदायिकता भड़काने वाला ओजस्व होता था। उनकी हर कहानी में किसी न किसी हिंदू युवती के साथ दुराचार के बाद उसके स्तन काटे जाने की घटना का जिक्र अवश्य होता था। जाहिर है ऐसे कृत्य का अपराधी किसी न किसी मुसलमान को ठहराया जाता था। शाखा में बैठे लड़कों के चेहरे ऐसी बातों को सुनकर एकदम तमतमा उठते थे। मैं अपने कमरे में बैठे-बैठे चतुर्वेदी जी का भाषण सुना करता था, क्योंकि शाखा ठीक कमरे के सामने नीचे मैदान में लगाई जाती थी। आजमगढ़ के डी.ए.वी. कालेज के प्रांगण में लगने वाली शाखाओं का अनुभव तो मुझे था, किंतु बनारस की इस शाखा का माहौल ही कुछ और था।

मैंने रानी बड़हर कोठी में साम्प्रदायिकता की नर्सरी का जो रूप देखा, उससे आसानी से अंदाजा लगाया जा सकता था कि दंगों की पृष्ठभूमि कैसे तैयार की जाती थी। आर.एस.एस. की शाखा हमेशा दिमाग में खटकती रही। हमें वहां मुन्नी लाल के ही एक यादव साथी ने कमरा दिलाया था। उसने हमें बताया था कि राजा साहब को सिर्फ पैसे से मतलब रहता है, क्योंकि उन्हें रोज शराब चाहिए। राजा साहब बड़े रंगीन मिजाज भी थे। अकसर नर्तकों को बुलाकर अपनी छत पर कत्थक नृत्य का आयोजन कराते रहते थे। वे दुर्गा देवी के बड़े भक्त थे, इसलिए हरदम माथे पर बड़ा- सा लाल टीका लगाए रहते। ऐसी हालत में जब वे टहलने निकलते तो बड़े भयंकर दिखाई देने लगते थे। हमारे कमरे के बगल में बी.एच.यू. के ही एक अन्य छात्र रामसेवक त्रिपाठी रहते थे। वे हमारे बारे में जान गए थे कि हम चमार हैं। एक दिन वे हमारी खिड़की के सामने आकर कहने लगे कि हमारे कमरे में एक छात्र पहले रहता था, जिसकी अचानक मृत्यु हो गई, जबकि उसे कोई बीमारी नहीं थी। बस इतना ही कहकर वे अपने कमरे में चले गए। वहां कई पुराने छात्रों से पूछने पर पता चला कि कभी भी किसी की मृत्यु नहीं हुई थी। हमें समझ में आ गया कि त्रिपाठी जी को दलित पड़ोसी पसंद नहीं थे, इसलिए अंधविश्वास फैलाकर वे हमें भगाना चाहते थे। एक दिन तो उन्होंने साफ-साफ कह दिया कि

उस कमरे में भूत रहता है। हमें इन बातों से आभास हो गया था कि त्रिपाठी जी कोई न कोई गुल अवश्य खिलाएंगे। हुआ यही कि उन्होंने राजा साहब को बता दिया कि कमरा नम्बर 15 में चमार रहते हैं। जाहिर है उस कमरे में हम लोग रहते थे। जुलाई 1967 का कोई दिन था। मैं और मुन्नी लाल बी.एच.यू. से क्लास के बाद करीब पांच बजे रानी बड़हर कोठी में ज्यों ही दाखिल हुए राजा साहब अपनी डरावनी मुद्रा में सामने टहलते हुए नजर आए। वे शीघ्र ही हम लोगों के पास आए और दाएं कंधे से बंदूक उतारकर बाएं कंधे पर रखते हुए मुन्नी लाल से कहने लगे : "तुम चमार होकर इतने मोटे कैसे हो गए?" हमें कुछ भी समझ में नहीं आया और राजा साहब धड़ाधड़ मुन्नी लाल की पीठ पर मुक्के से प्रहार करने लगे। डर के मारे मेरा हाल बेहाल था।

संयोगवश राजा साहब ने मुझे कुछ नहीं कहा। उनके दिमाग में सिर्फ यह बसा हुआ था कि मुन्नी लाल मोटे कैसे हो गए। वे मुन्नी लाल को पीटने के बाद पीछे मुड़कर अपने निवास की ओर चले गए। हम बहुत डरे हुए, चल रही आर.एस.एस. की शाखा के बगल से अपने कमरे में चले गए और अपना सामान बक्से में पुनः भर लिए। रानी बड़हर कोठी के पीछे वाली चहारदीवारी में एक छोटा सा फाटक था। तपसीराम, मुन्नी लाल के साथ मैं अंधेरा होने पर उसी पिछले फाटक से निकलकर नई कालोनी होते अस्सी चौराहे पर चला गया। वहां से हम लोग एक पेड़ के तने के चारों तरफ बने चबूतरे पर बैठकर विचार करने लगे कि अब कहां जाया जाए? अंततोगत्वा मुन्नी लाल के एक सहपाठी भारत नाथ शुक्ला काम आए। वे प्रतापगढ़ के रहने वाले थे और भदैनी में तुलसी पुस्तकालय के बगल के मकान में एक कमरा किराए पर लेकर रहते थे। शुक्ला जी हम तीनों को अपने साथ कमरे पर ले गए। वह रात उन्हीं के पास बिताई गई। उन्होंने खाना पकाकर हमें खिलाया भी। सुबह शुक्ला जी ने मुझे अपने साथ रहने का सुझाव दिया और उसी मकान में तपसीराम तथा मुन्नी लाल को दूसरा कमरा दिला दिया। उनके इस प्रस्ताव से मैं बहुत खुश हुआ, क्योंकि करीब साल भर तपसीराम और मुन्नी लाल के साथ रहते-रहते उनसे आपसी संबंध खराब होने की स्थिति में पहुंच गए थे। इसका एकमात्र कारण यह था कि मेरी धनहीनता के कारण उन्हें बहुत अधिक खर्च करना पड़ता था। परिणामस्वरूप अनेक अवसरों पर मेरे साथ वे लोग भी भूखे रह जाते थे। मेरे प्राइमरी स्कूल के प्रधानाचार्य परशुराम सिंह हमेशा कहा करते थे कि अगर दो-दोस्त अपनी दोस्ती तोड़ना चाहते हों, तो वे साथ रहने लगें। उनकी बात एकदम सही निकली। अतः शुक्ला जी का प्रस्ताव मेरे लिए अत्यंत उचित समय पर आया। वैसे भी मैं कभी नहीं चाहता था कि तपसीराम तथा मुन्नी लाल से मेरी किसी भी तरह अनबन हो। इस बीच तपसीराम का लॉ फाइनल हो गया और वे बी.एच.यू. छोड़कर कलकत्ता चले गए। उनके पिता

जी बिड़ला की एक जूट मिल में मजदूर थे। तपसीराम उसी मिल में क्लर्क बन गए। यदि तपसीराम नहीं होते, तो संभवतः मैं बी.एच.यू. में कभी नहीं पहुंच पाता।

इस तरह जुलाई 1966 से जुलाई 1967 तक का एक साल बड़े दुर्दिनों में बीता। जातिगत यथार्थ के कारण बार-बार नए कमरे की तलाश में मैं दोहरा जीवन जीने लगा था। मैं विश्वविद्यालय में दलित होता था और शहर के कमरे में आते ही 'शर्मा जी' बन जाता था। हर रोज जातीय परिवर्तन मुझे बहुत खटकने लगा। भदैनी के जिस मकान में भारत नाथ शुक्ला जी के साथ मैं रहता था, उस मकान का मालिक एक साधु था। शुक्ला जी बताते थे कि साधु बनिया गुप्ता है, किंतु दाढ़ी बढ़ाकर मकान पर कब्जा कर लिया है और किराए की मुफ्त कमाई पर जिंदा है जबकि पूजा पाठ से उसका कोई मतलब नहीं है। हकीकत भी यही थी, उन्हें मैंने कभी पूजा करते या मंदिर जाते नहीं देखा। साधु बाबा भी किसी दलित को मकान किराए पर नहीं देते थे। शुक्ला जी बार-बार मुझे 'शर्मा जी' बने रहने की सलाह देते रहते थे। शुक्ला जी हद से ज्यादा जातिवाद के विरोधी थे, इसलिए बी.एच.यू. में उनके अधिकतर दोस्त दलित ही हुआ करते थे। वे अंग्रेजी साहित्य के साथ बी.ए. आनर्स कर रहे थे। उनकी अंग्रेजी बहुत अच्छी थी। वे मुझे शर्मा जी के नाम से पुकारते भी थे। मैं सबसे ज्यादा उस समय झेंप जाता था, जब साधु बाबा मुझे शर्मा जी कहकर बुलाते। साधु बाबा के मकान में बिजली का कनेक्शन था। वे हर किसी से पांच रुपया एक बल्ब जलाने का अलग से किराया लेते थे। वैसे कमरे का किराया भी पांच रुपया ही होता था। साधु बाबा की परेशानी यह थी कि साढ़े नौ बजे रात के बाद वे बिजली जलती रहने वाले हर कमरे में जाकर बुझाने के लिए कहते रहते थे, भले ही कोई पढ़ता ही क्यों न हो। अभी हमें दो महीने भी वहां रहते नहीं बीता था कि एक दिन साधु बाबा बिजली बुझाने के लिए हम लोगों के कमरे में आ गए। उस समय हम लोग पढ़ रहे थे। शुक्ला जी आगबबूला हो गए और पास में रखा बेलन उठाकर साधु बाबा को लगे पीटने। बेलन का एक तगड़ा प्रहार बाबा के दायें हाथ पर पड़ा और उसमें फ्रैक्चर हो गया। रात में ही साधु बाबा की शिकायत पर पुलिस आ गई। अंततोगत्वा यह मामला कचहरी में पहुंच गया। परिणामस्वरूप शुक्ला जी को वह मकान छोड़ना पड़ा और वे शहर के दूसरे हिस्से कबीर चौरा के पास एक मकान में चले गए।

साधु बाबा ने मुझसे कहा कि शर्मा जी मुझे आपसे कोई शिकायत नहीं है, इसलिए उस कमरे में रह सकते हैं। मेरा मन वहां रहने का नहीं कर रहा था, किंतु शुक्ला जी ने भी कहा कि मैं वह कमरा न छोड़ूं। अतः मैं वहीं रह गया। मैं उस मकान में लगभग डेढ़ साल तक रहा। अकेले रहना मुझे इसलिए पसंद आया कि मैं अपनी समस्याओं से स्वयं जूझना चाहता था। अब मैं यह नहीं चाहता था कि मेरे कारण कोई और परेशानी में रहे। परिणामस्वरूप भूखे रहने की रफ्तार काफी तेज हो गई। इस

समस्या के निदान के लिए मैं सिर्फ शाम के समय खाना बनाता और दिन का खाना गोल कर जाता था। इस तरह पंद्रह दिन के खर्चे से महीना भर का काम चलने लगा। इसके बावजूद मई 1968 के वे दिन मुझे कभी नहीं भूलेंगे, जब मैं लगातार नौ दिनों तक भूखा रहा। उन नौ दिनों तक मैं एक चाय सुबह और दूसरी शाम को पीकर गुजारा करता था। वह चाय भी उधार की होती थी, इसलिए वैसा करने में सफल रहा। होता यह था कि उसी मकान में एक अन्य किराएदार रहते थे। वे कायस्थ थे, जिन्हें सभी लोग मुंशी जी के नाम से पुकारते थे। मुंशी जी उस मकान के सामने सड़क की पटरी पर स्टोव जलाकर चाय पिलाने का कारोबार करते थे। उस मकान के सारे किराएदार मुंशी जी को महीने के अंत में चाय के पैसे देते थे। इस तरह चाय उधार में मिल जाती थी, अन्यथा नकदी की हालत में वह भी मयस्सर नहीं होती।

उन भुखमरी के नौ दिनों का आठवां दिन मेरे लिए विशेष यादगार दिवस के रूप में बदल गया था। उस दिन रविवार था। मेरे तांत्रिक ओझा रिश्तेदार के छोटे भाई रघुनाथ मडुआडीह के डीजल रेल इंजन कारखाने में नौकरी करते थे। कारखाने के परिसर में स्थित जलाली पट्टी में उनका सरकारी मकान था। उस दिन भूख अपनी चरम सीमा पर थी। भूखे रहते रहते एक अनुभव यह था कि तीन दिन से ज्यादा दिन खाना न मिलने की स्थिति में जंघों में बहुत दर्द होने लगता था। अतः भूख मिटाने की इच्छा लिए मैं भदैनी से करीब छः किलोमीटर दूर जैसे तैसे पैदल चलकर जलाली पट्टी पहुंचा तो देखा कि रिश्तेदार के घर पर ताला लगा हुआ था। पड़ोसियों ने बताया कि वे लोग आजमगढ़ अपने गांव गए हैं और एक सप्ताह बाद वापस आएंगे। निराशापूर्ण लौटानी यात्रा पहाड़ लांघने जैसी बन गई। उठते बैठते मैं घंटों चलकर महमूरगंज, लक्सा तथा गुरुबाग आदि मोहल्लों से होते हुए दशाश्वमेध घाट पहुंचा। घाट की सबसे निचली सीढ़ी पर बैठकर मैंने अपना दोनों पांव गंगा में डुबा दिए। उस बेहद गर्मी में पैरों की जलसमाधि बहुत राहतकारी तो लगी, किंतु सोचने पर मजबूर हो गया कि गंगा किसी के पाप को तो धुल सकती है, पर भूख को नहीं। थकावट इतनी ज्यादा थी कि गंगा से पैर निकालने का मन नहीं कर रहा था। लगभग घंटा भर मैं वहां बैठा रहा। उस दिन भी कई मल्लाहों ने मुझसे गंगा की सैर के लिए पूछा था। उन्हें क्या पता कि मैं भूख पर सवार होकर गंगा की ही सैर कर रहा था।

जब मैं गंगा से हटकर दशाश्वमेध घाट के ऊपर आया, तो देखा कि वहां बहुत लंबी कतार में सैकड़ों भिखारी तसला, लोटा आदि जैसे पात्रों के साथ बड़े अनुशासनपूर्वक बैठे हुए थे। वे उझक- उझककर अपने दाएं छोर की तरफ बार-बार उकताई नजर से देखते जा रहे थे। उन्हीं के साथ मेरी निगाह भी दाएं छोर की तरफ गई। वहां ताजा पकी खिचड़ी से भरा एक बहुत बड़ा हंडा था। हंडे के मेहखड़ में बंधी दो बांस की काड़ियां थीं, जिन्हें पकड़कर दो आदमी हंडे को सरकाते जा रहे थे और

एक आदमी एक डब्बे के नपने से भिखारियों के तसलों में खिचड़ी डालता जा रहा था। उन दिनों बनारस के कुछ धर्मप्रिय मारवाड़ी सेठ प्रतिदिन भिखारियों को खिचड़ी देते थे। मेरे मन में बार-बार यह बात आती कि मैं भी तसला लेकर किन्हीं दो भिखारियों के बीच में बैठ जाऊं, किंतु मैंने बुरी से बुरी परिस्थिति में कभी भी अपने आत्मसम्मान को नहीं खोया और न किसी से भूखे रहने की शिकायत की। खिचड़ी की सुगंध लिए मैं शाम के समय भदैनी वापस आकर एक बार फिर मुंशी जी की उधार चाय पीकर सो गया। बनारस आकर पढ़ाई करने के अनेक कारणों में एक सबसे बड़ा कारण यह था कि मेरे हाई स्कूल वाले प्रधानाचार्य धर्मदेव मिश्र हमेशा कहा करते थे कि बनारस में कोई भूखा नहीं रहता है, कहीं न कहीं से शाम को खाना अवश्य मिल जाता है। मेरा उनकी इस धारणा में अटूट विश्वास हो गया था। किंतु भदैनी में यह विश्वास टूटकर चकनाचूर हो गया। मुझे पहली बार ऐसा लगा कि मान्यताओं या आस्थाओं से जिंदगी नहीं चलती। गौतम बुद्ध ज्ञान की तलाश में महीनों भूखे रहकर श्मशान साधना करते थे और नर कंकालों का सिरहाना बनाकर वहीं सो जाते थे। भूख की हालत में उन्हें यह वैज्ञानिक अनुभूति हुई कि खाली पेट मस्तिष्क काम नहीं करता, इसलिए वे खाने लगे। खाली पेट रहना मेरे लिए एक विकराल समस्या थी। अतः उस 'नवरात्रि व्रत' के अंतिम दिन मेरा दिमाग चल पड़ा। उन दिनों बी.एच.यू. गेट के सामने वाले लंका मोहल्ले में 'स्टूडेंट्स फ्रेंड' नामक एक किताबों की दुकान होती थी जिसमें विश्वविद्यालय के पाठ्यक्रमों में लगाई गई पुस्तकों की खरीद-फरोख्त होती थी। उसका मालिक नई किताबों के अलावा पुरानी किताबों को अधिया पर खरीद लेता था और उन्हें पवन्ना पर बेचता था। मेरे बी.ए. प्रीवियस के अंग्रेजी साहित्य वाले कोर्स में शेक्सपीयर के दो ड्रामा 'ओथेलो द मूर आफ वेनिस' तथा 'द मर्चेंट आफ वेनिस' लगे हुए थे। बनारस के प्रकाशक इन नाटकों को अलग-अलग छापकर पांच-पांच रुपए में बेचते थे। पाठ्यक्रम में होने के नाते ये दोनों नाटक मेरे पास थे। मैं इन दोनों नाटकों को हाथ में लेकर आंख मूंदे बिस्तर पर गिराता, लुढ़काता और फिर उठाता। इस तरह लाटरी निकालने की प्रक्रिया द्वारा जब एक नाटक हाथ में आया तो आंख खोलने पर पता चला कि नवरात्रि का व्रत ओथेलो ही तोड़वाएंगे। शाम का समय था। मैंने ओथेलो के साथ स्टूडेंट्स फ्रेंड में दाखिल होकर उसे आधे दाम यानी ढाई रुपयों मे बेच दिया। लंका से ही एक बनिए की दुकान से एक रुपए में दो किलो मोटा चावल, आठ आने में आधा किलो अरहर की दाल तथा चार आने का डेढ़ किलो लकड़ी का कोयला लेकर भदैनी आ गया। दशाश्वमेध घाट की खिचड़ी याद थी, इसलिए खिचड़ी ही पकाने का निर्णय लिया। पतीली में 'बुद बुद' 'बुद बुद' कर जैसे जैसे खिचड़ी पकती जा रही थी, इस नाटक में शेक्सपीयर के सारे पात्र मेरी आंखों से गुजरते रहे।

थीम भी तो थी बड़ी अनोखी। वेनिस के प्रभावशाली सिनेटर ब्रेबेंशिओं की अति सुंदरी गोरी कन्या डेस्डेमोना का ओथेलो नामक काले हब्सी से प्रेम विवाह। खलनायक इआगो का बीच में कूदना। ओथेलो पर जादू टोना द्वारा फंसाए जाने वाले आरोप को डेस्डेमोना द्वारा इनकार करना और यह मानना कि उसने ओथेलो की वीरता की गाथा सुनकर प्रभावित हो प्रेम किया। ओथेलो और डेस्डेमोना के बीच विष बोने के लिए खलनायक इआगो का उनकी शादी के रूमाल को अपनी पत्नी इमिलिया द्वारा चुराकर प्रतिद्वंद्वी कैशिओ के शयन कक्ष में रखवाना। चोरी किए गए इस रूमाल के माध्यम से इआगो द्वारा ओथेलो को विश्वास दिलाना कि डेस्डेमोना का कैशिओ से अवैध शारीरिक संबंध है। रूमाल कहां गया के उत्तर में डेस्डेमोना की अनभिज्ञता पर ओथेलो के संदेह की सीमा का अपनी पराकष्ठा पार कर जाना। अंततोगत्वा इसी संदेह के चलते ओथेलो द्वारा डेस्डेमोना की हत्या करना। इमिलिया द्वारा षड्यंत्र का पर्दाफाश करने पर पश्चाताप करते हुए ओथेलो का अपने सीने में कटार घोंप कर डेस्डेमोना के बिस्तर पर गिरकर मर जाना आदि दृश्य मेरी कल्पना में मंचित होते रहे। इस बीच शेक्सपीयर की कल्पना से आगे मेरी एक कल्पना यह थी कि डेस्डेमोना मेरी खिचड़ी पका रही है और ओथेलो अपने सीने में कटार घोंप कर मेरे बिस्तर पर छटपटा रहा है। मेरी खिचड़ी तो पक गई, किंतु मुझे ऐसा लगा कि खिचड़ी के साथ ही मैंने शेक्सपीयर को भी बेच खाया।

इस बीच मुन्नीलाल का बी. ए. समाप्त हो गया और साथ ही उनकी दिल्ली में प्रकाशन विभाग में नौकरी लग गई, इसलिए भदैनी का कमरा छोड़कर वे भी चले गए। तपसीराम तथा भारत नाथ शुक्ला पहले ही छोड़ चुके थे। अतः मैं वहां बहुत अकेला पड़ गया था। ऊपर से हमेशा यह डर लगा रहता था कि यदि 'शर्मा जी' का भेद खुल गया तो क्या होगा? वहां कोई अन्य संगी साथी नहीं था। फलतः मैंने लंका स्थित 'कैलाश भवन' नामक एक लाज में एक कमरा किराए पर ले लिया। बी.एच.यू. के एक कर्मचारी ब्रह्मचारी पटेल ने मुझे बताया था कि कैलाश भवन का मालिक बिहार के डुमरांव का एक सेठ है, जो बहुत धनी व्यक्ति है, किंतु वह यहां नहीं रहता। उन्होंने यह भी बताया कि कैलाश भवन की देखभाल रमा शंकर यादव नाम का एक व्यक्ति करता है और वह किराया आदि वसूल कर सेठ के यहां पहुंचाता रहता है। साथ ही उन्होंने कहा कि जाति का पता चलने पर यादव कभी भी कमरा नहीं देगा। अतः उसी कर्मचारी के सुझाव पर मैंने अपने को भी यादव बताकर कमरा हासिल किया था। रमा शंकर यादव ने मुझे अपनी जाति का समझकर कैलाश भवन की दूसरी मंजिल पर सीढ़ी के पास वाला 25 नम्बर का कमरा दे दिया। मैं एक जून 1968 को कैलाश भवन चला गया। बनारस के शुरुआती दो साल के अंदर यह मेरा आठवां निवास था जहां मैं करीब सात साल तक रहा, किंतु विपत्तियों में कोई कमी नहीं आई।

जुलाई 1966 में बी.एच.यू. में दाखिला पाने के बाद मुझे ऐसा लगा कि मानो मैं सचमुच में अपनी असली मां की गोद में एक बार फिर से आ गया। इससे पहले मुझे इतना उत्साह कभी नहीं मिला था। उस समय विश्वविद्यालय का वातावरण छात्र राजनीति से सराबोर हो चुका था। 1966 में बी.एच.यू. की स्थापना के 50 साल पूरे हो चुके थे और उसी वर्ष स्वर्ण जयंती मनाई जाने वाली थी। किंतु छात्र आंदोलनों के चलते उसे एक वर्ष आगे के लिए टाल दिया गया था। स्मरण रहे कि बी.एच.यू. की स्थापना पं. मदन मोहन मालवीय ने 1916 की बसंत पंचमी के दिन वाराणसी में लंका के पास गंगा तट पर की थी। वैसे इसकी स्थापना के समय ही विद्रोह की नींव पड़ गई थी। स्थापना समारोह की अध्यक्षता दरभंगा नरेश कर रहे थे और देश के जाने-माने पूंजीपति तथा अन्य राजा उपस्थित थे। समारोह में मोहनदास करम चंद गांधी के भाषण के दौरान हंगामा मच गया था। बोलते हुए गांधी जी ने राजाओं की तरफ इशारा करते हुए कहा : "मैं जब भी हीरा जवाहरात से सुसज्जित राजा महाराजाओं को देखता हूं तो मुझे गरीबों का खून याद आ जाता है।" वहां एनी बेसेंट ने उठकर गांधी की बातों पर विरोध जताया। किंतु उनकी एक-एक बात पर वहां उपस्थित जनता तालियां पीटती रही। उन्होंने अंग्रेजी शासन के विरुद्ध भी टिप्पणी की थी। अंततः अनेक राजा समारोह छोड़कर चले गए थे। बाद में बी.एच.यू. आजादी के आंदोलन का गढ़ बन गया और यहां से निकले अनेक स्वतंत्रता सेनानी भारत की तमाम प्रमुख पार्टियों के बड़े नेता बन गए। मुझे यह जानकर बड़ा आश्चर्य हुआ कि मालवीय जी ने भारत का यह सबसे बड़ा विश्वविद्यालय चंदे से बनवाया था।

सन् 1958 में आजादी के बाद का सबसे बड़ा छात्र आंदोलन बी.एच.यू. में हुआ था, जिसकी चर्चा 1966 में भी वहां के विभिन्न छात्र नेता किया करते थे। इस निरंतर चर्चा का मूल कारण यह था कि सन् 1958 के आते-आते विश्वविद्यालय में क्षेत्रीयतावाद का बोलबाला हो गया था। सारा अकादमिक वातावरण उत्तर तथा दक्षिण की अवधारणा के बीच जूझने लगा था। पुराने प्राध्यापकों तथा कर्मचारियों का कहना था कि विशेष रूप से जब सर्वपल्ली राधाकृष्णन तथा सी.पी. रामास्वामी अय्यर बी. एच.यू. के वाइस चांसलर हुए, तो यह भावना अपनी चरम सीमा पर पहुंच गई। इसका मुख्य कारण यह था कि इन दोनों के कार्यकाल में दक्षिण भारतीय प्राध्यापकों तथा कर्मचारियों की नियुक्तियां बड़े पैमाने पर की गई थीं, जिसके चलते हिंदी क्षेत्र के लोगों के बीच काफी असंतोष फैल गया था। वहां जातिवाद विशेष रूप से ब्राह्मणवाद पहले से ही हावी था। इसका सबसे बड़ा प्रतीक यह था कि बी.एच.यू. का जो ऐडमिशन फार्म प्रकाशित होता था, उसमें एक कालम के तहत साफ तौर पर लिखा होता था : 'आर यू ब्राह्मण आर नान ब्राह्मण?' अर्थात आप ब्राह्मण हैं या गैरब्राह्मण? मैं जब

बी.एच.यू. में गया तो उस समय भी फार्म में उक्त लाइन विद्यमान थी। इसे हटाने की मांग सबसे पहले छात्र नेता आनंद कुमार ने उठाई थी। बाद में यह कालम हटा दिया गया। जातिवाद और क्षेत्रीयतावाद के चलते बी.एच.यू. का अकादमिक स्तर गिरने लगा था। अतः गिरते अकादमिक स्तर का कारण ढूंढ़ने के लिए तत्कालीन केंद्रीय शिक्षामंत्री कालू लाल श्रीमाली ने 1958 में 'मुदालियार कमीशन' का गठन किया था।

मुदालियार कमीशन ने अपनी रिपोर्ट में पूर्वी उत्तर प्रदेश के प्रोफेसरों पर आरोप लगाया था कि उनके चलते शिक्षा का स्तर गिरता जा रहा था। मुदालियार कमीशन की रिपोर्ट से बी.एच.यू. पूरी तरह से उत्तर दक्षिणवाद में बंट गया था। अतः 1958 में इसके विरुद्ध आजादी के बाद का सबसे बड़ा छात्र आंदोलन खड़ा हो गया। आग में घी का काम किया तत्कालीन वाइस चांसलर वेणी शंकर झा ने, जिन्होंने पूर्वी यू. पी. से संबंधित कई नामी प्रध्यापकों को बी.एच.यू. से बर्खास्त कर दिया। इन प्राध्यापकों में प्रो. हजारी प्रसाद द्विवेदी, नामवर सिंह, राजबली त्रिपाठी तथा गोपाल त्रिपाठी आदि शामिल थे। उस समय छात्रसंघ के अध्यक्ष गंगाराय ने वाइस चांसलर का साथ दिया, इसलिए छात्रों ने उन्हें गद्दार घोषित कर दिया था। किंतु कम्युनिस्ट विद्या सागर नौटियाल के नेतृत्व में छात्रों ने हड़ताल कर दी। यह आंदोलन इतना भयंकर था कि विश्वविद्यालय को पहली बार अनिश्चित काल के लिए बंद कर के करीब एक सौ छात्रों को बर्खास्त कर दिया गया था। इस आंदोलन के प्रमुख नेताओं में नौटियाल के अलावा एस.पी. घोसाल, आनंद्वेश्वर प्रसाद सिंह, सतीश कुमार तथा धर्मशील चतुर्वेदी आदि शामिल थे। उस छात्र आंदोलन की व्यापकता का अंदाजा इस तथ्य से लगाया जा सकता है कि उस समय किसी छात्र ने रुइया हॉस्टल के अहाते में स्थित ऊंची पानी की टंकी के ऊपर बड़े-बड़े अक्षरों में अलकतरा से लिख दिया था : 'वी.एस. झा, गो बैक', यानी वेणी शंकर झा वापस जाओ। यह लिखावट 1958 के बाद करीब पचास वर्षो तक उस टंकी पर ज्यों की त्यों बनी रही। काफी दूर से भी इसे पढ़ा जा सकता था। उसी समय से बी.एच.यू. छात्रसंघ पर प्रतिबंध लगा हुआ था। किंतु स्मरण रहे कि 1965 में बी.एच.यू. में जो 'हिंदू बचाओ' आंदोलन हुआ था, उसके चलते छात्र संघ को फिर से बहाल कर दिया गया। उसके पहले अप्रत्यक्ष रूप से चुनी हुई छात्र कौंसिल हुआ करती थी, जिसके अध्यक्ष रामबचन पांडे तथा महामंत्री नरेन्द्र प्रसाद सिन्हा हुआ करते थे। उस समय दीपक मलिक तथा देवब्रत मजुमदार जैसे अन्य छात्र नेता हुआ करते थे। इन सारे नेताओं ने 'हिंदू बचाओ' आंदोलन का नेतृत्व किया था। सबसे रोचक तथ्य यह था कि इस आंदोलन में कम्युनिस्ट, सोसलिस्ट तथा आर.एस.एस. आदि सभी विचारधाराओं के लोग शामिल थे। छात्र आंदोलनों की इस पृष्ठभूमि में मैं जब 1966 में बी.एच.यू. में पहुंचा, तो देखा कि जगह-जगह छात्र नेता सभा करते और छात्रों से अपने अधिकारों के

लिए लड़ने की अपील करते। सबसे बड़ा सभास्थल विश्वविद्यालय गेट पर खड़ी मालवीय जी की मूर्ति के इर्द-गिर्द बना चबूतरा था। पूरा वातावरण राजनीति से सराबोर हो चुका था। सभी विचारधाराओं के छात्र नेता नए छात्रों को अपनी तरफ खींचने की कोशिश में लगे हुए थे।

उन दिनों बी.एच.यू. में पी.यू.सी. यानी 'प्री यूनिवर्सिटी कोर्स' हुआ करता था, जो ग्यारहवीं कक्षा के बराबर होता था। इसे पास करने के बाद तीन वर्षीय बी.ए. के कोर्स में दाखिला होता था, जब कि अन्य विश्वविद्यालय में बारहवीं कक्षा पास करने पर दो वर्ष का बी.ए. होता था। बी.एच.यू. में भी बारहवीं के बाद बी.ए. पार्ट-2 में ऐडमीशन हो जाता था। अतः मेरा भी बी.ए. पार्ट-2 में दाखिला हुआ था। भारत के अन्य विश्वविद्यालयों से हटकर उस समय वहां सेमेस्टर सिस्टम होता था। बी.ए. में छात्रों की संख्या बहुत अधिक होती थी इसलिए चार-चार सेक्शन में क्लास चलता था। बी. ए. में मेरे तीन प्रमुख विषय इंग्लिश लिटरेचर, हिंदी साहित्य तथा फिलासफी थे। इंग्लिश लिटरेचर में मेरे प्रमुख प्राध्यापक थे डा. के.पी. मुखर्जी, डा. एस. भट्टाचार्य, डा. एस. चक्रवर्ती, डा. एस.के. सिंह, डा. आर.एस. ओझा तथा डा. ओ.पी. माथुर। हिंदी साहित्य के प्राध्यापकों में थे शिव प्रसाद मिश्र 'रुद्र काशिकेय', डा. बच्चन सिंह, डा. काशीनाथ सिंह, डा. त्रिभुवन सिंह, डा. शिव कर्ण सिंह तथा विजय शंकर मल्ल आदि। फिलासफी में डा. आर.आर. द्रविड़ तथा डा. एल.एन. शर्मा थे। इंग्लिश लिटरेचर में डा. के.पी. मुखर्जी, डा. एस. चक्रवर्ती एवं आर.एस. ओझा विभिन्न कारणों से बहुत लोकप्रिय थे। मुखर्जी तथा चक्रवर्ती अंगेजी गद्य तथा पद्य के बड़े विद्वान थे, किंतु आर.एस. ओझा शेक्सपीयर पर विशेषज्ञ होने के साथ ही अत्यंत झक्की स्वभाव के थे। ओझा शेक्सपीयर के नाटक 'मैकबेथ' को पढ़ाते समय जब लेडी मैकबेथ के पागलपन का दौर आता था, तो वे स्वयं पागल की तरह व्यवहार करने लगते थे। उनके इस व्यवहार पर कक्षा में बैठा या दरवाजे पर खड़ा कोई न कोई छात्र जोर से बोल पड़ता था : 'ओझवा साला पागल।' होता यह था कि आर्ट्स कालेज की पुरानी इमारत में बहुत बड़े-बड़े कमरों में क्लास चलती थी। सौ से ज्यादा ही छात्र एक कक्षा में होते थे। अतः टेबुल के नीचे झुककर कोई छात्र डा. ओझा के खिलाफ उक्त संबोधन करके चुपचाप गंभीर मुद्रा में बैठा रहता। इसलिए उस भीड़ वाली कक्षा में ऐसे छात्रों की पहचान करना बड़ा मुश्किल हो जाता था। लड़के भी उन्हें परेशान करने के लिए कहते कि सर वह बदमाश कक्षा से बाहर भाग गया। इस पर डा. ओझा कक्षा के बाहर बरामदे में दौड़ पड़ते थे और खूब मां बहन की गालियां देते हुए उसे ढूंढ़ने निकल पड़ते थे।

डा. ओझा के साथ ऐसा लगभग हर दिन होता था। डा. ओझा के इस व्यवहार से छात्रों का बहुत मनोरंजन होता था। उनके विचार काफी दकियानूस होते थे। एक

बार पढ़ाते समय अपने लंदन प्रवास की घटना का जिक्र करते हुए उन्होंने कहा कि ब्रिटिश कवि एच.डब्ल्यू लांगफेलो के खानदान के एक व्यक्ति का भाषण होने वाला था। वे उसे सुनने गए। उस व्यक्ति ने बोलते हुए कहा कि जब मेरे पिता का निधन हो गया तो मेरी मां ने दूसरी शादी कर ली। इस पर डा. ओझा कहने लगे कि मैं मीटिंग हाल से यह सोचकर बाहर आ गया कि यह सभा भ्रष्टाचारियों की है। इस पर उस दिन लड़के उन्हें 'पागल पागल' कहकर बहुत चिढ़ाए थे और वे भी आट्र्स कालेज के अहाते में लड़कों को दूर-दूर तक दौड़ाए थे। डा. ओझा की क्लास में छात्रों की बहुत भीड़ होती थी। अनेक छात्र कुर्सी न मिलने के कारण कक्षा में पीछे खड़े रहते या दरवाजे के बीच में। किंतु वास्तविकता यह थी कि अधिकतर छात्र मनोरंजनवश उनकी कक्षा में आते थे। कई लड़के उन्हें चिढ़ाने के उद्देश्य से डा. ओझा से कहते कि सर, लेडी मैकबेथ वाला प्रकरण समझ में नहीं आया। इस पर जब वे दोबारा पढ़ाते हुए पागल की तरह व्यवहार करते, तो लड़कों को एक बार फिर उन्हें पागल-पागल कहने का मौका मिल जाता था। बनारस अपनी मस्ती के लिए हमेशा विख्यात रहा है। वही मस्ती बी.एच.यू. की कक्षाओं में भी परिलक्षित होती थी। इस संदर्भ में बनारस की रोजमर्रा की संस्कृति से जुड़ी कुछ चुनिन्दा गालियां होती हैं, जिनका प्रयोग आपसी घनिष्ठता का सबसे बड़ा प्रतीक माना जाता है। इन्हीं गालियों में सबसे ज्यादा प्रयोग में लाई जाने वाली गाली इस प्रकार है : लोग 'भो' और 'ड़ी के बीच में 'स' का इस्तेमाल बेहिचक एक दूसरे को संबोधित करने के लिए करते हैं। ऐसा सुनकर शुरू में मैं बड़ा अचंभित होता था, किंतु धीरे-धीरे मैंने भी इसे अपने व्यवहार में शामिल कर लिया था। एक दूसरे को संबोधित करते हुए लोग 'गुरु' शब्द का भी इस्तेमाल बड़े पैमाने पर करते थे। पान खाना भी वहां की संस्कृति का एक अभिन्न अंग था। अधिकतर छात्र एवं प्राध्यापक पान कूचते क्लास में आते थे। छात्र लोग तो पान खा खाकर कक्षाओं की दीवारों पर थूक- थूककर पूरी पेंटिंग बना देते थे।

पानखाऊ प्राध्यापकों में हिंदी के शिव प्रसाद मिश्र 'रुद्र काशिकेय' सबसे ज्यादा प्रसिद्ध थे। वे पान में हमेशा भांग मिलाकर चौबीसों घंटा गाल फुलाए रहते थे। अंततोगत्वा, इसके ही सेवन से उन्हें मुंह के कैंसर ने इस दुनिया से विदा कर दिया था। किंतु रुद्र जी बेहद लोकप्रिय प्राध्यापक थे, जिसका कारण था उनके पढ़ाने की सौन्दर्यशास्त्रीय शैली। उनकी क्लास प्रायः दोपहर बाद तीन बजे लगती थी। भोजन के बाद इस तरह की कक्षाओं में अधिकतर छात्र तंद्राग्रस्त रहते थे, किंतु रुद्र जी की कक्षा में सोते हुए भी जाग उठते थे। युवा प्राध्यापकों में डा. काशीनाथ सिंह बहुत लोकप्रिय थे। उनकी प्रगतिशीलता सभी को प्रभावित करती थी। धीरे धीरे मैं इस नामी विश्वविद्यालय में रमता चला गया। ज्ञान की पिपासा बलवती होने लगी, किंतु मैं तीन मूल समस्याओं से घिर गया था। एक समस्या यह थी कि मैं राजनीति में

जाऊं, दूसरी समस्या भुखमरी की थी और तीसरी थी किराए के कमरे से उत्पन्न जातीय भेदभाव। भुखमरी वाली समस्या सबसे विकराल थी। परिणामस्वरूप कक्षाओं में उपस्थिति घटने लगी। मैं दोपहर बाद अकसर आर्ट्स कालेज के सामने स्थित विशाल ऐम्फी थिएटर ग्राउंड में उस समय चला जाता, जब वहां कोई दूसरा नहीं होता। 'पढ़ाई अब छूटी तब छूटी' की चिंता अश्रुधारा में बदल जाती थी। बी.एच.यू. का ऐम्फी थिएटर मेरे लिए एक बार फिर आसनसोल की उस हवाई पट्टी में बदल गया, जहां मुझे ऐसी ही स्थिति से जूझना पड़ा था।

बी.ए. पार्ट-2 के दूसरे सेमेस्टर, यानी जनवरी 1967 की बात है। मैं दोपहर बाद ऐम्फी थिएटर की उस 'आवश्यक दिनचर्या' के बाद डा. एस. चक्रवर्ती द्वारा पढ़ाए जाने वाले अंग्रेजी पद्य की कक्षा में थोड़ी देर से पहुंचा। पीछे की तरफ किनारे वाली कुर्सी पर बी.डी. शर्मा नामक एक छात्र बैठा था। वैसे पूरी कक्षा छात्रों से भरी पड़ी थी। मैंने शर्मा जी से उनकी कुर्सी पर थोड़ी सी जगह अपने बैठने के लिए मांगी। शर्मा जी के मुंह से निकला : 'चल हट'। मैं उस दिन दरवाजे की आड़ में खड़ा होकर डा. चक्रवर्ती का लेक्चर सुनता रहा। वे विक्टोरियाई युग की कविता पर भाषण देते हुए कहने लगे कि उन दिनों लंदन स्थित सरे नामक स्थान 'नेस्ट आफ सिंगिंग बर्ड' यानी 'गाती चिड़ियों का घोसला' बन गया था, क्योंकि वहां लयदार कविता लिखने वाले कवियों की भरमार थी। क्लास के बाद उस दिन शर्मा जी की फटकार के कारण मैं स्वयं गाती के बजाय रोती हुई चिड़िया में बदल गया था। जातीय भेदभाव से उत्पन्न संवेदनशीलता हावी होने लगी। मैं प्रतिदिन चार बजे के बाद बी.एच.यू. की सेंट्रल लाइब्रेरी कम से कम दो ढाई घंटे के लिए अवश्य चला जाता था और विभिन्न विषयों की पुस्तकों को पढ़ने की कोशिश करता था। किंतु लाइब्रेरी जाने का वहां के छात्र एक विचित्र अर्थ लगाते थे। लाइब्रेरी का मतलब लड़कियों का पीछा करने से लगाया जाता था। क्लास के कई लड़के ताना मारते हुए मुझसे कहते : "अच्छा, आप भी लाइब्रेरी जाने लगे?" यह सुनकर मुझे बहुत बुरा लगता था। उनकी इन बातों में कुछ वास्तविकता भी थी। अनेक लफंगे किस्म के छात्र वास्तव में लड़कियों का पीछा करते लाइब्रेरी जाते थे, जिनके कारण लायब्रेरी बदनाम हो चुकी थी।

बी.एच.यू. की परीक्षाएं प्रायः मई में होती थीं। उन दिनों 75 प्रतिशत उपस्थिति आवश्यक होती थी। परीक्षा से पूर्व कम उपस्थिति वाले छात्रों को बता दिया जाता था कि उन्हें फाइनल परीक्षा में बैठने की इजाजत नहीं होगी। मुझे भी एक नोटिस मिली कि मैं उपस्थिति कम होने के कारण बी.ए. पार्ट-2 की फाइनल परीक्षा में नहीं बैठ पाऊंगा। मेरे लिए जिंदगी का यह सबसे बड़ा धक्का था। उन दिनों मैं बनारस के प्रसिद्ध 'बनारस बीड मैनुफैक्चरिंग कंपनी' के मालिक के खानदान की एक हाई स्कूल की छात्रा का ट्यूटर था। उसके भाई प्रदीप कुमार गुप्त मुझे सोनारपुरा के एक प्राइवेट डा. एस. सेन की

डिस्पेंसरी में ले गए। उन्होंने मुझे एक सर्टिफिकेट बनाकर दिया कि मुझे मिर्गी की बीमारी है, इसलिए दौरा पड़ते रहने के कारण कई कक्षाएं छूट जाती थीं। अतः मुझे मेडिकल ग्राउंड पर परीक्षा में बैठने दिया जाए। मिर्गी वाला सर्टिफिकेट इसलिए उन्होंने दिया था क्योंकि मेरे हाई स्कूल वाले दोस्त चिंतामणि सिंह को यही बीमारी थी। इसलिए मैंने उनकी बीमारी अपने ऊपर लेकर डा. सेन से सर्टिफिकेट बनवाया था। संयोगवश आर्ट्स कालेज के प्रिंसिपल डा. मदन मोहन सिन्हा ने उस सर्टिफिकेट को अमान्य कर दिया और मैं परीक्षा से वंचित कर दिया गया। मेरे ऊपर यह एक विपत्ति का पहाड़ जैसा था। पढ़ाई के सारे रास्ते बंद हो चुके थे। बार-बार दिमाग में यह बात आती कि कोई पार्ट टाइम नौकरी या काम मिल जाता, तो पढ़ाई जारी रख सकूंगा।

उन दिनों बनारस में कई लड़के रात में रिक्शा चलाकर पढ़ाई करते थे। अनेक बार यह बात भी मेरे दिमाग में आई, किंतु उस समय मैं बहुत दुबला पतला था, इसलिए रिक्शा वाला इरादा छोड़ दिया। प्रदीप कुमार गुप्ता की तुलसी मानस मंदिर के अहाते में शीशे से बनी मोतियों की एक दुकान थी, जहां वे मुझे एक दिन ले गए। वहां एक कमरे में तुलसी मानस मंदिर के केयरटेकर बेनी प्रसाद अग्रवाल रहते थे। गुप्ता ने मुझे उनसे मिलवाया और मेरे बारे में उनसे सहायता करने को कहा। बेनी प्रसाद अग्रवाल बड़े उदार व्यक्ति और पुराने स्वतंत्रता सेनानी थे। वे मानस मंदिर के मालिक ठाकुर दास सुरेखा के खास व्यक्ति माने जाते थे। अग्रवाल जी मुझे विजया नगरम महल स्थित 'महावीर प्रेस' ले गए। प्रेस के मालिक ने कहा कि प्रेस में प्रिंटिंग के लिए टाइप सेटर का काम मिल सकता है किंतु उसके लिए तीन महीना बिना किसी वेतन के काम सीखना पड़ेगा। मैं अग्रवाल जी के साथ निराश होकर लौट आया। अग्रवाल जी बार-बार मुझसे कहते कि यदि मैं ब्राह्मण होता, तो वे मंदिर में ही खपा देते। इसके बाद उन्होंने मेरी गरीबी का वर्णन करते हुए 'खेमका ट्रस्ट', 15, इंडिया एक्सचेंज प्लेस, कलकत्ता को एक चिट्ठी लिखी। शीघ्र ही खेमका ट्रस्ट ने मुझे पचास रुपए का मनीआर्डर भेजा। बाद में मैंने स्वयं ट्रस्ट को कई चिट्ठियां भेजीं, किंतु किसी का कोई जवाब नहीं मिला। यह वही समय था, जब मैं मकान की भेदभाव वाली समस्या में बुरी तरह उलझा हुआ था। एकदम अकेला पड़ गया था। ऐसे ही समय में लंका स्थित एक साइंटिफिक कंपनी की दुकान के एक हिस्से में रजाई गद्दा बनाने वाले रामसेवक नामक एक व्यक्ति से मुलाकात हुई। वह व्यक्ति रुई को खुद ही धुनकी से धुनता था। मैं बी.एच.यू. से आता और उसके पास बैठ जाता। रामसेवक काम करते हुए मुझसे बातें करता रहता। उसकी दुकान मेरा अड्डा बन गई। रामसेवक ने ही अपने मालिक गोपाल नारायण सिंह के छोटे भाई घनश्याम सिंह को पढ़ाने के लिए कहा। घनश्याम सिंह आठवीं दर्जा का छात्र था। घनश्याम अंग्रेजी में कमजोर थे। मैं उन्हें पढ़ाने लगा। धीरे-धीरे उनके सभी घरवालों की मुझसे आत्मीयता बढ़ने लगी।

घनश्याम की भाभी आजमगढ़ की थीं। उनका नवजात बेटा कक्कू ज्यों-ज्यों बड़ा होता गया, वह मुझसे घुलता गया। कक्कू को छोड़कर मैं जब भी अपने निवास को जाता, वह रोने लगता था। घनश्याम को मेरा पढ़ाना मुझे एक अच्छे ट्यूटर के रूप में स्थापित कर गया। इसके बाद लंका पर मुझे कई बच्चे पढ़ाने के लिए मिले। उन्हीं में बनारस बीड कंपनी वाली बच्ची भी थी। उसके तीनों भाई प्रदीप के अलावा दिलीप और राकेश गुप्ता भी मेरे अच्छे दोस्त बन गए थे। दिलीप और राकेश कार का ट्यूब लेकर आते और हम अस्सी घाट पर गर्मी के दिनों में गंगा नहाने चले जाते। मैं तैरना अच्छी तरह जानता था। अतः गंगा पार करने का खूब कंपटीशन होता। गंगा की बीच धारा में जब थक जाते तो हम बारी-बारी से ट्यूब के सहारे अपनी थकान मिटाते। इस तरह हम गंगा पार कर जाते थे। गंगा पार से वापस आने पर घाट पर बैठा पंडा हमें बुलाता और ललाट पर टीका लगाता, जिसके बदले वह दस पैसे में संतुष्ट होकर ढेर सारी दुआएं देता। बनारस के भेदभाव वाले उस वातावरण के विरुद्ध मेरी जिंदगी में एक नया मोड़ उस समय आया, जब मुझे दसवीं कक्षा में अंग्रेजी में पढ़ाने के लिए संगीता नागर का ट्यूशन मिला।

संगीता बी.एच.यू. के महिला कालेज में म्यूजिक के प्राध्यापक टी.एन. नागर की बेटी थी। वे बहुत अच्छे सितारवादक थे। नागर जी प्रसिद्ध साहित्यकार अमृत लाल नागर के खानदान के थे। वे गुजराती ब्राह्मण थे। उनके घर में रोज पूजा पाठ होता रहता था। संगीता जिसका घरेलू नाम राधा था, उसे मुझे अंग्रेजी पढ़ाने के लिए कहा गया, जिसके बदले पच्चीस रुपए मासिक वेतन नियुक्त किया गया था। यह रकम मेरे उन बुरे दिनों में बहुत राहत लेकर आई थी। मैंने राधा को साल भर पढ़ाया और वह हाई स्कूल अच्छे नम्बरों से पास हो गई। संयोगवश उसी समय टी.एन. नागर को जर्मनी में सितार बजाने का निमंत्रण मिल गया। जर्मनी में उनके साथ तबले पर संगत करने कुमार लाल गए थे, जो प्रसिद्ध तबला वादक गोदई महाराज के पुत्र थे। इसके बाद वे हर साल गर्मियों की छुट्टी में सितार बजाने जर्मनी तथा अन्य पश्चिमी यूरोप के देशों में जाने लगे। अनेक लोग यूरोप से सितार सीखने उनके पास बनारस भी आने लगे। उनके परिवार में सभी लोग विशेष रूप से राधा की माता जी अपने घर में मेरे प्रवेश को अत्यंत 'शुभ' मानने लगीं। उनके घर में कोई भी काम बिना मेरी उपस्थिति के संभव नहीं होता था। वे लोग हमेशा बार-बार कहते कि मैं उनके घर में सफलता लेकर आया हूं। परिणामस्वरूप उनकी आत्मीयता इतनी ज्यादा बढ़ गई कि वे लोग अपने परिवार वालों से कहीं ज्यादा मुझे सम्मान देने लगे। नागर जी की राधा के अलावा तीन बेटियां और दो बेटे थे। बेटियों के नाम क्रमशः मोहिता, गीता और कुक्कू थे। बेटे राजेश और राकेश थे। इन सभी बच्चों की शादियों के आवश्यक कर्मकांड उन्होंने मेरे हाथों से करवाए। सबसे छोटी बेटी की शादी तो सन् 1988 में जवाहर लाल नेहरू विश्वविद्यालय स्थित मेरे निवास पर ही सम्पन्न

हुई थी, क्योंकि लड़का दूसरे धर्म का था। नागर जी का कट्टरपंथी धार्मिक ब्राह्मण परिवार मेरे लिए अचंभित करने वाला धर्म एवं जाति निरपेक्ष सिद्ध हुआ। एक आंख की रोशनी न होने के कारण मेरे ऊपर जो अपशकुनी होने का ठप्पा लगा था; उसे नागर जी के परिवार ने ध्वस्त कर दिया। यद्यपि मैंने राधा को सिर्फ साल भर पढ़ाया था, किंतु उसके बाद करीब छः साल सन् 1975 तक जब मैं बी.एच.यू. में था तो लगभग रोज ही उनके घर जाता और वे लोग अधिकतर समय रात का खाना मुझे खिलाते। वे लोग लंका पर ही रहते थे। जिस दिन मैं उनके घर नहीं जाता, वे लोग तरह-तरह की पूछताछ करते कि मैं कहां था? उनके परिवार का रिश्ता आज भी कायम है। मेरे सामाजिक जीवन में नागर जी का परिवार एक ऐतिहासिक मोड़ था। मेरे अपने छूटे हुए परिवार की कमी को इसने सम्पूर्ण रूप से पूरा कर दिया था। इस तरह बनारस में तमाम विकट परिस्थितियों के बावजूद मेरा जीवन चल पड़ा।

जहां तक बी.एच.यू. में राजनीति का संदर्भ है, मैं धीरे-धीरे उसमें रमने लगा था। 'हिंदू बचाओ' आंदोलन की पृष्ठभूमि में विश्वविद्यालय पूरी तरह से गरमा चुका था। पी.ए.सी. की ट्रक से कुचलकर एक छात्र की मृत्यु से वातावरण तनावपूर्ण बना हुआ था। इसलिए 1966 में बी.एच.यू. की स्वर्ण जयंती यानी 50वीं वर्षगांठ मनाने वाले समारोहों को एक साल के लिए स्थगित कर दिया गया था। ठीक उसी समय वहां के तत्कालीन वाइस चांसलर एन.एच. भगवती का कार्यकाल भी समाप्त होने वाला था। उस समय प्रो-वाइस चांसलर थे एम.सी. बीजावत। इस बीच छात्रसंघ का अप्रत्यक्ष प्रणाली से ही चुनाव हुआ, जिसमें आर.एस.एस. के सुरजीत सिंह डंग कम्युनिस्ट दीपक मलिक को मात्र दस वोट से हराकर अध्यक्ष चुने गए थे। सन् 1967 में पहली बार बाकायदा छात्रसंघ का प्रत्यक्ष चुनाव हुआ और इंजीनियरिंग कालेज के देवव्रत मजुमदार छात्रसंघ के अध्यक्ष चुने गए। उसी समय देश का चौथा आम चुनाव सम्पन्न हुआ और पहली बार नौ राज्यों में कांग्रेस हार गई और उत्तर प्रदेश, बिहार, बंगाल, पंजाब, तमिलनाडु आदि प्रमुख प्रांतों में विपक्षी दलों की संयुक्त सरकारें सत्ता में आईं। सन् 1967 में जो कांग्रेस विरोधी मोर्चा बना था उसमें आर.एस.एस. संचालित जनसंघ के साथ कम्युनिस्ट पार्टियां भी शामिल थीं। संयोगवश कांग्रेस को लोकसभा में बहुमत मिल गया था। मुझे व्यक्तिगत रूप से कम्युनिस्ट पार्टी का जनसंघ के साथ मिलकर सरकार चलाना पसंद नहीं आया था, जैसा कि उत्तर प्रदेश में कम्युनिस्ट पार्टी के रुस्तम सैटिन तथा झारखंडे राय दो मंत्री थे और कांग्रेस से निकलकर भारतीय क्रांति दल के नेता चरण सिंह मुख्यमंत्री थे। जनसंघ के लोग भी सरकार में शामिल थे। यद्यपि 1967 में मैं पूरी तरह से मार्क्सवादी नहीं बन पाया था, किंतु साम्प्रदायिकता के चलते संघ परिवार का कट्टर विरोधी था। आम चुनावों का बी.एच.यू. की छात्र राजनीति पर गहरा प्रभाव पड़ा था। उसी समय

डा. त्रिगुण सेन विश्वविद्यालय के नए वाइस चांसलर बनकर आए थे। उनके आने के समय विश्वविद्यालय का माहौल बिलकुल गरमा गया था। डा. सेन कलकत्ता से मुगलसराय तक किसी ट्रेन से आए। बी.एच.यू. के कुछ छात्र मुगलसराय में उनके डिब्बे पर चढ़ गए और छात्रों की मांग के समर्थन में नारा लगाने लगे। साथ में उन्होंने डा. सेन का स्वागत भी किया। परिणामस्वरूप डा. सेन ने छात्रों की सभी मांगों को स्वीकार कर लिया। यहां तक कि उन्होंने विश्वविद्यालय की विभिन्न कक्षाओं में खुली भर्ती का भी आदेश दे दिया। डा. सेन के आते ही बी.एच.यू. में पूर्णरूपेण शांति का वातावरण स्थापित हो गया और 1967 में बड़े पैमाने पर स्वर्ण जयंती का कार्यक्रम शुरू हो गया।

कार्यक्रमों की शुरुआत विश्वविद्यालय के स्थापना दिवस बसंत पंचमी के दिन हुई। उस दिन बी.एच.यू. की छात्राएं पीले कपड़ों में सजी हुई थीं और विभिन्न कालेजों के छात्र ट्रक के ऊपर झाकियां सजाकर बड़े जुलूस की शक्ल में गाते बजाते चल रहे थे। यह बड़ा ही मनमोहक दृश्य था। आगे चलते ट्रक पर इंजीनियरिंग के छात्र ए.पी. मिश्रा का मंच संचालन बहुत प्रभावशाली था। यह जुलूस पूरब में महिला कालेज की चहारदीवारी के पीछे स्थापना स्थल पर जाकर समाप्त हुआ। वहीं पर पूजा पाठ का कर्मकांड भी किया गया। वहीं पर वैज्ञानिक शांति स्वरूप भटनागर द्वारा बी.एच.यू. पर लिखा कुलगीत : 'मधुर मनोहर अतीव सुंदर, यह सर्व विद्या की राजधानी...' को छात्राओं ने मोहक स्वर में गाया। स्वर्ण जयंती समारोह पूरे साल भर चलते रहे जिसमें अनेक सांस्कृतिक कार्यक्रमों का आयोजन किया गया। एक तरफ पं. किशन महाराज तथा गोदई महाराज के तबले की गरज थी, तो दूसरी ओर बिस्मिल्ला खान की शहनाई की गूंज। शहनाई के संदर्भ में मुझे याद आती है, कुछ छात्रों की लफंगई। सर सुंदर लाल अस्पताल के प्रांगण में बिस्मिल्ला खान का शहनाई वादन चल रहा था। वे शास्त्रीय रागों पर आलाप फूंक रहे थे। बीच में अनेक छात्र टोकाटाकी करते हुए कहने लगे : 'चैता बजावा चैता।' अंततोगत्वा जब टोकाटाकी नहीं रुकी, तो खान साहब दुखित होकर यह कहते हुए मंच से चले गए कि मैं बी.एच.यू. में फिर कभी शहनाई बजाने नहीं आऊंगा। उस दिन ऐसे कुछ छात्रों की वजह से सारा कार्यक्रम चौपट हो गया था। बाद के कई अन्य कार्यक्रमों में भी कुछ छात्रों का हुड़दंग जारी रहा। एक बहुत बड़ा मुशायरा तथा कवि सम्मेलन आयोजित हुआ था। मुशायरे में अनवर मिर्जापुरी की गजल : 'हंगामा है क्यों बर्पा थोड़ी सी जो पी ली है...', बहुत लोकप्रिय हुई थी। कवि सम्मेलन ऐम्फी थिएटर मैदान में रात के नौ बजे शुरू हुआ, जिसमें सबसे चर्चित कवि हरिवंश राय बच्चन आए हुए थे। मंच का संचालन डा. बच्चन सिंह कर रहे थे। करीब दस हजार छात्र, अध्यापक एवं कर्मचारी तथा बड़े पैमाने पर शहर के लोग वहां उपस्थित थे। सबकी

तरफ से मांग आई कि 'बच्चन' जी मधुशाला सुनावें। मैं श्रोताओं में मंच के निकट ही बैठा था। बच्चन जी ज्यों ही खड़े हुए चारों तरफ से तालियां गूंज उठीं। उन्हांने ज्यों ही मधुशाला की ये पंक्तियां गाईं :

प्रियतम तू मेरी हाला है
मैं तेरा प्यासा प्याला।
अपने में मुझको भर कर तूं
बनता है पीने वाला॥

तो सैकड़ों छात्र 'अं अं अं अं अं अं' के स्वर निकालने लगे, जिसका कारण यह था कि बच्चन जी हाला प्याला जैसे शब्दों को गाते हुए 'ला' अक्षर पर नाक से बहुत जोर देते थे। इन अक्षरों पर उनके स्वर 'लां अं अं' की ध्वनि करते हुए मुंह से बाहर निकलते थे। ऐसा सुनते ही छात्रों की भीड़ उक्त तुकबंदी में मशगूल हो गई। परिणामस्वरूप गुस्से में बच्चन जी मंच छोड़कर चले गए। मंच संचालक डा. बच्चन सिंह की लाख कोशिश के बावजूद छात्रों की भीड़ 'अं अं अं' से बाज नहीं आई। अंततोगत्वा कवि सम्मेलन अधूरा छूट गया। किंतु बच्चन जी के अधूरे गायन के बावजूद मधुशाला का भूत अधिकतर छात्रों पर छा गया था। लोग लंका की किताब की दुकानों में 'मधुशाला' ढूंढ़ने लगे, किंतु वहां वह उपलब्ध नहीं थी। मैं खुद दूसरे दिन कैंट रेलवे स्टेशन गया। वहां एक बुक स्टाल पर पाकेट बुक श्रेणी की मधुशाला मिली, जो मैंने खरीद ली। दाम था दो रुपए। शीघ्र ही मैंने सारी मधुशाला रट ली और बच्चन जी का एक बड़ा प्रशंसक बन गया। मैंने उनकी प्रशंसा में उनको 11, विलिगंटन क्रीसेंट, नई दिल्ली के पते पर एक पत्र लिखा। मुझे हैरत हुई कि चार दिन के अंदर पोस्टकार्ड पर बच्चन जी का जवाब आ गया। बाद में उन्होंने मेरे तीन पत्रों का जवाब दिया।

एक पत्र में उन्होंने अपनी नई प्रकाशित कविता की किताब : 'बहुत दिन बीते' को 'राजपाल एंड संस' प्रकाशन से मंगाकर पढ़ने को कहा। मैंने यह पुस्तक मंगाकर पढ़ी। अतुकांत शैली में उनकी कविताएं बहुत नीरस लगीं। मैंने अंतिम चिट्ठी मई 1968 में लिखी। चिट्ठी में मैंने कहा था कि 'मधुशाला' में जहां **आग का ढेर** थी, वहीं 'बहुत दिन बीते' में राख भी नहीं मिली। इसके जवाब में बच्चन जी ने गुस्से में लिखा : 'कृपया सही हिंदी लिखा करे। **आग की ढेर** नहीं बल्कि **आग का ढेर** सही होता है।' इस प्रकरण के बाद पत्र व्यवहार ठप्प हो गया, किंतु बच्चन जी की इस बात के लिए प्रशंसा करनी पड़ेगी कि वे पत्र का जवाब हर किसी को तुरंत देते थे। स्वर्ण जयंती समारोहों का अंत तरह-तरह के गायन वादन के अलावा विश्वविद्यालय के विभिन्न कालेजों में छात्रों द्वारा प्रस्तुत सांस्कृतिक कार्यक्रमों के साथ हुआ। गिरजा देवी की ठुमरी, राजभान सिंह के सितार के साथ छोटे लाल मिश्रा के तबले की संगत

विशेष उल्लेखनीय थी। उस दौरान बनारस की संस्कृति पूर्णरूपेण उजागर हो उठी थी, जिसमें वहां की हुड़दंगबाजी भी शामिल थी।

जहां तक 1967-68 के दौरान बनारस शहर का सवाल है, वह भी अपने खिले हुए सांस्कृतिक व्यवहार के लिए बड़ा ही मनोरंजक बना हुआ था। बसंत पंचमी के दिन से ही वहां का सांस्कृतिक वातावरण जीवंत होने लगता था। चारों तरफ 'बारहमासा' तथा 'होली गायन' की धूम मची रहती थी। बनारस के विभिन्न मंदिर ऐसे कार्यक्रमों के जमघट बन गए थे। मैं 1967 में पहली बार बनारस की होली देखकर दंग रह गया। बहुत उद्दंडता के साथ होली मनाने का तरीका अपनाया जाता था। लोग एक दूसरे के सिर वार्निश से रंग देते थे तथा गोबर एवं कीचड़ से पूरा शरीर मल दिया जाता था। बी.एच.यू. में रुइया तथा बिड़ला हॉस्टल के बीच सड़क के किनारे एक बड़ा हौज था जिसमें सैकड़ों बाल्टी पानी डालकर रंग घोल दिया जाता था। जो भी वहां से गुजरता था, उसे छात्र उठाकर उस रंगीले हौज में फेंक देते थे। लंका पर सैकड़ों लोग वार्निश से रंगे चेहरे के कारण एक दूसरे को सिर्फ आवाज से पहचान पाते थे। ठीक उसी समय समाजवादी नेता एवं सांसद राज नारायण अपनी कार में लंका से गुजरे। अचानक छात्रों की भीड़ ने उन्हें रोककर गोबर तथा रंग से सराबोर कर दिया। राज नारायण चिल्लाते रह गए। किंतु इस हुड़दंग में एक बड़ा ठोस किस्म का अनुशासन भी होता था। ठीक एक बजे के बाद किसी व्यक्ति के ऊपर गोबर कीचड़ आदि नहीं फेंका जाता था। लोग नहा धोकर निकलते, तो अबीर के साथ उनका स्वागत किया जाता। जीवन में पहली बार मेरा सिर वार्निश से रंग दिया गया था, जिसे मैंने मिट्टी के तत्व तेल यानी किरोसिन से धोकर छुड़ाया था। रंगीली होली के साथ लोग शहर के विभिन्न हिस्सों से जुलूस निकालते थे और गाते-बजाते नगर की इधर-उधर परिक्रमा करके होली को रोचक बना देते थे।

लंका से गोदौलिया तक गए एक होली जुलूस में मैं भी शामिल हुआ था। लोग अपने घरों की छत से बाल्टी में रंग भर-भरकर जुलूस पर फेंकते थे। शाम के समय मैं दशाश्वमेध घाट पर गया। वहां महामूर्ख सम्मेलन आयोजित था। बनारस के प्रसिद्ध होली तुक्कक धर्मशील चतुर्वेदी की रसिक कविताओं का लोग खूब आनंद ले रहे थे। वहीं दूसरी तरफ बड़े-बड़े बजड़ों यानी छतदार नौकाओं पर भांग पीसते और पीते और होली की धुन में लोग मस्ती बिखेर रहे थे। भांग बनारसी जीवन का अभिन्न अंग है। भंगेड़ी देवता शिव के रूप में लोग अपने को आत्मसात कर लेते थे। भांग के नशे में लोग उड़ते नजर आते थे। नशे में लोगों की बोली में फर्क साफ नजर आता था। कई लोग तुतला-तुतलाकर अपनी दबी भावनाओं को बेहद खुलेपन से व्यक्त कर रहे थे। बनारस की होली की एक खास बात यह

थी कि कई लोग लोगों के साथ प्रेमगाथाओं को जोड़कर गाली गलौज युक्त काव्य का प्रकाशन करते थे। ऐसे प्रकाशनों की मांग बहुत तेज होती थी। बी.एच.यू. के रत्नाकर पांडे ऐसे प्रकाशन के लिए काफी मशहूर थे। तीसमार खां लोग जिनके नाम ऐसे प्रकाशनों में नहीं होते थे, वे मनोवैज्ञानिक तौर पर बहुत निराश होते थे। बनारस की होली का अपना अनोखा रंग था। हिंदू मुसलमान आपस में खूब मिलते थे। गले लग लगकर एक दूसरे को बधाई देते थे। सबसे ज्यादा खटकने वाली बात यह थी कि उस दिन पूरा बनारस स्त्रीविहीन हो जाता था। वहीं बनारस की होली का एक अनचाहा खतरनाक रूप भी था। कई लोग आपसी दुश्मनी होली के दिन ही खूनखराबा करके साधते थे। मैंने बनारस की नौ होलियां लगातार देखी थीं। हर बार लंका पर बैठे-बैठे देखा कि बैलगाड़ियों पर बिछी लाशें बी.एच.यू. मेडिकल कालेज के पोस्टमार्टम घर की तरफ ले जाई गईं। दुर्गा पूजा, विजयदशमी की मासिक पूर्व संध्याओं पर पूरा शहर रामलीला मंचन, बिरहा, कजरी गायन, कौव्वाली तथा अन्य विधाओं के नाच गान से गूंजने लगा था। रामनगर का राम रावण युद्ध, चेतगंज की नककटैया तथा नाटी इमली के भरत मिलाप आदि की चर्चा हर बनारसी की जबान पर होती। ऐसे तमाम कार्यक्रमों में मैं देर रात तक घूम-घूमकर श्रोताओं दर्शकों में शामिल होता। दुर्गा पूजा के अवसर पर सोनारपुरा चौमुहानी पर रात भर चलने वाले कौव्वाली गायन के कार्यक्रम की याद आज भी ताजा हो उठती है। इलाहाबाद से आए एक कौव्वाल ने जब इन पंक्तियों को गाया :

हुस्न की देवी नहान करती
गंगा जी के पानी में।
रह रहकर वह आग लगाती
गंगा जी के पानी में॥

तो ऐसा लगा था कि मानो पूरा बनारस प्रज्वलित हो उठा। बनारस में ऐसे कार्यक्रमों का आयोजन हर साल हुआ करता था। हर जून के अंतिम सप्ताह में करीब सात दिन सारी रात संकटमोचन मंदिर में हनुमान जयंती के अवसर पर शास्त्रीय गायन एवं वादन का समारोह चलता रहता था। वहां के श्रोताओं में भी मैं रात भर शामिल रहता। संकटमोचन में ही मैंने पहली बार निखिल बनर्जी जैसे कलाकारों का सितार वादन तथा सुमति मुटाटकर जैसी गायिकाओं का शास्त्रीय गायन सुना था। बनारस में 'मुकुंदी की भांड़ मंडली' बहुत चर्चित हुआ करती थी। जून 1968 में पहली बार मैंने औड़िहार के पास एक शादी समारोह में इसे देखा था। मुकुंदी भाड़ मंडली इसलिए ज्यादा चर्चित थी कि इसमें वेश्याओं का नृत्य हुआ करता था। जिस शादी में मैं गया था, उसमें कई बाराती अपना गमछा बिछा-बिछाकर वेश्या को उस पर नाचने की गुहार लगाते, जिससे नृत्य की रोचकता

और भी बढ़ जाती थी। इस संदर्भ में एक विशेष उल्लेखनीय ऐतिहासिक घटना का उस समय पता चला जब वर्षों बाद मैंने 'विनय पिटक' पढ़ा। इस घटना को बुद्ध के समय बनारस के ही एक बौद्ध भिक्षु ने उजागर किया था। वह बौद्ध भिक्षु बनारस से श्रावस्ती बुद्ध से मिलने जा रहा था। रास्ते में कीटागिरि नामक स्थान पर उसने अश्वजित तथा पुनर्वसु नामक दो अनाचारी भिक्षुओं को एक मठ में देखा। ये दोनों भिक्षु स्त्रियों के साथ तरह-तरह की क्रीड़ाएं करते, तथा नाचने वाली को कमर के ऊपर पहनी जाने वाली पवित्र संघाटी को जमीन पर बिछाकर उस पर नाचने को कहते। ऐसा देखकर बनारस के उस भिक्षु ने बुद्ध से शिकायत की। इस पर बुद्ध ने अपने विद्वान भिक्षु सारिपुत्र तथा मौदगल्यायन को कीटागिरि भेजकर उन दोनों अनाचारी भिक्षुओं को संघ से निकालने का आदेश दिया था। इससे साबित होता है कि नर्तकियों को अपने वस्त्रों के ऊपर नचवाना एक बड़ी पुरानी परंपरा है।

वैसे सांस्कृतिक संदर्भ में बनारस प्रवास मेरे लिए मील का पत्थर सिद्ध हुआ। गहन साहित्यिक अभिरुचि यहीं जगी थी। यह अभिरुचि रोजमर्रा के जीवन में शामिल हो गई थी। सितारवादक टी.एन. नागर जिनके यहां मैं ट्यूशन करता था, उनके ठीक बगल में देश के सुप्रसिद्ध हिंदुस्तानी शास्त्रीय गायक एम.आर. गौतम रहते थे। मैं प्रतिदिन जहां एक तरफ नागर जी का सितार वादन सुनता, तो वहीं बगल से रियाज करते एम.आर. गौतम की सुरीली आवाज का रसास्वादन करता रहता था। नागर जी से सितार सीखने वाला स्पेन का फना ंडो गजब का सितार बजाता तथा भारतीय परंपरा में अपने गुरु की वंदना करता। ऐसे अच्छे कलाकारों में जर्मनी के गुंथर, स्टीफेन मीकस, हाइडी तथा जापान की मियोको आदि वहां सितार सीखने आया करते थे। मेरी इन सबसे गहरी दोस्ती हो गई थी। दोस्ती का एक सबसे बड़ा कारण यह भी था कि नागर जी के घर में हिंदी से अंग्रेजी और अंग्रेजी से हिंदी में चलती वार्ताओं का अनुवाद मैं ही करता था। इस तरह बी.एच.यू. कई मायनों में मेरे लिए युगांतरकारी सिद्ध हुआ। छात्र राजनीति के संदर्भ में 1968 का बड़ा महत्त्व था। इस बीच डा. त्रिगुण सेन वाइस चांसलर पद से त्यागपत्र देकर केंद्र सरकार के शिक्षा मंत्री बन गए और उनकी जगह डा. अमर चंद्र जोशी सन् 1968 में नए वाइस चांसलर बनकर आए। डा. जोशी का कार्यकाल उनके आर.एस.एस. की तरफ झुकाव के कारण बहुत हिंसक बन गया था। उस समय कम्युनिस्ट पार्टी के नरेन्द्र प्रसाद सिन्हा छात्रसंघ के अध्यक्ष चुने गए थे। उनके विरुद्ध आर.एस.एस. के हारे हुए उम्मीदवार दामोदर सिंह के समर्थकों ने बिरला हॉस्टल में विरोधी छात्रों को बड़े पैमाने पर पीट दिया। घायलों में नरेन्द्र प्रसाद सिन्हा भी शामिल थे। धीरे धीरे विश्वविद्यालय हिंसा का गढ़ बनता गया। उसी समय बी.एच.यू. के छात्रों ने अंग्रेजी विरोधी आंदोलन भी चलाया था। छात्रों ने इस

दौरान पूरे शहर की दुकानों पर लगे अंग्रेजी में लिखे बोर्डों को तोड़ दिया था। ऐसे सभी कार्यक्रमों में मैं भी हिस्सा लेता था। कुल मिलाकर डा. जोशी के आते ही हिंसक गतिविधियां इतना ज्यादा हो गईं कि बड़े पैमाने पर विश्वविद्यालय में पुलिस, पी.ए.सी. का प्रवेश हो गया। परिणामस्वरूप रुइया हॉस्टल के सामने वाला मैदान छात्रों और पुलिस के बीच मुठभेड़ का युद्धस्थल बन गया था। कभी छात्रों को पी.ए.सी. के जवान खदेड़ते तो कभी ईंट पत्थर की बौछारों के साथ छात्र पुलिस वालों को खदेड़ते। इस बीच आर.एस.एस. की हिंसा के विरोध में छात्रों की हड़ताल हो गई और उनकी मांगों में विश्वविद्यालय से 'संघ भवन' हटाने की मुहिम भी शामिल हो गई।

स्मरण रहे कि बी.एच.यू. लॉ कालेज के अहाते में दो कमरों का एक मकान था, जिसे मालवीय जी ने ही आर.एस.एस. को दे रखा था। आर.एस.एस. के लोग इसमें अपनी लाठियां तथा अन्य हथियार रखते थे। छात्रसंघ के रोज निकलने वाले जुलूसों में मैं बहुत सक्रिय हुआ करता था। ठीक उस दौरान छात्रसंघ के अध्यक्ष नरेन्द्र प्रसाद सिन्हा समेत अनेक छात्र नेताओं को विश्वविद्यालय से निष्कासित कर दिया गया था, जिससे शैक्षणिक वातावरण एकदम विषैला हो गया था। विश्वविद्यालय गेट पर मालवीय जी की मूर्ति के चबूतरे से छात्र नेताओं का रोज भाषण होता। छात्रों के जुलूसों को तोड़ने के लिए आर.एस.एस. के विपिन बिहारी चतुर्वेदी अपने गुट के साथ आगे-आगे छुरा ताने चलते थे, जिससे आर्ट्स कालेज के आसपास जमा भीड़ डरकर भाग जाती थी। आर.एस.एस. की नीतियों के विरुद्ध सोसलिस्ट नेता राज नारायण हमेशा छात्रों की सभा में बोलने आते थे। बाद में एक बार चतुर्वेदी ने राज नारायण पर चाकू से हमला किया किंतु बाल-बाल बच गए। उस समय आर.एस.एस. विरोधी आंदोलन के प्रमुख नेताओं में देवव्रत मजुमदार, दीपक मलिक, नरेन्द्र प्रसाद सिन्हा, आनंद कुमार, मारकण्डे सिंह, मोहन प्रकाश, महेन्द्र नाथ सिंह, फूलचंद यादव, यदुनाथ सिंह, सुरेन्द्र प्रताप, शांति सिंह, शकुंतला शुक्ला आदि प्रमुख थे। अंततोगत्वा बी.एच.यू. अनिश्चितकाल के लिए बंद कर दिया गया।

पी.ए.सी. के जवानों ने कक्षाओं में घुस-घुसकर छात्रों तथा अध्यापकों को पीटा था। पुरातत्त्व विभाग के रीडर पद पर कार्यरत डा. सरस्वती क्लास ले रहे थे। अचानक पी.ए.सी. के जवानों ने छात्रों पर हमला बोल दिया। डा. सरस्वती अपने को बचाने के लिए बोल पड़े कि 'मैं रीडर हूं'। पी.ए.सी. वालों ने समझा कि वे 'लीडर' हैं। अतः नाहक में उनका सिर फोड़ दिया गया। हम बस भागकर जैसे-तैसे पुलिस की पिटाई से बच निकले थे। शीघ्र ही डा. अमर चंद जोशी तथा आर.एस.एस. के संबंधों की गूंज संसद तक सुनाई दी। परिणामस्वरूप जांच के लिए 'गजेन्द्र गडकर कमीशन' बैठाया गया। गडकर कमीशन ने 1969 में अपनी रिपोर्ट में डा. जोशी तथा आर.एस.एस. की जबर्दस्त खिंचाई की थी, जिसके चलते उन्हें वाइस

चांसलर का पद छोड़ना पड़ा था। सन् 1968 में एक अन्य घटना घटी थी, जिससे छात्रों के बीच तनाव पैदा हो गया था। उन दिनों एन.सी.सी. अनिवार्य हुआ करती थी। हर छात्र को खाकी का पैंट शर्ट तथा आर्मी वाले जूते मोजे मिलते थे। मेरे जैसे छात्र इन्हें पहनकर जाड़ों के दिनों में सोया करते थे, ताकि ठंडक कम लगे। उस समय दुर्गा पूजा की छुट्टियों में एन.सी.सी. का 15 दिनों के लिए एक कैंप बनारस मिर्जापुर सीमा पर नौगढ़ के जंगलों में लगाया गया। वहां अंग्रेजों के जमाने का एक डाक बंगला था और पास में ही कर्मनाशा नदी बहती थी। सभी कैडेटों के लिए टैंट गाड़ दिए गए थे। करीब चार सौ कैडेटों में मैं भी शामिल था। जंगली तथा पहाड़ी क्षेत्र होने के नाते वहां बहुत बड़े-बड़े काले बिच्छू रेंगते नजर आते थे। उस क्षेत्र के दूर-दूर गांवों में आदिवासी लोग रहते थे।

आदिवासियों का कहना था, कि वहां बिच्छुओं का डंक सांपों के जहर से ज्यादा जानमारू होता था। सबके नहाने का साधन एकमात्र कर्मनाशा नदी थी, जिसका पानी एकदम साफ था। उसके अंदर चट्टानें दिखाई देती थीं। कर्मनाशा के बारे में आम धारणा यह थी कि उसमें जो नहाता है, उसके सारे कर्म धुल जाते है। इसलिए अनेक लोग उसमें नहाने से डरते थे। किंतु हम सभी कर्मनाशा में नहाने जाते थे। ठीक तीसरे दिन सुरेश कुमार रावतानी नामक मेरा सहपाठी नहाते समय कर्मनाशा में डूब गया। अनेक छात्रों की भीड़ में वह गुम हो गया और किसी को पता नहीं चला। रावतानी तैरना नहीं जानता था। डूबने के बाद वह एक चट्टान के नीचे अटक गया। परेड के समय हाजिरी के दौरान उसकी अनुपस्थिति के कारण उसे ढूंढ़ा जाने लगा। सभी लोग नदी की तरफ भागे। वहां किनारे पर एक तौलिया तथा लुंगी पड़ी मिली, जिससे अंदाजा लगाया जा सका कि वह नहाने गया था, किंतु वापस नहीं आ सका। शीघ्र ही बनारस से तैराक मल्लाहों ने आकर चांतर यानी मछली पकड़ने वाला बड़ा जाल डालकर सुरेश कुमार रावतानी की लाश को नदी से निकाला। चांतर में मछली की तरह फंसे रावतानी को देखकर छात्र भड़क उठे। अनहोनी के डर से एन.सी.सी. के अधिकारियों ने शीघ्र ही बनारस से दर्जनों बसें मंगवाईं और तीसरे ही दिन कैंप समाप्त कर हम सबको बी.एच.यू. वापस लाया गया। इस बीच सेमेस्टर सिस्टम हटा दिया गया जिससे छात्रों ने बड़ी राहत महसूस की थी। बी.एच.यू. माई की गोद एक बार फिर गुलजार हो उठी, किंतु नौगढ़ के जंगलों में रेंगते काले बिच्छुओं की पूंछ में लगे डंक तथा कर्मनाशा की डुबकी हमें बहुत दिन तक डराती रही।

मार्क्सवादी चमत्कार

1 जून, 1968 को जब मैं बी.एच.यू. गेट पर स्थित लंका मोहल्ले के कैलाश भवन में कमरा लेकर रहने आया, तो वह स्थान मेरे लिए छात्र राजनीति का अड्डा बन गया। मेरा झुकाव पूर्ण रूप से कम्युनिज्म की तरफ हो गया था। ठीक उसी समय आजमगढ़ के मेरे कम्युनिस्ट दोस्त सुखनंदन राम, एडवोकेट के बहनोई बद्री प्रसाद अपनी पत्नी की आंख का बी.एच.यू. अस्पताल में ऑपरेशन कराने के लिए मेरे पास आए। सुखनंदन राम ने एक चिट्ठी लिखकर दी थी कि जब तक उनकी बहन का इलाज नहीं हो जाता, वे मेरे ही पास रहेंगे। बद्री प्रसाद सिंगारपुर में कैंटीन चलाते थे। वे एक महीने तक रहने के लिए राशन आदि लेकर आए थे। मेरे कमरे में जब वे चावल की गठरी खोलने लगे, तो मैंने देखा कि चावलों के बीच एक किताब छिपी हुई है। मैंने किताब को निकाला, तो उस पर लिखा हुआ था : 'भागो नहीं (दुनिया को) बदलो', लेखक थे राहुल सांकृत्यायन। इस किताब का जिक्र मैंने सुखनंदन राम से सुन रखा था, किंतु इसे कभी पढ़ने का मौका नहीं मिला था। किताब हाथ में आते ही, मैं उसे पढ़ने लगा। पौने तीन सौ पेज की इस किताब को लगातार पढ़कर दो दिन में समाप्त किया। मेरे ऊपर इसका जादुई प्रभाव पड़ा। छोटे-छोटे बीस अध्यायों में बंटी इस किताब में चार प्रमुख पात्र संतोखी, भैया, दुखराम और सोहनलाल हैं। ये चारों पात्र दुनिया जहान की तमाम समस्याओं पर आपस में बहस करते हुए उन पर प्रश्न खड़े करते हैं, फिर समाधान ढूंढ़ते हैं। इनकी वार्ताओं में प्राचीन डायलाग वाली यूनानी शैली की झलक साफ मिलती है।

पहला अध्याय 'दुनिया नरक है' से शुरू होता है, जिसमें वे भूखे नंगे रहने वालों का जिक्र करते हैं और कहते हैं कि अन्न न मिलने से शरीर दुर्बल तथा दुर्बलता से बीमारी फैलती है। वे आगे कहते हैं : दुर्बलो दैव घातक :, यानी कोई भी आसपास से बीमारी जा रही हो, दुर्बल आदमी को देखते ही उसका मन ललचा जाता है। इस तरह से वे मस्तिष्क को छू जाने वाली बातों में अपनी वार्ता जारी रखते हुए सामाजिक, आर्थिक समस्याओं से लेकर अंतरराष्ट्रीय राजनीति पर गहन बहस करते हैं। उत्पादन के साधनों के विकास के क्रम में वे मार्क्स के पूरे ऐतिहासिक भौतिकवाद

यानी आदिम युग से उठकर दास युग, सामंत युग तथा पूंजीवाद से होते हुए समाजवादी युग में प्रवेश करते हैं। पूंजीपति तथा पूंजीवाद को वे 'जोंक पुरान' के रूप चित्रित करते हैं। ज्ञातव्य है कि जोंक दो ढाई इंच लंबे केंचुवे की तरह का एक जीव होता है, जो शक्ल से चपटा और बिना हड्डी का होता है और उसकी खुराक सिर्फ दूसरे का खून चूसना होती है। वे खून चूसने वाले जोंकों के दुश्मन के रूप में मरकस बाबा यानी कार्ल मार्क्स के दर्शन पर बहस करते हुए लेनिन तथा रूसी क्रांति के बारे में विस्तार से बताते हैं। वे हिटलर द्वारा सोवियत संघ पर आक्रमण का 'भस्मासुर भूतनाथ (यानी शिव) पर चढ़ दौड़ा था' के रूप में वर्णन करते हैं। वे हिटलर की नीतियों को 'पागल सियार गांव की ओर' जैसा बताते हैं। वे चीन, विश्वशांति, भारत की आजादी, पंडा, मुल्ला, सेठ, महिला, अछूत, शोषित, भाषा, ज्ञान आदि सब पर प्रकाश डालते हुए कमेरों के राज में साम्यवादी व्यवस्था का मनमोहक दृश्य प्रस्तुत करते हैं। इस तरह राहुल सांकृत्यायन ने साम्यवाद तथा साम्यवादी व्यवस्था का अपने उन चार पात्रों के सहारे अद्‌भुत वर्णन किया है। इसीलिए उन्होंने इस पुस्तक का नाम 'भागो नहीं (दुनिया को) बदलो' रखा। मुझे रूसी क्रांति वाले प्रकरण ने सबसे ज्यादा प्रभावित किया था। सचमुच में इस किताब ने मेरी दुनिया हमेशा के लिए बदल दी और मैं कम्युनिस्ट हो गया।

इसके बाद मैं राहुल सांकृत्यायन की पुस्तकों का दीवाना सा बन गया था। बनारस की तमाम दुकानों लंका से लेकर गुरुबाग, चौक, राजदरवाजा आदि प्रमुख स्थानों को मैंने छान मारा। इस प्रयास में मेरे काम आए गोदौलिया चौराहे के उत्तर पश्चिम कोण पर एक गुमटी में बैठे माखन दादा यानी माखन मुखर्जी। माखन दादा बूढ़े हो चले थे। वे लंबी-लंबी दाढ़ी मूछ तथा सिर के बाल बड़े रखते थे। प्रथम दृष्टया मैंने उन्हें कार्ल मार्क्स समझ रखा था, क्योंकि वे बिलकुल उनके जैसे लगते थे। उनकी विशेषता यह थी कि वे सिर्फ मार्क्सवादी पुस्तकें ही बेचते थे। छोटी सी गुमटी में बैठे- बैठे वे बारी-बारी से किताबों को उठाकर रूमाल से पोंछा करते थे, भले ही किताब पर धूल मिट्टी जमी न हो। जब भी कोई ग्राहक किसी किताब को उठाकर देखता, उसके चले जाने पर उसे वे खूब झाड़ पोंछकर वहीं सजा देते। यदि कोई किसी किताब को फेंककर रखता, माखन दादा गुस्से में लाल होकर उससे लड़ जाते थे। मार्क्सवादी पुस्तकों का अपमान उन्हें कतई पसंद नहीं था। पहली बार उन्होंने ही मुझे राहुल सांकृत्यायन की पुस्तकें : वोल्गा से गंगा, तुम्हारी क्षय, साम्यवाद ही क्यों, दर्शन दिग्दर्शन, कार्लमार्क्स (जीवनी), लेनिन, स्तालिन, माओत्से तुंग आदि उपलब्ध कराया था। सारनाथ के एक बौद्ध मठ से मैंने राहुल की 'बुद्धचर्या' तथा 'मंझिम निकाय' प्राप्त किया। राहुल को मैंने सिलसिलेवार पढ़ना शुरू किया। रात में पढ़ने में बड़ी कठिनाई होती थी, क्योंकि मैं बिना बिजली वाले

कमरे में रहता था। इसलिए मिट्टी के तेल वाला लैम्प जलाकर पढ़ता था। लैंप के नीचे हमेशा अंधेरा रहता था, अतः मैं किताबों को हाथ में लिये दाएं बाएं घुमाते हुए पढ़ता था। उस समय बुद्ध का यह कहना मुझे हमेशा याद रहता था कि हर सुख का पीछा दुख वैसे ही करता है, जैसे हर दीपक के नीचे अंधेरा होता है। मिट्टी के तेल वाला लैंप मुझे बहुत अच्छा लगने लगा था, क्योंकि वह हमेशा बुद्ध की याद दिलाता रहता था। मिट्टी का तेल बचाने के लिए मैं दिन में ही ढेर सारा पढ़ लेता था, किंतु बुझा हुआ लैंप हमेशा मेरे सामने पड़ा रहता था। यद्यपि उस लैम्प का प्रकाश कम दूरी तक होता था, किंतु मैं जो कुछ पढ़ पाता उससे सारी दुनिया मुझे बहुत साफ दिखाई देने लगी।

इस कड़ी में मैंने राहुल की दूसरी किताब : 'तुम्हारी क्षय' पढ़ी। तुम्हारे समाज की क्षय, धर्म की क्षय, भगवान की क्षय, सदाचार की क्षय, जाति पांति की क्षय तथा तुम्हारे जोंकों की क्षय नामक लेखों के माध्यम से आदिकाल से लेकर पूंजीवादी युग तक की बुराइयों की चीरफाड़ की गई है। धर्म के बारे में राहुल सांकृत्यायन का कहना था कि यदि मां बाप अपने बच्चे को धर्म के बारे में बचपन से ही तरह-तरह की पौराणिक गाथाएं नहीं सुनाएं तो बच्चे को शायद पता ही नहीं चल पाए कि यह भी कोई वस्तु है। उन्होंने धर्म को भारतीय समाज का सबसे बड़ा शोषक माना है, क्योंकि धार्मिक आडंबर दिखाकर समाज में प्रगतिशील परिवर्तनों को रोकने में सहायता मिलती है। उनका यह भी मानना था कि भगवान एक काल्पनिक वस्तु के अलावा कुछ भी नहीं है। अज्ञान का ही दूसरा नाम ईश्वर है। हम अपने अज्ञान को साफ स्वीकार करने में शर्माते हैं, इसलिए संभ्रांत नाम; ईश्वर ढूंढ़ निकाला गया है। ईश्वर विश्वास का दूसरा कारण है, मनुष्य की असमर्थता तथा बेबसी। उसी के लिए मानव ईश्वर का ख्याल कर लेता है। वास्तविकता यह है कि ईश्वर में विश्वास अंधकार की उपज के अलावा कुछ भी नहीं। पुनर्जन्म के बारे में उनका तर्क था कि यदि पुनर्जन्म होता तो एक के मरने पर एक ही पैदा होता या उससे भी कम, क्योंकि हिंदू माइथालोजी के अनुसार कुछ लोगों को मोक्ष मिल जाता है, अर्थात् मोक्ष मिल जाने पर जन्म नहीं होता है। किंतु देखा जाता है कि एक मरता है तो दस पैदा हो रहे हैं और आबादी की बढ़ोत्तरी इस समय विश्व की एक बड़ी समस्या बन गई है। आखिर इतने लोग कहां से पैदा हो जाते हैं। 'पुनर्जन्म नहीं होता है', के बारे में यह एक अकाट्य तर्क है।

राहुल सांकृत्यायन के ये तर्क मेरे मस्तिष्क को परत दर परत उधेड़ते चले गए। 'तुम्हारी क्षय' को पढ़ने के बाद बनारस में मैंने चारों तरफ ईश्वर को ढूंढ़ा, गंगा से लेकर मंदिरों से होते हुए बी.एच.यू. तक, किंतु वह मुझे कहीं नहीं मिला। शुरू में मैं नास्तिकता की संतरण वाली स्थिति से गुजरने लगा। ईश्वर है, नहीं है के विवाद

ने मेरे मस्तिष्क को परेशान कर दिया था। मैं ईश्वर के होने की परीक्षा लेने के लिए बनारस के तमाम मंदिरों की फेरी करने लगा और देवी-देवताओं की मूर्तियों के सामने खड़ा होकर उन्हें ढेर सारी गालियां देता और उनसे कहता कि यदि 'तुम हो' तो मेरे खिलाफ दंडात्मक कार्रवाई करो। वापस कैलाश भवन लौटकर रात भर बेचैन रहता क्योंकि ईश्वर को गालियां दीं! पुनः दूसरे दिन उन्हीं मंदिरों में जाकर ईश्वर से माफी मांगता कि गालियां देकर मैंने गलती की। इस तरह की स्थिति से मैं महीनों तक गुजरता रहा। जिन मंदिरों में जाकर मैं ईश्वर को गालियां देता तथा फिर उनसे माफी मांगता, वे थे संकटमोचन मंदिर, तुलसीमानस मंदिर, दुर्गाकुंड मंदिर, विश्वनाथ मंदिर, विश्वनाथ गली, दशाश्वमेध घाट का मंदिर, गंगा के किनारे तथा विश्वनाथ मंदिर, बी.एच.यू. आदि। उस दौरान मैं राहुल की एक अन्य पुस्तक 'बौद्धधर्म' तथा प्रथम सदी के महान बौद्ध कवि अश्वघोष की कालजयी रचना 'बुद्धचरित' को बार-बार पढ़ता, विशेष रूप से बुद्ध के प्रथम उपदेश को मैं रट सा गया। उनके अनात्मवाद को हर क्षण दोहराता। अंततोगत्वा राहुल के साथ-साथ बुद्ध ने मेरी नास्तिकता पर अमिट ठप्पा लगा दिया। मेरे मस्तिष्क तथा हृदय के सारे दरवाजे ईश्वर तथा अंधविश्वासों के लिए हमेशा के लिए बंद हो गए। मैं पूर्णरूपेण नास्तिक हो गया। नास्तिकता ने मुझे हद से ज्यादा मानवीय बना दिया। मैं विशुद्ध रूप से मानवता का पुजारी बन गया। जो लोग मानवता की बात करते हुए ईश्वरीय अंधविश्वासों की वकालत करते हैं, मैं उन्हें सबसे बड़ा पाखंडी और ढोंगी समझने लगा।

इस संदर्भ में मुझे डॉ. बाबा साहेब आंबेडकर की यह उक्ति हमेशा याद रहती है : *जो लोग चींटियों को शक्कर खिलाते हैं, किंतु आदमी को प्यासा रखते हैं, वे पाखंडी होते हैं।* नास्तिकता तथा कम्युनिज्म को मैंने मानव मस्तिक के चिंतन की सर्वोच्च पराकाष्ठा के रूप में अपनाया। इन दोनों स्थितियों में मैं अनुभव करने लगा था कि मैं एक नया इंसान बन गया। घर से भागकर जो आया था, उससे एकदम भिन्न। मुझे ऐसा लगता था कि ईश्वरविहीन दुनिया का मैं मालिक बन गया। कंगाली की हालत में भी मैं सम्पन्न हो गया था। ईश्वर को चुनौती देना कोई मामूली बात नहीं थी। मेरा अनुभव बताता है कि यह बड़ा मुश्किल काम है, जिसके लिए साहसी होना अतिआवश्यक है, क्योंकि ईश्वर हमेशा डरपोक दरवाजे से ही मस्तिष्क में घुसता है। व्यावहारिक रूप से ईश्वर मानव को सिर्फ डरपोक बनाता है। मैंने पाया कि भय ईश्वर की आधारभूत कल्पना है। कार्ल मार्क्स ने ठीक ही कहा था कि ईश्वर हृदयहीन व्यक्तियों का हृदय होता है। नास्तिकता तथा कम्युनिज्म ने मुझे अव्वल दर्जे का पढ़ाकू भी बना दिया था। मैं बी.एच.यू. की सयाजी राव गायकवाड़ लाइब्रेरी में घंटों उपस्थित रहता। मैं अनेक विषयों की पुस्तकें पढ़ने लगा। लंका स्थित 'ग्लोब बुक सेंटर' से कार्लमार्क्स, फ्रेडरिक एंजेल्स तथा ब्लादिमिर इल्लिच लेनिन की

मास्को से प्रकाशित सस्ती किताबों को खरीदकर खूब पढ़ता। इसी दुकान से लाई हुई पुस्तक में चीनी क्रांति का इतिहास पढ़ा। 1935 में माओ द्वारा चलाए गए 'लांग मार्च' मुझे बहुत प्रभावित किया था। इस संदर्भ में एक अन्य पुस्तक, जिसके सौंदर्यशास्त्रीय दृष्टिकोण से मेरे ऊपर अत्यंत गहरा प्रभाव पड़ा, वह थी राहुल सांकृत्यायन की ही 'वोल्गा से गंगा'। ऐतिहासिक भौतिकवाद पर आधारित 20 कहानियों का यह संग्रह उनकी सर्वश्रेष्ठ साहित्यिक रचना है। आदिम साम्यवादी युग पर आधारित पहली कहानी 'निशा' उस समाज का प्रतीक है, जिसमें यौन शुचिता की कोई आचारसंहिता नहीं थी। निशा का पति उसका सगा भाई भी था। उसके मर जाने पर निशा का बड़ा बेटा उसका पति बन जाता है। दोनों के सहयोग से पुनः पुत्र पैदा होता है। बड़े बेटे, पति के मर जाने के बाद छोटा बेटा निशा का पति हो जाता है। इस तरह निशा के सात पुत्र होते हैं जिनमें से अधिकतर निशा के पति बन बैठते हैं अतः यह कहना बड़ा मुश्किल हो जाता है कि निशा के सात पुत्रों में कौन किसका बाप है। राहुल सांकृत्यायन के अनुसार यह कहानी छः हजार ईसा पूर्व की है। 'सुपर्ण यौधेय' नामक कहानी में गोमांस खाने का वर्णन है। वहीं 'प्रभा' नामक कहानी प्रथम सदी के बौद्ध भिक्षु कवि अश्वघोष के जीवन पर आधारित एक प्रेमगाथा है। किंतु जिस कहानी का सबसे ज्यादा दूरगामी प्रभाव मेरे ऊपर पड़ा, वह थी 'दुर्मुख'। दुर्मुख मध्ययुगीन समाज का एक ऐसा प्रतिनिधि है, जो सच्ची बातों को बयान करता रहता है, जिसके कारण लोग उसे बुरे मुंह वाला यानी दुर्मुख कहने लगते हैं। दुर्मुख धार्मिक अंधविश्वासों के विरुद्ध महान बौद्ध दार्शनिक धर्मकीर्ति के सिद्धांतों का सहारा लेता है। वह उस अंधकारमय युग में धर्मकीर्ति के सिद्धांतों को अंगार फेंकने जैसा बताता है, जिससे सारा समाज प्रकाशमय हो जाता है। धर्मकीर्ति का पूरा दर्शन उनके श्लोक में निहित है, जिसमें वे कहते हैं कि : *जो व्यक्ति संसारकर्ता ईश्वर को मानता है, जो वेदों में विश्वास करता है, जो शरीर को कष्ट देकर भूखे तप करता है, जो नदी नाले में नहाकर पाप मुक्ति समझता है तथा जो अपनी जाति पर गौरव करता है, वह जड़ता का मारा दुनिया का सबसे बड़ा मूर्ख है।* इसे पढ़ने के बाद मैंने एक दूरगामी निर्णय यह लिया कि मैं भी जिंदगी भर 'दुर्मुख' बना रहूंगा और कड़वी सचाइयों को बयान करता रहूंगा, भले ही उसे कोई पसंद करे या न करे। मेरा सारा लेखन एवं संभाषण इसका प्रतीक है। मुझे इस सच्चाई पर बहुत संतोष मिलता है कि मैं चेचक के कारण चेहरे से पहले से ही दुर्मुख था, किंतु बाद में जबान से भी दुर्मुख बन गया। मुझको मार्क्सवाद तथा बौद्ध दर्शन की ऊंचाइयों तक पहुंचाने का पूरा श्रेय राहुल सांकृत्यायन को ही जाता है।

यह एक ऐसा दौर था, जब मैं मार्क्सवाद तथा बौद्ध दर्शन से संबंधित अनेक विषयों के गहन अध्ययन में लिप्त होता चला गया। पढ़ने की भूख थमती ही नहीं

थी। मार्क्स, एंजेल तथा लेनिन की चुनी हुई रचनाओं को रटने लगा। 'कम्युनिस्ट मेनिफेस्टो', 'इम्पीरियलिज्म इज द हाइएस्ट स्टेज आफ कैपिटलिज्म', 'स्टेट एंड रिवोलूशन' तथा 'लेफ्ट विंग कम्युनिज्म ऐन इनफेन्टाइल डिसार्डर' आदि जैसी रचनाएं मेरी जिह्वा पर शीघ्र ही सवार हो गईं। राहुल द्वारा ही लिखित 'सोवियत कम्युनिस्ट पार्टी का इतिहास' पढ़ा तो क्रांति का भूत सिर पर चढ़कर तंग करने लगा। उन दिनों भारतीय कम्युनिस्ट पार्टी अपने नए सदस्यों की तलाश में इधर-उधर भटकती रहती थी। मेरे साथ उल्टा हुआ। मैं खुद कम्युनिस्ट पार्टी की तलाश करने लगा। यद्यपि 1964 में कम्युनिस्ट पार्टी में फूट पड़ने के चलते अलग हुआ ग्रुप 'भारतीय कम्युनिस्ट पार्टी (मार्क्सवादी) अर्थात् 'सी.पी.आई. (एम.)' के रूप में जाना जाता था और संक्षेप में लोगों से सुनने में आता था कि भारतीय कम्युनिस्ट पार्टी (मार्क्सवादी), यानी सी.पी.आई. (एम.) चीन समर्थक है। मैं सी.पी. आई. की तरफ इसलिए आकर्षित था, क्योंकि वह सोवियत रूस समर्थक थी। बचपन में मुन्नर चाचा से सुना रूस में 'समोही' खेती वाला प्रकरण हरदम आंखों के सामने नाचता रहता था। अतः मैंने सी.पी.आई. में शामिल होने का निर्णय लिया। इस संदर्भ में बी.एच.यू. के नरेन्द्र प्रसाद सिन्हा तथा दीपक मलिक जैसे कम्युनिस्ट छात्र नेताओं से मेलजोल बढ़ाना शुरू कर दिया। उनसे पता चला कि पहले पार्टी में कुछ साल काम करना पड़ता है, जिसके बाद सदस्यता दी जाती है। मैं पार्टी की सदस्यता प्राप्त करने के लिए खूब काम करने लगा। बनारस में मैं संभवतः पहला कम्युनिस्ट था जिसे कम्युनिस्ट पार्टी ने नहीं ढूंढ़ा, बल्कि मैंने स्वयं कम्युनिस्ट पार्टी को ढूंढ़ निकाला। उन दिनों छात्र आंदोलनों के अलावा वियतनाम युद्ध के विरुद्ध अमरीका के खिलाफ खूब प्रदर्शन होते थे। मैं वियतनाम युद्ध विरोधी प्रदर्शनों में हिस्सा लेते लेते अमरीका का कट्टर दुश्मन बन गया। यह दुश्मनी आज भी मेरे मस्तिष्क में कायम है। अब मेरे सामने एक तरफ कम्युनिज्म तो दूसरी ओर बी.एच.यू. था।

कैलाश भवन में जातीय समस्या एक बार फिर उभरकर सामने खड़ी हो गई। छात्र कम्युनिस्ट आंदोलनों में सक्रियता के कारण लंका के दुकानदारों के बीच मैं काफी लोकप्रिय हो गया था। बनारसी जनता की एक विशेषता यह थी कि वे किसी भी व्यक्ति का आदर या अनादर के साथ उल्लेख करते समय उसकी जाति का आंकड़ा अवश्य पेश कर देते थे। इस प्रक्रिया में कैलाश भवन के केयरटेकर रमा शंकर यादव को भी मेरी असली जाति का पता चल गया। यादव जी जाति पांति में गहरी पैठ रखते थे। कैलाश भवन के प्रांगण में एक कुआं था। उसी कुएं से पानी निकालकर सभी लोग नहाते धोते तथा खाना पकाते थे। मैं भी उसी कुएं से अपना सारा काम चलाता था। उस मकान में बिजली के साथ-साथ पानी का कनेक्शन भी

नहीं था। एक दिन यादव जी मेरे कमरे में आए और रौद्र रूप धारण करते हुए कहने लगे : "आप झूठ बोलकर कमरा ले लिए और कुएं का पानी भी भ्रष्ट कर दिए।" उन्होंने तुरंत कमरा खाली करने का फरमान जारी कर दिया।

यह पहला अवसर था, जब मैंने जातीय भेदभाव के खिलाफ लड़ने का फैसला किया। मैंने यादव जी से साफ कह दिया कि न तो मैं कमरा खाली करूंगा और न आगे का किराया दूंगा। मैंने उनसे यह भी कहा कि यादव लोग भी ऊंची जाति में नहीं आते हैं। यादव जी मेरी सारी बातें अचंभित होकर सुनते रहे, किंतु जब मैंने यह कहा कि बी.एच.यू. से सैकड़ों छात्रों को बुलाकर लाऊंगा और पूरे कैलाश भवन पर कब्जा करा दूंगा, तो वे यकायक डर गए और बिना कुछ बोले वापस चले गए। मैंने सचमुच में अगले महीने से किराया देना बंद कर दिया। यह घटना जून 1969 की है। पहले महीने का किराया बंद होने के बाद डुमरांव से कैलाश भवन के मालिक आए। मालिक के साथ यादव जी पुनः मेरे कमरे पर आए। यादव जी चुपचाप खड़े थे किंतु उनके मालिक ने मुझसे धमकी भरे लहजे में कहा : "यदि किराया नहीं देना है, तो जंगल में झोपड़ी बनाकर रहो।" मैंने ऐसा सुनकर जोर से चिल्लाते हुए वहां बरामदे में रखे हुए लकड़ी के चैलों में से एक चैला उठा लिया और धमकाते हुए कहा कि वे तुरंत भाग जावें, अन्यथा चैले से सिर फोड़ दूंगा। इसके बाद वे सचमुच में भाग गए। मार्क्सवाद ने मुझे पहली बार इतना साहसी बनाया था। मेरे दिमाग में बार-बार यह बात आती कि यदि मैं ईश्वर को खदेड़ सकता हूं, तो इन जातिवादी मनुष्यों को क्यों नहीं? इस बार पक्का इरादा कर लिया था कि जातिवाद से भविष्य में डरूंगा नहीं, बल्कि मुकाबला करूंगा। बनारस में यह विचित्र स्थिति थी कि मकान तो किराए पर मिलता था, किंतु जातिवाद मुफ्त में।

इसी बीच 1 जुलाई, 1969 को दो ऐसी घटनाएं घटीं, जिन्हें मैं कभी नहीं भूल पाऊंगा। सर्टिफिकेट के अनुसार 1 जुलाई 1949 को मेरा जन्मदिन पड़ता है। उस दिन मैं 20 साल का हो गया था। मैं गोदौलिया से सिटी बस पकड़कर मडुआडीह रेल इंजन कारखाने स्थित अपने रिश्तेदार रघुनाथ प्रसाद के घर जा रहा था। कारखाना स्थित जनरल मैनेजर के आफिस के ठीक सामने से रेल लाइन गुजरती थी। हमारी बस रेल लाइन के समांतर बनी सड़क पर बाएं न मुड़कर सीधे बिना फाटक वाली रेल लाइन पर चढ़ गई। इस बीच इलाहाबाद से आ रही रेलगाड़ी आ धमकी। मुश्किल से एक इंच का फासला रहा होगा, अन्यथा बस के चिथड़े-चिथड़े उड़ गए होते। ड्राइवर ने दिमाग से काम लेकर बस को लाइन पार कराकर जी.एम. आफिस से टकराते-टकराते बचा लिया था। बस में साठ-सत्तर आदमी किसी तरह अंटे हुए थे। सबने राहत की सांस ली अन्यथा उस दिन कोई जिंदा नहीं बचता। बस में बैठी कुछ औरतें रोने लगी थीं। उस दिन अपने रिश्तेदार के यहां दोपहर का

खाना खाकर शाम को उसी बस से पुनः गोदौलिया वापस उतर गया। बस से उतरकर मैं माखन दादा की किताब वाली दुकान पर चला गया। वहां मैंने देखा कि चेकोस्लोवाकिया के प्रख्यात क्रांतिकारी जूलियस फ्युचिक की पुस्तक 'फ्राम द गैलो' का हिंदी अनुवाद 'फांसी के तख्ते से' रखी हुई थी। इस किताब का प्रकाशन भारतीय कम्युनिस्ट पार्टी द्वारा संचालित 'पीपुल्स पब्लिशिंग हाउस, नई दिल्ली से किया गया था। पांच रुपए दाम वाली इस किताब को मैंने खरीद लिया। किताब लेकर मैं दशाश्वमेध घाट चला गया।

मैं जब भी गोदौलिया की तरफ जाता, एक बार गंगा को देखने अवश्य चला जाता था। यद्यपि कोई धार्मिक भावना नहीं होती थी, फिर भी गंगा बहुत अच्छी लगती थी। मैं दशाश्वमेध घाट की गंगा को छूती एक सीढ़ी पर पैर लटकाकर बैठ गया। 'फांसी के तख्ते से' को तब तक उलट-पुलट कर पढ़ता रहा, जब तक कि अंधेरा नहीं हो गया। घाट पर सैकड़ों लोग आते जाते रहे और अनेक साधु संत तथा आस्थावान लोग गंगा में नहाते रहे। वे लोग शायद मुझे देखकर यही समझते रहे होंगे कि मैं कोई धार्मिक पुस्तक पढ़ रहा था। खैर, अंधेरा होने के बाद मैं गंगा की सीढ़ियों से उठकर पैदल ही बी.एच.यू. के पास स्थित अपने निवास कैलाश भवन की ओर चल दिया। लंका से थोड़ा पहले अस्सी नाले के पास सड़क के किनारे एक मंदिर था। मंदिर से सटा हुआ उसके अहाते में कुछ कमरों वाला एक लाज था जिसमें सिर्फ ब्राह्मणों को रहने दिया जाता था। यह मंदिर एक ऐसा मठ था जिसके पुजारी परंपरागत ढंग से संस्कृत का अध्ययन करते थे। उस समय संस्कृत शिक्षा से जुड़े अनेक मठ मंदिर बनारस में हुआ करते थे। अस्सी वाले मठ में मेरे मित्र तथा बी.एच.यू. के सहपाठी गोरख प्रसाद पांडे रहते थे। गोरख पांडे संस्कृत विश्वविद्यालय से आचार्य (एम.ए.) करके पुनः बी.एच.यू. में मेरे साथ बी. ए. कर रहे थे। वे परंपरागत तौर पर पोंगा पंडित से मार्क्सवाद की तरफ संतरित हो रहे थे। इसलिए उनसे मेरी गहरी दोस्ती हो गई थी। हम दोनों ने आपस में यह तय कर लिया था कि कोई नई किताब मिलेगी, तो उसे आधा-आधा पढ़कर एक-दूसरे को बताएंगे कि उसमें क्या है? कभी-कभी तो हम अलग-अलग किताबों को पढ़ते थे और फिर एक दूसरे को बताते थे कि उनमें क्या-क्या लिखा हुआ था। इस तरह हम एक किताब पढ़ते थे और दो किताबों का ज्ञान हासिल कर लेते थे। ज्ञान प्राप्त करने की हम दोनों की यह अनूठी तकनीक थी। अतः जब मैं उस मठ मंदिर के पास पहुंचा, तो सोचा कि इस किताब को गोरख पांडे को दूं ताकि आधा वे पढ़ें और बाद वाला आधा हिस्सा मैं पढूं और फिर एक दूसरे को पढ़ा हुआ हिस्सा बता देंगे। उस मंदिर के एक पुजारी त्रिलोकी नाथ पांडे बी.एच.यू. के संस्कृत कालेज में एम.ए. कर रहे थे।

त्रिलोकी नाथ पांडे मुझे अच्छी तरह इसलिए जानते थे, क्योंकि मैं एक कम्युनिस्ट कार्यकर्ता के रूप में पूरे विश्वविद्यालय में कुख्यात हो चुका था। वे जहां भी मिलते, मुझे 'जगजीवन राम' कहकर पुकारते। 'जगजीवन राम' का संबोधन जातिवादी मानसिकता का प्रतीक था, फिर भी, मैं कभी उनसे प्रतिवाद नहीं करता था। उस दिन रात के 'देवभोग' के लिए होने वाली पूजा में कई पुजारी अलग अलग वाद्ययंत्रों, जैसे घंटा, चिमटा, झाल, ढपली आदि बजाने के साथ वंदना गीत भी गा रहे थे। रात के करीब आठ बजे थे। मैं ज्यों ही मंदिर के पास से होते हुए गोरख पांडे के कमरे की ओर मुड़ा। सारे पुजारी अपने अपने वाद्ययंत्रों के साथ मेरी ओर दौड़ पड़े। त्रिलोकी नाथ पांडे के हाथ में घंटा बजाने वाली मुंगरी थी। उनके एक साथी के हाथ में बड़ा-सा साधुओं वाला चिमटा था। त्रिलोकी नाथ जोर से चिल्लाकर बोले 'चमार सियार' मंदिर में नहीं आ सकते। चिमटे वाला पुजारी प्रहार करने की मुद्रा में मेरी तरफ दौड़ा। मैं स्थिति की गंभीरता को देखते हुए बड़ी तेजी से बी.एच.यू. की तरफ भागा। यदि मैं तेज रफ्तार से भागता नहीं तो मेरी धार्मिक पिटाई निश्चित थी। इस बीच मंदिर की हलचल को गोरख पांडे ने देख लिया था। मठ के प्रथम तल पर उनका कमरा था। वे नीचे उतरकर पुजारियों से लड़ पड़े। वे जोर-जोर से चिल्लाकर उनको लथेड़ने लगे। शीघ्र ही गोरख पांडे दौड़ते हुए सड़क पर मेरा पीछा करके लंका चौमुहानी पर मुझसे मिलकर बहुत दुख जताने लगे। गोरख पांडे के मुख से ईश्वर, धर्म और पंडे पुजारियों के खिलाफ अनवरत गालियां निकलती रहीं। गोरख पांडे का ऐसा रूप मैंने पहली बार देखा था। वे कहने लगे कि ऐसे मंदिर में मैं कभी नहीं रहूंगा, जहां दलितों का प्रवेश वर्जित है। वे विशेष रूप से त्रिलोकी नाथ पांडे को गरियाते रहे। वे बहुत देर बाद शांत हुए, जबकि मेरे मुंह से कुछ भी नहीं निकला।

गोरख मेरे साथ मेरे कमरे पर आ गए। हम दोनों ने लोहे की सिकड़ी में लकड़ी का कोयला जलाकर दाल चावल पकाया। गोरख पांडे आदतन सब्जी के बदले प्याज काटकर उसमें सरसों का तेल तथा नमक मिलाकर दाल चावल के साथ खा लेते थे। उस रात यानी 1 जुलाई, 1969 को हमने वैसा ही किया। खाने के बाद देर रात तक धर्मांधता पर चर्चा होती रही। आधी रात के बाद वे कैलाश भवन से अपने निवास उस अस्सी के मंदिर गए। सुबह होते ही अपना बोरिया बिस्तर लेकर के अस्सी इलाके में गंगा के किनारे एक अन्य बड़े पुराने संस्कृत मठ में चले गए। इस मठ में भी सिर्फ ब्राह्मणों को रहने दिया जाता था। खासियत इस बात की थी कि मठों में किसी ब्राह्मण को रहने से कभी मना नहीं किया जाता था। ब्राह्मण होने के नाते गोरख पांडे को ऐसा लाभ हर किसी संस्कृत मठ में मिल सकता था। ऐसे संस्कृत मठों को धनी मारवाड़ी सेठ भारी रकम अनुदान में दिया करते थे। बनारस में कुछ ऐसे भी संस्कृत

मठ थे, जिन्हें मुगल बादशाह औरंगजेब ने अनुदान देने की प्रणाली शुरू की थी। बाद में मुगल शासन समाप्त होने के बाद कुछ समाज़सेवी मुस्लिम संगठनों ने उन मठों को अनुदान देना जारी रखा। जहां तक अस्सी नाले के पास वाले मंदिर की घटना का सवाल है, मैं उससे बुरी तरह आहत हुआ था। मन में यह भावना बार-बार आती थी कि अपना वश चलता तो धर्म और ईश्वर का पल भर में सफाया कर देता। उस समय सबसे ज्यादा दुख मुझे गोरख पांडे के लिए हुआ था, क्योंकि मेरे कारण उन्हें उस मंदिर से निकल जाना पड़ा था। वे मुझसे बार-बार कहते कि इस मंदिर के खिलाफ पुलिस में रिपोर्ट की जानी चाहिए। शीघ्र ही इस घटना की खबर बी.एच.यू. के राजनीतिक सर्किल में पहुंच गई।

मैं उन दिनों विश्वविद्यालय के सफाई कर्मचारियों के बीच यूनियन का काम कर रहा था। लंका स्थित यूनिवर्सल बुक हाउस में बनारस के प्रख्यात कवि 'धूमिल' से मुलाकात हुई। वे मुझसे पूछने लगे कि आपके साथ मंदिर में क्या हुआ था? मैंने सारा वृत्तांत बताने के बाद उनसे कहा : "मैं अस्सी मंदिर के विरुद्ध भंगियों का प्रदर्शन आयोजित करने जा रहा हूं।" इतना सुनते ही धूमिल ने जवाब दिया : "भंगियों का क्यों वहां तो ब्राह्मणों का प्रदर्शन किया जाना चाहिए, क्योंकि इस घटना के लिए वे ही जिम्मेदार हैं।" उनकी बात सुनकर मैं अवाक रह गया। किंतु मुझे लगा कि धूमिल के तर्क में भारी दम था। फिर भी, गोरख और धूमिल के अलावा मुझे कोई तीसरा ब्राह्मण नहीं मिला, जिसे लेकर मैं प्रदर्शन के लिए जाता। अतः प्रदर्शन वाली बात अपने आप धराशायी हो गई। इस बीच बी.एच.यू. छात्रसंघ के भूतपूर्व अध्यक्ष रामबचन पांडे मुझे लंका पर मिले और नाराजगी प्रगट करते हुए कहने लगे : "कुछ गरीब ब्राह्मण उस मंदिर में अपनी रोजी रोटी किसी तरह चला रहे हैं और आप उनके मुंह से रोटी छीनना चाहते हैं?" मैं रामबचन पांडे के तर्क से दंग रह गया। वास्तविकता यह थी कि त्रिलोकी नाथ पांडे राम बचन पांडे के करीबी भाई बंधु थे। उन दिनों भारतीय कम्युनिस्ट पार्टी के नेता नरेन्द्र प्रसाद सिन्हा जो बी.एच.यू. में बहुत सक्रिय थे, उन्होंने भी मंदिर प्रकरण पर एकदम उदासीनता दिखाई। अंततोगत्वा सारा मामला टांय टांय फिस्स हो गया। इसके बाद छः वर्षों से ज्यादा समय तक मैं बनारस में रहा और लगभग रोज ही गोदौलिया स्थित पार्टी आफिस को जाते हुए जब भी उस मंदिर से गुजरता, उसमें रखी देवी-देवताओं की मूर्तियों को घूरता हुआ अपना अकेला विरोध प्रदर्शन जारी रखता।

उन दिनों मैं कभी-कभी 'संपादक के नाम पत्र' लिखा करता था। अतः मंदिर प्रकरण पर दिल्ली से निकलने वाली साप्ताहिक पत्रिका 'पैट्रियाट' को पत्र लिखा, जो पूरा का पूरा प्रकाशित हो गया, जिससे मुझे बहुत संतुष्टि मिली थी। सच मानिए तो मेरा लेखकीय अभियान 'संपादक के नाम पत्र' से ही शुरू हुआ था। यह बात फरवरी

1969 की है। उत्तर प्रदेश में विधानसभा का पहला मध्यावधि चुनाव हो रहा था। आर्य समाज के तत्कालीन प्रख्यात नेता प्रकाशबीर शास्त्री का बनारस के बेनियाबाग में भाषण हुआ। अपने भाषण में उन्होंने कहा : ''यदि जाति-पाति तोड़नी है, तो सवर्ण युवकों को चाहिए कि वे दलित लड़कियों से शादी करें।'' उनके इस भाषण की प्रतिक्रिया में मैंने बनारस से प्रकाशित होने वाले 'आज' अखबार में एक 'संपादक के नाम पत्र' लिखा। पत्र में मैंने लिखा था : ''यदि जाति-पाति तोड़नी है, तो सवर्ण लड़कियों को दलित लड़कों से शादी करनी चाहिए। यदि सांसद या विधायक अपनी लड़कियों की शादी दलितों से करें; तो वे भारी बहुमत से चुनाव जीत सकते हैं।'' संपादक के नाम यह पत्र काफी लंबा था, जिसमें मैंने जातिवाद के खिलाफ अनेक तर्क दिए थे। यह पत्र पहली बार पूरा का पूरा छपा। मैं उसकी कटिंग अपने पाकेट में तब तक रखे रहा, जब तक कि वह तार- तार होकर एकदम झड़ नहीं गया। मैं अनेक दोस्तों-मित्रों को वह पत्र जबरन पढ़ने पर मजबूर कर देता था। उस पत्र की खास बात यह थी, कि करीब एक महीने से भी ज्यादा समय तक उसकी प्रतिक्रिया में संपादक के नाम अनेक पत्र छपते रहे। प्रतिक्रिया में छपे सारे पत्र मेरे पत्र के विरोध में थे। इलाहाबाद विश्वविद्यालय की एम.ए. की एक छात्रा दमयंती ताम्बे का छपा पत्र आज भी मुझे याद है। उन्होंने सवर्ण लड़कियों की दलितों से शादी की बात को हिंदू धर्म के लिए खतरा बताया था। करीब-करीब सारे पत्रों में ऐसी ही मिलती-जुलती बातें कही गई थीं। संपादक के नाम मेरे पत्र की प्रतिक्रिया में छपे पत्रों ने मुझे भविष्य में एक लेखक बनने की असीम प्रेरणा दी थी। साथ ही मेरे अंदर बसा 'वोल्गा से गंगा' वाला 'दुर्मुख' विशालतर होता चला गया।

संस्कृत मठों की कड़ी में एक मठ बनारस चौक के पास नेपाली खपड़ा नामक मोहल्ले में था, जिसमें मेरे एम.ए. के सहपाठी मिथिला के कट्टर पंडित हीरानंद झा रहते थे। इस मठ में भी पचास साठ ब्राह्मण रहते थे, जिसमें खाना रहना सब कुछ मुफ्त था। हीरानंद हमेशा टीका चंदन लगाए रहते थे। कक्षा में उनका सबसे पहला दोस्त मैं ही बना था। शुरू-शुरू में उनका टीका चंदन देखकर मैं बहुत घबड़ाया था। किंतु उनका व्यवहार मेरी धारणा के एकदम विरुद्ध सिद्ध हुआ। वे छुआछूत जाति पांति में एकदम विश्वास नहीं करते थे। वे मेरे निवास पर अकसर दोपहर की कक्षाओं के बाद आते और सबसे पहले कमरे के कोने में रखा भगोना या पतीली उठाकर अपनी जांघों पर रख लेते और बचा-खुचा चावल दाल आदि खाकर खाना समाप्त करने के बाद बातचीत शुरू करते थे। उनका ऐसा करना मुझे बहुत अच्छा लगता था, किंतु मेरी मुश्किल यह थी कि मैं एक समय का खाना पकाकर आधा शाम के लिए छोड़ दिया करता था। जिस दिन वे पतीली सफाचटकर जाते, मेरी कठिनाई बढ़ जाती थी। इस तरह हीरानंद झा मेरे गहरे दोस्त बन गए। एक दिन

उन्होंने कहा : ''मैं अकसर आपका खाना खा जाता हूं। एक बार आप मेरे मठ में आइए और वहीं भोजन कीजिए।'' मैंने उनसे कहा कि ब्राह्मणों के मठ में कैसे आऊं? वहां तो कट्टर जातिवादी मामला होता है। इस पर झा जी ने कहा : ''क्यों घबड़ाते हैं, मेरा टीका चंदन आपके काम आएगा और आपका परिचय दूंगा कि ये तुलसीराम शर्मा हैं।'' टीका चंदन मुझे लगाकर उस संस्कृत मठ में ले गए। अन्य ब्राह्मणों से शर्मा जी के रूप में उन्होंने मेरा परिचय कराया। उम्र में मुझसे छोटे कई ब्राह्मणों ने मेरा पैर छूकर नमस्कार किया। उन सभी ने बहुत विनम्रता दिखाई थी। मैंने उन सबके साथ मुफ्त में मिलने वाला सादा किंतु बहुत स्वादिष्ट खाना खाया। खाते समय मेरे सामने कल्पना में हरदम अस्सी वाले मठ के पुजारी त्रिलोकी नाथ पांडे घंटा पीटने वाली मुंगरी तथा दूसरे पुजारी लोहे का बड़ा चिमटा ताने खड़े नजर आने लगे। मुझे हरदम ऐसा लगता था कि शीघ्र ही मेरे ऊपर प्रहार हो जाएगा। चमार जो था।

भोजन के बाद हीरानंद अपने कमरे में मुझसे बहुत देर तक बात करते रहे क्योंकि गर्मी का दिन था, इसलिए धूप में बाहर नहीं जाने दिया। दिन ढलने पर जब बनारस की तंग गलियां छाया से ढक गईं, मैं झा जी से विदा लेकर पास स्थित मणिकर्णिका घाट चला गया, क्योंकि यह स्थली बनारस में मेरी सबसे चहेती स्थली बन गई थी। इसे देखते ही मेरी मुर्दहिया आंखों के सामने नाचती दोपहरी यानी मृगतृष्णा जैसी दिखाई देने लगती थी। उन्हीं दिनों मैंने बुद्धकालीन एक महान भिक्षुणी पटाचारा के बारे में पढ़ा कि वह भिक्षुणी बनने से पहले श्रावस्ती के श्मशान में शोकग्रस्त होकर अर्धविक्षिप्त अवस्था में नंगधड़ंग पागलों की तरह चिल्लाती-विलखती इधर-उधर घूमा करती थी, क्योंकि एक ही दिन में उसके पति की सांप काटने से मृत्यु हो गई, उसके नवजात शिशु को बाज खा गया, बड़ा बच्चा नदी में डूब गया, माता तथा पिता बारिश में घर गिर जाने से मर गए थे। एक दिन इसी अवस्था में नंगधड़ंग वह जहां बुद्ध उपदेश दे रहे थे, उधर से गुजरी। भिक्षुओं ने उसे भगाने की कोशिश की, किंतु बुद्ध के कहने पर वह पास आ गई। एक भिक्षु ने अपनी संघाटी यानी कमर के ऊपर वाला चीवर उसके ऊपर फेंका, जिसे उसने ओढ़ लिया और बुद्ध के उपदेश को सुनकर वह शोकमुक्त होकर भिक्षुणी बन गई। चीवर ओढ़ने के कारण उसका नाम पटाचारा पड़ा था। इसके बाद मैं अनेक बार मणिकर्णिका गया और हर बार मुझे ऐसा लगने लगता था कि कभी न कभी पटाचारा कहीं न कहीं से घूमती मुझे वहीं मिल जाएगी। जहां तक हीरानंद झा का सवाल है, उन्होंने मुझे कई बार कहा कि आप तो कम्युनिस्ट पार्टी के काम से शहर आते ही रहते हैं, अतः मठ में आकर भोजन कर लिया करिए। किंतु मैं डर के मारे दोबारा उनके यहां नहीं गया। मैं सोचने लगता था कि कहीं अस्सी मठ वाली घटना न दोहरा जाए।

वैचारिक तथा साहित्यिक दृष्टिकोण से सन् 1968-69 का वर्ष मेरे लिए जीवनशैली निर्माण का वर्ष सिद्ध हुआ। धर्मांधता का गढ़ होने के कारण होली के अवसर पर हिंदू मुसलमान प्रायः तनातनी का शिकार हो जाते थे। सन् 1968 में एक ऐसा ही दंगा हो गया। मैंने पहली बार पाया कि दंगों को हिंसक बनाने के लिए क्या क्या हथकंडे अपनाए जाते हैं। हिंदुत्ववादी लोग अकसर बताते कि बनारस के किसी न किसी प्रख्यात मंदिर के सामने गाय का कटा सिर पाया गया। अफवाहों का बाजार इतना गर्म हो गया था कि सही गलत में फर्क करना मुश्किल हो गया था। मदनपुरा तथा जैतपुरा मुस्लिम बहुल क्षेत्र होने के बावजूद वहां दोनों समुदायों की मिलीजुली आबादी है। अतः उस समय बड़ी भयावह स्थिति पैदा हो जाती थी, जब दंगा के दौरान हिंदू मकानों की छतों से नारे लगाए जाते : 'हर हर महादेव', और ऐसे ही मुस्लिम मकानों की छतों से नारे आते : 'अल्लाह ओ अकबर'। 'हर हर महादेव' वाला नारा बनारसवासियों का एक तरह का तकियाकलाम था। एक विचित्र बात यह थी कि बनारस के राजा विभूति नारायण सिंह अपनी कार में किसी गली में दिखाई देते तो आम लोग हर हर महादेव का नारा लगाते चिल्ला उठते थे। उस समय सन् 1967 में उत्तर प्रदेश की पहली मिली-जुली सरकार में भारतीय कम्युनिस्ट पार्टी के रुस्तम सैटिन पुलिस मंत्री थे। वे बनारस के ही रहने वाले थे। उन्होंने दंगे कुचलने में बहुत महत्त्वपूर्ण भूमिका निभाई थी। बनारस में मैंने ऐसे कई दंगे देखे और हमेशा अपने को चिंताग्रस्त पाया। उस दंगे के दौरान एक ऐसी घटना हुई, जिससे यह अंदाजा लगा कि कैसे साधारण गरीब लोग सबसे आगे बढ़कर हिंसक गतिविधियों में बढ़-चढ़कर हिस्सा लेते हैं।

बी.एच.यू. की दक्षिणी सीमा के उस पार 'सीर करहिया' नामक एक गांव है। वहां से एक ग्वाला साइकिल पर बाल्टों में दूध रखकर बेचने आता था। कैलाश भवन में अनेक लोग चाय बनाने के लिए उससे एक एक पाव दूध लिया करते थे। मैं भी कभी-कभी उससे दूध ले लिया करता था। जिस दिन दंगा शुरू हुआ उसके बाद तीन दिनों तक वह हम लोगों के पास नहीं आया। उसे लोग सरदार कहते थे। अन्य लोगों के साथ मैं भी चिंतित हो गया था कि सरदार को क्या हो गया? चिंता इस बात की थी कि वह मुस्लिम इलाकों में भी दूध बेचने जाता था। मेरे दिमाग में हरदम यह बात आती थी कि सरदार कहीं दंगों का शिकार न हो गया हो। इन आशंकाओं के बीच चौथे दिन सरदार दूध लिये कैलाश भवन आ धमका। हम सभी कुतूहलवश उसे घेर लिये। पूछने पर उसने बताया : "हम जगमबाड़ी जात रहली। वोंही कुछ मुसलमानन के बंगाली लोग घेरले रहलैं। म आपन बल्टवा क दुधवा गिराय के बल्टै बल्टै उनहन क कपरा फोड़ि दिहलौं। ओकरे बदवा म बल्टवा वोहीं छोड़ि के भागि अइलों।" ऐसा सुनकर मैं दंग रह गया। खैर, सरदार सही सलामत था,

इसलिए हम भी उसे पुनः दूध बांटते देखकर बहुत खुश हुए थे। उन दिनों जब भी साम्प्रदायिक दंगे होते बी.एच.यू. के छात्रनेता, मूलतः कम्युनिस्ट तथा लोहियावादी सोसलिस्ट हमेशा शांति कायम करने में महत्त्वपूर्ण भूमिका निभाते थे। नागरिक समितियों के माध्यम से साम्प्रदायिक एकता के लिए खूब काम किया जाता था। अपने बनारस प्रवास के दौरान मैंने पूंजीवाद के साथ-साथ साम्प्रदायिकता से भी लड़ना सीखा। साम्प्रदायिकता को मैं आज भी राष्ट्रीय एकता के लिए सबसे बड़ा खतरा मानता हूं। बी.ए. में रह चुके मेरे एक सहपाठी मदनपुरा के मो. सलीम अंसारी थे। उनके पिता और बड़े भाई घर के अंदर हथकरधे पर कपड़ा बुनकर सारे परिवार की जीविका चलाते थे। सलीम भाई बी.एच.यू. हाकी टीम के कैप्टन भी थे और मेरे गहरे दोस्त। मैं अकसर उनके घर दंगों के बाद जाया करता था। वे लोग मेरा बड़ी गर्मजोशी से स्वागत करते और खूब खिलाते पिलाते। बाद में हुए एक ऐसे ही दंगे के बाद मैं सलीम के घर गया। उनके पिताजी यह बताते हुए रो पड़े कि दंगाइयों ने हजारों गरीब मुसलमानों के अटेरन हथकरघा आदि को तोड़ दिया, जिससे उनकी रोजी रोटी का एकमात्र सहारा छिन गया। संयोगवश, सलीम का हथकरघा सही सलामत बच गया था। उनके घर का एक नजारा मुझे कभी नहीं भूलता। मैं वहां जब भी जाता, उनके पिताजी मृगछाला की तरह बकरे का चमड़ा बिछाकर मुझे बैठा देते और स्वयं हथकरघे पर अनवरत काम करते हुए बातें करते रहते थे। ऐसे अवसरों पर बिलकुल कबीर का 'झीनी झीनी बीनी चदरिया' वाला दृश्य प्रस्तुत हो जाता था।

मदनपुरा मोहल्ले की एक खासियत यह थी कि गोदौलिया से बी.एच.यू. की तरफ जाने वाला सड़क के किनारे वाला पूर्वी हिस्सा अमीर मुसलमानों का होता था और पश्चिम वाला हिस्सा गरीब मुसलमानों का। पश्चिम वाले हिस्से में ठीक सड़क के किनारे एक मकान के प्रथम तल पर बनारस के प्रसिद्ध शायर 'नजीर बनारसी' रहते थे। उनके कमरे के सामने एक खुली छत थी। मैं वहां से जब भी गुजरता नजीर साहब प्रायः अपनी बकरी को पेड़ पौधों की पत्तियां खिलाते नजर आते थे। बी.एच. यू. की स्वर्ण जयंती (1967) के अवसर पर सम्पन्न मुशायरे में उनके द्वारा सुनाई एक नज्म की ये पंक्तियां विशेषकर दंगों के बाद मुझे अकसर याद आ जाती थीं :

अंधेरे ने भीख मांगी थी रोशनी की
मैं अपना घर न जलाता, तो क्या करता?

सन् 1969 के आते-आते देश की राजनैतिक हालत में काफी बदलाव आ गया था। सन् 1967 के आम चुनावों में जिन नौ प्रांतों में विरोधी दलों की संयुक्त सरकारें बनी थीं, वे सब की सब धराशायी हो गईं और फरवरी 1969 में पहली बार इन विधानसभाओं का मध्यावधि चुनाव हुआ। बड़ा प्रांत होने के नाते उत्तर प्रदेश में

काफी गहमागहमी थी। इस चुनाव में मैं काफी सक्रिय था। शहर दक्षिणी की सीट पर रुस्तम सैटिन पुनः उम्मीदवार थे। अन्य पार्टी कार्यकर्ताओं के साथ चुनाव प्रचार में मैंने दिन रात एक कर दिया था। चुनाव प्रचार के दौरान जगह-जगह नुक्कड़ सभाएं होतीं, जिनमें दीपक मलिक, सुनिल दास गुप्ता, विश्वनाथ मुखर्जी जैसे बनारस के कम्युनिस्ट नेताओं के भाषण होते। इन नुक्कड़ सभाओं में पार्टी कार्यकर्ता मो. सिराज के क्रांतिकारी गीतों से खूब रोमांच पैदा हो जाता था। उनके द्वारा गाए गए गीतों में से निम्न पंक्तियां बहुत लोकप्रिय हुई थीं :

दमादम मस्त कलंदर
दमादम मस्त कलंदर।
मेरा नाम है बिरला भाई
मेरा नाम है टाटा।
हम दोनों ने मिलकर
भारत आधा आधा बांटा।
दमादम मस्त कलंदर...

इन पंक्तियों को सुनकर मेरे साथ अनेक पार्टी कार्यकर्ता रो पड़ते थे। ऐसे ही पार्टी कार्यकर्ताओं में एक थे शिवानंद दूबे। वे औघड़ किस्म के आदमी थे। बड़े ही मनमौजी स्वभाव वाले व्यक्ति थे। उन्होंने आम जनता में कम्युनिस्ट पार्टी तथा कम्युनिज्म के प्रति आकर्षण पैदा करने का एक विचित्र फार्मूला निकाला था। वे मुझसे कहते थे कि हम दोनों सिटी बस में एक साथ बैठकर शुरू से अंत तक चलेंगे और मार्क्सवाद के बारे में बहस करेंगे ताकि लोग न चाहकर भी उसे सुनें। किसी न किसी के पल्ले कुछ तो पड़ेगा। शिवानंद दूबे के साथ मैं अनेक बार सिटी बस में खड़ा हो जाता। वे कम्युनिज्म से संबंधित छोटे-छोटे प्रश्न पूछते और मैं उनका जवाब देता। मेरे जवाब को दूबे जोर जोर से रटते ताकि बस में बैठे अन्य लोग भी सुन सकें। उनका पहला प्रश्न होता क्रांति किसे कहते हैं? मैं जवाब देता कि जब राजसत्ता एक वर्ग से दूसरे वर्ग यानी पूंजीपतियों के हाथ से मजदूरों के हाथ में आ जाती है, तो उसे क्रांति कहते हैं। वे पूछते समाजवाद किसे कहते हैं? मैं बताता कि उत्पादन के साधनों पर सामाजिक स्वामित्व को समाजवाद कहते हैं, जिसमें कार्यक्षमता के अनुसार काम करने पर मजदूरों को पूरी मजदूरी दी जाती है। इसी तरह वे पूछते साम्यवाद किसे कहते हैं? मैं बताता कि क्षमता के अनुसार काम करने पर जब मजदूरों को आवश्यकतानुसार मजदूरी मिलने लगे तो उसे साम्यवाद कहते हैं। इस तरह शिवानंद दूबे रूसी क्रांति से लेकर मार्क्स, लेनिन, स्टालिन, विश्वयुद्ध, चे गुआरा, फीडेल कास्त्रो तथा समाजवादी देशों आदि से संबंधित अनेक प्रश्न पूछते और मैं संक्षेप में उत्तर देता। किंतु हम लोगों का यह कम्युनिस्ट प्रचार अभियान

बहुत दिन तक नहीं चल पाया। यद्यपि शिवानंद दूबे बड़े ही मुंहफट किस्म के व्यक्ति थे और कोई बात कहने में जरा भी नहीं हिचकते थे, किंतु मैं हमेशा बहुत संकोची व्यक्ति रहा हूं। इसलिए बस में कम्युनिज्म पर बहस करने से मैं कतराने लगा। अंततोगत्वा हमारा यह अभियान पंद्रह बीस बहसों में ही समाप्त हो गया। दूबे की आदत किताब से कुछ पढ़ने की बिलकुल नहीं थी, किंतु सुनने में वे माहिर थे। इसलिए वे मुझसे हमेशा कहते रहते थे : "तूं जवन बतिया बतावैला, ऊ दिमगवा में एकदम बइठ जा ले।" अतः दूबे अकसर मेरे कमरे पर आ जाते और कम्युनिज्म के साथ-साथ ढेर सारे प्रश्नों के उत्तर सुनकर रट जाते थे। वे पार्टी में मुझे अपना आदर्श मानते थे तथा हमेशा यह कहते : "पार्टी के चाही कि ऊ तोहके कैडरवन के पढ़ावै बदे लगावै।" किंतु उनकी यह कल्पना कभी साकार नहीं हो पाई। दूबे की एक अन्य विशेषता यह थी कि वे दक्षिण भारतीय नेताओं के बोलने की खूब नकल करते थे। वे शुद्ध बनारसी गालियां इस अंदाज में देते थे कि मानो जैसे कोई नेता तमिल या तेलगु में भाषण दे रहा हो। बहुत जानकार लोग ही उनकी गालियों को पकड़ पाते थे। गाली के संदर्भ में शिवानंद मुझसे हमेशा कहते : "तूं हमरे सवलवा क जवबवा पूंजीपतियन के गरियाय गरियाय के बतावल करा। हमके ऊ जल्दी इयाद होइ जाले।" अतः मैं जब भी समाजवाद सोवियत संघ या समाजवादी दुनिया के बारे में अमरीका या पूंजीपतियों को गाली दे देकर कुछ बताता, उसे वे तुरंत रट लेते थे। वे शास्त्रीय संगीत की भी अच्छी नकल कर लेते थे। इस संदर्भ में उनकी एक हरकत आज भी याद करके मैं तनावमुक्त हो जाता हूं। उनके पड़ोस में एक सोनार का परिवार रहता था। सोनार अपनी पत्नी को डंडे से पीटा करता था, जिसके बदले वह महिला खूब गालियां दिया करती थी। दूबे के एक अन्य पड़ोसी 'पंडित जी' थे, जो उन गालियों को 'राग दरबारी' में बहुत अच्छी तरह गाया करते थे। उनके द्वारा गाई गई पंक्तियां इस प्रकार थीं :

मत मार रकतपेवना, मोहे डंडवा क मार।
अबकी मरबे, त लेबों तोरि मोछिया उखार। मत...

इस गीत का परिणाम यह हुआ कि सोनार की पत्नी खुश होकर खुद पंडित जी से फरमाइश करने लगी कि वे उसे गाकर सुनाते रहें। अंततोगत्वा वह महिला अपने पति द्वारा प्रायः डंडे की मार खाती रही और पंडित जी उसे रागदरबारी सुनाते रहे। जब भी कुछ पार्टी कैडरों का जमावड़ा मेरे कमरे पर होता, शिवानंद दूबे वही रागदरबारी ज्यों का त्यों सुनाकर खूब मनोरंजन करते थे। पार्टी के नीरसता भरे जीवन में दूबे की बनारसी मस्ती बड़ी राहतकारी सिद्ध होती थी। एक दिन दूबे के साथ एक लफड़ा हो गया। उन्होंने बी.एच.यू. के इंजीनियरिंग के एक छात्र नंदी के साथ मिलकर गोविन्द त्रिवेदी नामक नेपाली पार्टी कैडर को होस्टल के कमरे में

बंधक बनाकर ताला लगा दिया। उनका कहना था कि त्रिवेदी मूर्तिचोर है और उन्हें बेचकर उसने बहुत पैसा कमाया है, इसलिए उन्हें भी उसमें हिस्सा चाहिए। त्रिवेदी किसी तरह हॉस्टल के प्रथम तल पर बंद कमरे के झरोखे से बाहर कूदकर सीधे गोदौलिया स्थित पार्टी दफ्तर आया और उसने दूबे की सारी हरकत का बयान कर दिया। परिणामस्वरूप दूबे को पार्टी से निकाल दिया गया। उस दिन भी दूबे मेरे पास आए और मैं उन्हें पहली बार बहुत दुखी पाया। फिर भी, पार्टी से निकाले जाने के बावजूद जब भी पार्टी का कोई जुलूस निकलता, शिवानंद दूबे हमेशा नारा लगाते मेरे बगल में होते। उस दौरान चुनाव प्रचार के लिए प्रसिद्ध कम्युनिस्ट नेता भूपेश गुप्त बनारस आने वाले थे। उनकी आमसभा गंगा के किनारे अहिल्याबाई घाट पर रखी गई थी।

मैं बी.एच.यू. के अन्य पार्टी कार्यकर्ताओं के साथ घूम-घूमकर लोगों से सभा में आने के लिए अपील करता। फरवरी 1969 का कोई शुरुआती दिन था। सभा चार बजे शाम को शुरू होने वाली थी, क्योंकि उस समय गंगा के तमाम घाटों पर खूब भीड़ होने लगती थी। बनारस के बारे में प्रचलित अवधारणा, 'राड़, सांड़, सीढ़ी, संन्यासी इनसे बचै ते सेवै कासी', शाम के समय ज्यादा साकार होने लगती थी। विश्वनाथ गली से लेकर दशाश्वमेध घाट के आसपास इन तत्वों की भरमार रहती थी। विशेष रूप से गली-कूचों से लेकर सड़कों के चौराहों तक ट्रैफिक नियंत्रण का भार, ऐसा लगता था कि मानो म्युनिस्पैलिटी ने सांड़ों के ही हवाले कर दिया हो। यद्यपि सामाजिक जागरूकता के कारण आजकल बनारस में वास कर रही विधवाओं की संख्या में काफी कमी आई है, किंतु उन दिनों इनकी बहुतायत थी। इनमें अधिकतर विधवाएं लोगों के घरों में बर्तन मांजकर अपना गुजारा करती थीं, फिर भी वे 'स्वर्गप्राप्ति' की कामना में वहां रहने पर मजबूर थीं। मैंने स्वयं देखा था एक बुढ़िया विधवा, जो ब्राह्मणी थी, वह अस्सी स्थित मठ में गोरख पांडे समेत अनेक बाशिन्दों के बर्तन धोती थी। ऐसे ही कामों में लिप्त अनेक विधवाओं के बारे में वह बताया करती थी। खैर, रोजमर्रा की इस धमाचौकड़ी के बीच अहिल्याबाई घाट पर भूपेश गुप्त की सभा हुई, जिसका एक सबसे बड़ा कारण यह था कि यह घाट बंगालियों के मोहल्लों के बिलकुल पास था। अतः वहां बड़ी संख्या में बंगाली इकट्ठा हुए थे। मैं बी.एच.यू. से गोरख पांडे को लेकर उनका भाषण सुनने अहिल्याबाई घाट गया। भूपेश गुप्त का भाषण बंगला भाषा में हुआ। वे एकचटिया यानी एकाधिपत्य रखने वाले पूंजीपति टाटा बिड़ला पर हमला बोलते हुए जूट प्रेस (यानी पूंजीपतियों के ही प्रेस) की भूमिका को जनविरोधी बता रहे थे। राष्ट्रीय एकता पर जोर देते हुए उन्होंने तत्कालीन जनसंघ की साम्प्रदायिक नीतियों पर खूब हमला बोला। उनका भाषण काफी देर तक चलता रहा और चारों तरफ अंधेरा छाने लगा था। इस बीच

गोरख पांडे ने कहा कि वे वापस जाना चाहते हैं। मैंने उन्हें जाने दिया और स्वयं सभा समाप्त होने तक वहीं रुका रहा। दूसरे दिन सुबह होते ही कैलाश भवन के मेरे कमरे पर बनारस की संस्कृत यूनिवर्सिटी में संस्कृत के भूतपूर्व अध्यक्ष प्रो. परम कुबेर मालवीय आए। वे गोरख पांडे के प्राध्यापक रह चुके थे। मालवीय जी लंका के एक अन्य मकान में रहते थे। उन्होंने मुझे बताया कि गोरख पांडे पिछली रात से भेलूपुर थाने में बंद हैं। कारण पूछने पर पता चला कि जब वे भूपेश गुप्त का भाषण बीच में छोड़कर वापस आते समय सोनारपुरा चौमुहानी पर पहुंचे, तो देखा कि ठीक चौराहे पर एक ट्रक खड़ा था, जिससे आने जाने वाले रिक्शाचालकों आदि को बड़ी कठिनाई हो रही थी। ट्रक चालक को दो पुलिस वाले रोककर कुछ घूस मांग रहे थे। किंतु उसके पास पैसे नहीं थे, इसलिए पुलिस वाले ट्रक को आगे नहीं जाने दे रहे थे। पुलिस की इस हरकत को देखकर गोरख पांडे दहाड़ते हुए उनसे लड़ पड़े और ट्रक वाले को वहां से आगे जाने देने के लिए तत्काल अपील की। परिणामस्वरूप मामला उलझता चला गया और वहां काफी भीड़ इकट्ठा हो गई। भीड़ की गंभीरता इसलिए ज्यादा बढ़ गई, क्योंकि गोरख पांडे एकदम भाषण की मुद्रा में आ गए और वे पुलिस द्वारा घूसखोरी का पर्दाफाश करने लगे। इस बीच एक पुलिसवाला बिलकुल पास स्थित भेलूपुर थाने से दस बारह सिपाहियों को बुला लाया। सिपाहियों ने लाठियों से गोरख पांडे को बुरी तरह पीटते हुए थाने में ले जाकर बंद कर दिया। उनके ऊपर अनेक धाराओं में मुकदमे दर्ज कर दिए गए। सुबह दस बजे कोर्ट में प्रस्तुत कर उन्हें जेल भेजा जाने वाला था। अतः मालवीय जी ने कहा कि चलिए थाने से ही उनकी जमानत करा ली जाए। वे गोरख पांडे के बड़े हितैषी थे, किंतु उनके कम्युनिस्ट हो जाने पर चिंतित हो गए थे। खैर, हम लोग जैसे-तैसे जमानत पर गोरख पांडे को थाने से छुड़ा लाए।

पुलिस की मार से उनका हाल बेहाल था। उनके शरीर पर अनेक लाठियों के निशान पड़ गए थे। मेरे कमरे में सोकर वे कराहने लगे। थोड़ी देर बाद मालवीय जी ने मुझे दस रुपए देते हुए कहा तुरंत जाकर एक बोतल ठर्रा लाकर इन्हें पिला दो, ताकि दर्द की अनुभूति कुछ कम हो जावे। मालवीय जी के इस सुझाव पर मैं चौंक गया, किंतु वैसा ही किया। शाम के समय खाना पकाते समय मैंने गोरख से कहा कि रास्ता चलते आपने पुलिस से क्यों झगड़ा मोल ले लिया? इस पर वे मेरे ऊपर बुरी तरह बिगड़ गए और कहने लगे कि अन्याय जहां भी होगा, मैं विरोध हमेशा करूंगा, भले ही मेरी जान चली जावे। हकीकत यह थी कि बचपन से लेकर आचार्य (एम.ए.) तक गुरुकुलिया संस्कृत पढ़ते हुए गोरख पांडे एक अतिवादी पोंगापंथ के शिकार हो गए थे, किंतु जब वे बी.एच.यू. आकर मार्क्सवाद में संतरित हुए, तो वह अतिवाद कम्युनिस्ट अतिवाद में बदल गया, जिससे उन्हें जिंदगी भर जूझना पड़ा

था। इस घटना के कुछ माह पूर्व एक अन्य घटना उल्लेखनीय है। हुआ यह था कि कुछ हिंदुत्ववादी छात्रों ने जब बिरला होस्टल के अनेक छात्रों को बुरी तरह पीट दिया था, तो बी.एच.यू. में हड़ताल हो गई थी। उन दिनों प्रो. हजारी प्रसाद द्विवेदी रेक्टर थे। वे हिंसा के विरोध में एक दिन के उपवास पर चले गए। अखबारों में यह खबर आने से हम सभी बहुत खुश हुए थे, किंतु शीघ्र ही तत्कालीन वाइस चांसलर डॉ. अमर चंद जोशी के दबाव डालने पर द्विवेदी जी ने अपना रुख बदलते हुए यह घोषणा कर दी कि वे हिंसा के विरोध में नहीं, बल्कि 'एकादशी' का व्रत रखे थे। उनके इस विरोधाभासी रुख पर करीब दो सौ छात्र द्विवेदी जी के घर पर प्रदर्शन करने गए। जुलूस में गोरख पांडे के साथ मैं भी था। घर के अंदर द्विवेदी जी एक चटाई पर बैठे हुए थे। गोरख पांडे उन्हें देखते ही अपनी चिर- परिचित दहाड़ने वाली आवाज में चिल्ला उठे : "तुम पाखंडी हो और आर.एस.एस. के दलाल हो, इसलिए उनके दबाव में अपने बयान से पलट गए...।" उस दिन मैंने देखा कि प्रो. हजारी प्रसाद द्विवेदी एकदम अवाक रह गए और उन्हें कोई जवाब नहीं सूझ रहा था। बाद में उसके ठीक दूसरे दिन गोरख पांडे पैदल वाइस चांसलर लाज के ठीक सामने वाली सड़क से आर्ट्स कालेज जा रहे थे। वहीं उन्हें कुछ पुलिस वालों ने पकड़कर वाइस चांसलर लाज के अंदर ले जाकर लाठियों से बुरी तरह पीटा था। इस तरह गोरख पांडे के अंदर अन्याय से लड़ने की एक विचित्र उत्कंठा हमेशा व्याप्त रहती थी। वे परिणाम की कल्पना कभी नहीं करते थे।

उधर फरवरी 1969 का नौ प्रांतों वाला मध्वावधि चुनाव समाप्त हुआ और कांग्रेस लगभग हर जगह सत्ता में वापस आ गई। किंतु उत्तर प्रदेश में डांवांडोल स्थिति बनी रही। बनारस की कचहरी में जब वोटों की गिनती चल रही थी, मेरे साथ गोरख पांडे सुबह से शाम तक वहीं डटे रहे। अंततोगत्वा रुस्तम सैटिन चुनाव हार गए, जिससे मैं बहुत दुखित हो गया था। उनके विरोध में जनसंघ के शचीन्द्र नाथ बक्शी चुनाव जीते थे। बक्शी एक स्वतंत्रता सेनानी थे किंतु साम्प्रदायिक शक्तियों के साथ चले जाने के कारण उनकी छवि बहुत खराब हो गई थी। फिर भी, हिंदू वोटों के ध्रुवीकरण के कारण वे चुनाव जीत गए, जिसका एकमात्र कारण था शहर दक्षिणी क्षेत्र में मुसलमानों का कम्युनिस्ट पार्टी को समर्थन देना। चुनावों के बाद दलबदल का एक भीषण दौर शुरू हुआ। चरण सिंह कांग्रेस पहले ही छोड़ चुके थे। उन्होंने भारतीय क्रांति दल (बी.के.डी.) बना लिया था, जिसकी उत्तर प्रदेश में खूब चर्चा थी। पूर्वी यू.पी. में यादव लोगों की बहुतायत थी। वे लोग चरण सिंह को यादव समझकर उनके साथ हो गए थे। यादवों की यह विचित्र समझ थी, क्योंकि चरण सिंह शुद्ध जाट थे। चरण सिंह ने 'अजगर' यानी 'अहीर, जाट, गूजर तथा राजपूत' का नारा देकर जातीय ध्रुवीकरण को अपने पक्ष में करने की कोशिश

की थी। वे तोड़जोड़ में माहिर थे, जिसके कारण पुनः मुख्यमंत्री बन गए। उनकी जुगाड़ राजनीति के कारण तत्कालीन सोशलिस्ट पार्टी के नेता राजनारायण चरण सिंह को 'चेयर सिंह' कहकर संबोधित करते थे। यह वही दौर था जब भारतीय राजनीति में 'आयाराम गयाराम' की अवधारणा उमड़कर सबके सामने आई। हुआ यह था कि हरियाणा में 'गयाराम' नामक एक विधायक थे। वे चौबीस घंटे के अंदर तीन बार दल बदल किए थे। अतः उन्हीं के नाम पर 'आयाराम गयाराम' प्रसिद्ध हुआ था। दलबदल के कारण उत्तर प्रदेश की विधानसभा में पहली बार मारपीट की परिपाटी शुरू हुई थी। इन चुनावों के बाद देश की राजनीति में एक बड़ा उबाल उस समय आया जब 20 जुलाई, 1969 को प्रधानमंत्री इंदिरा गांधी ने चौदह बड़े बैंकों का राष्ट्रीयकरण कर दिया। साथ ही उन्होंने राजाओं को दिए जाने वाले 'प्रीवीपर्स' की समाप्ति की भी घोषणा कर दी।

आजादी के बाद से ही प्रीवीपर्स के रूप में तमाम पूर्व राजाओं को बड़ी धनराशि मुआवजे के रूप में दी जाती थी। इतना ही नहीं, हत्या जैसे अपराधों के लिए उन पर मुकदमे नहीं दायर किए जा सकते थे। कोयले की खानों का भी राष्ट्रीयकरण किया गया था। इन कदमों के कारण इंदिरा गांधी को देश भर में हद से ज्यादा लोकप्रियता मिली थी। किंतु कांग्रेस के अंदर दक्षिणपंथी नेताओं ने विद्रोह कर दिया था, जिससे पार्टी दो भागों में बंट गई। उसी समय तत्कालीन वित्तमंत्री मोरार जी देसाई को इंदिरा गांधी ने मंत्रिमंडल से बर्खास्त कर दिया था। कांग्रेस के दक्षिणपंथी गुट में देसाई के अलावा एस. निजलिंगप्पा (कांग्रेस अध्यक्ष), नीलम संजीव रेड्डी, एस.के. पाटिल आदि जैसे नेता शामिल थे। जिस दिन बैंकों का राष्ट्रीयकरण तथा प्रीवीपर्स खत्म करने की घोषणा की गई, ठीक उसी दिन उत्तर भारतीय राज्यों से सी.पी.आई. से संबद्ध आल इंडिया स्टूडेंट्स फेडरेशन का बनारस में एक सम्मेलन हो रहा था। यह सम्मेलन लक्सा स्थित एक धर्मशाला में आयोजित किया गया था। राष्ट्रीयकरण आदि की घोषणा होते ही सम्मेलन में एक प्रस्ताव पारित करके उसका स्वागत किया गया तथा हम लोगों ने एक जुलूस निकालकर इंदिरा गांधी के प्रति समर्थन का इजहार किया था। जुलूस लक्सा से रामापुरा, गिरजाघर चौमुहानी, गोदौलिया, विश्वनाथ गली होते दशाश्वमेध घाट पर समाप्त हुआ था। यह जुलूस स्वतःस्फूर्त था, जिसके लिए पार्टी की राय नहीं ली गई थी, क्योंकि हमारी राजनीतिक समझ यह थी कि पहली बार इंदिरा गांधी ने सामंतों तथा पूंजीपतियों के खिलाफ कुछ सशक्त कदम उठाया था।

यह वही दिन था, जब अमरीका का 'अपोलो 11' नामक अंतरिक्ष यान तीन यात्रियों को लेकर चांद पर गया था। इनमें से नील आर्मस्ट्रांग पहली बार चांद पर उतरे थे। दो अन्य अंतरिक्ष यात्री थे एल्ड्रिन तथा लवेल। ये अंतरिक्ष यात्री चांद की मिट्टी

जमीन पर लाए थे। चांद पर मानव के प्रथम कदम का समाचार बनारस के अखबारों में बड़ी बड़ी सुर्खियों में छपा था। अखबार अमरीका की तारीफ करते नहीं थकते थे। उसी समय आर्मस्ट्रांग ने धरती पर अमरीकी कंट्रोल सेंटर को सूचना भेजकर कहा कि उन्होंने ज्यों ही चांद पर कदम रखा, उन्हें वहां एक चमक दिखाई दी। इस समाचार को पढ़कर बनारस के एक ज्योतिषी शास्त्री जी ने बयान दिया : ''मनुष्य के पापी कदम पड़ते ही 'चंद्र देवता' निकलकर भाग गए, इसीलिए वहां चमक हुई थी!'' धर्मप्रिय नगरी होने के बावजूद बनारस के अधिसंख्य लोग शास्त्री जी के बयान को झूठा तथा अटकलबाजी बताने लगे थे। उस दिन मैंने देखा कि बी.एच.यू. के अनेक छात्र इस प्रश्न पर बहस करते हुए उक्त ज्योतिषी के प्रति बनारस की वही पुरानी प्रचलित गाली 'भो और ड़ी' के बीच 'स' का इस्तेमाल करने में जरा भी नहीं हिचकते थे। अपोलो वाली घटना के साथ उसी दिन घटित एक अन्य घटना से मैं बहुत उत्तेजित था। वह घटना थी सोवियत संघ द्वारा 'लूनाखोद' नामक मानवरहित अंतरिक्ष यान का चांद पर उतारा जाना। लूना भी चांद की मिट्टी खोदकर जमीन पर लाया था। उन दिनों अमरीका तथा सोवियत संघ के बीच 'कोल्ड वार' अपनी चरम सीमा पर था। अतः बी.एच.यू. के छात्र इन्हीं खेमों में बंटे हुए थे। उठते बैठते जब भी बहस होती, मैं हमेशा सोवियत वैज्ञानिकों की उपलब्धि को ज्यादा चमत्कारिक बताता और कहता कि जिस चांद की मिट्टी को अमरीका ने मानव भेजकर मंगाया, सोवियत संघ ने उसे मात्र एक मशीन द्वारा संभव बना दिया। विशेष रूप से बी.एच.यू. के कैफेटेरिया में बहस के दौरान मैं छात्रों को बताता कि सोवियत संघ स्पेस साइंस (अंतरिक्ष विज्ञान) का जनक है, क्योंकि सन् 1957 में उसने पहली बार अंतरिक्ष में 'स्पूतनिक' नामक उपग्रह सफलतापूर्वक भेजा था, जिस पर अमरीकियों को विश्वास नहीं हो पाया था। बाद में जल्दीबाजी में अमरीका ने एक उपग्रह अंतरिक्ष में भेजा किंतु मिनटों में ही वह गिरकर नष्ट हो गया, जिस पर 'न्यूयार्क टाइम्स' ने हेडिंग दिया था : 'फ्लापनिक', यानी 'ध्वस्त' हो गया। चूंकि मैं सोवियत क्रांति के प्रभाव से कम्युनिस्ट बना था, इसलिए सोवियत संघ मेरी बहसों में हमेशा सर्वोपरि होता था, जिसके कारण अनेक छात्र मुझे 'रूसी एजेंट' बताते थे। किंतु मैं इस तरह के कथनों को कभी बुरा नहीं मानता था, क्योंकि सोवियत संघ का कट्टर समर्थक होने को मैं एक सच्चे कम्युनिस्ट की निशानी मानता था।

इस बीच देश की राजनीति में बड़ी तेजी से ध्रुवीकरण उभरकर उस समय आया, जब भारत के तीसरे राष्ट्रपति डॉ. जाकिर हुसैन की मृत्यु के बाद 24 अगस्त 1969 को नए राष्ट्रपति का चुनाव हुआ। उस चुनाव में कांग्रेस के आधिकारिक उम्मीदवार नीलम संजीव रेड्डी थे, जो दक्षिणपंथी माने जाते थे, किंतु इंदिरा गांधी ने वराह व्यंकट गिरि को अपना उम्मीदवार बनाया था। उस दौरान कांग्रेस की

राजनीति में तूफान सा आ गया था। इंदिरा गांधी ने 'अंतरात्मा' की आवाज पर वी. वी. गिरि को वोट देने की अपील की थी। अंततोगत्वा, पूरा देश दक्षिणपंथी एवं वामपंथी ध्रुवीकरण के बीच बंट गया। कांग्रेस के अंदर सिंडिकेट यानी दक्षिणपंथी गुट, जनसंघ (आर.एस.एस. की प्रथम पार्टी) तथा चक्रवर्ती राजगोपालाचारी के नेतृत्व वाली राजाओं की स्वतंत्र पार्टी रेड्डी के साथ हो गई, वहीं सी.पी.आई., सी. पी.आई.एम.; सोशलिस्ट पार्टी आदि इंदिरा गांधी गुट के साथ थे। इसका परिणाम यह हुआ कि गली गली में राष्ट्रपति चुनाव की धूम मच गई। ध्रुवीकरण की खबरों से भारत के तमाम अखबार भरे पड़े रहते थे। बी.एच.यू. के छात्रों के बीच दिन रात ध्रुवीकरण पर बहसें होतीं। इन बहसों में मैं भी बड़ी सक्रियता से हिस्सा लेता था। इस चुनाव में सी.पी.आई. सबसे ज्यादा मुखर हो उठी थी। पार्टी के चेयरमैन श्रीपाद अमृत डांगे देश भर में घूम-घूमकर वी.वी. गिरि के समर्थन में जनसभाएं करने लगे थे। इतनी गहमागहमी किसी भी राष्ट्रपति के चुनाव में आज तक नहीं देखी गई। डांगे अपनी सभाओं में 'नेशनल बुर्जुआजी' यानी 'राष्ट्रीय पूंजीपति वर्ग' की अवधारणा पर विशेष विश्लेषण करते। वे कहते कि नेशनल बुर्जुआजी पूंजीवाद का समर्थक होने के बावजूद उपनिवेशवाद तथा साम्राज्यवाद का विरोधी होता है जिसके कारण उसकी भूमिका प्रगतिशील हो जाती है। इसलिए कम्युनिस्ट पार्टी नेशनल बुर्जुआजी का समर्थन अवश्य करे। इस अवधारणा को और साफ करते हुए उनका कहना था कि कांग्रेस के अंतर्गत इंदिरा गांधी का गुट नेशनल बुर्जुआजी की श्रेणी में आता है तथा सिंडिकेट गुट साम्राज्यवाद समर्थक है। अतः नेशनल बुर्जुआजी को समर्थन देकर साम्राज्यवाद समर्थक गुट की राजनीति को परास्त करना चाहिए। डांगे का यह विश्लेषण लेनिन द्वारा किए गए नेशनल बुर्जुआजी के उस विश्लेषण से बिलकुल मेल खाता था, जिसे उन्होंने 1920 में मास्को में सम्पन्न कम्युनिस्ट इंटरनेशनल की दूसरी कांग्रेस में प्रस्तुत किया था।

उपनिवेशवाद का विश्लेषण करते हुए लेनिन ने कहा था कि गांधी जी के नेतृत्व वाली कांग्रेस आंतरिक मामलों में पूंजीवाद का समर्थक होने के बावजूद उपनिवेशवाद की विरोधी है, इसलिए वह नेशनल बुर्जुआजी की श्रेणी में आती है। अतः कम्युनिस्ट, उपनिवेशवाद को समाप्त करने के लिए गांधी जी को अवश्य समर्थन दें। लेनिन तथा डांगे का यह राजनीतिक विश्लेषण मेरे मस्तिष्क में एकदम समा गया था। मैं छात्रों तथा पार्टी कैडरों के बीच इस अवधारणा का खूब प्रचार करता। इस तरह राष्ट्रीय तथा अंतरराष्ट्रीय कम्युनिस्ट आंदोलन में नेशनल बुर्जुआजी की अवधारणा का मैं प्रबल प्रचारक बन गया, जिस पर मैं आज भी कायम हूं। इस पूरी राजनीतिक प्रक्रिया के दौरान वी.वी. गिरि चुनाव जीत गए। उनके चयन से देश भर में एक नया उल्लास फैल गया था। देश में समाजवाद की अवधारणा बड़ी तेजी से उमड़कर

जनता के सामने आई थी, जिस पर सिंडिकेट के नेता एस.के. पाटिल ने कहा था : 'समाजवाद मेरी लाश से गुजरेगा।' उनके इस कथन के बाद मुम्बई से प्रकाशित होने वाले साप्ताहिक अखबार 'ब्लिट्ज' के संपादक आर.के. करंजिया ने एक फोटो छापा जिसमें एस.के. पाटिल झुककर नेहरू जी के जूते का फीता बांध रहे थे। उस समय समाजवाद पर की गई टिप्पणी से पाटिल की खूब खिल्ली उड़ाई गई।

देश में हो रही उस उथल-पुथल के बीच अंतरराष्ट्रीय स्तर पर हो रही घटनाएं भी मुझे बुरी तरह प्रभावित कर रही थीं। विशेष रूप से वियतनाम की घटनाओं से मैं बहुत चिंतित रहने लगा था। वियतनाम के एक शहर दानांग पर अमरीकी नेपाम (आग लगाने वाले) बमों से भयंकर बमबारी कर रहे थे। चारों तरफ तबाही मची हुई थी। युद्ध के खिलाफ कई वियतनामी बौद्ध भिक्षुओं द्वारा आत्मदाह कर लेने की भी खबरें आने लगीं। विश्व बौद्ध इतिहास में यह पहला अवसर था, जब शांति प्रेमी भिक्षुओं ने आत्मदाह जैसी घटनाओं में लिप्तता दिखाई। उन्हीं का अनुसरण करते हुए आज भी समय-समय पर चीन की नीतियों के विरुद्ध तिब्बत के भी बौद्ध भिक्षु आत्मदाह कर लेते हैं। मुझे ऐसी घटनाओं पर बहुत अचम्भा होता था, क्योंकि बुद्ध नरहत्या या आत्महत्या के एकदम खिलाफ थे। बौद्ध कानूनों (नियम) के संग्रह 'विनय पिटक' की शुरुआत में ही बुद्ध ने तीसरा कानून आत्महत्या के विरोध में बनाया था। उन्होंने साफतौर पर कहा : "जो भिक्षु मानव हत्या करे या आत्महत्या के लिए हथियार लावे या मरने की तारीफ करे या मरने के लिए प्रेरित करे या कहे कि जीने से मरना अच्छा है, वह पाराजिक होता है।" पाराजिक का अर्थ होता है कि जिस भिक्षु को अपराध करने पर भिक्षुपन से हमेशा के लिए निकाल दिया जाता है। प्रथम दो कानून किसी भिक्षु द्वारा जानवर के साथ मैथुन करने तथा चोरी के विरुद्ध बनाए गए थे। आगे की शिक्षा बंद हो जाने की संभावना को सोचकर कई बार मेरे दिमाग में भी आत्महत्या की कल्पना आई थी, किंतु बुद्ध ने मुझे बचा लिया। उसी समय वियतनाम से आई एक अन्य खबर से सारी दुनिया हिल गई थी। वह खबर थी उस देश के 'माईलाई' नामक गांव में रात में घुसकर अमरीकी सैनिकों ने निहत्थे चार सौ से भी ज्यादा औरतों पुरुषों तथा बच्चों की हत्या कर दी थी। यद्यपि यह जनसंहार 16 मार्च, 1968 को हुआ था, किंतु लगभग साल भर तक अमरीका इसे छिपाने में सफल रहा था। इसलिए इसका पर्दाफाश 1969 में कुछ अमरीकियों ने ही किया। इस घटना के विरोध में हम लोगों ने रामनगर स्थित (यानी गंगा के उस पार) एक अमरीकी संस्था (लायब्रेरी) के समक्ष प्रदर्शन किया था।

उन दिनों कोई भी अमरीकी अधिकारी बनारस आता, हम लोग उसके विरुद्ध अवश्य प्रदर्शन करते थे। कलकत्ता में लगाए जाने वाले नारे 'आमार नाम, तोमार नाम, वियतनाम वियतनाम' की गूंज बनारस में भी उठने लगी थी। उस समय मेरे

जैसे कम्युनिस्टों के साथ आनंद कुमार के नेतृत्व में समाजवादी युवजन सभा के लोग भी वियतनाम युद्ध के खिलाफ अमरीका विरोधी प्रदर्शनों में शामिल होते थे। किंतु अचंभे वाली बात यह थी कि 'समाजवादी' लोग वियतनाम की सहायता करने वाले सोवियत संघ का भी विरोध करते थे, विशेष रूप से अपने भाषणों में। इस बीच वियतनाम से जुड़ी एक अफवाह ने बनारस में हंगामा मचा दिया था। हुआ यह था कि न जाने कहां से यह खबर उड़ी कि वियतनाम में युद्ध के कारण औरतों के लिए मर्दों की कमी हो गई है, इसलिए इस कमी को पूरा करने के लिए युवकों की आवश्यकता है। अतः ऐसे युवक बनारस कलेक्टरेट में अपने नामों का पंजीकरण करावें। इस अफवाह के फैलते ही सैकड़ों लफंगे कचहरी पहुंचकर पूछताछ करने लगे थे, जिसके चलते जिला प्रशासन को एक बयान जारी कर इस अफवाह पर रोक लगानी पड़ी थी। उस दिन शाम को गोरख पांडे मेरे कमरे पर कैलाश भवन आए और गुस्से में कहने लगे : "आपने गौर किया कि सी.आई.ए. (सेंट्रल इंटेलीजेंस एजेंसी, अमरीका) ने वियतनामी क्रांतिकारी महिलाओं के खिलाफ अफवाह फैलाकर किस तरह उनकी क्रांतिकारिता पर चोट की है?" हम लोग बड़ी देर तक अमरीका की नीतियों पर बहस करते रहे। बहस के दौरान गोरख की जबान पर बार-बार अमरीका की मां-बहनें आ जाती थीं। दूसरे दिन जब हम लोग बी.एच.यू. गए तो छात्रों के बीच उस अफवाह पर खूब चर्चा हो रही थी। उस रोज मैं सारा दिन छात्रों से बहस के दौरान अमरीका के खिलाफ बोलता रहा। एक अन्य मुद्दा जिसे मैं छात्रों के बीच उठते-बैठते हरदम उठाता रहता था, वह था फिलिस्तीन का। दो साल पूर्व यानी 1967 में अमरीका के समर्थन से अरब मुल्कों पर इजराइल का हमला। छः दिन तक चलने वाला यह युद्ध 5 जून को शुरू हुआ था। इस युद्ध के द्वारा इजराइल ने विशेष रूप से सीरिया के गोलन हाइट, जार्डन के वेस्ट बैंक तथा मिस्र के गाजा पट्टी आदि पर कब्जा करके अपने मूल क्षेत्रफल को दुगुना कर लिया था। उस युद्ध के कारण फिलीस्तीनी शरणार्थियों की समस्या ने बहुत खतरनाक मोड़ ले लिया था।

धीरे-धीरे मैं अंतरराष्ट्रीय राजनीति में पूरी तरह रमने लगा था। बनारस में सुबह-सुबह सिर्फ एक ही अखबार मिलता था। वह था 'आज', जिसे पढ़ने के लिए मैं रोज सुबह छः बजे नहा धोकर लंका स्थित शंकर की चाय की दुकान पर हाजिर हो जाता था। सिर्फ एक चाय के बदले उस दुकान में मैं कम से कम दो घंटे अवश्य बैठता और सारा अखबार अक्षरशः चाट जाता था। राजनीतिक समाचारों को मैं एक तरह से रट जाता था। उन दिनों रेडियो ट्रांजिस्टर बहुत कम होते थे और टेलीविजन का तो नामोनिशान तक नहीं था। बी.एच.यू. के सामने पूरे लंका बाजार में सिर्फ शंकर की चाय की दुकान में एक रेडियो होता था। रेडियो पर आकाशवाणी से आठ बजे सुबह समाचार आता था। मैं रोजाना इस समाचार को सुनकर वहां से उठता

था। प्रतिदिन होने वाले घटनाक्रम से परिचित होने के लिए यही दो माध्यम थे। इस प्रक्रिया के दौरान 3 सितम्बर, 1969 की सुबह आठ बजे रेडियो पर समाचार की पहली खबर आई कि 2 सितम्बर को उत्तर वियतनाम के राष्ट्रपति हो ची मिन्ह का दिल का दौरा पड़ने से निधन हो गया। उनकी मृत्यु का समाचार सुनकर यकायक मैं न सिर्फ स्तब्ध रह गया, बल्कि मेरे आंसू भी निकल गए। चाय की दुकान के मालिक शंकर मुझसे बार-बार पूछते रहे कि क्या हो गया? मैं सचमुच में बहुत दुखित हो गया था। बार-बार दिमाग में आता कि वियतनाम की मुक्ति का क्या होगा। अमरीका ने युद्ध को बहुत तेजकर दिया था। उन दिनों वियतनाम दो भागों में बंट गया था। दक्षिण वियतनाम के राष्ट्रपति 'न्हो दिन्ह दायम' अमरीका के पिट्ठू थे। अतः वियतनाम बहुत बुरे दौर से गुजर रहा था। काफी समय बाद मुझे यह जानकर बहुत संतुष्टि मिली कि वियतनामी कम्युनिस्ट पार्टी के नेता 'फान वांग डांग' बहुत सफलता के साथ हो ची मिन्ह की ही तरह अमरीका विरोधी युद्ध का संचालन कर रहे थे। उस समय मैं 'प्रोलेतैरियत इंटरनेशनलिज्म' की मार्क्सवादी अवधारणा, यानी एक देश का सर्वहारा किसी भी देश के सर्वहारा का भाई बंधु होता है, से पूरी तरह प्रभावित रहता था। इसलिए कम्युनिस्टों के खिलाफ किसी भी देश में कुछ भी होता, मैं बहुत तनावग्रस्त हो जाता था।

इस बीच भारतीय कम्युनिस्ट पार्टी ने अपनी छात्र शाखा आल इंडिया स्टूडेंट्स फेडरेशन (ए.आई.एस.एफ.) को निर्देश जारी कर कहा था कि 18 वर्ष की उम्र में मताधिकार के लिए पार्लियामेंट के सामने 15 नवम्बर, 1969 को प्रदर्शन करें। हम लोग इस प्रदर्शन की तैयारी में लग गए। डब्बा लेकर गली-गली में हम चंदा इकट्ठा करने जाते। ज्ञात रहे कि उन दिनों मताधिकार 21 वर्ष की अवस्था में दिया गया था। पार्टी ने तय किया था कि पूरी एक बस भरकर हम बनारस से दिल्ली प्रदर्शन के लिए जाएंगे। अतः काफी धन की जरूरत थी। हम लोग चंदा मांगने शहर के हर कोने जाते। अनेक लोग सिर्फ दस पैसा डब्बे में डालते। कोई दुकानदार चवन्नी डालता तो हम लोग उसे बहुत धन्यवाद देते। एक दिन चंदा मांगते हम लोग बनारस के उपनगरीय इलाके 'पांडेपुर पिसनहरिया' के बाजार में पहुंच गए। हम बहुत भूखे थे। चंदा मंडली ने तय किया कि आटा दाल खरीदकर सड़क के किनारे किसी पेड़ के नीचे गोइठे का अहरा लगाकर हंड़िया में खाना पकाया जाए। फिर वैसा ही किया गया। इस काम में शिवानंद दूबे सबसे आगे रहे। वहां दीपक मलिक सहित करीब 15 पार्टी कार्यकर्ता थे। उस दिन पांडेपुर पिसनहरिया चंदा मंडली के लिए पूर्णरूपेण एक पिकनिक स्थली में बदल गई थी।

डब्बा लेकर चंदा मांगने का इतिहास कम्युनिस्टों के लिए बहुत रोचक है। इसकी शुरुआत कार्ल मार्क्स ने की थी। हुआ यह था कि 1871 में फ्रांस के मजदूरों

ने सत्ता पर कब्जा कर लिया, जिसे 'पेरिस कम्यून' कहा गया। पेरिस कम्यून मात्र 71 दिनों तक कायम रहा, क्योंकि जर्मनी की सैनिक सहायता से फ्रांस ने इसे कुचल दिया था। यद्यपि कार्ल मार्क्स ने फ्रांसीसी मजदूरों को सलाह दी थी कि वे वैसा अभी नहीं करें, क्योंकि सत्ता पर कब्जा करना आसान है, पर उसे कायम रखना कठिन होता है इसका कारण था मजदूर वर्ग का उस समय शक्तिशाली न होना। मार्क्स का विश्लेषण बिलकुल सही निकला। पेरिस कम्यून के कुचले जाने के बाद हजारों मजदूरों को मार डाला गया तथा अनगिनत लोगों पर मुकदमा चलाया गया। मजदूरों की तरफ से मुकदमा लड़ने के लिए मार्क्स डब्बा लेकर चंदा इकट्ठा करने लगे थे। उनकी इस परंपरा को दुनिया भर के कम्युनिस्ट बरकरार रखे हुए हैं। उस परंपरा का हिस्सा बनकर मैं आज भी गर्व महसूस करता हूं। डब्बा कलेक्शन द्वारा प्राप्त धनराशि से हम एक किराए की बस द्वारा दिल्ली चल दिए। हमारी यात्रा बनारस से 14 नवम्बर, 1969 को 11 बजे रात को शुरू हुई। बस मालिक से तय हुआ था कि वह आगरा तथा फतेहपुर सीकरी होते हुए दिल्ली पहुंचाएगा। प्रथम चरण में हम 15 नवम्बर को दोपहर बाद आगरा पहुंचे। आगरा पहुंचते हमारी यात्रा रोचक इसलिए बन गई थी, क्योंकि भारत आस्ट्रेलिया का कानपुर में क्रिकेट टेस्ट मैच चल रहा था और कर्नाटक के नए खिलाड़ी जी.आर. विश्वनाथ ने दूसरी पारी में शतक बनाया। हम बस में रडियो से कमेंट्री सुन रहे थे। ताजमहल के पास ज्यों ही हमारी बस रुकी, विश्वनाथ का शतक पूरा हुआ। बस में खुशी से खूब तालियां बजी थीं। इसी खुशी के साथ ज्यों ही मेरी प्रथम दृष्टि ताजमहल पर पड़ी, मैं काव्यात्मक अनुभूति का शिकार हो गया, जिसे तुरंत लिपिबद्ध कर लिया, जो इस प्रकार थी :

कितना अद्‌भुत ताजमहल,
तूं यमुना तट पर फैला है।
चाहे कोई कुछ भी समझे,
तूं मजनू की लैला है॥

बाहर से ही ताजमहल से सम्मोहित हो, जब मैंने अंदर शाहजहां और मुमताज की मजार को देखा, तो एक अलग ढंग की अनुभूति हुई। मेरे ऊपर मार्क्सवादी सोच हावी होने लगी। अब प्यार की निशानी मजदूर की निशानी में बदल गई। फतेहपुर सीकरी तक पहुंचते-पहुंचते चार लाइनें फिर लिपिबद्ध हो गईं :

जिनकी हड्डी पसली से हैं
बनी ताज की दीवारें
रखते ही पग झनझन करती
आहें उनकी चीत्कारें।

बाद में मैंने ताजमहल पर एक बहुत लंबी कविता लिखी, जिसे बाद के दिनों में बी.एच.यू. एम.ए. के सहपाठी प्रो. सतीश कुमार राय (काशी विद्यापीठ) छात्रों के स्वागत या विदाई समारोहों में गर्मजोशी से सुनाया करते थे। उन दिनों लिखी गई मेरी कविताओं की सबसे बड़ी प्रशंसक बी.एच.यू. सोशल सांइस फैकल्टी की वर्तमान डीन प्रो. चंद्रकला पाड़िया थीं। वे आज भी जब भी मिलती हैं, उन कविताओं को प्रकाशित कराने को कहती रहती हैं। चंद्रकला भी मेरे साथ पढ़ती थीं। फतेहपुर सीकरी ने मुझे ताजमहल से कहीं ज्यादा प्रभावित किया था। पूरे किले से अकबर की धर्मनिरपेक्षता प्रवाहित हो रही थी। गुजरात विजय की शान में निर्मित बुलंद दरवाजा कला का अद्‌भुत नमूना प्रस्तुत कर रहा था। वहां एक पहलवान किस्म का आदमी था। दरवाजे की अद्‌भुत ऊंचाई से नीचे पानी से भरे एक छोटे से गड्ढे में 'अली अली' का नारा लगाते हुए वह कूद जाता था। एक कुदान के बाद ज्यों ही पर्यटकों से कुछ पैसे मिल जाते, वह पुनः बुलंद दरवाजे पर अगली छलांग के लिए चढ़ जाता था। उसकी यह बुलंद कुदान दिन भर जारी रहती थी, जिससे उसके परिवार का पालन पोषण चलता रहता था। हैरत इस बात की थी कि उसके साथ कभी कोई दुर्घटना नहीं हुई, अन्यथा एक दो सेंटीमीटर के हेरफेर से वह चूर-चूर हो सकता था। वहां सलीम चिश्ती की दरगाह कला का एक अलग विस्मित करने वाला नमूना था। अपनी इच्छाओं की पूर्ति के लिए मनौती मानने वालों का तांता लगा हुआ था। मनौती का तरीका था दरगाह के झरोखों में धागा बांधना। मैंने धागा तो नहीं बांधा, किंतु यह मनोकामना लिये दरगाह से बाहर निकला कि भारत में समाजवादी व्यवस्था अवश्य लागू हो। मैं राहुल सांकृत्यायन द्वारा लिखित 'अकबर' नामक पुस्तक पहले ही पढ़ चुका था। अतः उसमें वर्णित अकबर के जीवन से जुड़ी तमाम घटनाएं मेरे मस्तिष्क के आरपार होने लगीं। फतेहपुर सीकरी में रहते हुए अकबर जंगली गदहों का शिकार करता था। दरबार में जिससे नहीं पटी उसे शाही खर्चे से हज करने मक्का भेजा जाता था, किंतु यमुना पार होते ही अकबर के कारकुन उसे मार डालते थे। एक बार एक चरागसाज यानी किले में चिराग जलाने वाला चिराग जलाते हुए अचानक बीमार होकर शाही तख्त के पास गिरकर लेट गया। ठीक उसी समय अकबर ने वहां उसे देख लिया। उसने तुरंत फरमान जारी कर दिया कि चरागसाज को बुलंद दरवाजे से नीचे फेंक दिया जाए। देखते ही देखते चरागसाज चकनाचूर हो शाही फरमान का शिकार हो गया। राहुल सांकृत्यायन द्वारा वर्णित इस तरह के तथ्यों ने मेरे दिमाग में अकबर के व्यक्तित्व पर प्रश्नचिह्न सा लगा दिया था। पानी की कमी से अकबर को वह किला छोड़ना पड़ा था। यह तथ्य भी अचम्भे वाला था। फतेहपुर सीकरी में एक घंटा रुकने के बाद हमारी बस दिल्ली के लिए रवाना हो गई।

सिकंदरा में अकबर का मकबरा देखते हुए हम मथुरा होते देर रात को दिल्ली पहुंच गए। आगरा से दिल्ली के बीच की यात्रा मुझे लगातार मुगलकालीन भारत के इतिहास का बोध कराती रही। कम्युनिस्ट पार्टी की तरफ से हमारे ठहरने का इंतजाम तालकटोरा गार्डन में किया गया था। वहां तम्बू गड़े हुए थे। करीब 15 हजार कम्युनिस्ट छात्र देश के कोने कोने से वहां आए थे। रात में कम्युनिस्ट पार्टी के चेयरमैन एस.ए. डांगे का भाषण हुआ। डांगे की आवाज में जादू सा बिखर जाता था। मैं उनके व्यक्तित्व से बुरी तरह प्रभावित हुआ था। सुबह होने पर करीब 10 बजे हम पार्लियामेंट पर प्रदर्शन के लिए चल पड़े। जुलूस की शक्ल में चलते हुए हमारा प्रमुख नारा था : 'अठारह साल में मताधिकार ले के रहेंगे...ले के रहेंगे।' बीच-बीच में 'कम्युनिस्ट मेनिफस्टो' में मार्क्स द्वारा दिए गए नारे : 'दुनिया के मजदूरों एक हो' की भी गूंज होती रहती थी। इस तरह के जुलूस में मैं पहली बार दिल्ली आया था। उस दिन तालकटोरा तथा इंडिया गेट के बीच पूरे रास्ते भर मैं अत्यंत भावुक हो उठा था। भारत में क्रांति की कल्पना से मेरे आंसू रोकने पर भी नहीं रुकते थे। इंडिया गेट की सभा में ए.आई.एस.एफ. के प्रेसिडेंट जोगिंदर सिंह दयाल तथा यूथ लीडर सी.के. चंद्रभान आदि के भाषण हुए। कम्युनिस्ट नेता भूपेश गुप्त ने भी भाषण दिया था। सभा का अंत होने पर छात्रों के डेलीगेशन ने प्रधानमंत्री इंदिरा गांधी को एक 'मेमोरेंडम' दिया। उस दिन एक रोचक घटना यह हुई कि चंडीगढ़ को पंजाब में मिलाने को लेकर अकालियों के नेतृत्व में एक बहुत बड़ा पंजाबियों का जुलूस इंडिया गेट पर आया था। हजारों हजार की संख्या में पगड़ीधारी सिखों को एक जगह मैंने पहली बार देखा। वे एक रोचक नारा लगा रहे थे : 'फूल खिला गुलाब का चंडीगढ़ पंजाब का...नहीं किसी के बाप का'। इस नारे ने हमें बहुत लुभाया था। हकीकत यह थी कि वहां से तालकटोरा लौटते हुए कई छात्र उसी नारे को दोहराते रहे। मैं मुश्किल से 24 घंटे दिल्ली रहा, दक्षिण दिल्ली की साफसुथरी पेड़ों से घिरी सड़कें, गोल चक्कर वाले चौराहे, संसद भवन तथा केंद्रीय सचिवालय, कनाट प्लेस आदि देखकर मैं भौंचक रह गया था। किंतु प्रदर्शनकारियों के लिए खाने पीने की कोई उचित व्यवस्था न होने के कारण इधर-उधर भटकना पड़ा, दक्षिण दिल्ली के बड़े क्षेत्र में चाय के ढाबों का न होना तथा कहीं भी जाने के लिए थकाऊ पैदल यात्रा जैसी कठिनाइयों से ऊबकर एक बार तो मैंने मन ही मन प्रण कर लिया था कि दुबारा कभी दिल्ली नहीं आऊंगा।

मेरे दिमाग में बार-बार यह बात आती थी कि मेरी जैसी पृष्ठभूमि वाले व्यक्ति के लिए दिल्ली नहीं बनी है। मैं यह भी सोचने लगा था कि भूखे रहना है, तो बनारस ही भला। इन्हीं सोचों के साथ 16 नवम्बर, 1969 की देर शाम हमारी बस दिल्ली से सीधे बनारस के लिए चल पड़ी। बनारस हवाई अड्डा 'बाबतपुर मंगारी'

गांव के रहने वाले पार्टी कार्यकर्ता राम करन पटेल बस के चलते ही जोर जोर से 'फूल खिला गुलाब का...' वाला नारा लगाने लगे, फिर सारी बस इसी नारे से गूंज उठी, जिसके साथ जोरों का ठहाका भी लगा। कुछ समय के लिए हम कम्युनिस्टों का झुंड पंजाब के अकालियों में बदल गया था। शायद इसी को बनारस की मस्ती कहते हैं। राम करन पटेल बड़े जिंदादिल इंसान तथा काशी विद्यापीठ के छात्र थे। उन ठहाकों के बाद पटेल के ही साथ हम सभी ने बार-बार जोर का नारा लगाया : 'दुनिया के मजदूरों एक हो'। इस तरह हमारी बस में पुनः 'कम्युनिज्म' की वापसी हो गई। जैसे जैसे हमारी बस बनारस की ओर बढ़ती गई, ठीक वैसे ही दिल्ली दूर होती चली गई। सच मानूं तो अपनी प्रथम यात्रा में जिस तरह बनारस और कलकत्ता ने प्रभावित किया था, वैसा दिल्ली नहीं कर पाई। जहां बनारस और कलकत्ता अपने लगे थे, वहीं दिल्ली एकदम पराई। संयोगवश एक महीने बाद फिर दिल्ली आना पड़ा। हुआ यह कि दिल्ली में वियतनाम युद्ध विरोधी एक सम्मेलन आयोजित किया गया था। इस बार यह यात्रा रेलगाड़ी से हुई थी। बिट्ठल भाई पटेल हाउस में सम्मेलन के दौरान मैंने पहली बार वी.के. कृष्णमेनन को देखा और सुना। साम्राज्यवाद के खिलाफ उनका भाषण बड़ा आकर्षक लगा था। कई समाजवादी देशों के युवा डेलिगेट भी इस सम्मेलन में आए थे। वियतनाम से आई एक युवती ने ए.आई.एस.एफ. को एक छुरी उपहारस्वरूप दी थी। वह छुरी वियतनाम युद्ध में मार गिराए एक अमरीकी युद्धक विमान 'बी-52' के मलबे से बनाई गई थी। स्मरण रहे कि उस समय 'बी-52' दुनिया का सबसे बड़ा आधुनिकतम लड़ाकू विमान हुआ करता था, जिसे सोवियत संघ द्वारा निर्मित 'सैम-6' (SAM-6) मिसाइल द्वारा मार गिराया गया था। 'सैम-6' मिसाइल की सबसे बड़ी विशेषता यह है कि बिना निशाने के भी इसका इस्तेमाल किया जा सकता है, क्योंकि यह मिसाइल आसमान में गर्मी ढूंढ़ते हुए अपनी दिशा बदलती रहती है और यह गर्मी बमबारों के इंजन से आती है। इसलिए अमरीकी लड़ाकू विमानों के लिए यह मिसाइल कब्रगाह का काम करती थी। लंबे चलने वाले वियतनाम युद्ध में इस मिसाइल से अमरीका के हजारों लड़ाकू विमान मार गिराए गए थे। मैं उस छुरी को देखकर बहुत रोमांचित हो उठा था। बार-बार दिमाग में यह कल्पना आती रही कि यदि मौका मिलता, तो मैं भी वियतनाम चला जाता और 'सैम-6' से किसी न किसी अमरीकी युद्धक विमान को अवश्य मार गिराता। दिल्ली की दूसरी यात्रा में भी मैं मात्र 24 घंटे वहां रहा।

बनारस लौटने पर कई दिनों तक मेरे मस्तिष्क में वियतनाम युद्ध छाया रहा। दिल्ली सम्मेलन के तुरंत बाद एक दिन शाम को गोरख पांडे मेरे निवास कैलाश भवन आए। वे पूछने लगे कि सम्मेलन में क्या हुआ? जब मैंने वियतनामी युवती

द्वारा उपहारस्वरूप दी गई अमरीकी बी-52 के मलबे से बनी छुरी का जिक्र किया, तो उन्होंने तुरंत कहा कि वियतनाम के हल जोतते किसान तथा पशु चराते चरवाहे भी अपनी पीठ पर 'सैम-6' लादे काम करते रहते हैं तथा आसमान में ज्यों ही कोई युद्धक विमान दिखाई देता है, वे तुरंत उसे मार गिराते हैं। यह कहते हुए वे तैश में आ गए और ऐसा लगा कि मानो हजारों के बीच भाषण दे रहे हों। वे बोल पड़े : ''मुझे पूरा विश्वास है कि एक दिन वियतनाम की क्रांतिकारी जनता अमरीकी साम्राज्यवादियों तथा उनके पीछे भागने वाले कुत्तों को अवश्य मार भगाएगी...।'' वे उसी लहजे में कहते रहे कि देख लिया, हथियारों के बल पर अमरीका कभी नहीं लड़ाई जीत सकता, इसलिए अनर्गल अनैतिक हथकंडों का सहारा लेकर कुछ दिन पहले उसने वियतनामी युवतियों के खिलाफ अफवाहें फैलाई थीं। उस दिन उनके सामने मैं अकेला था, किंतु हजारों की भीड़ के सामने वाली मुद्रा में गोरख काफी देर तक वियतनाम युद्ध पर बोलते रहे। उनके भाषण के चलते दिल्ली सम्मेलन वाली बातें एकदम विलुप्त हो गईं। उस दिन, रात का खाना मेरे यहां खाकर वे अपने निवास अस्सी मोहल्ले चले गए। उन दिनों संस्कृत मठों में स्थापित क्रूर जातिवादी चेतना के कारण वे वहां हमेशा के लिए तिलांजलि देकर अस्सी मोहल्ले में एक कमरा लेकर रहने लगे थे। वे रात का खाना प्रायः मेरे कमरे पर खाते और दोपहर को वे मुझे अपने कमरे में खाना पका कर खिलाते। वे अकसर देवरिया जिला स्थित अपने गांव से चावल, आटा तथा दाल जैसे अन्न लाते रहते थे, जिसका एकमात्र कारण था कि अभी वे अपना घर (गांव) पूर्णतया नहीं छोड़े थे। वे बार-बार यह दोहराते रहते थे : 'मेरा बाप जमींदार है, इसलिए वह भी शोषक है।' सन् 1969 का साल हम दोनों के लिए कई अर्थों में प्रेरणादायक सिद्ध हुआ। वह एक ऐसा दौर था, जब हम कोई भी नई चीज पढ़ते उसी से प्रभावित हो जाते थे और लंबे समय तक उस पर आपस में चर्चा करते रहते थे। उन दिनों कम्युनिस्ट पार्टी के एक सदस्य त्रिलोकी नाथ यादव की लंका पर 'यूनिवर्सल बुक डिपो' नामक किताबों की दुकान थी। मैं उस दुकान पर रोज ही एक बार अवश्य जाया करता। वहां लंदन स्थित 'पेंग्विन पब्लिकेशंस' की ढेर सारी नव प्रकाशित किताबें आया करती थीं। मैं प्रायः उलट पुलट कर इन किताबों को देखा करता था।

इस प्रक्रिया में मुझे एक दिन प्रसिद्ध फ्रेंच दार्शनिक ज्यां पाल सार्त्र की पुस्तक 'बीइंग एंड नथिंगनेस' मिली। गोरख के आग्रह पर मैंने उसे खरीद लिया। दाम था 18 रुपए। उन्होंने कहा कि इस किताब को पहले वे खुद पढ़ेंगे। पूरी किताब को पढ़कर वे मेरे कमरे पर आए और बताने लगे : ''सार्त्र ने इस किताब में अपने अस्तित्ववादी दर्शन की स्थापना की है। उसने रेने देकार्त के दर्शन 'काजिटे अर्गो सम' यानी 'आई थिंक, देअरफोर आई एग्जिस्ट' यानी 'मैं सोचता हूं, इसलिए मेरा

अस्तित्व है' को उलट दिया। सार्त्र ने कहा 'अर्गो सम काजिटो' यानी 'मेरा अस्तित्व है, इसलिए मैं सोचता हूं'; आदि आदि।'' गोरख पांडे के वर्णन से मैं अत्यंत प्रभावित हो उस किताब को पढ़ गया और कुछ समय के लिए मैं भी अस्तित्ववादी बन गया था, जिसका कारण यह था कि जिस तरह बचपन से ही मेरी जिंदगी चल रही थी, उसे देख सोचकर अस्तित्ववादी होना स्वाभाविक सा हो गया था। मेरा अस्तित्ववाद तो दो वर्षों के भीतर ही लगभग उड़ सा गया, क्योंकि मार्क्स और बुद्ध मेरे ऊपर पूरी तरह हावी थे। किंतु क्रांतिकारी विचारों के साथ-साथ गोरख जीवन-भर अस्तित्त्ववाद के हमले से नहीं बच सके। वे अकेले रास्ता चलते बकते रहते थे–'मैं हूं इसलिए मैं सोचता हूं।' कई बार कई छात्र मुझसे पूछते रहते थे कि गोरख चलते-चलते अंवाट बंवाट क्या बकते रहते हैं? मैं उन्हें सार्त्र का अस्तित्ववादी विचार बताता और कहता कि उसी के प्रभाव में गोरख राह चलते बड़बड़ाते रहते हैं। लोग खूब हंसते, किंतु इसी बहाने वे सार्त्र के बारे में कुछ न कुछ अवश्य जान लेते थे। गोरख एक अन्य फ्रेंच दार्शनिक ज्यां जेने की भी नकल करने लगे। वे मुझको बताते कि जेने औघड़ किस्म का व्यक्ति है, जो खाने पीने की चिंता न करके किसी भी सार्वजनिक बस स्टाप जैसी जगहों पर अखबार बिछाकर सो जाता है। इस तरह गोरख पांडे के अस्तित्ववादी मस्तिष्क में ज्यां जेने जैसा औघड़ भी समाने लगा। वे सार्त्र की महिला मित्र प्रसिद्ध फ्रेंच लेखिका सिमोन द बुआ तथा उनकी पुस्तक 'सेकेंड सेक्स' का भी खूब जिक्र करते और फिर हंसते हुए मुझसे कहते : ''तुलसी जी मुझे भी एक सिमोन द बुआ चाहिए।''

सन् 1969 का साल साहित्यिक रूप से मेरे तथा गोरख दोनों के लिए बड़ा रोमांचकारी था, जिसका एकमात्र कारण था 15 फरवरी, 1969 को प्रख्यात शायर मिर्जा गालिब की मृत्यु सदी का आना। तमाम पत्र-पत्रिकाओं में गालिब के बारे में लेख छपते। मैं इन लेखों को बड़े चाव के साथ पढ़ता और गोरख पांडे को भी बताता। चूंकि, गोरख संस्कृत विश्वविद्यालय से गुरुकुल प्रणाली वाली आचार्य तक शिक्षा लेकर आए थे, इसलिए संस्कृत साहित्य को छोड़कर हिंदी या उर्दू साहित्य का उनका ज्ञान बड़ा सीमित था। उन्हीं दिनों मैंने किसी लेख में गालिब की एक लाइन पढ़ी थी : 'हमें तो मारा इस होने ने/ गर हम न होते तो क्या होता?' इस लाइन को मैंने ज्योंही गोरख को सुनाया, वे खड़े हो गए और उत्तेजित होकर कहने लगे कि इसमें तो सार्त्र का अस्तित्ववाद छिपा है, इसलिए कहीं से गालिब का लेखन उपलब्ध कराइए। मैंने लंका, गोदौलिया, राजा दरवाजा तथा गुरुबाग आदि मोहल्लों में किताब की सारी दुकानों को छान मारा, किंतु गालिब कहीं नहीं मिले। अंततोगत्वा मैं अंदाजावश बनारस कैण्ट स्टेशन गया, जहां मुझे 'ह्वीलर एंड ह्वीलर' कंपनी की दुकान पर पाकेट सीरीज वाला 'दीवान-ए-गालिब' मिला। उसकी कीमत

थी मात्र तीन रुपए। कैंट स्टेशन से कैलाश भवन आते समय रिक्शे पर बैठे-बैठे मैं लगभग एक तिहाई 'दीवान-ए-गालिब' पढ़ गया। गालिब की नज्मों और गजलों में इस्तेमाल की गई फारसी मिश्रित शब्दावली को समझना बड़ा मुश्किल काम था, किंतु हर पृष्ठ के नीचे ऐसे शब्दों का अर्थ हिंदी में लिखा हुआ था। इसलिए समझना आसान हो गया था। मैंने तत्काल गोरख पांडे को नहीं बताया कि 'दीवान-ए-गालिब' मिल गई है, अन्यथा वे तुरंत उसे उठा ले जाते। इसलिए पूरा पढ़ जाने के बाद मैंने तीन चार दिन बाद उन्हें बताया।

'दीवान-ए-गालिब' मिलते ही गोरख पांडे उसमें पूरी तरह खो गए। गालिब की अनेक रचनाएं वे रट गए और मेरे कमरे पर जब भी आते, सस्वर गाकर सुनाने लगते। वे जिन गजलों को बड़े चाव से सुनाते उनमें ये पंक्तियां बहुत मशहूर थीं : 'ये न थी हमारी किस्मत विसालेयार होता', 'नुक्ताचीं है गमे दिल उसको सुनाए न बने', 'इश्क ने गालिब निकम्मा कर दिया, वर्ना हम भी आदमी थे काम के', 'उनके देखे से जो आ जाती है मुंह पे रौनक, वो समझते हैं कि बीमार का हाल अच्छा है', 'बड़े बेआबरू होकर तेरे कूचे से हम निकले' तथा 'कर्ज की पीते थे मय लेकिन समझते थे कि हां, रंग लाएगी हमारी फाकामस्ती एक दिन...' आदि आदि। उन्हीं दिनों 'कर्ज की पीते...' वाली गजल को ध्यान में रखकर प्रख्यात व्यंग्यकार हरिशंकर परसाई का एक व्यंग्य 'धर्मयुग' नामक पत्रिका में छपा, जिसमें उन्होंने लिखा था कि जहां कहीं भी शराबखाना हो, उसके सामने सूदखोरों की भी दुकान होनी चाहिए ताकि लोग इधर से कर्ज लें और उधर शराब पीएं। अतः यह काम गालिब की मृत्यु सदी में उनके लिए असली श्रद्धांजलि होगी। इसे पढ़कर गोरख परसाई के भी फैन हो गए। उस समय वे खड़ी बोली में गीत लिखते थे। उनके कई गीत भारतीय ज्ञानपीठ द्वारा कलकत्ता से प्रकाशित पत्रिका 'ज्ञानोदय' में छपे थे। गोरख पांडे पर कवि शम्भूनाथ सिंह की कविताओं का बड़ा असर था। वे हमेशा शम्भूनाथ सिंह की प्रसिद्ध कविता 'समय की शिला पर मधुर चित्र कितने', 'किसी ने बनाए किसी ने मिटाए' को भी गाते रहते थे। शम्भूनाथ सिंह संस्कृत विश्वविद्यालय में ही प्रोफेसर थे। कुछ दिनों के लिए हम दोनों कार्ल मार्क्स तथा सार्त्र को भूलकर हरदम गालिब की रट लगाए रहते थे। होता ऐसा था कि हम दोनों गालिब में अपना चरित्र ढूंढ़ने लगते थे। हमारे बीच जब भी गालिब पर चर्चा होती, अंत में गोरख धीरे से कहते कुछ 'पदार्थ' है। पदार्थ का मतलब शराब से होता था। पदार्थ पर खत्म होती हमारी चर्चा हमें गिरजाघर गोदौलिया चौमुहानी स्थित शराबखाना पहुंचा देती थी। उस देशी शराबखाने में बैठकर पीने की व्यवस्था थी। पचासों लोग वहां हमेशा जमा रहते थे। सामने ठेलों पर 'चिखना' बेचने वाले होते थे। चिखना में तली हुई कलेजी, मछली तथा चने की घुघुरी आदि मिलती थी। वहां भी आठ आने में छोटा भरुका तथा एक रुपए में बड़ा

भरुका भरकर शराब मिलती थी। हम दोनों हमेशा तीन-तीन छोटा भरुका पीकर रात हो जाने पर शराबखाने से बाहर आ जाते और पैदल ही चल देते थे। लड़खड़ाकर चलते हुए हमें गालिब एकदम दबोच लेते थे और उन पर चर्चा का अंत ही नहीं होता था। मेरे निवास कैलाश भवन से पहले अस्सी स्थित गोरख का निवास पड़ता था। हम वहां चले जाते और फिर वही पुरानी कहानी 'नून तेल लकड़ी' वाली दोहराने लगते थे।

इस तरह गालिब की मृत्यु सदी में हम भयंकर 'पदार्थी' बन गए थे और शाम को समय समय पर हमारी 'पदार्थयात्रा' जारी रही। उन दिनों गोरख मार्क्स की तरह दाढ़ी बढ़ा लिए थे, किंतु जब गालिब का भूत सवार हुआ तो उनकी दाढ़ी के कुछ हिस्से में गालिब की भी दाढ़ी उग आई। उसी वर्ष की अंतिम तिहाई में दो अक्तूबर को गांधी जी की जन्म सदी भी आ गई। गालिब की मृत्युसदी के साथ गांधी जी की जन्मसदी विचारों के तौर पर एकदम विरोधाभासी थी। बी.एच.यू. के छात्रों में गांधी जी के प्रति बड़ा उत्साह नहीं दिखाई देता था। सभी छात्रों की जबान पर गांधी जी का एक ही कथन याद रहता था : 'कोई एक गाल पर थप्पड़ मारे तो दूसरा गाल भी उसके सामने कर देना चाहिए।' इस कथन का छात्र खूब मजाक उड़ाते थे। गांधी जी के अहिंसावादी सिद्धांत पर भी खूब चर्चा होती। मैं छात्रों से कक्षा के बाहर बहस करते हुए अकसर कहता कि अहिंसा तो गौतम बुद्ध का सिद्धांत था, किंतु गांधी ने उसे हड़पकर अपना बना लिया और उनके मुंह से कभी बुद्ध का नाम नहीं निकला। अतः यह एक वैचारिक बेईमानी थी। मैं यह भी बताता कि 'रघुपति राघव राजाराम पतित पावन सीताराम...' गा-गाकर गांधी जी ने धर्मांधता फैलाने का काम किया। मेरे इस तर्क से अधिकतर छात्र अचंभित होते, किंतु अनेक लोग मेरे बुद्धिसंगत विचार से सहमत भी होते।

बी.एच.यू. के संदर्भ में गांधी जन्मसदी की सबसे उल्लेखनीय घटना थी खान अब्दुल गफ्फार खां यानी 'सीमांत गांधी' का पाकिस्तान से भारत आना। उन्हें लेकर जयप्रकाश नारायण बी.एच.यू. आए थे। खान अब्दुल गफ्फार खां को देखकर मुझे विचित्र अनुभूति हुई थी। मुझे लगता था कि मैं मानव रूप में किसी लंबी पेंटिंग को देख रहा हूं। ऊंचे कद वाले बड़ी बड़ी बांहों तथा गिद्ध के ठोर जैसी लंबी नाक वाले, उन्हें देखकर निगाहें कहीं और हटने का नाम नहीं लेती थीं। उनकी एक सभा बी.एच.यू. के विशाल ऐम्फी थिएटर मैदान में हुई थी, जिसमें विश्वविद्यालय के वाइस चांसलर डॉ. कालू लाल श्रीमाली भी उपस्थित थे। छात्रों, अध्यापकों एवं कर्मचारियों की भारी भीड़ इकट्ठा थी। खान साहब ठीक 2 अक्तूबर 1969 को भारत आए और यहां पहुंचते ही वे दिल्ली में अनशन पर बैठ गए, क्योंकि ठीक उसी समय अहमदाबाद में साम्प्रदायिक दंगा हो गया था। खान साहब दंगों से बहुत आहत थे। अतः उनका

पूरा भाषण साम्प्रदायिक राजनीति के एकदम विरोध में था। अनेक लोग उनके भाषण से आहत हुए थे, क्योंकि दंगों के समय अकसर आम लोगों में हिंदुत्ववादी भावना व्याप्त हो जाती है। बी.एच.यू. में ऐसा देखने को मिला था। खान अब्दुल गफ्फार खान उस अवसर पर बहुत दुखित दिखे थे। मुझे उनकी बातें बहुत अच्छी लगी थीं। इस संदर्भ में आज मैं सोचने लगता हूं कि उनके जिंदा रहते यदि अयोध्या में बाबरी दहन तथा उसके बाद मुम्बई या गुजरात जैसे सैकड़ों दंगे होते, तो वे कैसा महसूस करते? बनारस में उनकी एक दिवसीय यात्रा तो समाप्त हो गई, किंतु दूसरे दिन बनारस के अखबारों में जयप्रकाश नारायण के विरुद्ध टिप्पणियां छपीं। उन्हें अखबारों ने 'तुनुकमिजाज' बताया, क्योंकि उन्होंने पत्रकारों को खान साहब से बात करने पर मनाकर दिया था। गांधी जन्मसदी में मुझे गांधी नहीं बल्कि खान अब्दुल खां ने बहुत प्रभावित किया था। अंततोगत्वा 1969 के खतम होते-होते एक बार फिर से गालिब हमारे सिर पर सवार हो गए, जिसका एकमात्र कारण था 27 दिसंबर को उनका जन्मदिवस यानी 172वां जन्मदिन। मुझे गालिब की गजलों और नज्मों में इन पंक्तियों ने सबसे ज्यादा प्रभावित किया था :

मेरी किस्मत में गर गम इतना था,
दिल भी यारब कई दिए होते।

उस दिन मेरी और गोरख पांडे की एक और 'पदार्थयात्रा' गिरजाघर चौमुहानी पर समाप्त हुई थी। इसी के साथ जब यह प्रकरण समाप्त हो रहा है, तो गालिब मेरे मस्तिष्क पर सवार होकर एक बार फिर बोल रहे हैं :

बक गया हूं जुनूं में क्या क्या कुछ
कुछ न समझे खुदा करे कोई।

नक्सलबाड़ी की बसंती दहाड़

जैसाकि अवगत हो चुका है कि 1968 का वर्ष बी.एच.यू. में हिंसा का वर्ष था। आर.एस.एस. समर्थक वाइस चांसलर ए.सी. जोशी के चलते अगस्त-सितम्बर में विश्वविद्यालय अनिश्चित काल के लिए बंद हो गया था। जब मैं बी.एच.यू. पढ़ने गया, तो उसके बाद आजमगढ़ वाले सुखनंदन राम चार-छः महीने बाद कभी-कभी बनारस आ जाते थे और मुझसे अवश्य मिलते थे। वैसे जब 25 मई, 1967 को नक्सलबाड़ी कांड हुआ, उसकी खबरें बनारस के 'आज' अखबार में मैं पढ़ता रहता था, किंतु उससे कभी प्रभावित नहीं हो पाता था। इस संदर्भ में सुखनंदन राम मेरे असली गुरु सिद्ध हुए। वे हमेशा माओत्से तुंग की तारीफ करते हुए उनकी 'रेड बुक' की चर्चा करते रहे थे। उनके मुंह से मैंने पहली बार सुना कि माओ ने 'रेड बुक' में लिखा है : 'पोलिटिकल पावर ग्रोज आन द बैरल आफ गन' यानी 'राजनीतिक सत्ता बंदूक की नली से पैदा होती है।' माओ की इस उक्ति से मैं बहुत प्रभावित हुआ था। इस वाक्य को मैंने तुरंत रट लिया। सुखनंदन राम हमेशा कहते कि माओ द्वारा बताया गया क्रांति का रास्ता ही असली रास्ता है, इसलिए हथियारबंद क्रांति के लिए जनता को तैयार करना चाहिए। वे भोजपुरी में कविताएं भी लिखते थे। आजमगढ़ के क्रांतिकारी सर्किल में उनकी एक कविता : 'कानू सानियाल लेहलैं कान्हे प बनूकिया' बहुत प्रसिद्ध हुई थी। वे जब भी मेरे पास आते इस कविता को गाकर सुनाते, जिसमें उन्होंने वर्णन किया था कि कैसे कानू सान्याल नक्सलबाड़ी में कंधे पर बंदूक रखकर गरीबों की लड़ाई लड़ रहे हैं। एक तरह से मैं कानू सान्याल का भक्त सा बन गया। बार-बार मेरे दिमाग में यह बात आती कि कानू सान्याल की ही तरह कंधे पर बंदूक रखकर निकल जाना चाहिए। दूसरी तरफ माओ की 'रेड बुक' पढ़ने को मन लालायित हो उठा।

मैंने जब सुखनंदन से पूछा कि 'रेड बुक' कहां मिलेगी, तो उन्होंने तुरंत कहा कि पता लिख लो। पता थाः 'सेक्रेटरी, डिपार्टमेंट आफ कल्चर, चायनीज एम्बैसी, चाणक्यपुरी, नई दिल्ली'। उन दिनों गिने-गिनाए कुल पांच-छह छात्र नक्सलबाड़ी की घटना से प्रभावित थे। मेरे साथ पढ़ने वाले गिरीश सिंह तथा गोरख पांडे के अलावा

साइंस कॉलेज के कुणाल घोष तथा इंजीनियरिंग कॉलेज के सत्रजीत मजुमदार नक्सलवाद से प्रभावित थे। मेरी क्लास में पढ़ने वाले विभूति नारायण राय बहुत मेधावी छात्र होने के साथ राजनीतिक रूप से चेतन थे, किंतु वे बी.ए. के बाद इलाहाबाद चले गए। राय की रुचि हमेशा सेंट्रल सर्विसेज में थी, इसलिए वे खुलकर छात्र राजनीति में नहीं आए, किंतु बाद में आई.पी.एस. (इंडियन पुलिस सर्विस) में आने के बावजूद वे वामपंथी विचारों से गहराई से जुड़े रहे।

शहर में राम नरेश सिंह नामक एक वकील थे। वे माओवाद से बहुत प्रभावित थे। वे हमेशा हम सभी से मिलकर हमें अपनी तरफ प्रभावित करने की कोशिश करते रहते थे। उसी समय एक दिन कैलाश भवन में मेरे पास गिरीश सिंह के साथ गोरख पांडे आए। हमारे बीच रेड बुक पर चर्चा होने लगी। हम तीनों 'सत्ता बंदूक की नली से...' के अलावा रेड बुक के बारे में कुछ नहीं जानते थे। जब मैंने सुखनंदन राम के हवाले से बताया कि चाइनीज एम्बेसी से रेड बुक मिल सकती है, तो इन दोनों लोगों ने मुझे तुरंत चिट्ठी लिखने को कहा। गिरीश सिंह बहुत वाचाल थे। वे तुरंत चिट्ठी डिक्टेट करने लगे। अखबार में प्रायः खबरें छपती थीं कि नक्सलवादियों को चीन से हथियार मिलते थे। अतः बिना सोचे समझे गिरीश सिंह ने रेड बुक के साथ-साथ पिस्तौल की भी मांग लिखवा दी। मैं तुरंत बी.एच.यू. पोस्ट आफिस से एक अंतर्देशीय पत्र खरीदकर लाया, जिसमें पूरी चिट्ठी उतार दी। चिट्ठी के अंत में मैंने लिखा : 'मैं क्रांति के लिए अपनी जान देने को तैयार हूं।' चिट्ठी के पीछे अपना पूरा पता लिखकर डाक में डाल दिया। दूसरे दिन से ही मैं बुरी तरह इंतजार करने लगा कि चायनीज एम्बेसी से पिस्तौल डाक द्वारा अवश्य आ जाएगी। उन दिनों डाकिया सुबह 11 बजे तथा दोपहर बाद 3 बजे, यानी प्रतिदिन दो बार डाक लेकर आता था। अतः मैं दिन भर कमरे में बैठकर डाकिए का इंतजार करता रहता था और सोचता था कि मेरी अनुपस्थिति में पिस्तौल किसी अन्य के हाथ लग गई तो बड़ा गड़बड़ हो जाएगा। अंततोगत्वा ठीक एक सप्ताह बाद मुझे चायनीज एम्बेसी से एक रजिस्ट्री मिली। उस समय मैं इतना ज्यादा उत्तेजना का शिकार हो गया कि डाकिया द्वारा प्रस्तुत रजिस्ट्री चार्ट पर हस्ताक्षर करते समय मेरा हाथ बुरी तरह कांप रहा था। अतः किसी तरह टेढ़े मेढ़े मैंने अपना हस्ताक्षर किया। कांपते हाथों से दरवाजा बंद करके पैकेट को खोला। उसमें माओ के रेड बुक के अलावा चीन में चल रही 'सांस्कृतिक क्रांति' से जुड़े आधा दर्जन 'डाकुमेंट' थे। रेड बुक पाकर जहां मुझे अत्यंत खुशी हुई, वहीं पिस्तौल न पाकर बहुत निराश हुआ।

मैंने तुरंत गिरीश और गोरख पांडे को सूचित किया कि 'रेड बुक' आ गई है। रेड बुक में दर्ज माओ की एक एक उक्ति को गोरख पांडे पढ़कर सुनाते फिर हम सभी उस पर बहस करते। हकीकत यह थी कि हम तीनों मार्क्सवाद में संतरण की

स्थिति से गुजर रहे थे। ये 'मारकाट' के सिद्धांत हमें बहुत प्रिय लगने लगे थे। उन दिनों कंधे वाले झोले का प्रचलन था। अतः मैं उस झोले में रेड बुक हमेशा रखकर चला करता था। यह सब चल ही रहा था कि रेड बुक के मिलने के ठीक चार दिन बाद भेलूपुर थाने से तीन सिपाही मेरे कमरे पर आ गए। उनमें से एक सादी वर्दी में था तथा दो अन्य बंदूकधारी थे। सादी वर्दी वाला पूछने लगा : "तुम चीनी एम्बेसी को चिट्ठी लिखे थे या नहीं?" मैंने डरते हुए धीरे से कहा, नहीं। उसने फिर पूछा : "क्या तुम्हें पिस्तौल मिल गई?" ऐसा सुनकर मैं अर्ध विक्षिप्त सा हो गया और मेरी जुबान तुतलाने लगी। मैं डर के मारे कुछ बोल नहीं पा रहा था। उधर दो बंदूकधारियों को देखकर मैं सोचने लगा कि अब मुझे ये लोग कहीं ले जाकर अवश्य गोली मार देंगे। इस कल्पना से मैं एकदम डरा हुआ था। इस बीच सादी वर्दी वाले ने, जो चिट्ठी मैंने लिखी थी, उसकी पूरी एक कापी दिखाई। कापी हाथ से लिखकर दी गई थी। इसके बाद मेरे पास कोई चारा नहीं था कि मैं कह सकूं कि चिट्ठी मैंने नहीं लिखी थी। वे मेरे कमरे की तलाशी लेने लगे। झिलगी चारपाई पर एक पुरानी दरी बिछी हुई थी। उसके नीचे चारपाई के टूटे बाध लटके हुए थे। कमरे की एक दीवार पर एक लंबा सा ताखा बना हुआ था, जिसमें बी.ए. के कोर्स की दो-चार किताबें रखी हुई थीं। कमरे में खिड़की वाली दीवार के पास खाना बनाने वाली लोहे की सिकड़ी, एक छोटी सी पतीली तथा एक चीनी मिट्टी वाली साधारण सी प्लेट पड़ी हुई थी। इन सारी वस्तुओं के अलावा मेरे कमरे में कुछ भी नहीं था।

पुलिस वालों ने किताबों को उठाकर चारपाई पर पटक दिया। उनमें से एक चार इंच लंबी तथा तीन इंच चौड़ाई वाली थोड़ा मोटे पन्नों वाली रेड बुक अलग ढंग से दिखाई दी। हुआ यह था कि मैंने रेड बुक पर सफेद कागज का चढ़ौना चढ़ाकर उस पर मोटे मोटे अक्षरों में लिख दिया था : 'भगवत् गीता'। सादी वर्दी वाले ने उसे उठाकर 'भगवत गीता' पढ़ने के बाद बोल पड़ा : "तुम तो धार्मिक व्यक्ति लगते हो।" मैंने तुरंत कह दिया, हां। इसके बाद उसने 'भगवत गीता' को बिस्तर पर ही फेंक दिया। उसे उसने खोलकर नहीं देखा, अन्यथा मैं एकदम डरा हुआ था कि... रेड बुक का भंडाफोड़ हुआ, तो मैं तुरंत गिरफ्तार हो जाऊंगा। तलाशी तो मात्र पांच मिनट में समाप्त हो गई। इसके बाद सादी वर्दी वाले ने कहा : "तुम तो बहुत गरीब लगते हो, इन 'बदमाशों' के चक्कर में कैसे पड़ गए? यह सब छोड़ दो, पढ़ने आए हो तो पढ़ो लिखो, वर्ना बनारस में कुछ भी हुआ, तो तुम सबसे पहले पकड़े जाओगे। तुम पर पुलिस वाच रखेगी।" ऐसा कह करके वापस चले गए। उनके जाने के बाद, मैं तुरंत गिरीश सिंह से मिला और उन्हें बहुत भला बुरा कहा, क्योंकि पिस्तौल वाला आइडिया उन्हीं का था। वे सिर्फ हंसते रहे और कहने लगे कि जेल जाना होगा तो हम सभी जेल जाएंगे, किंतु मैं बहुत डरा हुआ था। फिर

मैंने गोरख पांडे को इस घटना के बारे में बताया। गोरख चिंतित दिखे और कहने लगे कि मैं कैलाश भवन छोड़कर कहीं अन्य जगह कमरा लेकर रहने लगूं। मैं कमरा बदलते- बदलते ऊब गया था। जातीय समस्या हरदम मेरा पीछा कर रही थी। अतः मैंने कमरा बदलने का इरादा छोड़ दिया। कैलाश भवन अन्य प्राइवेट मकानों से इसलिए बेहतर लगता था, क्योंकि वह हॉस्टल टाइप का था, जिसमें मकान मालिक का परिवार नहीं रहता था। यानी, हर कमरे में अलग अलग परिवार थे, इसलिए वहां स्वतंत्रता ज्यादा थी। यद्यपि इस घटना से मैं बुरी तरह डरा हुआ था, किंतु मैंने 'बदमाशों' का चक्कर नहीं छोड़ा। बदमाशों से पुलिस का मतलब नक्सलवादियों से था। यह घटना सितम्बर 1968 की है। मैं अभी हाल ही में सी.पी.आई. के संपर्क में आया था। अतः मेरे सामने क्रांतिकारिता के शुरुआती दौर में ही विचारधारा का संकट गहराने लगा। जैसे जैसे दिन बीतता गया, मैं विचारधारा के संकट से कनफ्यूज होता रहा। मेरा हर दिन दो भागों में बंट गया। मैं दिन में सी.पी.आई. वाला रहता और रात में नक्सलवादी हो जाता। इस बीच गांव की याद कर के सिहर जाता था। मां की हद से ज्यादा याद आती और यह सोचकर रो पड़ता था कि पिताजी अब भी उसे फरुही लेकर मारने दौड़ते होंगे। मेरे दो छोटे भाई रामअवतार और सुरेश थे। मेरे ही चलते उन्हें कभी स्कूल नहीं भेजा गया, इसलिए वे जिंदगी भर अनपढ़ रह गए, जिसका एकमात्र कारण यह था कि घर से भागने के बाद मुझे सचमुच में लोग पागल समझने लगे थे।

स्मरण रहे कि गांव के ब्राह्मण ही कहा करते थे कि अधिक पढ़ने से लोग पागल हो जाते हैं। ऐसा वे इसलिए कहा करते थे, ताकि दलितों में उच्च शिक्षा का प्रसार न हो सके। अतः इस धारणा के चलते मेरे दोनों भाई अनपढ़ रह गए और वे गांव में बाल मजदूरी करने लगे। मैं कैलाश भवन में जब भी कोई अच्छा खाना, मीट मछली आदि बनाकर खाता, खाते-खाते बीच में ही दोनों छोटे भाइयों की याद करके रोने लगता था। इस सोच से एकदम बोझिल हो जाता था कि दोनों भाई अधपेटवा की जिंदगी अब भी बिता रहे होंगे और उनके साथ मां पिता भी। ऐसी सोच मेरे दिमाग से कभी नहीं मिट पाई। मैं बार-बार सोचता कि कोई नौकरी कर लूं। उन दिनों यदि कोई दलित हाई स्कूल प्रथम श्रेणी में पास होता, उसे पोस्ट आफिस में तुरंत क्लर्क की नौकरी मिल जाती थी। मेरे साथ इंटर में पढ़ने वाले आजमगढ़ के रामपलट राम एक साथी थे। उन्होंने इंटर प्रथम वर्ष में पढ़ते हुए इम्प्लायमेंट आफिस में अपना नाम दर्ज करा दिया था और उन्हें एक महीने के अंदर पोस्ट आफिस में नौकरी मिल गई और वे चले गए। रामपलट राम मुझे बहुत समझाते रहे कि मैं भी वैसा करके अपने परिवार की स्थिति को सुधारूं। यह तो बिलकुल निश्चित था कि पोस्ट आफिस में क्लर्की तुरंत मिल जाती। अनेक बार मैं विचलित

होकर सोचता कि यदि नौकरी कर लूं तो अपने भाइयों और मां-बाप सबको अधपेटवा भूख से बचा लूंगा, किंतु उच्च शिक्षा के लालच तथा भारत में क्रांति की कल्पना ने मुझे वैसा करने से एकदम रोक दिया। मैं सोचने लगता था कि देश में क्रांति होगी और समाजवादी व्यवस्था लागू होगी, जिसमें पूरे भारत के साथ मेरे परिवार की हालत में भी सुधार आएगा तथा कोई भूखा नंगा नहीं रहेगा। मैं यह भी सोचता कि ऐसी व्यवस्था लाने में यदि मेरा भी योगदान हो, तो मैं इतिहास का एक हिस्सा अवश्य बन जाऊंगा। इस तरह मैं अपना सब कुछ लुटा देने पर आमादा हो गया तथा ऐसी क्रांति की कल्पना का एक अटूट हिस्सा बन गया। इस तरह मार्क्सवाद के प्रति मेरी कट्टरता बढ़ती चली गई।

उधर बी.एच.यू. में काफी अशांति का वातावरण बना हुआ था। वाइस चांसलर के घर के पीछे पुलिस पी.ए.सी. की बहुत बड़ी छावनी स्थापित हो चुकी थी। मेरे कमरे पर कुछ चुनिंदा छात्रों की मीटिंग होती तथा पुलिस के खिलाफ तरह-तरह के प्रस्ताव पास किए जाते। सर्वदमन सिंह नाम के गाजीपुर के एक छात्र थे, जो बी. एच.यू. में गणितशास्त्र में एम.ए. कर रहे थे। उनका सेना में कोई रिश्तेदार था। वे उसके पास गए और दो छोटे-छोटे बम ले आए। दोनों बम मेरे कमरे में रख दिए गए। योजना यह थी कि इन बमों से पी.ए.सी. का एक खाली ट्रक उड़ाया जाए। दोनों बम लट्टू के आकार वाले थे जिसमें तीन इंच लंबे फीते लगे हुए थे। अतः फीतों को जलाकर बम विस्फोट करना था। वाइस चांसलर के घर के पीछे वाली चारदीवारी में नरिया के पास एक गेट था। नरिया गेट से सटा हुआ खाली मैदान था, जहां पी.ए.सी. की दर्जनों खाली ट्रकें रखी जाती थीं। सर्वदमन सिंह के साथ मैं, गिरीश तथा गोरख पांडे नरिया गेट पर जाकर पूरी जगह का मुआयना कर आए, किंतु इस बात से मैं डर गया कि यदि कुछ हुआ तो पुलिस निश्चित रूप से सबसे पहले मुझे पकड़ेगी। गोरख पांडे मेरी बात से सहमत थे। वे कहने लगे कि आप ही नहीं, बल्कि सभी लोग पकड़ में आ सकते हैं। अतः हमारे बीच पुनर्विचार हुआ कि ऐसा कदम बेमतलब का आत्मघाती कदम होगा। अतः यह योजना फेल हो गई, किंतु दोनों बम मेरे कमरे पर कई महीने पड़े रहे। बाद में जब फरवरी 1969 में उत्तर प्रदेश में मध्यावधि चुनाव की घोषणा हुई तो मेरे आग्रह पर सर्वदमन सिंह दोनों बम उठा ले गए। इस तरह मैं एक बड़ी उग्रवादी घटना का शिकार होते-होते बच गया।

सर्वदमन सिंह वही व्यक्ति थे, जिन्होंने बी.एच.यू. में एक जनवरी 1969 को सम्पन्न साइंस कांग्रेस के उद्घाटन के समय तत्कालीन प्रधानमंत्री इंदिरा गांधी को मोहन प्रकाश तथा गोपाल त्रिपाठी के साथ काला झंडा दिखाया था। अतः ये तीनों उस समय मीडिया में बहुत चर्चित हो गए। मोहन प्रकाश इस समय कांग्रेस के बड़े नेताओं में से एक हैं। सर्वदमन सिंह लखनऊ के एक इंटर कॉलेज में गणित के

अध्यापक बनकर रह गए। गोपाल त्रिपाठी कांग्रेस में थे, किंतु अब गुमनामी की जिंदगी बिता रहे हैं। सन् 1968 का साल फ्रांस में घट रही घटनाओं के लिए भी काफी प्रभावशाली था, जिसका असर बी.एच.यू. के छात्रों पर भी पड़ा था। हुआ यह था कि फ्रांस में छात्रों ने तत्कालीन फ्रेंच राष्ट्रपति जनरल देगाल के विरुद्ध विद्रोह कर दिया था। साथ ही 'फेमिनिस्ट' आंदोलन भी तेज हो गया था। फ्रांस की युवतियां अपने अंतरवस्त्रों की खुलेआम होलियां जला रही थीं। इस आंदोलन के चलते जनरल देगाल को सत्ता गंवानी पड़ी थी। मेरे जैसे छात्र फ्रांस के छात्र आंदोलन से बहुत प्रभावित हुए थे। मैं स्वयं विश्वास करने लगा था कि यदि फ्रांसीसी छात्र सत्ता पलट सकते हैं, तो भारतीय छात्र विशेष रूप से नक्सलवादी भी वैसा कर सकते हैं। ठीक उसी समय एक अन्य अंतरराष्ट्रीय घटना ने सारी दुनिया के वामपंथियों को झकझोर दिया था। सोवियत संघ ने तत्कालीन चेकोस्लोवाकिया के राष्ट्रपति एलेग्जेंडर दूबचेक पर प्रतिक्रियावादियों से सांठ-गांठ करके समाजवादी व्यवस्था को नष्ट करने का आरोप लगाकर अगस्त 1968 में सैनिक हस्तक्षेप कर दिया। दुनिया भर में हाहाकार मच गया था। भारत के अंदर वामपंथियों में काफी मतभेद खड़े हो गए थे। एक तरफ सी.पी.आई. सोवियत संघ का समर्थन कर रही थी, वहीं दूसरे लोग उसे हमलावर कह रहे थे। इस घटना को लेकर छात्रनेता आनंद कुमार सोवियत संघ के खिलाफ बहुत मुखर हो गए थे, जिसके चलते एक बार उनसे मेरी काफी तकझक हो गई थी। उन्होंने चिढ़कर मुझसे कहाः ''लगता है कि आप दूबचेक से मिलकर आए हैं?'' जाहिर है, मुझे भी चिढ़ना ही था। मैंने कहा कि आप जैसे समाजवादी सारी दुनिया में इम्पीरियलिस्टों का साथ देते रहे हैं। उस समय हमारी मित्रता टूटते-टूटते रह गई थी। हुआ यह कि एलेग्जेंडर दूबचेक चेकोस्लोवाकिया में कुछ जनतांत्रिक सुधार लाना चाहते थे। उनके इस कदम को सोवियत संघ ने समाजवादी व्यवस्था के खिलाफ षडयंत्र माना। अतः शीघ्र ही सैनिक हस्तक्षेप हो गया। कुछ दिन बाद दूबचेक को पदच्युत कर दिया गया। उनके बाद गुस्ताव हुसाक को कम्युनिस्ट पार्टी का जनरल सेक्रेटरी बनाया गया। हुसाक ने सोवियत सैनिक हस्तक्षेप को उचित ठहराया था। चेकोस्लोवाकिया की यह पूरी घटना सारी दुनिया में 'प्राग स्प्रिंग' नाम से जानी गई। चेकोस्लोवाकिया में हस्तक्षेप के साथ ही सोवियत कम्युनिस्ट पार्टी के जनरल सेक्रेटरी लियोनिद ब्रेजनेव के नाम से 'ब्रेजनेव डाक्ट्रिन' प्रकाश में आया।

'ब्रेजनेव डाक्ट्रिन' का अर्थ थाः लिमिटेड सावरेनिटी, यानी किसी भी कम्युनिस्ट देश में समाजवादी व्यवस्था को खतरा उत्पन्न होने पर सोवियत संघ वहां सैनिक हस्तक्षेप कर सकता था। यद्यपि चीन ने सोवियत संघ के हस्तक्षेप को 'सोसल इम्पीरियलिस्ट' हमला बताया तथा सभी नक्सलवादी भी वैसा ही मानते थे, किंतु मैं

हमेशा छात्रों के बीच सोवियत संघ का बचाव करता रहा। यह सब अभी चल ही रहा था कि मार्च 1969 के आते आते सोवियत संघ तथा चीन के बीच सीमा विवाद को लेकर युद्ध शुरू हो गया। इसके बाद भारत के नक्सलवादी सोवियत संघ पर तीखा वैचारिक हमला करने लगे। बनारस में हमारी बहुत छोटी सी नक्सलवादी सर्किल थी, जिसमें गोरख पांडे उठते बैठते हमेशा सोवियत संघ पर हमला बोलते रहे। इस प्रश्न पर मेरे उनके बीच खूब झड़प होती। कम्युनिस्ट पार्टी तथा मीडिया आदि अन्य स्रोतों से मुझे जो भी जानकारी मिलती, उसके आधार पर मैं बड़ी मजबूती से सोवियत संघ का बचाव करता था। उस समय मैं मास्को तथा पेकिंग रेडियो खूब सुना करता था। दोनों जगह हिंदी में प्रोग्राम प्रसारित होते थे। सीमा विवाद के बारे में यह जानकारी मुझे बड़ी रोचक लगी कि सोवियत चीन सीमा पर उसूरी नाम की एक तूफानी नदी बहती थी, जो बरसात के दिनों में अपनी धारा बदलती रहती थी। कभी वह सोवियत सीमा के अंदर घुसकर उसकी कुछ जमीन को चीन में मिला देती, तो कभी चीन की सीमा में घुसकर उसकी जमीन को सोवियत संघ में मिला देती थी। उसूरी की इस खुराफाती आदत के चलते ये दोनों कम्युनिस्ट देश आपस में भिड़ गए थे। इस सीमा युद्ध के चलते सोवियत संघ द्वारा ट्रेन के माध्यम से वियतनाम के लिए पेकिंग होते की जा रही हथियारों आदि सामग्री की सप्लाई को चीन ने रोक दिया था। जाहिर है उस समय वियतनाम पर अमरीकी हमला बहुत तेज हो गया था। इस विकट स्थिति को लेकर मैं व्यक्तिगत रूप से बहुत चिंतित हो गया था। धीरे धीरे चीन के प्रति मेरा संदेह बढ़ता गया। यह वही दौर था, जब कोई भी सोवियत संघ के खिलाफ बोलता, मेरी बोलचाल उससे बंद हो जाती थी। यह प्रक्रिया 1991 में सोवियत संघ के विघटन होने तक जारी रही। इस तरह सोवियत विरोध के चलते मैंने सैकड़ों लोगों से दोस्ती खतम कर ली थी। इस संदर्भ में सिर्फ गोरख पांडे ही एक अपवाद थे। इन घटनाक्रमों के चलते मैं राष्ट्रीय राजनीति से कहीं ज्यादा अंतरराष्ट्रीय राजनीति में गहरी रुचि रखने लगा।

इस बीच बी.एच.यू. की छात्र राजनीति में काफी हलचल मची हुई थी, जिसका वर्णन पूर्व अध्यायों में कर चुका हूं। मेरे वैचारिक उत्थान के संदर्भ में एक अन्य घटना ने मुझे नक्सलवाद की तरफ बहुत प्रभावित किया था। अक्टूबर 1969 में दुर्गा पूजा दीपावली के अवसर पर बी.एच.यू. में एक महीने की छुट्टी हुई, जिसे डी.पी. वकेसन कहा जाता था। इन छुट्टियों में मैं एक बार फिर कलकत्ता चला गया। इस बार मेरा मुख्य उद्देश्य था नक्सलवादी साहित्य की तलाश। मैंने सुन रखा था कि बंगाल के नक्सलवादी लोग लिबरेशन (अंग्रेजी) और देशब्रती (बंगला) नामक दो पत्रिकाएं प्रकाशित करते हैं। इन पत्रिकाओं के प्रति मेरी गहरी रुचि इसलिए उत्पन्न हुई थी, क्योंकि इससे पहले लेनिन के जन्मदिन 22 अप्रैल, 1969 को

नक्सलवादियों ने कलकत्ता मैदान में एक बहुत बड़ी जनसभा में अपनी नई पार्टी, कम्युनिस्ट पार्टी आफ इंडिया (मार्क्सिस्ट लेनिनिस्ट) यानी सी.पी.आई.(एम.एल.) बनाने की घोषणा कर दी थी। उस समय कलकत्ता से सोबरन भैया वापस गांव चले गए थे। अतः मैं शिवपुर स्थित राम खेलावन चौबे की बाड़ी में रहने वाले अपने चचेरे मामा के बेटे नंदलाल के यहां गया। वहां पहुंचने के ठीक दूसरे दिन मुझे हाबड़ा पुल के आकर्षण ने पुनः अपनी तरफ खींच लिया। मैंने देखा कि हाबड़ा स्टेशन के ठीक बाहर बाईं ओर एक टेंट के अंदर किताबों की दुकान थी। वहां बड़ी प्रमुखता से मार्क्स तथा लेनिन के फोटो वाली किताबें खड़ी करके रखी हुई थीं। मैंने अंदाजे से सोचा कि दुकान में बैठा व्यक्ति नक्सलवादी साहित्य के बारे में कुछ बता सकता है। मैंने उस व्यक्ति से पूछा–"क्या यहां 'लिबरेशन' मिल सकती है?" वह व्यक्ति चौकन्ना होकर मुझसे बोला–इधर आइए। पास जाने पर उसने कहा कि आप बिना सोचे-समझे किसी से बात करेंगे तो आप को बंगाल पुलिस जेल भेज देगी। फिर उसने कहा कि आप कलकत्ता के तो नहीं लगते हैं, कहां से आए हैं? मैंने कहा, मैं बी.एच.यू. में पढ़ता हूं और आजमगढ़ का रहने वाला हूं। इसके बाद उसने मुझे एक स्टूल पर बैठाकर चाय पिलाई और बड़ी आत्मीयता से अपना नाम बताया–जय नारायन कुनबी। वह बिहार का रहने वाला था। वह सी.पी.आई. (एम.) का व्यक्ति था, किंतु उसका झुकाव नक्सलवादियों की तरफ था। वह काफी देर तक मुझसे यू.पी. में नक्सलवादियों की स्थिति के बारे में पूछता रहा। मैंने कहा कि यू. पी.में नहीं के बराबर हैं। वार्ता के अंत में उसने कहा–क्या आप यहां के कुछ क्रांतिकारियों से मिलना चाहेंगे? मैंने बहुत खुश होकर हां कह दिया। उसने मुझे शाम पांच बजे 262, पंचाननतल्ला रोड, हाबड़ा पहुंचने के लिए कहा। इसके बाद मैं एक बार फिर कुतूहल भरी निगाहों से हाबड़ा पुल पर चहलकदमी करता रहा। सारा दृश्य हूबहू वही था, जैसा मैंने अपनी पहली यात्रा 1966 में देखा था।

दोपहर का समय था और मुझे 5 बजे शाम का बेसब्री से इंतजार। समय पहाड़ सा लगने लगा था। अतः मैं ट्राम पकड़कर धरमतल्ला मैदान चला गया। वहां से कलकत्ता म्युजियम जाकर करीब तीन घंटे उसके विशाल कलेक्शन को नीचे ऊपर देखता रहा। धीरे-धीरे समय बीतता गया और मैं ट्राम द्वारा पुनः हाबड़ा रेल जंक्शन पहुंचा। बस द्वारा पूछते-पूछते 262, पंचाननतल्ला रोड ढूंढ़ निकाला। वहां एक चाय की दुकान पर जय नारायन कुनबी ने साथ के दो युवकों का परिचय कराया। मेरे बारे में वे पहले से ही जान गए थे। एक युवक का नाम था शेखर मुखोपाध्याय, जो कलकत्ता के नरसिम्ह कालेज में बी.ए. फाइनल के छात्र थे। उन्होंने मुझे यह भी बताया कि वे 8, अनंत राम मुखर्जी लेन, हाबड़ा में रहते हैं। दूसरे युवक का नाम शंकर सर्वदिव्य था और वे एक बैंक कर्मचारी थे। ये दोनों इस बात के लिए बहुत

खुश थे कि नक्सलबाड़ी की चिनगारी बनारस तक पहुंच चुकी है। शेखर मुखोपाध्याय का कहना था; बी.एच.यू प्रतिक्रियावादियों का गढ़ है, फिर भी वहां आप जैसे लोग भी हैं, इस पर मुझे आश्चर्य होता है। हकीकत यह थी कि वाइस चांसलर अमर चंद जोशी के कार्यकाल में आर.एस.एस. ने जो हिंसात्मक वातावरण निर्मित किया था, उससे बी.एच.यू. की प्रतिष्ठा बहुत नीचे गिर गई थी, जिसकी गूंज बंगाली मीडिया में पहुंच चुकी थी। उनके पूछने पर मैंने बी.एच.यू. में चल रहे छात्र आंदोलनों के बारे में विस्तार से बताया। शुरू में वे सहमे-सहमे बात कर रहे थे, किंतु जब उन्हें लगा कि मैं निश्चित रूप से एक कम्युनिस्ट हूं, तो वे खुलकर बातें करने लगे। शेखर लगातार एक चाय पीने के बाद अगली चाय की फरमाइश करते रहे और हम बार-बार चाय पीते रहे। इस बीच करीब एक घंटे बाद एक पतला दुबला छरहरा व्यक्ति बड़ी-बड़ी दाढ़ी वाला वहां दाखिल हो गया। उसके आते ही सभी लोग खड़े हो गए। लाल सलामी होने के बाद वह भी हमारे साथ बैठ गया। शेखर ने उससे कहा–"बूड़ो दा, एटा तुलसी राम बी.एच.यू. थेके आसिलाम।" यानी मैं बी.एच.यू. से आया हूं। वे कुछ देर तक आपस में बांग्ला भाषा में बात करते रहे। उनकी वार्ता में बार-बार मेरा नाम आता रहा, इसलिए मुझे लगा कि सारी बातचीत मेरे बारे में हो रही है। मुझे हावभाव से लग गया कि 'बूड़ो दा' उस इलाके के नक्सलवादियों में विशेष स्थान रखते थे। इसके बाद सभी लोग मुझसे अंग्रेजी में बात करने लगे। 'बूड़ो दा' ने शेखर मुखोपाध्याय को कहा कि इन्हें कल 60-A, केशव चंद्र स्ट्रीट, कलकत्ता ले जाओ और सुशीतल राय चौधरी से मिलवाओ। वे 'लिबरेशन' का काम कर देंगे। यानी लिबरेशन पत्रिका का इंतजाम। उन्होंने यह भी कहा कि कभी इन्हें मिदनापुर भी घुमा लाना। मैं एकदम भौंचक होकर 'बूड़ो दा' की बातें सुनता रहा। देखते ही देखते हमारे बीच एक सहज संचारी भाव उत्पन्न हो गया। करीब दो घंटे मैं उस चायखाने में रहा।

अगले दिन हाबड़ा पुल के पास उसी किताब की दुकान पर जय नारायन कुनबी के यहां चार बजे शाम को मुझे उपस्थित रहने को कहा गया। इसके बाद सभी लोग अलग-अलग दिशाओं में चले गए। मैं देर रात शिवपुर स्थित राम खेलावन चौबे की बाड़ी में पहुंचा। वहां नंदलाल बड़ी चिंता में फंसे हुए थे कि मैं कहां चला गया था। क्रांति की एक काल्पनिक संभावना लिए उस रात मैं सो नहीं सका। सुबह होते ही बगल वाली कमलादास की सुरीली धुन एक बार फिर सुनाई देने लगी। वह अब भी वहीं रह रही थी। उस दिन दोपहर बाद मैं एक बार फिर बोटेनिकल गार्डेन चला गया और करीब एक घंटा उस बड़े बरगद के पेड़ के नीचे बिताया। इस बार मुझे वहां बुद्ध याद नहीं आ रहे थे, बल्कि क्रांति उत्सव में फहराते लाल झंडे वाली कल्पनातीत भीड़ दिखाई देने लगी थी। इसके बाद मैं गार्डन के किनारे बहती हुगली तट पर बैठा काफी देर तक खिदिरपुर डक में लंगर लगाए दर्जनों बड़े-बड़े पानी के जहाजों को

देखता रहा। यहां सारी कल्पनाएं वही थीं, जो 1966 की प्रथम यात्रा के दौरान उत्पन्न हुई थीं। एक नया तथ्य यह था कि मैं राहुल सांस्कृत्यायन द्वारा लिखित माओत्से तुंग की जीवनी में पढ़ चुका था कि चीन में क्रांति से पहले चीनी सेना में मार्शल चू तेह नाम के एक बड़े जनरल थे। वे घनघोर अफीमची थे, किंतु कम्युनिस्ट हो गए थे। उन्हें ऊपर से सरकारी आदेश दिया जाता कि कम्युनिस्टों को पकड़कर उनका 'सफाया' कर दिया जाए। अतः चू तेह जमींदारों को पकड़कर मार डालते थे और सरकार को सूचित करते कि कम्युनिस्ट मारे गए हैं। बाद में मार्शल चू तेह अफीम की लत छोड़ने के लिए शंघाई से हांगकांग तक जाने वाले एक जहाज में काफी दिनों तक रोज आते-जाते रहे, क्योंकि यह जहाज एक ब्रिटिश कंपनी का था, जिसमें किसी भी तरह का नशीला पदार्थ लेना पूर्ण रूप से वर्जित था। इस बार मेरी कल्पना में यह बात बार-बार आती कि मैं भी खिदिरपुर डक के किसी जहाज में शंघाई से हांगकांग हो आता तो कितना अच्छा होता। इस तरह की अनेक क्रांतिकारी कल्पनाएं लिए मैं शिवपुर से बस द्वारा चार बजे से कुछ पहले ही जय नारायन कुनबी की किताबों की दुकान पर पहुंच गया।

ठीक चार बजे शेखर मुखोपाध्याय वहां आ गए। ट्राम द्वारा मुझे लेकर वे 60-A, केशव चंद्र स्ट्रीट पहुंचे। वे मुझे उस इमारत के प्रथम तल पर ले गए, जहां सुशीतल राय चौधरी बैठे हुए थे। वास्तविकता यह थी कि सुशीतल राय इसी जगह से 'लिबरेशन' का सम्पादन करते थे। उस समय तक इस पत्रिका पर प्रतिबंध नहीं लगा था, इसलिए खुले तौर पर उसका प्रकाशन हो रहा था। सुशीतल राय चौधरी इस मायने में बड़े नेता थे कि वे नक्सलवादी आंदोलन में शामिल होने वाले बंगाल के सबसे बड़े सी.पी.आई. (एम.) के नेता थे। वे सी.पी.आई. (एम.) की स्टेट कमिटी के सदस्य हुआ करते थे। कानू सान्याल तथा चारु मजुमदार आदि सभी नक्सलवादी नेता दार्जिलिंग जिले के छोटे स्तर के नेता थे। शेखर मुखोपाध्याय ने जब मेरा परिचय सुशीतल राय चौधरी से कराया, तो वे बिना कुछ बोले मेरी तरफ घूरते रहे। मैं एकदम डर गया। कुछ समझ में नहीं आ रहा था कि उनसे क्या कहूं! मैं उन्हें सिर्फ नमस्कार करके चुप हो गया। कुछ देर की अभेद्य शांति के बाद शेखर तथा सुशीतल आपस में बंगला में बात करने लगे। उनकी वार्ता में मैं सिर्फ दो शब्द समझ पाया। एक था मेरा नाम और दूसरा था बी.एच.यू.। थोड़ी देर बाद सुशीतल राय चौधरी ने मुझे लिबरेशन का एक ताजा अंक दिया, फिर एक रजिस्टर मेरे सामने करके उन्होंने नाम तथा पता लिखने के लिए कहा। मैंने लिख दिया 25, कैलाश भवन, लंका, वाराणसी-5 इसके बाद उन्होंने स्वयं एक रसीद बुक निकालकर उस पर कुछ लिखने के बाद एक पर्ची फाड़कर मुझे दे दी। इस पर मेरे नाम पते के साथ, पांच कापी तथा उसका 60 रु. मूल्य भी लिखा था। यह 6 महीने का चंदा था। इसे देखकर मैं घबरा गया, क्योंकि

मेरे पास बहुत कम पैसे थे। मेरी मनःस्थिति को सुशीतल तुरंत समझ गए, इसलिए उन्होंने तुरंत कहा–"डोंट वरी, इट विल बी फ्री।" अर्थात् चिंता मत करो, यह मुफ्त होगा। इसके बाद जब हम नीचे उतरने लगे, तो शेखर ने मुझे समझाते हुए कहा कि सुशीतल दा बोले कि हर महीने लिबरेशन की पांच कापियां आपके पास डाक द्वारा जाएंगी, जिन्हें आप सर्कुलेशन द्वारा छात्रों को पढ़वाना। उन्होंने यह भी बताया कि दो महीने के अंदर 'लोकयुद्ध' नाम का एक हिंदी में पाक्षिक पत्र आने वाला है। सुशीतल दा उसे भी भेजेंगे। यह हिंदी क्षेत्रों के लिए खास होगा।

वहां से लौटते हुए मैं बहुत गद्गद था और सोचकर गौरवान्वित हो जाता था कि शीघ्र ही भारत में होने वाली 'क्रांति' का एक हिस्सा बन जाऊंगा। हाबड़ा पहुंचते देर शाम हो चुकी थी। ट्राम से उतरने के बाद शेखर मुखोपाध्याय बात करते हुए हाबड़ा पुल की बाईं पटरी के बीचोबीच मुझे ले जाकर खड़े हो गए। उन्होंने कहा कि कुछ और बातें करके वापस चलते हैं। वहां बहती हुगली नदी के दोनों किनारों पर बसे दाईं तरफ कलकत्ता तथा बाईं तरफ हाबड़ा की इमारतों में जलते विद्युत चिरागों के प्रतिबिम्ब अद्भुत छटा बिखेर रहे थे। पूरी हुगली जगमगा उठी थी। जहां तक नजर जाती थी, पानी के जलते चिराग ही नजर आते थे। इससे पहले वाली यात्रा में कभी हुगली को रात में नहीं देखा था, जैसाकि इस बार देखा। शेखर कहने लगे कि सुशीतल दा कह रहे थे कि इस लड़के से हमेशा संपर्क रखना। यह बी.एच.यू. में बड़े काम का सिद्ध होगा। उन्होंने यह भी बताया कि मिदनापुर जिले में गोपी बल्लभपुर देब्रा गांव में क्रांतिकारियों ने 'रेड बेस एरिया' स्थापित कर दिया है और लोग लिबरेट (मुक्त) हो चुके हैं तथा क्रांतिकारियों का एक चलता फिरता रेडियो स्टेशन भी कायम हो चुका है। आगे समझाते हुए उन्होंने कहा कि 'रेड बेस' का मतलब है, वहां से सरकार का नियंत्रण खत्म हो जाना। ऐसा ही चीन में चेयरमैन माओ ने एनान में सबसे पहले रेड बेस स्थापित करके पूरे देश को लिबरेट कराया था। अतः गोपी बल्लभपुर देब्रा से पूरे भारत को लिबरेट कराया जा सकता है। वे आगे बोले कि उस क्षेत्र को सी.आर.पी. ने चारों तरफ से घेर रखा है, इसलिए वहां जाना खतरनाक है। जब आप अगली बार आएंगे, तो हम मिदनापुर चलेंगे।

हाबड़ा पुल के बीचोबीच खड़े मुझे शेखर मुखोपाध्याय की इन सारी बातों ने एक सपने की दुनिया में ले जाकर पटक दिया था। जय नारायन कुनबी से मेरी एक अदना सी आकस्मिक मुलाकात मुझे यकायक कलकत्ता की नक्सलवादी सर्किल में इतनी दूर तक पहुंचा देगी, इसके बारे में मैंने कभी कल्पना भी नहीं की थी। यह एक ऐसा समय था, जब मैं हरदम सशस्त्र क्रांति का सपना देखने लगा था। उस दिन हाबड़ा पुल से लौटते समय शेखर मुखोपाध्याय ने अगले दिन पुनः चार बजे जय नारायन की दुकान पर मिलने को कहा। अगले दिन वे मुझे कालेज स्ट्रीट स्थित प्रसिद्ध काफी

हाउस ले गए। वहां अपार भीड़ हरदम जमा रहती थी। बड़ी मुश्किल से कुछ देर बाद हमें बैठने की जगह मिली। शेखर बैठते ही कहने लगे कि कलकत्ता का राजनैतिक अखाड़ा यहीं से शुरू होता है। हम काफी हाउस में करीब आधा घंटा रहे। सारे लोग बांग्ला भाषा में केंचों-केंचों कर रहे थे। मैं तो कुछ भी समझ नहीं पा रहा था। पूरे काफी हाउस में मधुमक्खियों की भनभनाहट जैसी ध्वनि गूंज रही थी। काफी पीने के बाद उन्होंने पास स्थित प्रेसिडेंसी कालेज को दिखाया। कालेज दिखाते समय शेखर ने बताया कि उनके पिता जी प्रेसिडेंसी में लायब्रेरियन के पद पर काम करते हैं। शेखर का इतिहासबोध बहुत तगड़ा था। वे हाथ के इशारे से बताने लगे कि कलकत्ता विश्वविद्यालय के पास ही विपिन बिहारी गांगुली स्ट्रीट है। यहीं पर एक बहुत बड़ा पीपल का पेड़ था, जिसके नीचे कलकत्ता का संस्थापक जाब चारनाक बैठक किया करता था। इसी वजह से उस स्थान का नाम 'बैठकखाना' पड़ा। इसी पीपल के नीचे जाब चारनाक अपने साथियों के साथ हुक्का पीया करता था। यहीं से सारे व्यापारिक सौदे भी हुआ करते थे। उन्होंने यह भी बताया कि इसी 'बैठकखाना' की याद में कलकत्ता में एक 'बैठकखाना रोड' आज भी मौजूद है। मैं शेखर की बातों को चौकन्ना होकर सुनता रहा। मैंने जाब चारनाक का नाम पहली बार सुना तथा वह पीपल का पेड़ मुझे गौतम बुद्ध की याद दिलाने लगा। मैंने पूछा कि क्या वह पेड़ आज भी वहां है? शेखर बोले–'नहीं' क्योंकि यह बहुत पुरानी बात है। जैसे जैसे कलकत्ता शहर घना होता गया और इमारतें खड़ी होती गईं, सन् 1820 में म्युनिसिपैलिटी के आदेश पर उस पीपल के पेड़ को काट दिया गया, जिसके कारण उस समय के कलकत्तावासियों ने मातम मनाया था।

अब मेरी उत्सुकता अपनी पराकाष्ठा पर थी। मैंने पूछ लिया–जाब चारनाक कौन था? सारा इतिहास शेखर मुखोपाध्याय की उंगलियों पर था। कालेज स्ट्रीट के पास ही एक स्वीमिंग पूल था। वे वहीं खड़े हो गए और मुझे कलकत्ता के इतिहास से सराबोर करने लगे। वे कहने लगे जाब चारनाक एक बहुत इंटेरेस्टिंग मानुष था, जो बहुत पहले ईस्ट इंडिया कंपनी के एजेंट के रूप में बंगाल आया था। उसने हुगली के किनारे बसे तीन गांव सूतानटी, कालीकाता तथा गोविन्दपुर से आधुनिक कलकत्ता को बसाने की सन् 1690 में नींव डाली थी। ये तीनों गांव बाद में बने कलकत्ता के फोर्ट विलियम के पास हैं। उन्होंने यह भी बताया कि कालीकाता अन्य दो गांवों के बीच था, इसलिए इस शहर का नाम कलकत्ता रखा गया। उन्होंने यह भी बताया कि कलकत्ता बसाने से काफी पहले जाब चारनाक ने बिहार की एक युवती से शादी कर ली थी। वह युवती पति के मरने के बाद उसकी जलती चिंता में सती होने जा रही थी किंतु जाब चारनाक ने उसे बचा लिया था। जब शेखर ने यह कहा कि जाब चारनाक 10 जनवरी 1692 को मर गया और ओल्ड कोर्ट हाउस स्ट्रीट के सेंट जोंस

चर्च के अहाते में आज भी उसकी मजार मौजूद है, तो मैं एकदम भावुक सा हो गया तथा कलकत्ता में उसी पीपल के पेड़ के नीचे मुझे जाब चारनाक हुक्का पीते नजर आने लगा। उस समय मेरी उत्सुकता इतनी ज्यादा बढ़ गई कि मैं शेखर से आग्रह करने लगा कि ये सारी जगहें, विशेष रूप से चारनाक की मजार, सूतानटी, कालीकाता तथा गोविन्दपुर दिखावें। इन बातों के दौरान शाम होने लगी थी। जब हम वहां से चलने लगे, तो मैंने देखा कि स्वीमिंग पूल के लांचिग पैड यानी ऊंची कुदान पटल से एक सुंदर युवती बिकनी पहने पूल में कलैया मारते धम्म से कूद पड़ी।

इसके बाद कालेज स्ट्रीट की किताबों की दुकानों पर एक सरसरी निगाह डालते हुए हम अपने-अपने निवास पर चले गए। अगले दिन दोपहर बाद शेखर मुखोपाध्याय ने मुझे उक्त सारी जगहों को दिखाया। इन सबके बाद मेरे अंदर एक विचित्र किस्म का 'सेंस आफ कलकत्ता' यानी 'कलकत्ता की वेदना' उत्पन्न हो गई। मुझे बार-बार अनुभूति होती कि सब कुछ छोड़छाड़ कर यहीं बस जाऊं और शेखर के साथ नक्सलवादी आंदोलन में कूद पड़ूं। इन सारे घटनाक्रमों के दौरान दुर्गापूजा वाला दिन आ गया। शेखर मुखोपाध्याय ने कहा कि उस दिन चारों तरफ भीड़-भाड़ रहती है, इसलिए कहीं नहीं जाएंगे। उत्सुकतावश मैंने पूछ दिया कि दुर्गापूजा में यहां होता क्या है? वे बताने लगे कि हाबड़ा का सबसे बड़ा उत्सव दासनगर में होता है। वहां दुर्गा की हजारों मूर्तियों को कलाकार खूब सजा कर रखते हैं और पूजा के दिन अनगिनत युवक तथा युवतियां अपने दोनों हाथों में धूप आदि साम्रगी से युक्त जलती हुई चिलम लेकर कलाबाजी करते हुए खूब नाचते-गाते हैं। इस अवसर पर ढोल नगाड़े बजते रहते हैं, किंतु संध्या होते ही मूर्तियों को लोग हुगली में फेंक देते हैं। शेखर ने दासनगर की दुर्गापूजा का वर्णन जिस तरह से किया, उससे मेरी उत्सुकता जग गई कि यह सब मैं भी देख पाता तो कितना अच्छा होता किंतु मैं उनसे यह सोचकर कह नहीं पाया कि वे मुझे कहीं आस्तिक न समझ बैठें। अतः उस दिन कहीं न जाकर दिन भर शिवपुर में ही रहा। दुर्गापूजा के अगले दिन दोपहर बाद मैं पुनः जय नारायन कुनबी की दुकान पर गया और वहां करीब दो घंटा किताबों को उलटता पुलटता रहा।

इसके बाद जय नारायन मुझे लेकर पांच बजे पंचानन तल्ला रोड स्थित उसी चायखाने पहुंचे। शीघ्र ही शेखर मुखोपाध्याय वहां आ गए। थोड़ी देर बाद शंकर सर्वदिब्य और 'बूड़ो दा' भी आ धमके। वह चायखाना उनके गप का स्थायी अड्डा बन चुका था। जाब चारनाक की मजार तथा सूतानटी आदि गांवों, जहां शहर उग आया था, को देखने के बाद मेरे दिमाग में यह बात उभर आई कि शेखर से जान सकूं कि नक्सलवाड़ी कैसे शुरू हुई थी और इसकी पृष्ठभूमि क्या थी? क्योंकि मैं उससे बुरी तरह प्रभावित तो था, किंतु उस आंदोलन की अवस्थिति से बिलकुल

अजनबी था। अतः मैंने इन सारे प्रश्नों को शेखर के सामने रख दिया। तुरंत शेखर मुखोपाध्याय का इतिहासबोध प्रमाणित होने लगा। सारे अक्षर उनकी उंगलियों पर उभर आए। कहने लगे कि 2 मार्च, 1967 को संयुक्त मोर्चे की कलकत्ता में सरकार बनी। बांगला कांग्रेस के नेता अजय मुखर्जी मुख्यमंत्री तथा सी.पी.आई. (एम.) के ज्योति बसु पुलिस मंत्री बने। इस सरकार में सी.पी.आई. समेत सारी वामपंथी पार्टियां शामिल थीं। अजय मुखर्जी ने कांग्रेस से अलग होकर बांग्ला कांग्रेस बनाई थी। दार्जिलिंग जिले की विशेष रूप से सी.पी.एम. की सिलिगुड़ी इकाई ने संयुक्त मोर्च की सरकार में पार्टी के शामिल होने का तुरंत विरोध किया तथा उस सरकार को पूंजीवादी जमींदारों की सरकार बताया। इसके बाद शेखर ने कहा कि नक्सलबाड़ी एक छोटा सा गांव था, किंतु 1960 में उसे थाना घोषित कर दिया गया। इसके अलावा खैराबाड़ी, फांसीदेवा तथा सिलिगुड़ी सदर तीन और थाने हैं। ये चारों थाने सिलिगुड़ी सब डिवीजन में आते हैं। फिर वे उस क्षेत्र की भूराजनीति बताने लगे। उन्होंने कहा कि नक्सलबाड़ी के एक तरफ मेदी नदी बहती है, जिसके उस पार नेपाल तथा चीन हैं, दूसरी ओर महानंदा नदी बहती है, जिसके उस पार पूर्वी पाकिस्तान है। यानी आज का बांग्लादेश। उनकी यह बात मुझे बहुत रोचक लगी, जब वे कहने लगे कि नक्सलबाड़ी फांसीदेवा चुनाव क्षेत्र में आती है, जो आदिवासियों के लिए आरक्षित सीट है और वहां से नक्सलबाड़ी आंदोलन के एक बड़े नेता जंगल संथाल 1967 के चुनाव में विधानसभा के लिए लड़कर हार गए थे तथा उनकी जगह कांग्रेस के तेनसिंह बांगड़ी चुनाव जीत गए थे। इससे पहले सन् 1962 के चुनाव में भी जंगल संथाल हार गए थे। अतः जिस नक्सलबाड़ी से सशस्त्र क्रांति की शुरुआत हुई, वहां हमेशा कांग्रेसी उम्मीदवार चुनाव जीतता रहा। शेखर मुखोपाध्याय ने यह रहस्य बताकर मुझे चौंका दिया कि 2 मार्च, 1967 को संयुक्त मोर्चे की सरकार बनने के तुरंत बाद सिलिगुड़ी सब डिवीजन की सी.पी.एम. से संबद्ध किसान सभा का सम्मेलन हुआ जिसकी अध्यक्षता जंगल सान्याल ने की थी। इसी सम्मेलन में सशस्त्र क्रांति का निर्णय लिया गया था। इस सम्मेलन में कानू संथाल, कामख्या बनर्जी, मुजीबुर्रहमान, मोनी सिंह खोकन मजमुदार तथा कदम मलिक जैसे नेता शामिल हुए थे, जो बाद में चलकर नक्सलबाड़ी आंदोलन के सूत्रधार बने। उन्होंने साफ किया कि इस सम्मेलन के बाद नक्सलबाड़ी क्षेत्र में छुटपुट संघर्ष किसानों और जमींदारों के बीच शुरू हो गया, किंतु असली समस्या उस समय आई जब बांग्ला कांग्रेस का आदिवासी नेता ईश्वर तिर्की, जो जंगल संथाल के विरुद्ध 1967 का चुनाव लड़कर हार चुका था, उसने बुगुल नामक एक आदिवासी किसान की धान की फसल को हड़प लेना चाहा। बुगुल ने अपना विरोध प्रगट किया, जिसके बाद ईश्वर तिर्की ने उस पर हमला बोल दिया। परिणामस्वरूप सी.पी.एम. के स्थानीय नेता तीर कमान

से सुसज्जित आदिवासियों को जमींदारों पर हमला करने के लिए उकसाने लगे। यह घटना 23 मई, 1967 की है।

इस बीच खैराबाड़ी थाने के बादरझूली नामक गांव के के.एन. चौधरी नामक जमींदार पर हमला करके आदिवासियों ने उसके भाई नागेन राय चौधरी को मार डाला और उसकी बंदूक छीन ली। इसके बाद वहां तनाव काफी बढ़ गया। वहीं एक अन्य गांव फागातजोत के जमींदार पौलस कुंजुरु ने अपनी बंदूक से शामला ओरांव नामक आदिवासी को घायल कर दिया। स्थिति की गंभीरता को देखते सोनाम बांगडी नामक पुलिस इंस्पेक्टर ने झगड़ा सुलझाने की कोशिश की किंतु एक आदिवासी ने उसके पेट में तीर दाग दिया, जिससे बांगड़ी की मृत्यु हो गई। यह घटना 24 मई, 1967 की है। इसके बाद 25 मई का अगला ऐतिहासिक दिन आया जब तीर कमानों, भाला, गड़ासा आदि हथियारों से लैस होकर आदिवासियों ने प्रसादजोत नामक गांव से एक खूंखार जुलूस निकाला। यह जुलूस नक्सलबाड़ी थाने की ओर बढ़ रहा था। इस जुलूस को सब डिवीजनल आफिसर दीपक घोष ने रोकने की कोशिश की। तभी एक वैसा ही जुलूस पीछे से आता दिखाई दिया। घबड़ाकर दीपक घोष ने गोली चलाने का आदेश दे दिया, जिससे एक आदमी, दो बच्चे तथा सात महिलाएं मारी गईं। ये सभी आदिवासी थे। तुरंत बाद यह हथियारबंद विद्रोह नक्सबाड़ी के अलावा खैराबाड़ी तथा फांसीदेवा थाने में भी भड़क उठा, जिसका शुरुआती नेतृत्व कानू सान्याल, चारु मजुमदार, जंगल संथाल एवं खोकन मजुमदार जैसे सी.पी.एम. के नेता कर रहे थे। यही थी नक्सलबाड़ी आंदोलन की ऐतिहासिक शुरुआत जो शीघ्र ही भारत के अन्य हिस्सों में फैल गया। इस घटना के ठीक 35 दिन बाद 28 जून, 1967 को नक्सलबाड़ी की घटना का पूरा ब्यौरा पेकिंग रेडियो पर हिंदी में प्रसारित किया गया। इसके बाद 5 जुलाई, 1967 को चीनी कम्युनिस्ट पार्टी के अखबार 'पीपुल्स डेली' का संपादकीय शीर्षक था 'स्प्रिंग थंडर ब्रेक्स ओवर इंडिया' यानी भारत की धरती पर बसंती सिंहनाद का धमाका। इस तरह इस बसंती दहाड़ के साथ ही नक्सलबाड़ी गांव अंतरराष्ट्रीय पटल पर छा गया। अंत में शेखर मुखोपाध्याय ने मुस्कराते हुए कहा–"कामरेड यही है नक्सलबाड़ी।" करीब डेढ़ घंटे तक उस चायखाने में शेखर मुखोपाध्याय एक सच्चे प्रोफसर की तरह मेरा क्लास लेते रहे और मैं बीच-बीच में एक कागज पर तमाम संज्ञा, सर्वनाम तथा दिन, तारीखों को नोट करता रहा। वे कभी हिंदी, कभी अंग्रेजी तो कभी एक आध वाक्य बांग्ला में बोलते रहे। वहां बैठे जय नारायन कुनबी बांग्ला वाक्यों को हिंदी में बताते रहे। उनके द्वारा उस चायखाने में बोला गया यह बांग्ला वाक्य कलकत्ता की याद आने पर आज भी दोहरता रहता हूं–"कामरेड, एटा नक्सलबाड़ी आछे।" यह पहला अवसर था, जब मैं नक्सलबाड़ी आंदोलन को गहराई से समझ सका। कुल मिलाकर

मुझे अनुभूति हुई कि सारा मामला आदिवासियों से ही जुड़ा था, जिसकी जड़ में भूमि विवाद था। यही विवाद बढ़ते-बढ़ते सशस्त्र क्रांति में बदल गया।

पंचानन तल्ला के उस चायखाने से जब मैं निकला, तो पूर्ण रूप से नक्सलबाड़ी का भूत मेरे सिर पर सवार हो चुका था। जाते-जाते शेखर बोले कि वे पांच-छह बार नक्सलबाड़ी का दौरा कर चुके थे। शायद यही कारण था कि वे सारा घटनाक्रम चलचित्र की तरह मुझे दिखाते रहे। अगले दिन उन्होंने कलकत्ता के किसी थिएटर ग्रुप द्वारा मंचित रवीन्द्रनाथ टैगोर लिखित नाटक 'चंडालिका' दिखाया। मैं इस बार भी कलकत्ता/हाबड़ा में दस दिन रहा। लगभग हर शाम शेखर कहीं न कहीं ले जाते या उस चायखाने में बुलाते। उधर राम खेलावन चौबे की बाड़ी में नंदलाल रोज चिंतित होकर पूछते रहते कि मैं कहां चला जाता हूं। मैं बहाना करता रहता कि कलकत्ता के कई छात्र मेरे साथ बी.एच.यू. में पढ़ते हैं, वे मुझे अपने यहां बुला लेते हैं। अंततोगत्वा मैं मध्य अक्टूबर 1969 में बी.एच.यू. लौट आया। इस बार नंदलाल ने मुझे पुनः सौ रुपए दिए और हाबड़ा स्टेशन पर गाड़ी में चढ़ाने आए। बनारस पहुंचकर मेरी सबसे बड़ी उत्सुकता यह थी कि मैं सबसे पहले 'लिबरेशन' पत्रिका को गोरख पांडे को दिखाऊं और शेखर मुखोपाध्याय से हुई बातों को बताऊं। मैंने तुरंत वैसा ही किया। उस समय मुझे ऐसा लगा कि जिस तरह गौतम बुद्ध ने दो अतिवादों (यानी वासनामय जीवन तथा अति कष्टकारक तपस्वी जीवन) के बीच का 'मज्झिम निकाय यानी मध्य मार्ग ढूंढ़ निकाला था, उसी तरह से मैंने दो कम्युनिस्ट पार्टियों (सी.पी.आई.तथा सी.पी.आई (एम.) के बीच नक्सलबाड़ी का मार्ग ढूंढ़ निकाला किंतु यह बात मेरे मस्तिष्क में हमेशा खटकती रहती थी कि मेरा मार्ग बुद्ध के मार्ग से बिलकुल उल्टा था। कहां अहिंसा तथा शांतिवादी बुद्ध और कहां अतिवादी हिंसक विचार वाला मैं? चाहे जो भी हो, पूरा वृत्तांत सुनकर गोरख पांडे बोल पड़े–"गुरु, तू त कलकत्ता से भीषण समाचार ले के अइला ह।" उस दिन घंटों उनसे नक्सलबाड़ी के बारे में चर्चा होती रही। उन दिनों कलकत्ता की एक खास बात यह थी कि चुनाव बहिष्कार तथा सांस्कृतिक क्रांति से संबंधित अनेक नारे वहां के भवनों पर लिखे नजर आते थे। एक प्रमुख नारा थाः 'चीनेर चैयरमैन आमार चैयर मैन', यानी चीन का चेयरमैन (माओ) हमारा भी चैयरमैन है। एक अन्य नारा थाः 'मुंडकाटा अभियान चलछे चोलबे', यानी सिर काटने का अभियान चल रहा है और चलता रहेगा। गोरख पांडे उत्तेजित होकर बोले, चलछे चोलबे। हुआ यह था कि कलकत्ता में उन दिनों नक्सलवादी चौराहों पर काम करने वाले ट्रैफिक पुलिस वालों की हत्या का अभियान चला रहे थे, जिसके कारण वे बड़ी संख्या में मारे गए थे। दूसरी तरफ सांस्कृतिक क्रांति के अभियान के तहत वे बुर्जुआ नेताओं जैसे जवाहरलाल नेहरू, गांधी, सुभाष चंद्र बोस जैसे नेताओं की मूर्तियां तोड़ रहे थे। अनेक पुस्तकालय भी जलाए जा रहे

थे। उनके प्रभाव में हजारों की संख्या में छात्र कालेजों का बहिष्कार कर रहे थे। मैंने शेखर मुखोपाध्याय से सांस्कृतिक क्रांति के बारे में जरा भी चर्चा नहीं की। खास करके पुस्तकालयों का जलाना मुझे एकदम पसंद नहीं आता था। मेरी समझ यह थी कि पुस्तकालय भले ही बुर्जुआ हों, किंतु वे हमेशा ज्ञान का भंडार होते हैं। आखिर, कार्ल मार्क्स ने भी तो एक बुर्जुआ पुस्तकालय 'ब्रिटिश म्युजियम' से पढ़कर 'दास कैपिटल' लिखा था।

सहमति असहमति के बीच जूझता हुआ मैं हथियारबंद क्रांति को ही उचित मानने लगा। अंततोगत्वा वह दिन हमारे सामने आ धमका जब वकील राम नरेश सिंह के कहने पर 1917 की रूसी अक्टूबर क्रांति दिवस यानी 7 नवम्बर, 1969 को बारह बजे रात में हमारा नक्सलबाड़ी ग्रुप बी.एच.यू. के ऐम्फी थिएटर मैदान में मिला। इस ग्रुप में राम नरेश सिंह के अलावा गोरख पांडे, गिरीश सिंह, साइंस कालेज के कुणाल घोष तथा स्वयं मैं शामिल थे। राम नरेश सिंह ने हमें निर्देश दिया था कि हम सभी लोग अकेले- अकेले विभिन्न दिशा से ऐम्फी थिएटर पहुंचें, क्योंकि यह एक क्रांतिकारी मिशन था, इसलिए इसकी गोपनीयता बनाए रखना बहुत जरूरी था। अतः उनके निर्देशानुसार हम पांचों व्यक्ति अलग-अलग दिशा से चलकर ठीक समय पर वहां पहुंचे। ऐम्फी थिएटर की अर्धचंद्राकार छाजन के नीचे चक्रदार सीढ़ियों के बीच ऊपर की तरफ हम बैठ गए। सबसे पहले राम नरेश सिंह बोले कि हम बहुत धीमे स्वर में बात करेंगे। उन्होंने यह भी कहा कि अब समय आ गया है, जब हम भारत में क्रांति के लिए अपना जीवन अर्पित कर दें। इसके लिए एक संगठन बहुत जरूरी है। उन्होंने हमसे नाम सुझाने को कहा। उस धीमी बहस के बाद राम नरेश सिंह ने सुझाया कि संगठन का नाम नेशनल प्रोग्रेसिव स्टूडेंट यूनियन (एन.पी.एस.यू.) रखना चाहिए। हम सभी इस पर राजी हो गए। इस पर उन्होंने कहा कि रूस में भी जब पार्टी बनी तो उसमें भी पांच-छह आदमी ही शामिल थे। अतः हम भी जी जान से लग जाएं, तो क्रांति बिलकुल संभव हो जाएगी। वकील साहब ने यह भी सुझाया कि हम आगे अपने गुप्त नाम से जाने जाएंगे। वे हर एक से गुप्त नाम पूछने लगे। गोरख ने अपना नाम 'रहीम' बताया और मैंने 'कबीर'। बाकी लोग क्या बताए, मुझे याद नहीं आ रहा। इन अलग- अलग नामों के निर्धारित होने पर हम करीब डेढ़ बजे रात को अपने निवास पर चले गए। उस रात गोरख पांडे मेरे पास कैलाश भवन में रुक गए। इस तरह शुरू हुआ हमारा नक्सलबाड़ी अभियान। उन दिनों जब मैं आदतन गोरख को गोरख या पांडे जी कहकर संबोधित कर देता तो वे बिगड़कर बोलते– "आप शपथ का उल्लंघन करके क्रांतिविरोधी काम कर रहे हैं, अतः आप मुझे 'रहीम' के नाम से संबोधित किया करिए।" मेरे सामने उन्होंने विकट समस्या पैदा कर दी थी। लाख कोशिश करने पर भी उनको मैं 'रहीम' नहीं कह पाता था। इसके अलावा

जब भी वे किसी बात पर सहमत नहीं होते, फटाक से बोल पड़ते, 'यह क्रांतिविरोधी बात है'। गोरख पांडे विचारों में बहुत कट्टर थे। कभी-कभी मुझे ऐसा लगने लगता था कि वे 'मच्छिका स्थाने मच्छिका' वाले मार्ग पर चल रहे हों। ऐसे ही हमारा समय बीतता रहा।

मध्य अक्टूबर 1969 में कलकत्ता से लौटने के करीब बीस दिन बाद एक मोटा सा बंडल डाकिया लेकर आया। यह एक बुक पोस्ट थी। जब उस बंडल को खोला तो पाया कि उसमें 'लिबरेशन' की पांच कापियां थीं। पांच में से सबसे ऊपर वाली लिबरेशन में एक छोटी सी चिट पर लिखा थाः 'कामरेड! इन्हें सर्कुलेशन द्वारा पढ़वाइएगा।' चिट पर किसी का नाम नहीं था, किंतु मैंने मान लिया कि इस चिट को सुशीतल राय चौधरी ने ही लिखा या लिखवाया होगा। लिबरेशन की नई कापियां पाकर मैं बहुत खुश इसलिए हुआ कि अब मेरा बंगाल के क्रांतिकारियों से गहरा संबंध स्थापित हो गया था। उसकी एक कापी लेकर मैं गोरख पांडे के अस्सी वाले कमरे पर गया। लिबरेशन का नया अंक देखकर वे सूची पढ़ने लगे। पूरी सूची पढ़ने के बाद मुझसे भावुक होकर वे बोले-"भाई साहब! अगली बार हमें भी अपने साथ कलकत्ता ले चलिएगा।" "बिलकुल ले चलूंगा" ऐसा कहकर मैं बोला कि कलकत्ता से 'मैन्डेट' आया है कि लिबरेशन को सर्कुलेशन द्वारा पढ़वाया जाए। अतः स्वयं पढ़कर इसे आगे बढ़ा दीजिएगा। गोरख पांडे को शुरू से लेकर अंत तक (जब उन्होंने जवाहर लाल नेहरू विश्वविद्यालय में आत्महत्या की) मैंने पाया कि वे बेहद बेतरतीब व्यक्तित्व वाले व्यक्ति थे। एक किताब को अपने कमरे के किसी कोने में जमीन पर फेंक देते थे, तो दूसरी को किसी अन्य कोने में। अखबार का एक-एक पन्ना ऐसे बिखरा पड़ा रहता था कि जैसे होलिका दहन के लिए कोई सामग्री पड़ी हो। उनकी इस स्वाभाविक आदत के चलते मैंने कहा था कि पढ़ने के बाद लिबरेशन को आगे बढ़ा दीजिएगा। जहां तक 'मैंडेट' वाली अवधारणा का सवाल है,वह दुनिया भर की कम्युनिस्ट पार्टियों से जुड़ा सिद्धांत है। जब पार्टी किसी बात को जबरन अपने कैडरों पर लादना चाहती है, तो वह 'मैन्डेट' का इस्तेमाल करती है। इसका सीधा अर्थ यह होता है कि वह बात भले ही पसंद न हो, किंतु उसे मानना आवश्यक हो जाता है। इस संदर्भ में गोरख पांडे अपने आप में एक 'मैंडेट' हुआ करते थे। वे किसी को कोई मार्क्स, लेनिन या माओवादी सिद्धांत बताते और वह उसे मानने के लिए तैयार नहीं होता, तो वे बड़े आक्रोश से बोल पड़ते-'यदि आप मूर्ख हैं, तो पुस्तकें पढ़िए और अपनी मूर्खता दूर कीजिए।' उनके इस जुमले के बी.एच.यू. के अनेक छात्र शिकार हो चुके थे। इस बीच एन.पी.एस.यू. की गतिविधियों में कोई खास विकास नहीं हो पाया। हम पांचों कभी कभी मिल लिया करते थे, किंतु यह संख्या बढ़ नहीं सकी। इंजीनियरिंग कॉलेज का एक मेधावी छात्र सत्रजीत मजुमदार था, जिसका

लिखा हुआ 'सुअरबाड़ा' नामक एक नाटक हमारे सर्किल में बहुचर्चित हुआ था। इसका कारण यह था कि उस समय नक्सलवादियों द्वारा चुनाव बहिष्कार का अभियान जारी था। इस पृष्ठभूमि में लेनिन ने सन् 1905 में रशियन जार निकोलस द्वारा नई-नई स्थापित दूमा (संसद) के चुनावों का बहिष्कार करने का नारा दिया था। उस समय उन्होंने दूमा को पिगूस्टी यानी 'सुअरबाड़ा' कहा था।

सत्रजीत ने लेनिन के उस विश्लेषण पर आधारित अपना नाटक लिखा था। वह माओवाद में गहन रुचि रखता था, किंतु अत्यंत अभिजात होने के कारण व्यावहारिक गतिविधियों में कभी नहीं उतरा। उसके अलावा सोनारपुरा के सलिल मुखर्जी एवं विभाष दास नक्सलवादी थे। सलिल सिंचाई विभाग में क्लर्क थे तथा विभाष एक बहुत अच्छे कलाकार पेंटर थे। बनारस शहर में ही कंचन मुखर्जी थे, जो नक्सलवादी तो थे, किंतु गुरुबाग नामक मार्केट में सिर्फ 18 वर्ष तक की युवतियों के लिए परिधान की एक दुकान खोलकर उसमें दिन भर बैठने लगे थे। दुकान पर एक बोर्ड भी टंगा हुआ था, जिस पर साफ अंकित था–'केवल 18 वर्ष तक की युवतियों के लिए'। कवि धूमिल से जब भी हमारी मुलाकात होती, कंचन मुखर्जी का नाम आते ही, वे कहने लगते–"क्या बात कर रहे हैं, वह तो चोली-चोली कहते हुए माओ माओ चिल्लाने लगता है।" लोग बताते थे कि कंचन के बड़े भाई भारतीय गुप्तचर विभाग में कोई बड़े अधिकारी थे। कंचन कभी-कभी अमेरिका भी हो आते थे। अतः बनारस का नक्सलवादी सर्किल उन्हें शंका की दृष्टि से देखता था। चाहे जो भी हो, बाद में चलकर वे आंध्र प्रदेश में 'पीपुल्स वार ग्रुप' के काफी नजदीक हो गए थे। आंध्र प्रदेश के लोकप्रिय नक्सलवादी लोकगायक 'गदूदर' एक बार जे.एन.यू. में अपने गीत प्रस्तुत करने आए। यह घटना 2005 की है। इसके पहले कि 'गदूदर' अपनी विचित्र शैली, यानी पैरों में घुंघुरू बांधे तथा हाथ में डफली लिए लोकगीत सुनावें, मैंने देखा कि कंचन मुखर्जी कंधे पर झोला टांगे खड़े होकर बंगाल के किसी क्रांतिकारी की पुलिस द्वारा की गई हत्या का बखान कर रहे थे। कोई 35 साल बाद उन्हें देखकर मैं अचंभित रह गया था, किंतु उनसे मैं मिल नहीं पाया। इस कार्यक्रम में क्रांतिकारी कवि वरवर राव भी आए थे।

जहां तक अक्टूबर 1969 में कलकत्ता से बनारस लौटकर 'लिबरेशन' को सर्कुलेशन द्वारा पढ़वाने का सवाल था, मैं एन.पी.एस.यू. की स्थापना के बाद दो कॉपियां लेकर आजमगढ़ चला गया था, जहां मुझे सुखनंदन राम के साथ इंद्रसेन सिंह मिले। दूसरे ही दिन मैंने उन्हें लिबरेशन सौंप दिया। इंद्रसेन सिंह सरदहा बाजार के पास भीलमपुर गांव के एक जमींदार थे, किंतु बहुत सच्चे कम्युनिस्ट थे। इससे कुछ माह पूर्व वे मुझे अपने गांव ले गए थे। मैं उनके घर में तीन दिन रहा। वह गांव बड़े दबंग क्षत्रियों वाला गांव था, इसलिए छुआछूत जातिवाद का बड़ा बोलबाला था।

अतः इंद्रसेन के घर जो भी गांव वाला क्षत्रिय मिलता, उससे मेरा परिचय देते हुए कहते कि ये बनारस के 'पंडित जी' हमारे मित्र हैं। वे मुझे हमेशा वहां 'पंडित जी' कहकर ही संबोधित करते थे। उन दिनों चारु मजुमदार जो स्थापना के समय ही सी.पी.आई. (एम.एल.) के जनरल सेक्रेटरी बन चुके थे, उनका एक सर्कुलर बड़ी चर्चा में था, जिसमें उन्होंने कहा था कि यदि किसी को पार्टी की सदस्यता लेनी है, तो उसे एक 'वर्ग दुश्मन' का सफाया करना (यानी एनाहिलेशन आफ क्लास एनमी) आवश्यक है। यह सफाया आग्नेय अस्त्रों से नहीं, बल्कि घरेलू हथियारों से होना चाहिए। जैसे हसिया, खुर्पी, चाकू, फावड़ा तथा कुदाल आदि हथियारों से। उनका यह भी तर्क था कि इन घरेलू हथियारों से सफाए के लिए वर्ग दुश्मन के बहुत नजदीक जाना होता है, जिससे उसके साहसी होने का प्रमाण मिलेगा, जबकि पिस्टल, बंदूक आदि का इस्तेमाल बहुत दूर से किया जाता है। अतः उससे साहस का परिचय नहीं मिलता। हम सभी पर वर्ग दुश्मन के सफाए का भूत सवार था।

भीलमपुर के पश्चिम में कई मील दूर तराई क्षेत्र का एक गांव था, जिसमें एक खूंखार गुंडे का बड़ा आतंक था। गुंडे का सगा भतीजा नक्सलवादियों का समर्थक था। उसकी सलाह पर हमने सफाया करने का निर्णय लिया। वह दिन मुझे कभी नहीं भूलेगा। 11 नवम्बर, 1969 का दिन था। आजमगढ़ के आम्बेडकर हॉस्टल में मेरे साथ रहने वाले सत्यराम, प्रायमरी स्कूल के अध्यापक लौटन मास्टर तथा मैं स्वयं इंद्रसेन सिंह के साथ तराई क्षेत्र के उस गांव में रात के समय पैदल चलकर पहुंचे। गांव के पास ही एक बड़े क्षेत्र में अरहर की घनी फसल खड़ी थी। उसके बीच एक कुआं तथा झोपड़ी थी, जिसका मालिक उस गुंडे का भतीजा था। वही हमें वहां ले गया था। रात में वहां चारों तरफ फसल के चलते कुछ भी दिखाई नहीं दे रहा था। एकदम मुर्दहिया की सायं-सायं करती हुई अंधेरी रात जान पड़ती थी। भतीजा उसी झोपड़ी में सबके लिए खाना पकाने लगा। बाकी हम चारों कुएं की मिट्टी वाली जगत पर बैठकर विचार करने लगे। तय यह हुआ कि उसी झोपड़ी में रहकर इंद्रसेन सिंह तथा मैं निगरानी के साथ इंतजार करेंगे और सफाया का काम सत्यराम तथा लौटन मास्टर करेंगे। सफाया के बाद उनके लौटने पर हम सभी रात में ही पैदल चलकर करीब 25 मील दूर आजमगढ़ भाग जाएंगे। खाना खाते खाते रात के बारह बज चुके थे। सफाया करने की तैयारी होने लगी। हम सबके सामने चारु मजुमदार का वह मैंडेट था इसलिए सत्यराम के हाथ में एक लंबा छुरा था तथा लौटन के हाथ में डंडे वाली गंड़ासी। लौटन गंड़ासी को एक पत्थर पर रगड़कर धारदार बनाने लगे। गड़ांसी से कर्र-कर्र की निकलती हुई आवाज मुझे एकदम भयभीत करने लगी। मन में ऐसा खयाल आता था कि मैं वहां से तुरंत भाग जाऊं। उस घने अरहर के खेतों के बीच कल्पना में बार-बार गौतम बुद्ध की छवि मेरे सामने उभरने लगी। सोचने लगा कि

बुद्ध न सिर्फ मानव बल्कि जानवरों की भी हत्या के विरुद्ध हमेशा अपने उपदेश दिया करते थे और मैं उनके उपदेशों का उल्लंघन करने उन अरहर के खेतों में जा पहुंचा। मुझे बार-बार हिंसा के विरुद्ध बुद्ध का वह नियम याद आता, जिसमें उन्होंने कहा था कि किसी जीव को कोई भले न मारे, किंतु वह किसी के द्वारा मारते हुए देखे, तो वह भी हिंसा का दोषी है। यहां तक कि मारे जाने वाले जीव की चिल्लाने वाली आवाज को सुनना भी हिंसा है। बुद्ध के इन वचनों को याद कर मैं अपराधबोध से एकदम घबड़ा गया था।

इस बीच रात का लगभग एक बज चुका था। गुंडे का भतीजा, सत्य राम तथा लौटन मास्टर को लेकर चाचा के घर चला गया। चाचा अपने पांच-छह साल के बेटे के साथ दालान में सोया था। ऐसा देखकर वे लोग अरहर के खेत में हमारे पास सलाह लेने के लिए वापस आ गए। वे कहने लगे कि गुंडे का सफाया करते हुए उस बच्चे की जान चली जाएगी। अतः क्या किया जाए? ऐसा सुनकर मैंने तुरंत कहा, नहीं। आखिर उस बच्चे का क्या दोष, जिससे उसकी जान चली जाए। इंद्रसेन सिंह का भी यही मत था। अतः सफाया अभियान तुरंत खत्म हो गया। उस रात मैंने बहुत राहत की सांस ली थी। बाकी रात हम उसी अरहर के खेत में सोए रहे। सबेरा होने पर मैंने देखा कि लौटन मास्टर अपने दाएं हाथ में एक ब्लेड चिपकाकर पानी से अपनी दाढ़ी बनाने लगे। उनका हाथ ही रेजर के डंडे का काम कर रहा था। शायद दुनिया के वे पहले व्यक्ति थे, जो इस तरह दाढ़ी मूंछ बना रहे थे, वह भी बिना शीशे के। हम शीघ्र ही वहां से सरदहा बाजार तक पैदल गए और फिर एक्का पकड़कर आजमगढ़ चले गए। वास्तव में इस सफाया अभियान का निर्णय सुखनंदन राम के साथ आजमगढ़ में ही ले लिया गया था। इस अभियान की असफलता के बाद, हमने कभी भी वैसा करने का प्रयास नहीं किया। अंततः बुद्ध की अहिंसा जीत गई और 'वर्ग दुश्मन का सफाया' वाली राजनीति से हमेशा के लिए मैंने संन्यास ले लिया। उस अरहर के खेत में इस सिद्धांत को क्रियात्मक रूप देने की प्रक्रिया के दौरान मुझे पहली बार गहराई से अनुभूति हुई कि नक्सलवादियों का यह रास्ता बिलकुल गलत है। मात्र एक महीने पहले शेखर मुखोपाध्याय, सुशीतल राय चौधरी, बूड़ो दा तथा जय नारायन कुनबी आदि से मिलने के बाद जो नक्सलबाड़ी का भूत मेरे ऊपर सवार था, वह यकायक धराशायी हो गया। आजमगढ़ से बनारस लौटकर मैं एक दुविधा का शिकार हो गया। मुझे ऐसा लगता था कि मानो मैं दो घोड़ों की एक साथ सवारी कर रहा हूं। कौन घोड़ा आगे जाएगा और कौन पीछे रह जाएगा, बिलकुल अनिश्चित हो गया था। जब मैंने गोरख पांडे को सारी घटना बताई, तो उन्होंने कहा–"आप सभी 'संशोधनवाद' के शिकार हो गए।" कम्युनिस्ट शब्दावली में संशोधनवाद का मतलब होता है क्रांति के मार्ग से भटक जाना।

यह सब चल ही रहा था कि जनवरी 1970 के प्रथम सप्ताह में 'लिबरेशन' की नई पांच कापियां बुकपोस्ट द्वारा मुझे प्राप्त हुईं। मैं सर्कुलेशन द्वारा इन कापियों को बनारस तथा आजमगढ़ के साथियों को पढ़ने के लिए दिया करता था। सुशीतल राय चौधरी के वादे के अनुसार इन पत्रिकाओं की पांच-पांच कापियां हर महीने मुझे मिलती रहीं, किंतु गोरख पांडे के अनुसार संशोधनवाद का शिकार हो जाने के कारण मैंने कोई चिट्ठी न तो शेखर मुखोपाध्याय को लिखी और न ही सुशीतल राय चौधरी को। उन दिनों मेरे लिए एकदम निराशा वाली स्थिति थी। इस बीच चारु मजुमदार द्वारा लिखा एक बड़ा सा लेख लिबरेशन में पढ़ा। उस समय तेलंगाना के श्रीकाकुलम जिले में 'वर्ग दुश्मन' के सफाए का अभियान अपनी चरम सीमा पर था, जबकि 1969 के आते-आते नक्सलबाड़ी क्षेत्र बिलकुल शांत पड़ गया था। चारु मजुमदार भूमिगत थे, इसलिए गुप्त रूप से वे श्रीकाकुलम गए थे। उस लेख में उन्होंने लिखा था कि जिले के 'बाथापुरम्' नामक गांव में क्रांतिकारियों ने एक जमींदार की सिर काट कर हत्या कर दी थी तथा उसके धड़ से बहते हुए खून में हाथ डुबोकर उसके मकान की दीवार पर 'नक्सलबाड़ी जिंदाबाद, चेयरमैन माओत्से तुंग जिंदाबाद' जैसे नारे लिख दिए थे। इतना ही नहीं वे जमींदार के कटे सिर को उसके घर के ठीक सामने खड़े पेड़ से रस्से में बांधकर लटका दिए थे, ताकि उस इलाके के जमींदार डरकर क्रांति में बाधक न बनें। इस घटना के उल्लेख के साथ चारु ने एक 'मैन्डेट' के रूप में लिखा था कि आगे सभी क्रांतिकारी 'बाथापुरम्' की ही तरह वर्ग दुश्मन का सफाया करके उनके खून से घर की दीवारों पर वैसे ही नारे लिखें तथा कटे सिर को पेड़ों से लटकाएं। इसे पढ़कर मैं एकदम दहल गया था। एक तरह से यह लेख मेरे कथित 'संशोधनवाद' पर नहले पर दहला सिद्ध हुआ। मैं हथियारबंद क्रांति के रास्ते से भटकता चला गया। मानव हिंसा का यह रूप मेरे लिए बिलकुल असंभव बन गया, फिर भी मेरे मस्तिष्क में विरोधाभास भी उतर जाता और मैं प्रायः सोचने लगता कि यदि अन्य लोग ऐसी क्रांति को सफल बना दें, तो उसका स्वागत अवश्य करूंगा। इस मनःस्थिति से गुजरते हुए मैं लेनिन की लिखी दो पुस्तिकाओं को बार-बार पढ़कर जानने की कोशिश करता कि आखिर क्रांति का असली मार्ग क्या है? ये पुस्तिकाएं थीं–'स्टेट एंड रिवोलूशन' (राज्य और क्रांति) और 'लेफ्टविंग कम्युनिज्म ऐन इनफेंटाइल डिसार्डर' (उग्रवादी कम्युनिज्म एक बचकाना मर्ज)। पहली पुस्तिका को पढ़कर ऐसा लगता था कि हथियारबंद क्रांति ही एकमात्र असली रास्ता है, वहीं दूसरी यानी लेफ्टविंग कम्युनिज्म... को पढ़कर लगता कि क्रांति का उग्रवादी रास्ता बिलकुल गलत है। उल्लेखनीय है कि 1917 की अक्तूबर क्रांति के शीघ्र बाद दुनिया के अनेक कम्युनिस्ट नेता रूस की नकल पर हथियारबंद क्रांति का नारा देने लगे थे। उस

समय 1920 में 'कम्युनिस्ट इंटरनेशनल' की दूसरी कांग्रेस मास्को में हुई, जिसमें दुनिया के अनेक कम्युनिस्ट नेता शामिल हुए थे। भारत के एम.एन.राय भी वहां थे। लेनिन ने उक्त पुस्तिका को लिखकर वामपंथी उग्रवाद पर हमला बोला था। उन्होंने विश्व कम्युनिस्ट नेताओं को सीख देने के हिसाब से लेफ्टविंग कम्युनिज्म की प्रतियां उनमें बंटवाई थीं। यह पुस्तिका मेरे लिए बहुत काम की सिद्ध हुई और मैं उग्रवाद से बचता चला गया।

उन्हीं दिनों एक दिन खूब आंधी के साथ पानी बरस बरस रहा था। गोरख भीगते हुए कैलाश भवन आए। यह बात जून 1970 के अंतिम सप्ताह की है। मेरे पास एक छोटा सा ट्रांजिस्टर था, जिसमें सारनाथ रेडियो स्टेशन से एक भोजपुरी लोकगीत आ रहा था–'राम जी के आवै लीं दुल्हनियां परै ले झीर झीर बुनियां।' यह लोकगीत वे पहली बार सुने थे। इस गीत की धुन उन्हें इतनी पसंद आई कि वे तुरंत इसे गाने लगे। फिर उन्होंने कहा कि इन्हीं लोकधुनों पर क्रांतिकारी गीत लिखना चाहिए। उन्होंने मुझसे कुछ और लोकधुनों को सुनना चाहा। मैंने उन्हें 'ऊंचे ऊंचे कुऊंना क नीची बा जगतिया रामा निहुर के पनिया भरै हाय रे सांबर गोरिया...' समेत कई लोकगीत सुनाए। गोरख पांडे कहने लगे कि अपने गांव देवरिया जिला जाएंगे और दलित बस्तियों में जाकर लोकगीतों को सुनेंगे, फिर आगे क्रांतिकारी गीत लिखेंगे। उन दिनों मैं व्यंग्यात्मक कविताएं लिखा करता था, जो बाम्बे से प्रकाशित होने वाली व्यंग्य पत्रिका 'रंग मासिक' तथा अन्य पेपर पत्रिकाओं में छपती रहती थीं। गोरख रोमांटिक कविताएं लिखा करते थे। कलकत्ता से प्रकाशित 'ज्ञानोदय' नामक साहित्यिक पत्रिका में उनकी ऐसी कई कविताएं छपी थीं। उन्होंने मुझे भी सलाह दी कि मैं भी क्रांतिकारी गीत लिखा करूं। उस दिन रात का खाना मेरे साथ खाकर गोरख पांडे अस्सी स्थित अपने कमरे पर चले गए। जिस कमरे में वे रह रहे थे, उसकी छत एडबेस्टर की थी और उसके अगल-बगल के मकान तीन मंजिले थे। दोनों मकानों के तीसरे तल्ले की छत भी एडबेस्टर की थी, जिन्हें दबाने के लिए पत्थर की बड़ी-बड़ी चट्टानें रखी गई थीं। वे एक घंटे बाद करीब दस बजे रात को फिर मेरे यहां आए और बहुत घबड़ाए हुए थे। वे कहने लगे कि आज तेज आंधी आने के कारण बगल वाले मकान के तीसरे तल्ले की छत से एक बीस पचीस किलो वजनी पत्थर उनके कमरे की छत को तोड़ते हुए चारपाई पर गिर पड़ा था। वे जिधर सिर करके सोते थे, ठीक उसी जगह पत्थर पड़ा हुआ था। गोरख पांडे बार-बार मुझे धन्यवाद देते हुए कहते गए कि यदि मैं आपके पास न होकर अपने कमरे पर चला गया होता, तो आज मैं जिंदा नहीं होता। उनकी ये बातें सुनकर मैं भी चौंक गया। उस रात वे मेरे यहां सोए। सुबह मैं उनके साथ उस कमरे पर गया और देखा कि बड़ी भयावह स्थिति थी।

कमरे की छत में बहुत बड़ा छेद हो गया था और वह पत्थर चारपाई पर पड़ा हुआ था, सचमुच में मेरे पास होने की वजह से ही वे बच गए, अन्यथा उनका जीवन जून 1970 में ही समाप्त हो गया होता। वे भाव-विभोर होकर उस दिन बोले थे– ''भविष्य में आपकी विचारधारा की दिशा चाहे जो भी हो, मैं हमेशा आप से मित्रता कायम रखूंगा।'' आगे चलकर ऐसा ही हुआ। मैं सी.पी.आई. में रहा और गोरख सी. पी.आई (एम.एल) में आजीवन बने रहे, किंतु अंत तक हम दोस्त बने रहे। इस घटना के बाद वे हरिश्चंद्र घाट के पास 'अवध गर्वी' नामक मोहल्ले में एक कमरा लेकर रहने लगे। उस कमरे की खिड़की के बाहर एक अन्य मकान की खिड़की थी, जिसमें कोई बंगाली परिवार रहता था। एक चौदह पंद्रह साल की लड़की हमेशा आदतन उस खिड़की के पास बैठकर बांग्ला गीत गाया करती थी। गोरख का यहीं से मनोवैज्ञानिक एकतरफा भटकाव शुरू हुआ। वे भी हमेशा उस खिड़की पर निगाहें चिपकाए रहते थे। मैं भी उनके यहां जब भी जाता, वे उस उस लड़की का माजरा छेड़ देते थे। एक दिन गिरीश सिंह मेरे साथ अवध गर्वी गया। उस समय गोरख अपनी खिड़की के पास बैठे बीड़ी पी रहे थे। गिरीश उन्हें देखते ही बोल पड़ा–''हे गोरखा, बीड़िया छोड़ दे, नहीं त तोर टीबिया (टी. बी.) फेर से शुरू होय जाई।'' गिरीश बहुत शैतान था। उसने यह बात जान बूझकर इसलिए कही थी, क्योंकि बगल की खिड़की पर वह लड़की बैठी हुई थी। गिरीश की बात सुनते ही कि गोरख को कभी टीबी रोग था, उस लड़की ने तुरंत अपनी खिड़की बंद कर ली। इसके बाद खिड़की हमेशा ही बंद रहने लगी। उस दिन गोरख ने गिरीश को बहुत भला बुरा कहा था किंतु जो क्षति होनी थी, वह हो गई। जाहिर है कि गोरख को कभी टीबी नहीं थी। अंततः महीने भर के ही अंदर वह मकान छोड़कर वे पुनः अस्सी वाले कमरे पर चले आए, क्योंकि तब तक उसकी छत पर मकान मालिक नया एडबेस्टर लगा चुका था।

जहां तक क्रांतिकारी गीत का सवाल है, गोरख पांडे के कहने पर ही मैंने फिल्मी गाने की धुन पर एक पैरोडी लिखी :

ओ सेठ साहूकारो, जरा सोचो विचारो
हम देश के निर्माता, कोई गैर नहीं।
अरे ओ शोषण करने वालो तेरी खैर नहीं।
देखो सबको बुला रही है कानू की नक्सलबाड़ी।
पूंजीपतियों तेरे सिर से पट जाएगी बंगाल की खाड़ी।
पूंजीवाद हमारा दुश्मन, और किसी से बैर नहीं,
अरे ओ शोषण करने वालो तेरी खैर नहीं।
उठा लिये हैं मजदूरों ने अपने अपने डंडे,
मार-मार कर फोड़ेंगे तेरे सारे भंडे।

ए हंसिया हमारा, वो गर्दन तुम्हारा।
हम छोड़ेंगे अब काटे बगैर नहीं।
अरे ओ शोषण करने वालो तेरी खैर नहीं।

मैंने इस गाने को बहुत झिझकते हुए गोरख पांडे को सुनाया। झिझक इसलिए थी, क्योंकि यह एक फिल्मी गाने की धुन पर था, लेकिन वे बहुत गद्‌गद हो गए। कहने लगे कि ऐसे गीत हमारी सांस्कृतिक धरोहर सिद्ध होंगे। इस बीच आजमगढ़ वाले सत्यराम ने एक चिट्‌टी लिख मुझे अपने गांव बुलाया था। इसका असली कारण यह था कि उनके बड़े भाई को एक ऐसा रोग था, जिससे कमर के नीचे वाला हिस्सा एकदम हिलडुल नहीं पाता था। यह एक विचित्र किस्म का पक्षाघात था, जिससे वे हिलडुल नहीं सकते थे। चलना तो बहुत दूर की बात थी। सत्यराम उन्हें बी.एच.यू. अस्पताल में दाखिल कराकर अपने गांव वापस चले गए थे। यह बात 1968-69 की है। उनकी देखभाल का सारा भार मेरे ऊपर पड़ा। मैं रोज सुबह रोटी सब्जी पकाकर अस्पताल जाता और उन्हें खिलाकर यूनिवर्सिटी में क्लास करने जाता था। ऐसा मैं करीब दो महीने तक करता रहा। बाद में उनकी दशा सुधरने पर सत्यराम वापस आकर उन्हें अपने घर ले गए। जाहिर है मैं उनके अस्पताल में भरती रहने के कारण कहीं बाहर नहीं जा पाता था, क्योंकि ऐसे मरीजों को अस्पताल से सिर्फ रात का ही खाना मिलता था। मेरे द्वारा की गई उस सेवा से सत्यराम बहुत एहसानमंद हो गए थे, इसलिए उन्होंने अनेक बार मुझे अपने गांव बुलाया, किंतु मैं जा नहीं पाया था। इस बार उनकी चिट्‌ठी पाकर उनके गांव जाने की बात मैंने मान ली, जिसका एक कारण यह भी था कि उस तथाकथित वर्ग दुश्मन के सफाया अभियान में वे मेरे साथ तराई क्षेत्र गए थे। मैं अपने उस गीत को भी लेकर बड़ा उत्साहित था, क्योंकि सत्यराम अपने ग्रामीण क्षेत्र में नक्सलवाद का प्रचार प्रसार कर रहे थे। इस तरह जुलाई 1970 के आरम्भिक दिनों में मैं आजमगढ़ की लालगंज तहसील स्थित उनके गांव कमरावां पहुंचा। बलिया जिले के एक ऐसे कैडर सुशील पांडे भी वहां मौजद थे। मैंने जब उस गीत को उनके सामने प्रस्तुत किया, तो वे लोग बहुत उत्साहित दिखे। उनके घर गांव के कुछ अन्य युवक भी थे। वे सभी इसे गाने लगे। दो दिन बाद जब मैं वहां से बनारस वापस चलने लगा, तो सत्यराम तथा सुशील पांडे मेरे साथ करीब पांच किलोमीटर पैदल चलकर लालगंज तक आए, जहां से मुझे बस पकड़नी थी। उस दिन हल्की-हल्की दिन भर बारिश होती रही। खेतों की मेढ़ों पर चलते हुए उसी गाने को पूरी यात्रा भर सुशील पांडे गाते चले। लालगंज पहुंचते ही सुशील पांडे रोमांचित होकर बोले उठे–"ई गनवा सुनि के हमार रोउआं खड़ा होइ जाला।" उनकी इस प्रतिक्रिया के साथ ही मैं आजमगढ़ से बनारस जाने वाली बस में उनकी आंखों से ओझल हो गया तथा

यह भी सोचता रहा कि वापस कमरावां जाते हुए सुशील पांडे उस गीत को अवश्य दोहराते गए होंगे।

मैंने वह हिंसात्मक गीत तो लिख दिया था, किंतु दिन-प्रतिदिन मेरे दिमाग से हिंसा दूर होती चली गई। मेरी दोबारा हिम्मत नहीं पड़ी कि कोई दूसरा ऐसा गीत लिखूं। इस ऊहापोह के दौरान एक दिन मैं नंदूराम के निवास नगवा गांव की दलित बस्ती गया। नंदूराम मुझसे दो दर्जा सीनियर थे। वे गाजीपुर जिले के नंदगंज के पास किसी गांव के रहने वाले थे और मेरी ही जैसी स्थिति में उस बस्ती में कमरा लेकर रहते थे। उनका भी संबंध मेरे साथ गोरख पांडे जैसा था, किंतु वे बी.एच.यू. के पहले आम्बेडकरवादी थे। वे मुझसे हमेशा कहते कि पढ़-लिखकर अपना जीवन सुधारूं। इन कम्युनिस्टों का चक्कर क्यों पाल रखा है? उस समय मेरा मानना था कि आम्बेडकर के विचारों से क्रांति नहीं होगी। इन सब प्रश्नों पर नंदूराम एक उपदेशक की तरह पेश आते थे। वे मुझे अपने कमरे पर उस समय अवश्य बुलाते, जब मछली पकानी होती। मैं खुद उनके यहां सिल पर लोढ़े से सरसों के साथ सारा मसाला पीसकर मछली पकाता, फिर हम दोनों खूब खाते रहते थे। उस दिन उस दावत पर कविता की बात चलने पर नंदूराम बोले कि कविता का प्रभाव बहुत दिनों तक नहीं रहता, जबकि विचारधारात्मक गद्य का असर स्थायी होता है। अतः उन्होंने मुझे सलाह दी कि विभिन्न विषयों पर लेख लिखूं और कविता के शब्द गद्य में ही पिरोऊं। उनकी यह बात मुझे बहुत अच्छी लगी थी और मैं धीरे-धीरे गद्य लेखन की तरफ बढ़ता गया। वैसे नंदूराम मुझे हमेशा 'कवि' कहकर ही संबोधित करते थे। बाद में वे मेरी ही तरह जवाहर लाल नेहरू विश्वविद्यालय में प्रोफेसर बने। आगे चलकर मेरा गद्य लेखन काफी चर्चित होने लगा, जिसका सारा श्रेय नंदूराम को जाता है, वर्ना मैं एक छोटा मोटा कवि बनकर रह जाता।

इस बीच गोरख पांडे के साथ उनके अस्तित्व को दहला देने वाला एक हादसा हो गया। वे अभी रोमांटिक कविताओं का लिखना बंद नहीं किए थे। वे जब भी किसी सुंदर लड़की को देखते उनका एकतरफा अभियान शुरू हो जाता था। मजेदार बात यह थी कि मेरे यहां आकर उसका खूब वर्णन करते। उनके वर्णन से ऐसा लगता कि मानो वे उसके साथ गंगा में बोटिंग कर आए हों। इस तरह की अनेक घटनाओं की प्रक्रिया में उनकी जिंदगी को बदल देने वाला हादसा हुआ। यह अगस्त 1970 की बात है। वे एम.ए. प्रथम वर्ष फिलासफी के छात्र थे। उनकी कक्षा में महुआ चटर्जी नामक एक अति सुंदर लड़की पढ़ती थी। वह बनारस की कम्युनिस्ट पार्टी के लीडर एस.पी. घोषाल (एडवोकेट) की भांजी थी। गोरख पांडे ने उसके सौंदर्य का वर्णन करते हुए एक रोमांटिक गीत लिखा और क्लास ज्यों ही समाप्त हुई, सबके सामने उस गीत को महुआ के सामने वाली टेबुल पर रखकर बाहर चले आए। वह

उत्सुकतावश उस पुलिंदे को लेकर सोनारपुरा स्थित अपने घर चली गई। दौड़े दौड़े गोरख पांडे कैलाश भवन आकर मुझे बताने लगे–''गुरु! महुआ मेरी चिट्टी को लेकर तुरंत अपने घर चली गई। जाहिर है वह उसे पढ़ने के लिए बाथरूम के एकांतावास में अवश्य गई होगी और पढ़कर बेताब हो गई होगी। मुझे पूरा विश्वास है कि कल वह मुझसे अवश्य मिलने आएगी।'' गोरख पांडे को इतना प्रसन्न कभी नहीं देखा था, किंतु उनके इश्क की असलियत से मैं पूरी तरह परिचित हो चुका था। कुछ ऐसा ही हुआ। महुआ दूसरे दिन क्लास करने आई। छात्रों से कक्षा पूरी तरह भरी हुई थी। वह आते ही उस चिट्ठी की गोल लुंडी बनाकर गोरख पांडे के मुंह पर फेंकते बोल पड़ी कि जिस क्लास में ऐसे लफंगे छात्र पढ़ते हैं, मैं उसमें नहीं पढ़ सकती। ऐसा कहते हुए महुआ चटर्जी क्लास छोड़कर अपने घर चली गई और उसने बी.एच.यू. में पढ़ाई छोड़ दी। उस दिन जैसे तैसे गोरख पांडे क्लास में उपस्थित रहे। शाम को वे फिर मेरे पास आए। बिना कुछ पूछे, मुझे सारी घटना बताते हुए अंत में उन्होंने कहा–''साली सोशल इम्पीरियलिस्ट है।'' जाहिर है महुआ के मामा मेरी ही तरह सी.पी.आई. में थे, इसलिए नक्सलवादी लोग उन्हें सोशल इम्पीरियलिस्ट, यानी सामाजिक साम्राज्यवादी कहा करते थे। महुआ सोशल इम्पीरियलिस्ट है, ऐसा सुनकर मैं अपनी हंसी को रोक नहीं पाया। मैंने तुरंत कहा कि पांडे जी मैं जानता हूं, उसका सी.पी.आई. से कुछ भी लेना देना नहीं। सिर्फ उसके मामा शक्ति प्रसाद घोषाल सी.पी.आई. में हैं। वे कहने लगे उसी का उस पर असर होगा।

चाहे जो भी हो, गोरख पांडे पर इस घटना का असर इतना गंभीर पड़ा कि उन्होंने शर्मवश क्लास में जाना बंदकर दिया। फिर एक दिन बहुत दुखित होकर मेरे पास आए और वे बोले–''तुलसी जी, मैंने निर्णय ले लिया है। मैं अब 'फील्ड' में जाऊंगा और शोषित पीड़ित आदिवासियों के बीच जाकर उन्हें क्रांति के लिए तैयार करूंगा।'' मैं उनकी मनःस्थिति को अच्छी तरह समझ रहा था, किंतु कुछ कह नहीं पाया। उस दिन रात का खाना मेरे यहां खाकर वे चले गए। इसके बाद उनका करीब एक साल से ज्यादा समय तक मुझसे कोई संपर्क नहीं हुआ। वे इस बीच कहां थे, क्याकर रहे थे, कुछ भी मालूम नहीं था। इतना जरूर था कि प्रेम में नाकामयाबी ने उनकी जिंदगी को एकदम बदल दिया था। मैं सिर्फ अटकलबाजी ही करता रहा। उनका कुछ भी पता नहीं चला। उड़ती उड़ती खबरें जरूर मिलती रहीं कि वे मिर्जापुर के नौगढ़ के जंगलों में आदिवासियों के बीच कुछ अन्य नक्सलवादियों के साथ काम कर रहे थे। साल भर से ज्यादा समय बीत चुका था। नवम्बर 1971 की बात है। उस साल खूब जाड़ा पड़ रहा था। एक दिन आधी रात के बाद कैलाश भवन में मेरे कमरे के दरवाजे पर खटखट की आवाज आई। अर्धनिद्रा से ग्रस्त मैंने धीरे से दरवाजा खोला और देखा कि एक आदमी भेड़ियहवा कम्बल की घोंघी ओढ़े अपना आधा मुंह

छिपाए बिना कुछ बोले मेरे कमरे के अंदर घुस आया। अचानक थोड़ी देर के लिए मैं सहम गया, किंतु शीघ्र ही उन्होंने कहा कि मैं रहीम हूं रहीम, मेरे पीछे पुलिस पड़ी है। मुझे समझने में देर नहीं लगी कि वे कहीं गुप्त रूप से भूमिगत होकर काम कर रहे थे। उन्होंने बहुत भूखा होने की बात कही। मैंने करीब ढाई बजे रात को उन्हें खिचड़ी पकाकर खिलाई। सारी रात हमने बातचीत में बिताई। वे कथित पुलिस के डर से बहुत धीरे धीरे बात करते रहे। बिलकुल सांय-सांय की तरह किंतु मेरी हिम्मत नहीं पड़ी कि उनसे पूछूं कि बीते दिनों वे कहां थे? उन दिनों हम सभी क्रांतिकारी गतिविधियों की गुप्तता के सिद्धांत को मानते थे इसलिए न तो मैंने कुछ पूछा और न गोरख ने कुछ बताया। मैंने बड़ी दृढ़ता से उनसे कहा कि अब वे क्रांति को कुछ समय तक भूल जाएं और अपना एम.ए. पूरा करें। ऐसा सुनते ही, वे जोर से बोल पड़े–''गुरु तूने तो मेरे मुंह की बात छीन ली।'' फिर चिंताग्रस्त होकर वे कहने लगे कि उनके पास कुछ भी नहीं है। उन्हें दोबारा एडमीशन फीस की चिंता थी। मैंने कहा–अभी छह-सात महीने दूर की बात है। धीरे-धीरे सब इंतजाम हो जाएगा। उन्हें पुलिस का फोबिया इस कदर हो गया था कि जब मैं बी.एच.यू. में एम.ए. की क्लास करने जाता तो वे मुझको बाहर से दरवाजे का ताला बंद कर देने को कहते। मैं सुबह उठकर सबसे पहले खाना पकाता और उन्हें खिलाकर बाहर से ताला बंद कर बी. एच.यू. जाता। ऐसे ही करीब तीन सप्ताह तक वे मेरे कमरे में 'भूमिगत' रहे।

इस बीच पूर्वी पाकिस्तान से बड़ी भयावह खबरें आने लगीं। पाकिस्तानी सेना द्वारा आम जनता पर रोज ही गोलियां दागने का समाचार मिलता रहा। पूर्वी पाकिस्तान के मुजीबुर्रहमान की पार्टी को संपूर्ण पाकिस्तान में आम चुनावों के दौरान बहुमत मिलने के बावजूद उन्हें सत्ता नहीं सौंपी गई। साथ ही, पश्चिमी पाकिस्तान द्वारा पूर्वी पाकिस्तानियों पर उर्दू भाषा थोपने के सवाल पर वहां बड़े पैमाने पर दंगा भड़क गया। ये सारी गतिविधियां मार्च 1971 में शुरू हो गई थीं, जिसके परिणामस्वरूप बांग्लाभाषी पूर्वी पाकिस्तानियों ने अलग 'बांग्लादेश' की मांग को लेकर विद्रोह कर दिया था। भारत बांग्लादेश की मांग का समर्थन करने लगा था। नवम्बर 1971 के आते आते यह निश्चित सा हो गया था कि भारत किसी न किसी समय निकट भविष्य में सैनिक हस्तक्षेप अवश्य कर देगा। उस समय भारत के नक्सलवादियों के बीच एक बहुत बड़ी गलतफहमी हो गई कि अंततोगत्वा बांग्लादेश बन जाने के बाद वहां माओवादियों का शासन हो जाएगा। इसका एकमात्र आधार यह था कि पूर्वी पाकिस्तान में मोहम्मद तोहा एक सक्रिय माओवादी नेता थे तथा मौलाना भासानी इस्लामी कम्युनिज्म में विश्वास करते थे। वहां के एक छात्रनेता तारिक अली जो लंदन में रहते थे, वे बहुत विख्यात हो गए थे। तारिक अली ट्राट्स्कीवादी माने जाते थे। इस सब विकासक्रम के दौरान कमरे

में बंद गोरख पांडे से नहीं रहा गया। बांग्लादेश के सवाल पर एक दिन बहस करते हुए उन्होंने कहा कि वे अब कमरे में बंद रहना नहीं चाहते। उन्होंने गिरीश सिंह को बुलाने के लिए कहा। शाम का समय था। गोरख पांडे, मुझे और गिरीश को गंगा के अस्सी घाट पर ले गए। बड़ा ही नाटकीय मामला था। उन दिनों पांच रुपए में मल्लाह अपनी नौका किराए पर दो-तीन घंटे के लिए दे देते थे। ऐसी नौकाओं को स्वयं चलाकर गंगा में इधर-उधर ले जाया जाता था। गोरख के कहने पर हमने एक ऐसी ही नौका को किराए पर लिया। बारी-बारी से स्वयं नौका खेते हम गंगा की बीच धारा में पहुंचकर वहीं रुक गए। बाकायदा गोरख की अध्यक्षता में गुप्त मीटिंग शुरू हुई। उन्होंने मोहम्मद तोहा तथा मौलाना भासानी आदि की भूमिका का अतिश्योक्तिपूर्ण वर्णन करते हुए एक प्रस्ताव पारित करने की अपील की। प्रस्ताव में कहा गया–''हम बांग्लादेश के मुक्ति संघर्ष का समर्थन करते हैं तथा वहां की क्रांतिकारी जनता के हथियारबंद आंदोलन में शामिल होने का प्रयास करेंगे।'' जिस समय यह प्रस्ताव पारित किया जा रहा था, मैं हंसी के मारे पागल सा हो रहा था। उनकी कोई अन्य बात मेरी समझ में बिलकुल नहीं आ रही थी। खैर, हम पांच रुपए की उस नौका से उक्त प्रस्ताव पारित कर पुनः अस्सी घाट पर लौट आए। क्षण भर के लिए मुझे लगा कि शायद गोरख के दिमाग में फीडेल कास्त्रो की वह छवि रही होगी, जिसके तहत उन्होंने 'ग्रान्मा' नामक नौका में अपने हथियारबंद साथियों के साथ क्यूबा में प्रवेश कर दस-ग्यारह साल पहले क्रांति को सफल बनाया था। चाहे जो भी हो, मुझे यह सटीक अनुभव हुआ कि गोरख पांडे न सिर्फ लड़कियों के मामले में एकतरफा थे, बल्कि क्रांति के संदर्भ में भी वही दृश्य था। वे जो कुछ भी सोचते बेहद ईमानदारी के साथ सोचते, किंतु अंततः गलतफहमी का शिकार हो जाते। यही विडंबना जीवन भर उनके साथ रही। जहां तक नौका वाले प्रस्ताव का संबंध है, उसका एक सकारात्मक प्रभाव यह पड़ा कि गोरख पांडे ने हमेशा के लिए अपना 'भूमिगत' जीवन छोड़ दिया। इसके साथ ही भारतीय सेना ने मध्य दिसंबर 1971 में बांग्लादेश को स्वतंत्र करा लिया, बी.एच.यू. के छात्रनेता देवव्रत मजुमदार ने बांग्लादेश की मुक्ति के समर्थन में एक जुलूस निकाला जो गोदौलिया जाकर समाप्त होकर एक जनसभा में बदल गया, जिसमें मैं भी शामिल हुआ था।

जैसा कि अवगत है, 1968-69 का वर्ष मेरे राजनैतिक उत्थान में काफी महत्त्व का सिद्ध हुआ। इस प्रक्रिया में एक रोचक घटना अगस्त 1969 की है। एक दिन दोपहर के समय खटखटाहट के बाद जब मैंने दरवाजा खोला तो देखा कि एक गेरुवाधारी साधु बाबा खड़े थे। वे काफी लंबे हट्टे-कट्टे व्यक्ति थे। देखने में एकदम स्वामी विवेकानंद जैसे दिखाई देते थे। मैं उसी कैलाश भवन वाले कमरे में था। मैंने

उनसे पूछा कि बाबा आप कौन हैं, किससे मिलना है? उन्होंने तुरंत पूछा–"क्या तुलसीराम आप ही हैं?" मेरे हां कहने पर वे कमरे के अंदर आकर बैठ गए। उन्होंने अपना परिचय दिया कि उनका नाम स्वामी त्रिलोकीनाथ है और वे 'सर्वोदय आश्रम', ग्राम खड़ेसरी, बड़हलगंज, गोरखपुर के संचालक हैं। मैंने जब बाबा से पूछा कि मुझसे क्या काम है, तो उन्होंने बताया कि बड़हलगंज में एक डिग्री कॉलेज है जिसमें हजारों छात्र पढ़ते हैं, किंतु उसमें छात्रसंघ नहीं है। कॉलेज का प्रिंसिपल एकदम डिक्टेटर है। वह छात्रों की मांग पर कोई ध्यान नहीं देता। छात्रों के परिवार वाले भी हमेशा आतंकित रहते हैं। इस तरह की सूचनाओं के बाद बाबा ने मुझसे कहा–"मैं आपकी सहायता से कॉलेज में छात्रसंघ की स्थापना करना चाहता हूं। इस कार्य में आप बी. एच.यू. के अन्य छात्र नेताओं को भी शामिल करें।" बाबा की बात सुनकर मैं अचंभित सा हो गया और उनसे पूछ लिया कि आपको कैसे पता चला कि मैं उस कॉलेज में छात्रसंघ बनवा सकता हूं?

इस पर बाबा ने एक रोचक उत्तर दिया। उनका कहना था कि वे सुबह-सुबह ट्रेन से बनारस पहुंचे और बी.एच.यू. गेट के सामने लंका बाजार में एक नाई की दुकान में चले गए। चूंकि वे बी.एच.यू. के किसी छात्रनेता को नहीं जानते थे, इसलिए उनका विश्वास था कि छात्रनेता लोग वहां बाल कटाने अवश्य आते होंगे, इसलिए नाई लोग उनके बारे में अवश्य जानकारी रखते होंगे। बाबा ने आगे कहा कि उस दुकान में बंगाली नामक एक नाई ने बताया कि आप एक बड़े छात्रनेता हैं और 25 नम्बर कैलाश भवन में रहते हैं, इसीलिए मैं आपके पास चला आया। हकीकत यह थी कि बंगाली नाई भी कैलाश भवन में रहता था। वैसे भी लंका बाजार के सारे दुकानदार मेरे जैसे सभी छात्र नेताओं को अच्छी तरह जानते थे। शुरू-शुरू में मैं बाबा द्वारा प्रस्तावित छात्रसंघ वाले प्रकरण के प्रति काफी आशंकित था। यह आशंका बाबा के प्रति भी थी। फिर भी मैंने उन्हें आश्वस्त किया कि मैं अन्य छात्र नेताओं से इस प्रश्न पर बात करूंगा। इस तरह की वार्ता करने के बाद बाबा चले गए। किंतु दूसरे दिन वे फिर मेरे पास आए और बोले कि यदि आपको विश्वास नहीं है तो मेरे साथ बड़हलगंज चलकर स्थिति का मुआयना कर लीजिए। बार-बार आग्रह किए जाने के बाद मैं ट्रेन से उनके साथ बड़हलगंज के लिए चल पड़ा। वहां पहुंचने पर कई छात्र मुझसे मिलने आए और कॉलेज के बारे में मुझे पूरी जानकारी मिली। मैं कॉलेज से दो-तीन किलोमीटर दूर खड़ेसरी गांव स्थित बाबा के सर्वोदय आश्रम में एक रात रहा। आश्रम काफी बड़ा था तथा वहां काफी खाली जमीन भी थी। वहां रहने खाने की सारी सुविधाएं उपलब्ध थीं। दूसरे दिन बनारस लौटते समय मेरे साथ बाबा पुनः बनारस आए। मैंने शीघ्र ही बी.एच.यू. के कम्यूनिस्ट छात्रनेता नरेन्द्र प्रसाद सिन्हा जो तत्कालीन बी.एच.यू. छात्रसंघ के

अध्यक्ष भी थे से सबसे पहले बात की। इसके बाद देवव्रत मजूमदार, मार्कण्डेय सिंह तथा आनंद कुमार आदि छात्रनेताओं से मैंने बात की। सारे छात्रनेता बड़हलगंज डिग्री कॉलेज चलने के लिए तैयार हो गए। इन सारे नेताओं से मिलने के बाद स्वामी त्रिलोकीनाथ ने 21 तथा 22 अगस्त, 1969 को दो दिन का कार्यक्रम निर्धारित किया। इस कार्यक्रम से पहले लगभग 10 दिन का खाली समय था जिसके दौरान स्वामी जी ने बड़हलगंज टाउन के साथ-साथ आसपास के गांवों में पर्चा छपवाकर खूब प्रचार किया कि बी.एच.यू. के अनेक छात्रनेता छात्रसंघ की स्थापना के लिए वहां आ रहे हैं। हम सारे छात्रनेता निर्धारित कार्यक्रम के अनुसार 21 अगस्त, 1969 को बड़हलगंज पहुंचे। शाम को हमसे मिलने वहां के अनेक नागरिक तथा छात्र आए। इस तरह आंदोलन की पूरी पृष्ठभूमि तैयार हो गई।

दूसरे दिन एक जनसभा हुई, जिसमें उस क्षेत्र के नागरिकों के साथ बड़ी संख्या में छात्र मौजूद थे। बी.एच.यू. के सारे छात्रनेताओं के भाषणों का जबरदस्त असर पड़ा और कॉलेज के प्रिंसिपल ने शाम 4 बजे समझौता के लिए कॉलेज प्रशासन के साथ हमारी एक मीटिंग रखी। हमारी मीटिंग बहुत सफल रही और प्रिंसिपल साहब छात्रसंघ की मान्यता देने के लिए लगभग तैयार हो गए थे। किंतु एक आकस्मिक घटना ने सारा गुड़ गोबर कर दिया। हुआ यह कि कॉलेज के एक मुख्य क्लर्क थे, जो प्रिंसिपल साहब के बहुत चहेते थे। वार्तालाप के दौरान वे बार-बार प्रिंसिपल साहब की तरफ से बोलने की कोशिश करने लगे। उनके इस व्यवहार से खीझकर हमारे साथ बनारस से आए सिंह शिवाधार सिंह जो अपने को 'डबल' सिंह कहते थे, उन्होंने अपनी पिस्तौल निकालकर उस क्लर्क महोदय पर तान दी। इसके बाद वहां भगदड़ मच गई और शीघ्र ही वहां स्थित थाने से ढेर सारे पुलिस वाले आ गए। यकायक स्थिति अत्यंत तनावग्रस्त हो गई। पिस्तौल वाली घटना उस पूरे टाउन में बिजली की तरह फैल गई और जनमानस हम सारे बी.एच.यू. के नेताओं के विरुद्ध हो गया। 'डबल' सिंह छात्रनेता देवव्रत के बहुत चहेते थे, इसलिए उन्होंने सिंह साहब को दो-तीन झापड़ लगाते हुए यह घोषणा कर दी कि वे मानसिक रूप से असंतुलित व्यक्ति हैं, इसलिए उन्होंने पिस्तौल निकाल लिया। किंतु वे हिंसक नहीं हैं। इससे मजुमदार ने स्थिति को संभालने की कोशिश की। संयोगवश वह पिस्तौल लाइसेंस वाली थी, किंतु सनसनी इतनी ज्यादा फैल गई थी कि हम सारे छात्रनेता तुरंत एक नौका में बैठकर घाघरा नदी के उस पार चले गए। नदी में बाढ़ आई थी। बड़हलगंज टाउन घाघरा नदी के एकदम किनारे बसा हुआ था। कॉलेज का प्रशासन बहुत खुश इस बात से था कि पिस्तौल वाली घटना ने छात्रसंघ वाले मसले को एकदम नष्ट कर दिया। इसलिए पुलिस तथा अन्य किसी ने हमारे विरुद्ध कुछ नहीं किया। घाघरा के उस पार हम लोग काफी दूर पैदल चलकर दोहरीघाट रेलवे स्टेशन

पहुंचे। रात हो चुकी थी। वहां गोरखपुर से बनारस जाने वाली छोटी लाइन की रेलगाड़ी में हम बैठ गए।

जहां तक 'डबल सिंह' का संदर्भ है, वे चंदौली के रहने वाले एक जमींदार परिवार से आते थे। वे स्थानीय पोस्ट आफिस में काम करते थे। एक दिन रात में उनके घर डाका पड़ गया। वे डर के मारे एक कमरे में छिप गए, किंतु उनके हाथ में लायसेंस वाली दोनाली बंदूक थी। कमरे की खिड़की खुली हुई थी। वे डर के मारे गनगन गनगन कांप रहे थे। कंपकंपी के दौरान बंदूक का घोड़ा दब गया। संयोगवश डकैतों का सरदार खिड़की के सामने खड़ा हुआ था, इसलिए वह अनजाने में चली गोली का शिकार हो गया। डकैत सरदार के मरते ही सारे डाकू भाग गए। बाद में शिवाधार सिंह ने दावा किया कि डकैतों से मुकाबला करते हुए उन्होंने डाकू सरदार को मार डाला। इसके बाद से स्थानीय पुलिस की सिफारिश पर उन्हें एक लायसेंसी पिस्तौल भी मिल गई। सिंह साहब दिमाग से थोड़ा खिसके हुए थे। पिस्तौल मिलते ही कुछ और खिसक गए। अपने गांव वाले क्षेत्र में वे बात की बात पर किसी पर भी पिस्तौल तान देते थे। पोस्ट आफिस में भी वैसा करने लगे। परिणामस्वरूप उनकी नौकरी चली गई, किंतु पिस्तौल बच गई। यह घटना 1965-66 की है। नौकरी जाने के बाद शिवाधार सिंह बनारस चले आए और घूम-फिर कर बी.एच.यू. परिसर तथा उसके आसपास मंडराते रहते थे। वे छात्रनेताओं के भाषणों को बड़ी गंभीरता से सुनते और स्वयं प्रायः शाम के समय लंका बाजार के किसी चायखाने के सामने खड़ा होकर भाषण देने लगते।

देखते ही देखते उनके उलूल-जलूल भाषण को सुनने के लिए बाजारियों तथा छात्रों की भारी भीड़ इकट्ठा हो जाती थी। इस तरह वे बी.एच.यू. की छात्र राजनीति के एक अभिन्न अंग बन गए थे। वे हमेशा छात्रनेताओं के ही इर्द-गिर्द घूमते रहते थे। बिना किसी निर्धारित समय या निर्धारित विषय के वे लंका बाजार में कहीं भी खड़ा होकर भाषण देने लगते थे, जिससे आम लोगों का खूब मनोरंजन होता था। उनकी इस कला को देखकर मैं अकसर सुकरात को याद करने लगता था जो प्राचीन यूनान में किसी भी चौराहे पर खड़ा होकर भाषण के माध्यम से अपने विचारों को फैलाया करता था। यही वह दौर था जब शिवाधार सिंह ने अपना नाम 'डबल सिंह' (सिंह शिवाधार सिंह) रख लिये। वे हमेशा अपने को डबल सिंह ही कहा करते थे। बाद के वर्षों में उन्होंने अपने को ट्रीपुल सिंह तथा कालांतर चर्पुल सिंह यानी अपने नाम में चार 'सिंह' जोड़ने लगे। शुरुआती डबल सिंह की यह विशेषता थी कि वे राष्ट्रपति तथा उपराष्ट्रपति के चुनाव में अपना नामांकन भी दाखिल कर देते थे तथा नामांकन की एक प्रतिलिपि तथा उससे संबंधित कागजात को एक लाल कपड़े में बांधकर हमेशा अपनी कांख में दबाए रहते थे। वे अपने भाषणों में श्रोताओं को

हमेशा बताते भी रहते थे कि वह राष्ट्रपति तथा उपराष्ट्रपति दोनों का चुनाव लड़ चुके हैं। वी.वी. गिरि जब राष्ट्रपति चुने गए तो उनके खिलाफ भी डबल सिंह उम्मीदवार थे और अपने भाषणों में हमेशा दावा किया करते थेः "वी.वी. गिरि चुनाव जीतकर राष्ट्रपति बन गए। इससे क्या फर्क पड़ता है? मैं भी तो हारा हुआ राष्ट्रपति हूं।" उनकी ऐसी बातों से लोगों का खूब मनोरंजन होता था। बाद में जब 1971 में बी.एच.यू. छात्रसंघ के अध्यक्ष संतोष कुमार कपूरिया की हत्या के बाद तत्कालीन सी.बी.आई. के डायरेक्टर जान लोबो के नेतृत्व में, एक कमीशन हत्या की जांच के लिए बनारस आया, तो डबल सिंह ने अपने को ट्रीपुल सिंह में बदल दिया। उन्होंने हत्या जैसे अपराध को बहादुरी समझकर जान लोबो के नाम एक चिट्ठी में लिखाः "आप जान लोबो हैं तो मैं जान लेबो हूं। मैंने ही कपूरिया की हत्या की है।" इस चिट्ठी के मिलने के बाद सी.बी.आई. के डायरेक्टर ने स्थानीय पुलिस को आदेश दिया कि वह कथित ट्रीपुल सिंह को गिरफ्तार करके पूछताछ करे। बनारस की पुलिस सिंह साहब के खिसकेपन को अच्छी तरह समझती थी, इसलिए उसने जान लोबो साहब को आश्वस्त कर दिया कि उन पर जब भी पागलपन का दौरा पड़ता है, वे उलूल-जुलूल दावा करते रहते हैं, जबकि वे एक निर्दोष व्यक्ति हैं। इस तरह जान लोबो से जान लेबो साहब यानी ट्रीपुल सिंह बच गए। इसके बाद सिंह साहब ने इलाहाबाद हाईकोर्ट के चीफ जस्टिस को एक चिट्ठी लिखकर कहा–"ट्रीपुल सिंह कौन है, इसकी सूचना चर्पुल सिंह को दीजिए।" चीफ जस्टिस महोदय यद्यपि भांप गए थे कि यह कोई पागल आदमी है, फिर भी उन्होंने इलाहाबाद पुलिस को इस व्यक्ति के बारे में जानकारी प्रदान करने को कहा। इलाहाबाद से पुलिस बनारस आई। स्थानीय पुलिस ने उन्हें सिंह साहब और उनके पागलपन के बारे में बता दिया, जिसकी सूचना पाकर चीफ जस्टिस महोदय भी शांत हो गए। यही सिंह साहब हम लोगों के साथ बड़हलगंज डिग्री कॉलेज गए थे, जो उस समय तक मात्र डबल सिंह थे। दोहरीघाट से ट्रेन द्वारा जब हम इंदारा जंक्शन पर पहुंचे, तो हमारी ट्रेन आधा घंटे से ज्यादा वहीं रुकी रही। इसका एकमात्र कारण था, एक दूसरी ट्रेन का आगमन, जो आजमगढ़ होते हुए जौनपुर के शाहगंज जाती थी। समय की बहुलता को देखकर डबल सिंह हमारे डिब्बे के उपर चढ़ गए और 'सुकरात स्टाइल' में भाषण देने लगे। रात के करीब साढ़े बारह बजे थे।

डबल सिंह ने चरणसिंह की जनविरोधी नीतियों को अपने भाषण का हिस्सा बनाया था। इस बीच आजमगढ़ जाने वाली रेलगाड़ी भी जंक्शन पर आ गई। उस गाड़ी के ढेर सारे पैसेंजर प्लेटफार्म पर उतरकर डबल सिंह के रोचक भाषण को सुनने लगे। भाषण के बीच सिंह साहब कुछ गाली-गलौज भी कर लिया करते थे, जिसके परिणामस्वरूप सैकड़ों पैसेंजर श्रोतागण एकदम मंत्रमुग्ध हो गए थे। इस बीच

आजमगढ़ की ओर जाने वाली रेलगाड़ी चल पड़ी। चूंकि सिंह साहब का भाषण अपने उलूल-जुलूल तथ्यों के कारण काफी रोचक हो जाता था, इसलिए पचासों पैसेंजर उनका भाषण सुनने के चक्कर में रेलगाड़ी में नहीं बैठ पाए और वे प्लेटफार्म पर ही रह गए। इस दौरान हमारी रेलगाड़ी बनारस की ओर चल पड़ी। इंदारा में जिनकी गाड़ी छूट गई, जाहिर है वे रात भर परेशान हुए होंगे, क्योंकि अगली गाड़ी दूसरे दिन आने वाली थी।

सिंह साहब की मुझसे भी खूब पटती थी। मैं शाम को हमेशा लंका पर शंकर की दुकान में चाय पीने जाता था। मैं जब भी वहां होता, सिंह साहब मेरे पास बैठ जाते और चाय पीकर भाषण देने के लिए तैयार हो जाते। इस तरह जब तक मैं बनारस में रहा तब तक वे शाम को मेरे साथ चाय अवश्य पीते और फिर भाषण देते। भाषण देते समय एक खास बात यह थी कि सिंह साहब के दोनों पैर तेजी से कांपते रहते थे, जिसे देखकर मुझे हमेशा ऐसा लगता था कि मानो वे अब भी डकैतों से मुकाबला कर रहे हों। बनारस तथा डबल सिंह से विदाई लेने के बाद 38 साल हो गए। वे बनारस की औघड़ मस्ती के एक अभिन्न अंग थे। इस समय उनके बारे में मुझे कुछ भी मालूम नहीं है। मेरी कल्पना में यह बात बार-बार आती है कि यदि सिंह साहब इस दुनिया से जब भी चले गए होंगे या जाएंगे तो उनकी जलती हुई चिता से हमेशा तनी हुई पिस्तौल ही निकलेगी। बड़हलगंज डिग्री कॉलेज जाने का सभी का मूल उद्‌देश्य यह था कि यदि वहां छात्रसंघ बन गया तो उनके बीच हम सभी अपनी-अपनी विचारधाराओं का प्रचार करेंगे। साथ ही हम सभी का यह मानना था कि बड़हलगंज की सफलता का असर पूर्वी उत्तर प्रदेश के तमाम डिग्री कॉलेजों पर पड़ेगा। किंतु डबल सिंह की एक उन्मादी पिस्तौल ने सारी विचारधाराओं पर पानी फेर दिया।

वापस बी.एच.यू. में देखें, तो वहां की राजनीति में एक बड़ा उबाल आ गया था। कारण यह था कि उत्तर प्रदेश के तत्कालीन मुख्यमंत्री चरणसिंह ने प्रदेश भर के कॉलेजों तथा विश्वविद्यालयों में छात्रसंघों पर प्रतिबंध लगा दिया था। यद्यपि बी.एच.यू. पर उसका कोई प्रभाव नहीं पड़ा, क्योंकि वह सेंट्रल यूनिवर्सिटी थी। फिर भी वहां के छात्र छात्रसंघ बहाल किए जाने की मांग को लेकर हड़ताल पर चले गए। इस हड़ताल में कम्युनिस्ट पार्टी के छात्र भी शामिल हो गए। छात्रों की यह हड़ताल पूरे पूर्वी उत्तर प्रदेश में फैल गई थी। इसी आंदोलन के दौरान मुझे 10 अगस्त, 1970 को शांतिभंग की आशंका वाली धारा के तहत गिरफ्तार कर लिया गया। मुझे चौकाघाट जेल में बंद कर दिया गया। उस समय जेल में मेरे साथ दो अन्य छात्रनेता आनंद कुमार तथा गोपाल त्रिपाठी ऐसे व्यक्ति थे, जिनकी स्नातक की फाइनल परीक्षाएं होने वाली थीं। चरण सिंह ने एक आदेश : 'प्रिजन नो पिकनिक प्लेस',

अर्थात् जेल वन विहार नहीं है, जारी करके हमें जेल से परीक्षा देने से रोक दिया था। अतः वह साल हमारा बर्बाद हो गया था। जहां तक गिरफ्तारी का सवाल है, 10 अगस्त, 1970 को हमें रात भर भेलूपुर थाने में ही रखा गया। कारण यह था कि जेल भेजने से पहले कोर्ट में मजिस्ट्रेट के सामने प्रस्तुत करना आवश्यक होता है। थाने वाले कोर्ट में हमें नहीं प्रस्तुत कर पाए। अतः रात थाने में ही बितानी पड़ी। थानेदार इंद्रजीत सिंह ने हमें बताया कि कानून के तहत एक हवालाती को रात के भोजन के लिए सिर्फ 40 पैसे का प्रावधान है। आगे उन्होंने कहा–"आप लोग बताइए, क्या खाइएगा?" इस पर हम चौंक गए। थानेदार साहब ने फिर सफाई दी कि यह धनराशि सन् 1864 में अंग्रेजों द्वारा किसी ऐक्ट के तहत निर्धारित की गई थी। एक क्षण के लिए मुझे लगा कि मैं उसी जमाने का कैदी हूं। मेरे सामने यकायक 1857 के गदर की पूरी पृष्ठभूमि गुजरने लगी।

थानेदार साहब ने विनम्रतापूर्वक उस 40 पैसे में रात को दोसा खिलाया। उस दिन समरेन्द्रनाथ घोष, जो बनारस के सीनियर सुपरिंटेंडेंट ऑफ पुलिस (एस.एस.पी.) थे, वे मुझे लंका त्रिमुहानी से गिरफ्तार कर के अपनी जीप में बैठाकर भेलुपूर थाने ले गए थे। रास्ते में घोष साहब ने मुझसे उपदेश देने की मुद्रा में पढ़ाई-लिखाई में ध्यान देने की बात कही। उन्होंने यह भी कहा कि अच्छी तरह पढ़िएगा लिखिएगा तो सरकार स्कॉलरशिप देगी, राजनीति से कुछ नहीं होता। उस समय मुझे एस.एस.पी. साहब की बातें बहुत खराब लगी थीं। खैर, जब दूसरे दिन थाने वाले मजिस्ट्रेट के सामने मुझे पेश किया, तो उन्होंने जेल में अनिश्चित काल के लिए भेजने का फैसला सुनाया। इस तरह मैं 11 अगस्त, 1970 को चौकाघाट जेल में बंद हो गया। जेल में पहुंचते ही मुझे सभा भवन में रखा गया। सभा भवन एक छोटा सा हाल था, जिसमें स्वतंत्रता आंदोलन के दौरान बंद स्वतंत्रता सेनानी अपनी सभा किया करते थे, इसीलिए उस हाल का नाम सभा भवन पड़ा था। अतः सभा भवन में सामान्यतः राजनैतिक बंदियों को रखा जाता था। सभा भवन के बगल में एक छोटी सी चहारदीवारी थी, जिसमें एक छोटा-सा फाटक था, जिससे आपराधिक किस्म के कैदियों को इधर-उधर ले जाया जाता था। मैं उस फाटक से अंदर जाने के लिए वहीं खड़ा हो गया, क्योंकि ऐसे कैदियों का एक बड़ा झुंड एक 'पक्का' के नेतृत्व में कुछ काम कराने के लिए वहीं से गुजर रहा था। यद्यपि मैं फाटक से बिलकुल हटकर खड़ा था, किंतु एक अपराधी कैदी ने जान-बूझकर अपने पैर से मेरे पैर को बुरी तरह कुचल दिया। इस पर मैंने सिर्फ इतना ही कहा कि देखते नहीं हो क्या? इतना सुनते ही उस कैदी ने तड़ातड़ मुझे तीन चार चांटे लगा दिए। मैं एकदम सन्न हो गया। मैं एकदम डर गया था। 'पक्का' जेल एडमिनिस्ट्रेशन चलाने में सबसे महत्त्वपूर्ण व्यक्ति होता है। जेल में अनेक बैरकें होती हैं। हर बैरक में जेल प्रशासन एक 'पक्का'

नियुक्त करता है। यह 'पक्का' कोई और व्यक्ति नहीं, बल्कि उस बैरक का सबसे ज्यादा खूंखार कैदी होता था, जो प्रायः मर्डर का अभियुक्त होता था। यह कैदी अपने बैरक के सारे कैदियों पर तगड़ी निगाह रखता था। एक तरह से वह जेल अधिकारियों के लिए जासूसी का भी काम करता था। कैदियों के छोटे-मोटे विद्रोह को वह खुद कुचल देता था। वह सारी रात हर घंटे कैदियों की गिनती करके सीटी बजाते हुए जोर-जोर से चिल्लाकर कहता–''बैरक नम्बर फला फला में सब कुछ ठीक-ठाक है। सब कुछ ठीक-ठाक का मतलब होता था कि कैदियों की गिनती सही है। इन सारी जिम्मेदारी निभाने वाले व्यक्ति को जेल में 'पक्का' कहा जाता था।

उन्हीं दिनों उत्तर प्रदेश में कम्युनिस्ट पार्टियों तथा सोसलिस्ट पार्टी आदि के द्वारा 'भूमि हड़पो' आंदोलन चलाया जा रहा था। अतः छात्रों के साथ अनेक पार्टी कार्यकर्ता भी जेल में बंद थे। प्रसिद्ध समाजवादी नेता मधुलिमए भी चौकाघाट जेल में बंद थे। कुछ दिन बाद राजनारायण भी जेल में आ गए। अतः सभा भवन का वातावरण एकदम राजनीतिमय हो गया था। शुरू में हमें जेल के सामूहिक मेस से खाने में दो बड़ी-बड़ी रोटियां, साग और पानी जैसी पतली दाल मिलती थी। एक खास बात यह थी कि जेल मेस के इंचार्ज भारतीय रेल के एक गार्ड थे, जो किसी की हत्या कर देने के बाद आजीवन कारावास की सजा भुगत रहे थे। वहां रोटी बनाने का तरीका बहुत विचित्र था। एक चौकोर सीमेंटेड हौज बना हुआ था, जिसमें कई बोरी आटा डाल दिया जाता था। इसके बाद नलके में बंधे पाइप द्वारा पानी गिरता रहता था। फिर चार कैदी नंगे पांव जोर की छलांग लगाकर आटे को पैर से मांड़ते रहते थे। इस तरह करीब चालीस पैंतालीस मिनट के बाद आटा सनकर तैयार होता था। फिर बड़े चूल्हे के पास लोहे की मोटी चादर वाली एक काफी लंबी चौड़ी चौकी बिछी रहती थी, जिस पर तीन चार किलो आटा का लोंदा रख दिया जाता था। उस पर एक लंबे मुदगल जैसा वजनी बेलन चलाकर चारों तरफ फैला दिया जाता था। फिर एक बड़े आंखा जैसा रोटी काटने का सांचा होता था। उस सांचे से धड़ाधड़ दर्जनों रोटियां काटकर कड़ाहा जैसे बड़े तावे पर सेंकी जाती थीं। इस तरह रोटियों के बनाने का सिलसिला घंटों जारी रहता था, क्योंकि उस समय जेल में रह रहे कैदियों की संख्या लगभग दो हजार थी। इस तरह खाना बनाने की विधि देखकर मैं चौंक गया था। विशेष रूप से पैरों से आटा सानना मुझे बहुत खराब लगा था। छात्रनेता आनंद कुमार के चाचा कृष्णनाथ जो काशी विद्यापीठ में अर्थशास्त्र के प्रोफेसर थे, वे भी उस समय जेल में बंद थे। हम लोग उनके नेतृत्व में रातनैतिक कैदी का दर्जा देने तथा अलग से भोजन व्यवस्था की मांग करने लगे। साथ ही पेपर, पत्रिका आदि की भी मांग की गई, क्योंकि हम बाहरी दुनिया से एकदम अलग-थलग पड़ गए थे। जेल में हमें खाने के लिए पीतल का एक तसला तथा पीतल का ही एक

लंबी गिलास मिला हुआ था। अपनी मांगों को मनवाने के लिए कृष्णनाथ जी के नेतृत्व में यह तय किया गया कि आधी रात के बाद सोता पड़ जाने पर हम सभी अपने-अपने तसले पर गिलास के प्रहार से तेज आवाज निकालेंगे, ताकि जेल प्रशासन की नींद हराम हो जावे। हुआ ऐसा ही। वह 14-15 अगस्त 1970 की रात थी। हम करीब 50 लोगों ने 2 बजे रात को जोर-जोर से तसला बजाना शुरू कर दिया। यह सारा दृश्य मधुलिमए के सामने हो रहा था। रात के उस सन्नाटे में तसलों की टनटनाहट बहुत दूर तक गूंजने लगी। तुरंत ही सारे जेल अधिकारी सभा भवन में दाखिल हो गए और वे तसला बजाना बंद करने के लिए हाथ पैर-जोड़ने लगे। परिणामस्वरूप हमारी सारी मांगें मान ली गईं।

दूसरे ही दिन से दो कैदी हमारा खाना अलग से सभा भवन के सामने पकाने लगे। उस समय हम लगभग 50 कैदियों को राजनीतिक बंदियों जैसा दर्जा मिला हुआ था। सुबह नाश्ते के बाद मधुलिमए विभिन्न राजनीतिक विषयों पर हमें लेक्चर दिया करते थे। इस दौरान उन्होंने एक दिन सन् 1917 की रूसी क्रांति पर बहुत अच्छा लेक्चर दिया था। वे बिलकुल किसी कम्युनिस्ट नेता जैसे बोले थे। एक दिन सारे छात्रों ने मिलकर सभा भवन में कृत्रिम विधानसभा का संचालन भी किया। जिस तरह से विधानसभा या पार्लियामेंट में डिबेट चलता है, वैसे ही वहां डिबेट हुआ। इस तरह की गतिविधियों से हम अपना मनोरंजन कर लेते थे। इस तरह के डिबेट में आनंद कुमार का अभिनय सबसे अच्छा होता था। जेल में हमें चाय नहीं मिलती थी जिससे मुझे हरदम सिरदर्द होता रहता था। दिन बिताना बड़ा मुश्किल होता था। धीरे-धीरे जेल जीवन से मैं तारतम्य बैठाने लगा। जेल में गाजीपुर जिले का यादव नामक एक कैदी था, जो किसी की हत्या के जुर्म में आजीवन कारावास भुगत रहा था। वह एक 'पक्का' था। वह गाजीपुर के प्रख्यात कम्युनिस्ट नेता सरयू पांडे (सांसद) का बहुत बड़ा समर्थक था। मेरे बारे में यह जानकर कि मैं कम्युनिस्ट पार्टी में हूं तो वह मुझे बहुत मानने लगा और जेल कैसे चलता है, के बारे में वह अनेक रोचक बातें बताता रहता था। जैसे कि सश्रम कारावास भुगत रहे कैदियों को जेल में काम करना पड़ता है, इसलिए जेल के बड़े अहाते में खेती का भी काम खूब होता था।

चौकाघाट जेल के अंदर तरह-तरह की सब्जियों तथा सरसों की खेती बड़े पैमाने पर की जाती थी। उस 'पक्का' ने मुझे बताया कि जेल की उगाई गई सब्जियां प्रतिदिन जिला प्रशासन के तमाम बड़े अधिकारियों तथा अन्य पुलिस अधिकारियों के घर नियमित रूप से पहुंचाई जाती थीं। उसने यह भी बताया कि जेल में पैदा की गई सरसों का पेरा हुआ तेल बहुत शुद्ध होता है। अतः उसका भी बड़ा हिस्सा सारे अधिकारियों में बंट जाता था, लेकिन सबसे चौंकाने वाली बात उसने यह बताई कि कुछ पुलिस अधिकारी अपनी दुश्मनी का बदला लेने के लिए जेल के बाहर खूंखार

कैदियों का इस्तेमाल करते थे। इस संदर्भ में बिना नाम लिए एक अधिकारी के बारे में बताया कि उनके गांव में उनकी किसी से दुश्मनी थी। अतः जेल से दो-तीन कैदियों को ले जाकर उनके दुश्मन की हत्या करवा दी गई। वे कैदी पुनः रातोरात जेल में वापस आ गए। इस तरह से जेल प्रशासन के काम आने वाले अनेक कैदियों को सजा में छूट मिल जाती थी। जेल में व्यवहार सुधार के नाम पर ऐसा किया जाता था। यह सब सुनकर मैं दंग रह गया था, किंतु मेरे लिए वह 'पक्का' बड़े काम का निकला। जेल में कोई भी परेशानी हो, वह तुरंत हल कर देता था। सारी आवश्यकता की चीजें वह उपलब्ध करवा देता था। उसने मुझे बताया कि जेल अधिकारी जिसको ज्यादा सुविधा देना चाहते हैं, उसे जेल अस्पताल में भर्ती करा देते हैं, जहां जेल मैनुअल के अनुसार अंडा, दूध, मांस जैसी चीजें रोज उपलब्ध कराई जाती थीं। जेल में मेरे साथ यूथ कांग्रेस के गोपाल त्रिपाठी भी थे। वे मेरे बड़े अच्छे मित्र थे। मैंने जेल अस्पताल वाली बात उनसे बता दी। उन्होंने तुरंत कहा चलकर जेलर से बात करते हैं। जेलर साहब ने तुरंत हमारी बात मान ली और हम दोनों को उन्होंने जेल अस्पताल में भर्ती करा दिया। सबसे रोचक बात यह थी कि अस्पताल में हमें सारी खाद्य सामग्री तथा पकाने के लिए कुछ बर्तन और स्टोव आदि सब कुछ उपलब्ध करा दिया गया। गोपाल त्रिपाठी मेरी ही तरह खाना पकाने में बड़े माहिर थे, अतः अस्पताल प्रवास के करीब एक सप्ताह खूब अच्छी तरह पकाते खाते रहे।

इन सबके बदले जेलर साहब की एक ही विनती थी कि जेल से छूटने के बाद हम उनकी बेटी का बी.एच.यू. महिला कॉलेज में ऐडमिशन करा दें। बाद में हमने वैसा किया था। जब मैं जेल अस्पताल में था, वह 'पक्का' जेल स्थित एक नाई को दाढ़ी बनाने के लिए बुला लाया। नाई जब मेरी दाढ़ी में कूची से साबुन लगा रहा था तो वह बोल पड़ा–"तं तै बड़ा सीधा लगैले रे जेल में कइसे आ गइले।" उस नाई की याद आने पर मुझे एक बुद्धकालीन नाई याद आ जाता है जिसने बुद्ध को एक बार भोजन दान के लिए अपने घर निमंत्रित किया था। भोजन दान के पहले अपने बेटों के साथ अनेक लोगों से वह सामग्री मांगता और कहता कि बुद्ध को भोजन दान देना है। जाहिर है जब बुद्ध को इस बात का पता चला कि वह नाई उन्हें खिलाने के लिए लोगों से सामग्री इकट्ठा कर रहा था तो उन्होंने भिक्षुओं को साफ निर्देश दिया कि ऐसे व्यक्ति द्वारा किया गया भोजनदान कभी नहीं स्वीकार करना चाहिए जो भिक्षु या मेरे बहाने सामग्री इकट्ठा करे।

जेल अस्पताल में रहते हुए मुझे जेल का सिस्टम कैसे काम करता है, की पूरी जानकारी हासिल हुई। वहां बीमार बहुत कम, माफिया गुंडों आदि का बोलबाला होता था। इस बीच हमारी बी.एच.यू. फाइनल की परीक्षाएं शुरू हो गईं, किंतु हमें जेल से परीक्षा देने से यू.पी. सरकार ने मना कर दिया। यह खबर बनारस से निकलने

वाले 'आज' अखबार में बहुत प्रमुखता के साथ प्रकाशित हो गई। इस खबर में विशेष रूप से मेरे, आनंद कुमार तथा गोपाल त्रिपाठी के नामों की चर्चा उल्लेखनीय थी। मेरे पुराने हाईस्कूल के संस्थापक बाबा हरिहरदास को यह खबर कहीं पढ़ने को मिल गई। अतः उन्होंने मेरे पिता जी को किसी के द्वारा यह संदेश भेजा कि मैं बनारस की जेल में बंद हूं। इस खबर के आते ही मेरे गांव में यह बात फैल गई कि मैं किसी डकैती के सिलसिले में जेल में बंद हूं। अतः इस तरह की अफवाह के चलते एक दिन मेरे पिता जी मुझे ढूंढ़ते हुए चौकाघाट जेल आ गए। शाम का समय था। जेल में तैनात एक पुलिस वाले ने आकर मुझे बताया कि आपके पिता जी आपसे मिलने आए हैं और वे जेल के बाहर खड़े हैं। यदि मैं चाहता तो जेल अधिकारी पिता जी को मुझसे मिलने के लिए जेल के अंदर बुला लेते, किंतु मैंने स्वयं उनसे मिलने से इनकार कर दिया, और वे पुनः गांव लौट गए। इस घटना के कोई एक साल बाद बाबा हरिहरदास से बनारस में मेरी अचानक मुलाकात हुई। बाबा अपने स्कूल की साइंस प्रयोगशाला के लिए भौतिकतुला आदि जैसी सामग्री खरीदने उसी दुकान में आए हुए थे, जिसके मालिक के भाई का मैं ट्यूशन करता था।

उन्होंने ही मुझे बताया कि जेल में बंद होने वाली खबर का न जाने कैसे डकैती से रिश्ता जुड़ गया? अतः उस पूरे एरिया में लोग मुझे डकैतों के गिरोह में शामिल हुआ मानने लगे थे। मेरे लिए यह एक विचित्र स्थिति थी। करीब एक हफ्ते बाद मुझे तथा गोपाल त्रिपाठी दोनों को जेल अस्पताल से वापस सभा भवन में भेज दिया गया। वहां बनारस संस्कृत विश्वविद्यालय के भी कुछ छात्र बंद थे, जिनमें से एक थे आर.बी. त्रिपाठी। वे टीका चंदन लगाते थे और मुझे जहां भी देखते, 'एकाना एकाना' कहकर बुलाने लगते। जाहिर है उनका असली निशाना मेरी रोशनीविहीन दाईं आंख हुआ करती थी। एक दिन उन्हें ऐसा कहते हुए आनंद कुमार ने सुन लिया। आनंद ने तुरंत प्रतिक्रियास्वरूप त्रिपाठी जी को बहुत डांटा था। जेल जीवन के प्रथम दो सप्ताह लगभग सामान्य रूप से बीते, इस दौरान 15 अगस्त का स्वतंत्रता दिवस तथा कृष्ण जन्माष्टमी जैसा त्योहार बड़े उल्लास के साथ मनाया गया। वहां अकसर देखने को मिलता था कि समय समय पर खतरे की घंटी जेल में बज उठती थी। खतरे की घंटी का मतलब होता था एक ही स्वर में घंटी का देर तक बजते रहना। उस 'पक्का' भाई ने हमे पहले ही समझाया था कि जब देर तक घंटी बजती रही तो इसका मतलब यह है कि किसी न किसी बैरक में कैदियों का विद्रोह या झगड़ा हो गया है। अतः ऐसी स्थिति में पुलिस तुरंत हस्तक्षेप करती थी। प्रायः लाठी चार्ज हो जाया करता था।

उसने हमें यह भी निर्देश दिया था कि ऐसी घंटी बजते ही हम अपने अपने बैरक में वापस चले जाएं। झगड़ालू कैदियों को जेल अधिकारी सजा स्वरूप 'तनहाई' में

रख देते थे। 'तनहाई' का मतलब होता था किसी कैदी को साईकिल स्टैंड की तरह बने एक संकरे कमरे में बंद कर देना। कैदियों के विद्रोह के लिए बैरक नं. 12 बहुत कुख्यात था, क्योंकि उसमें डकैती तथा हत्या के आरोप में सजाप्राप्त खूंखार कैदी रहते थे। 'पक्का' हमें यह भी बताता था कि इन्हीं खूंखार कैदियों का इस्तेमाल जेल अधिकारी प्रायः अनुशासनहीन कैदियों को अनुशासित करने के लिए करते थे। उन्हीं दिनों बी.एच.यू. में इंजीनियरिंग कॉलेज के एक छात्रनेता यदुनाथ सिंह चौकाघाट जेल में बंद थे। यदुनाथ सिंह अन्याय के विरुद्ध हमेशा बुलंद आवाज में बोला करते थे। एक दिन उन्होंने जेल में फैली दुर्व्यवस्था के विरुद्ध अपनी बात मनवाने के लिए एक विचित्र तरीका अपना लिया। जेल परिसर में स्थित एक विशाल पुराने नीम के पेड़ पर वे चढ़ गए। वे सबसे ऊपर वाली पुतलुकिया डाल पर बैठ गए और वहीं से अपनी बुलंद आवाज में भाषण देना शुरू कर दिया। रोचक तथ्य यह था कि वह नीम का पेड़ जेल की चारदीवारी के अंदर बहुत पास में था और बाहर से एक मुख्य सड़क पांडेपुर पिसनहरिया की तरफ जाती थी। अतः उनका भाषण सुनने के लिए ट्रैफिक जाम होने लगा। फलस्वरूप मीलों लंबा जाम लग गया। जेल अधिकारी एकदम परेशान हो गए थे। फिर दर्जनों मुस्टंड कैदी बड़ी-बड़ी लाठियों में मिट्टी के तेल से सना कपड़ा बांधकर उसमें आग लगाकर जलती हुई मशाल को लेकर पेड़ पर चढ़ना शुरू कर दिया। जेल अधिकारियों की यह तरकीब सफल हुई। जलती हुई मशाल जैसे-जैसे यदुनाथ सिंह के नजदीक पहुंचती रही, वे वैसे ही नीचे उतरने लगे। उधर किसी अनहोनी को रोकने के लिए अन्य कैदी पेड़ के नीचे कम्बल ताने खड़े रहे। इस तरह नजदीक आने पर वे एक तने हुए कम्बल पर कूद पड़े। जेल अधिकारियों ने उन्हें 'तनहाई' में बंद कर दिया। बाद में पता चला कि यदुनाथ सिंह को काफी परेशान किया गया। यह घटना जेल में काफी दिनों तक चर्चा में रही। धीरे-धीरे जेल हमें काफी खलने लगी थी। विशेष रूप से हमारी परीक्षा का छूट जाना काफी परेशान कर रहा था।

राजनैतिक गतिविधियों तथा अन्य कारणों से मेरा दो साल पहले ही बर्बाद हो चुके थे। यद्यपि मुझे शांति व्यवस्था बनाए रखने वाली धारा के तहत गिरफ्तार किया गया था, किंतु बाद में अन्य आपराधिक धाराएं भी लगा दी गईं। दो साल पहले अंग्रेजी हटाओ आंदोलन के दौरान आनंद कुमार के नेतृत्व में कुछ लोहियावादियों ने पी.टी.आई. (प्रेस ट्रस्ट ऑफ इंडिया) के अंग्रेजी भाषा वाले टेली प्रिंटर को तोड़ दिया था। ठीक उसी समय इन्हीं लोगों ने सारनाथ स्थित रेडियो स्टेशन के प्रसारण कक्ष में घुसकर लोहिया जिंदाबाद का नारा भी लगाया था। ऐसी अनेक घटनाओं से संबंधित आपराधिक धाराएं मेरे विरुद्ध लगा दी गईं, जबकि इन घटनाओं से मेरा कोई संबंध नहीं था। वैसे मैं सी.पी.आई. में था, किंतु स्थानीय पुलिस मुझे नक्सलवादी

समझती थी। इन तमाम घटनाक्रमों के बीच मधुलिमए को बनारस जेल से दिल्ली की तिहाड़ जेल में स्थानांतरित कर दिया गया। मधुलिमए के चले जाने के बाद यद्यपि राजनारायण चौकाघाट जेल में ही रहे, किंतु वहां के वातावरण में काफी अंतर देखने को मिला। मधुलिमए मूलतः एक बौद्धिक किस्म के व्यक्ति थे, इसलिए वे हमेशा राजनीतिक चर्चा करते रहते थे। वहीं राजनारायण एकदम लट्ठमार किस्म के व्यक्ति थे। छोटी मोटी समस्याओं को लेकर वे जेल अधिकारियों से लड़ पड़ते थे। जेल में एक 'राजनारायण चबूतरा' काफी चर्चित हो गया था। हुआ यह था कि सभा भवन से थोड़ी दूर पर एक विशाल नीम का पेड़ था। हम सभी अकसर उस पेड़ के नीचे जमीन पर बैठा करते थे। एक दिन राजनारायण ने जेलर को बुलाकर बहुत बुरी तरह से फटकार लगाते हुए कहा कि उस पेड़ के तने के इर्द-गिर्द अविलंब एक चबूतरा बन जाना चाहिए। ऐसा ही हुआ। चौबीस घंटे के अंदर चबूतरा बनकर तैयार हो गया। उसी चबूतरे पर रोज सुबह दो कैदी सरसो के तेल से राजनारायण जी की मालिश करते थे। चबूतरे पर बैठकर वे छात्रों को संबोधित भी किया करते थे। इसीलिए जेल में उस चबूतरे का नाम 'राजनारायण चबूतरा' पड़ गया था। राजनारायण की राजनीतिक शब्दावली में इंदिरा गांधी का विरोध प्रमुखता के साथ बार-बार आता रहता था। वे अकसर कहा करते थे कि देश से तीन 'क' को हटाना है। अर्थात् पहले 'क से करोड़पति दूसरे 'क' से कांग्रेस तथा तीसरे 'क' से कम्युनिस्ट को हटाना है। उनकी ऐसी तुकबंदियों से छात्रों का खूब मनोरंजन होता था। कुल मिलाकर मैं लगभग एक महीना चौकाघाट जेल में रहा। इसके बाद बनारस की कम्युनिस्ट पार्टी के जनरल सेक्रेट्री गिरिजेश राय ने मुझे जमानत पर जेल से रिहा करवा लिया।

जेल से आने के बाद मैं अत्यंत चिंतित रहने लगा, जिसका एकमात्र कारण था बी.ए. फाइनल की परीक्षाओं में न बैठ पाना। आगे की शिक्षा में संभावित कठिनाइयों से मैं एक बार फिर घिर गया। फिर भी मैं, सक्रिय रूप से राजनैतिक गतिविधियों में हिस्सा लेता रहा। इस बीच पूर्वी उत्तर प्रदेश में चरणसिंह विरोधी आंदोलन काफी तेज हो गया था। उत्तर प्रदेश के तमाम विश्वविद्यालयों के छात्रनेताओं का सनातन धर्म इंटर कॉलेज, वाराणसी में एक दिवसीय सम्मेलन हुआ। इसमें निर्णय लिया गया कि सभी विश्वविद्यालयों के छात्र 6 दिसंबर, 1970 को लखनऊ में विधानसभा के सामने प्रदर्शन करेंगे। निर्धारित कार्यक्रम के अनुसार मूल रूप से कम्युनिस्ट तथा लोहियावादी छात्रों ने विधानसभा के सामने प्रदर्शन किया। मेरे साथ कम्युनिस्ट छात्रों का एक जत्था प्रदर्शन में मौजूद था, जिसमें दीपक मलिक जैसे बड़े नेता भी थे। प्रदर्शन कर रहे सैकड़ों छात्रों के साथ हम सभी गिरफ्तार कर लिए गए। दिन भर महानगर पुलिस थाने में रखने के बाद हमें लखनऊ जेल में भेज दिया गया। जेल

के बड़े-बड़े कमरों में सोने के लिए चौकी चारपाई की जगह ईंट सीमेंट से बने चबूतरे थे। देखने में ऐसा लगता था कि हम किसी पुराने कब्रिस्तान में आ गए हों। खाटनुमा इन चबूतरों पर बैठते या लेटते हुए ऐसा प्रतीत होता था कि नीचे कोई मरा हुआ व्यक्ति दफन है। जेल में हमें दो-दो कम्बल मिले थे, एक बिछाने के लिए तथा एक ओढ़ने के लिए। हम सभी उस कब्रनुमा चबूतरे पर अपने-अपने कम्बल बिछा ही रहे थे कि अचानक एक लड़का दौड़ता हुआ आया और बताने लगा कि सांसद नेता राजनारायण को चाकू लिए एक छात्र जेल परिसर में खदेड़ रहा है। हम सभी तुरंत कमरों से निकलकर बाहर आ गए। कुछ छात्रों ने चाकूधारी छात्र को पकड़ लिया। उसके बाद उससे पूछा जाने लगा कि वह राजनारायण को चाकू से प्रहार करने के लिए क्यों खदेड़ रहा था? वह छात्र एकदम चुप्पी साध गया। पता चला कि वह वाराणसी के एक इंटर कॉलेज का छात्र था, जिसका संबंध लोहियावादी समाजवादी युवजन सभा से था। उस छात्र की चुप्पी से अटकलबाजी का बाजार काफी गर्म हो गया था। स्मरण रहे कि राजनारायण विधानसभा के समक्ष हुए प्रदर्शन में हम लोगों के साथ गिरफ्तार हुए थे। चाकू वाली खबर तत्कालीन मुख्यमंत्री त्रिभुवन नारायन सिंह तक पहुंच गई। स्थिति को संभालते हुए उन्होंने अविलंब राजनारायण को जेल से बाहर निकालने का आदेश दे दिया। आधी रात के बाद राजनारायण जी जेल से बाहर चले गए। मुख्यमंत्री के हस्तक्षेप के परिणामस्वरूप हम सभी बंदी छात्रों को भी दूसरे दिन यानी 7 दिसंबर, 1970 को लखनऊ जेल से रिहा कर दिया गया। इस तरह मेरे जीवन का एक अत्यंत घटनापूर्ण वर्ष समाप्त हो गया।

वैचारिक द्वंद्व

माओवाद तथा सोवियत संघ

सन् 1966 से लेकर 1976 के बीच का एक दशक मेरे लिए वैचारिक द्वंद्व का भी दशक रहा। मैं हर किसी नई विचारधारा के संपर्क में आता और उसी से प्रभावित हो जाता था। बुद्धिज्म तथा मार्क्सवाद के बीच माओवाद तथा अस्तित्ववाद से संघर्ष करता रहा। मेरे लिए बी.एच.यू. में निवास का यह दशक बंदरकुदान जैसा था। नक्सलवादी आंदोलन शुरू होने के बाद मैं चे गुआरा तथा लिन पीयाओ के गुरिल्ला युद्ध वाले सिद्धांत से बहुत प्रभावित था, किंतु माओवादियों की अर्थहीन हिंसात्मक गतिविधियां मेरे मस्तिष्क में हमेशा प्रश्नचिन्ह खड़ा कर देती थीं। धर्म और ईश्वर से मेरा नाता एकदम समाप्त हो चुका था। इसके साथ ही पाप और पुण्य की अवधारणा भी खत्म हो गई थी, फिर भी क्रांति के लिए बेमतलब की हत्या वाला सिद्धांत मुझे गहराई से खटकने लगा। कलकत्ता से मुझे मिलने वाली नक्सलवादियों की पत्रिका 'लिबरेशन' में छपने वाली सामग्री का आधा से ज्यादा हिस्सा सोवियत संघ के विरोध में होता था। नक्सलवादी सोवियत संघ को समाजवाद का शत्रु समझते थे। वे अमेरिकी साम्राज्यवाद तथा सोवियत समाजवाद में कोई फर्क नहीं समझते थे। नक्सलवादी चीन की तर्ज पर जब भी सोवियत संघ का उल्लेख करते, उसे वे हमेशा सोशल इम्पीरियलिस्ट कहते। इस विश्लेषण का मैं हमेशा विरोध करने लगा। माओ द्वारा प्रस्तुत थ्री वर्ल्ड थ्योरी (तीन दुनिया की अवधारणा) भी मुझे गहराई से खटकने लगी। इस अवधारणा के तहत माओ का कहना था कि दोनों सुपर पावर यानी सोवियत संघ और अमेरिका की एक दुनिया है। दूसरी दुनिया यूरोप, कनाडा तथा पेट्रोल उत्पादक देशों की है। इस कड़ी में तीसरी दुनिया एशिया, अफ्रीका तथा लैटिन अमेरिकी के देशों की है। इसका नेतृत्व चीन करता है। माओ की 'गांवों से शहरों को घेरो' वाली अवधारणा का भी संदर्भ इसी तीसरी दुनिया से था, अर्थात एशिया, अफ्रीका और लैटिन अमरीका के देश गांव की तरह हैं, जहां क्रांति के माध्यम से सोवियत संघ, अमरीका तथा यूरोप आदि को घेरा जा

सकता है। चीन तथा भारत के नक्सलवादी यह भी दावा करने लगे कि अब सोवियत संघ अंतरराष्ट्रीय क्रांति का केंद्र नहीं रहा। वह युग लेनिन तथा स्टॉलिन के साथ ही समाप्त हो गया। अतः अब अंतरराष्ट्रीय क्रांति का केंद्र चीन हो गया है। माओ तथा माओवादी यह भी दावा करने लगे कि कार्ल मार्क्स, एंगेल्स तथा लेनिन ये सभी कम्युनिस्ट विचाधारा के संस्थापक यूरोपीय थे, इसलिए वे एशिया की पृष्ठभूमि को अच्छी तरह नहीं समझते थे। माओ का यह दावा था कि वे एशियाई हैं, इसलिए तीसरी दुनिया को वे ही अच्छी तरह समझते हैं। अतः चीन वाला रास्ता ही सारी दुनिया के लिए असली क्रांति का रास्ता है। इन तमाम अवधारणाओं के चलते चीन तथा उसके समर्थक भारतीय नक्सलवादी सोवियत संघ को ही क्रांति का असली दुश्मन समझने लगे थे। मैं अंतरराष्ट्रीय स्तर पर यह देखता था कि विश्व कम्युनिस्ट आंदोलनों को समर्थन देने के कारण ही अमेरिका तथा नाटो के देश सोवियत संघ के खिलाफ शीतयुद्ध छेड़े हुए थे। उल्टे इस शीतयुद्ध में व्यावहारिक रूप से चीन अमेरिका के साथ हमेशा खड़ा रहता था। मेरे लिए विभिन्न कम्युनिस्टों द्वारा भारतीय राज्य का विश्लेषण विचारधारा के घोर संकट का प्रतीक बन गया। सी.पी.आई. का कहना था कि भारतीय राज्य एक नेशनल बुर्जुआ (राष्ट्रीय पूंजीपति) स्टेट है। वहीं सी.पी.आई. (एम) का कहना था कि भारतीय राज्य बुर्जुआ लैंडलार्ड (पूंजीपति जमींदार) स्टेट है। जबकि सी.पी.आई. (एम.एल.) का कहना था कि भारतीय राज्य सेमी फ्यूडल सेमी कोलोनियल (अर्ध सामंती अर्ध औपनिवेशिक) स्टेट है।

यह वही समय था जब देश की राजनीति में काफी उथल-पुथल मची हुई थी। कांग्रेस में फूट पड़ जाने के कारण केंद्र में राजनैतिक अस्थिरता का दौर शुरू हो गया था। अतः तत्कालीन प्रधानमंत्री इंदिरा गांधी ने एक बड़ा राजनैतिक दांव खेला। उन्होंने मार्च 1971 में पहली बार लोकसभा का मध्यावधि चुनाव घोषित कर दिया। इस चुनाव में इंदिरा गांधी ने 'गरीबी हटाओ' का नारा दिया। बैंकों के राष्ट्रीयकरण के बाद से सी.पी.आई. इंदिरा गांधी को हर मुद्दे पर समर्थन देती आ रही थी। अतः 1971 के लोकसभा चुनाव में सी.पी.आई. का इंदिरा गांधी वाली कांग्रेस से समझौता हो गया था। इस चुनाव के परिणामस्वरूप लोकसभा में इंदिरा गांधी को दो तिहाई बहुमत मिल गया। साथ ही सी.पी.आई. को 28 सीटें मिलीं। संसद के इतिहास में सी.पी.आई. को इतनी सीटें कभी नहीं मिली थीं। तमाम विपक्षी दलों में सी.पी.आई. इतनी सीटें जीतकर कांग्रेस के बाद नम्बर दो पोजीशन पर आ गई थी। चूंकि मैं पार्टी का होलटाइमर था इसलिए लोकसभा में सी.पी.आई. की बढ़ती संख्या से बहुत उत्साहित था। मैं पार्टी के कामों में जी जान से जुट गया। यह वही समय था, जब पूर्वी पाकिस्तान में अलगाववादी आंदोलन तेजी से विकसित हो रहा था। धीरे धीरे

बहुत बड़े पैमाने पर पूर्वी पाकिस्तान से शरणार्थी भारत आने लगे। इन शरणार्थियों की चर्चा भारत में खूब होती थी। शरणार्थियों की बढ़ती संख्या का सबसे बड़ा कारण था, पाकिस्तानी सेना द्वारा न रुकने वाला अत्याचार। पूर्वी पाकिस्तान की उथल-पुथल से भारत की विदेश नीति काफी प्रभावित हुई। पूर्वी पाकिस्तान के आंदोलनकारी मुजीबुर्रहमान की पार्टी आवामी लीग के नेतृत्व में अलग बंगलादेश की मांग कर रहे थे। इंदिरा गांधी की विदेश नीति नए बांग्लादेश के उदय के पक्ष में थी। तत्कालीन भारतीय विदेश मंत्री सरदार स्वर्ण सिंह एक बहुत प्रभावशाली नेता के रूप में उभरकर सामने आए। बांग्लादेश को स्वतंत्र कराने के लिए 'मुक्तिवाहिनी' नामक एक संगठन का निर्माण हुआ था। ऊपरी तौर पर यह संगठन पूर्वी पाकिस्तान के क्रांतिकारियों का था, किंतु इनकी गतिविधियों के पीछे भारतीय सेना के लोग थे। 'मुक्तिवाहिनी' को भारतीय सैनिक अधिकारी ही पूरी तौर पर मिलिट्री ट्रेनिंग देने लगे।

पूर्वी पाकिस्तान की हलचल को देखते हुए भारत के जनमानस में काफी उत्साह देखने को मिला। तमाम राजनैतिक दलों का झुकाव बांग्लादेश की मुक्ति के पक्ष में था। इस संदर्भ में सी.पी.आई. पूरी तरह से इंदिरा गांधी की नीतियों का समर्थन कर रही थी। मेरे जैसे कार्यकर्ता पार्टी की नीतियों के प्रति जागरूकता अभियान में पूरी तरह से जुट गए। तब तक की भारतीय राजनीति में इतना ज्यादा जनउभार, वह भी किसी अंतरराष्ट्रीय मुद्दे पर कभी नहीं था। इन विकासक्रमों के दौरान इंदिरा गांधी ने एक अत्यंत साहसिक कदम उठाते हुए 5 अगस्त, 1971 को सोवियत संघ के साथ एक मैत्रीसंधि कर ली। इस संधि में यह प्रावधान किया गया था कि यदि दोनों देशों में से किसी मुल्क पर कोई अन्य देश हमला करता है, तो दोनों देश मिलकर उसके विरुद्ध कार्रवाई करेंगे। इस तरह से यह संधि एक रक्षा संधि भी थी। भारत सोवियत मैत्री संधि पर हस्ताक्षर होते ही देश की तमाम दक्षिणपंथी पार्टियों ने इंदिरा गांधी के खिलाफ तर्क देते हुए उन्हें सोवियत एजेंट तक घोषित कर दिया था। इन सारे मुद्दों पर बी.एच.यू. के छात्रों के बीच मेरी खूब बहस होती। यह वही दौर था जब मैं एक कट्टर सोवियत संघ समर्थक बन गया। मेरी यह समझ थी कि भविष्य में बांग्लादेश की मुक्ति में भारत सोवियत मैत्री संधि सर्वाधिक महत्त्वपूर्ण भूमिका निभाएगी। मुझे छात्रों के बीच काम करते हुए यह आश्चर्य होता था कि बी.एच.यू. के अधिकतर छात्र भविष्य में अंतरराष्ट्रीय स्तर पर संभावित घटनाओं को ठीक से भांप नहीं पाते थे, जिसका प्रमुख कारण था अन्य विपक्षी नेताओं, विशेष रूप से सोसलिस्टों द्वारा फैलाया जा रहा सोवियत विरोधी अनरगल प्रोपेगैंडा। उस समय मैं एम.ए. प्रथम वर्ष राजनीतिशास्त्र का छात्र था। वहां के अधिसंख्य प्राध्यापक ऐसे ही प्रोपेगैंडा के शिकार थे। उस समय राजनीतिशास्त्र विभाग के डॉ. गणेश प्रसाद

उनियाल एकमात्र ऐसे प्रोफेसर थे, जो विश्व राजनीति में सोवियत संघ के महत्त्व को अच्छी तरह समझते थे।

डॉ. उनियाल लंदन स्कूल ऑफ इकोनॉमिक्स से प्रोफेसर हेराल्ड लास्की के निर्देशन में पीएच.डी. किए थे। अनेक भारतीय छात्रों की तरह वे भी प्रसिद्ध ब्रिटिश मार्क्सवादी विद्धान रजनी पामदत्त के प्रभाव में कम्युनिस्ट हो गए थे। अतः मैं प्रो. उनियाल का सबसे ज्यादा मनचाहा छात्र बन गया था। उन दिनों पोलिटिकल साइंस विभाग के अध्यक्ष हुआ करते थे प्रो. के.वी. राव। राव साहब घोर दक्षिणपंथी थे। इसलिए वे कट्टर कम्युनिस्ट विरोधी थे। यहां तक कि जो छात्र दक्षिणपंथी थे, वे भी उन्हें बहुत नापसंद करते थे। बी.एच.यू. के छात्र प्रो. राव के अमरीका के सी.आई.ए. (सेंट्रल इंटेलिजेंस एजेंसी) से जुड़े रहने की संभावना व्यक्त करते रहते थे। राव की एक विचित्र समझदारी यह थी कि सत्ताधारी पार्टी को या किसी भी पार्टी को नीतियां बनाने का काम नहीं करना चाहिए। बल्कि सारी नीतियां पार्लियामेंट को बनानी चाहिए। इस तरह वे नीतियों तथा कानून में कोई फर्क नहीं करते थे। व्यावहारिक रूप से प्रो. राव राजनैतिक सिस्टम में राजनैतिक पार्टियों की भूमिका को सही नहीं मानते थे। इस तरह वे एक अजीब किस्म के अतिवादी थे। एक बार मैंने उनसे दबे स्वर में पूछ लिया कि यदि नीतियां बनाने का अधिकार पार्टियों से छीन लिया जाए, तब तो कोई भी पार्टी कभी खड़ी नहीं हो पाएगी। इससे समाज में राजनैतिक बदमली फैल जाएगी। मेरी समझ थी कि पार्लियामेंट को नीतियों के आधार पर कानून बनाने का अधिकार तो है, किंतु नीतियां हमेशा पार्टियां निर्धारित करती हैं। मेरी बातों से न जाने क्यों प्रो. राव हमेशा चिढ़ जाते थे। उसी दौरान एक दिन उन्होंने मुझे अपने घर बुलाया और कहा कि कुछ बात करनी है।

मैं खुश हुआ और शाम के समय बी.एच.यू. परिसर स्थित उनके निवास पर गया। वहां पहले ही से उनके यहां कोई मेहमान उपस्थित थे। उस समय जून (1972) वाली तेज लू चल रही थी। खूब गर्म वातावरण था। मेरे वहां पहुंचते ही प्रो. राव ने बड़े आदर के साथ कुर्सी पर बैठाया। फिर अपने मेहमान के साथ मुझे भी लाल रंग का एक गिलास शर्बत पिलाया। मैं राव साहब की खातिरदारी से बहुत गद्‌गद था। मेरी उत्सुकता बढ़ती जा रही थी कि प्रो. राव ने मुझे किस लिए बुलाया है। थोड़ी देर बाद उनके मेहमान कहीं चले गए। इसके बाद राव साहब कहने लगे–"मैंने आपको इसलिए बुलाया है, क्योंकि आप गरीब अछूत परिवार से आते हैं, इसलिए आप जैसे व्यक्ति के लिए राजनीति से कुछ नहीं होता है। अतः आपको पैसा कमाना चाहिए।" इसके आगे उन्होंने कहा–"आप जैसे युवकों को बैंड बाजा बजाना सीखना चाहिए, क्योंकि भारत में हमेशा शादी विवाह होते रहते हैं, जिसके चलते आप काफी पैसा कमाकर अपने मां-बाप की सेवा कर सकते हैं।" मैं प्रो. राव

से इस तरह की सलाह की कभी कल्पना तक नहीं कर सकता था। इसलिए मुझे घनघोर आश्चर्य हुआ। मैंने तुरंत भांप लिया कि प्रो. राव का यह उद्गार निहायत जातिवादी भेदभाव का परिणाम था। अतः मन ही मन यह सोचते हुए उनके घर से बाहर निकल आया कि मैं एक न एक दिन प्रो. राव का बैंड अवश्य बजाऊंगा। बी.एच.यू. की खासियत यह थी कि जहां प्रो. राव जैसे सामाजिक भेदभाव रखने वाले प्राध्यापक थे, वहीं प्रो. हरिहरनाथ त्रिपाठी जैसे प्रगतिशील विचार वाले लोग भी थे। प्रो. त्रिपाठी ने एक बार किसी से आई.ए.एस. (इंडियन ऐडमिनिस्ट्रेटिव सर्विस) की परीक्षा के लिए फार्म मंगाकर मुझे दिया और उनका दावा था कि मैं प्रथम चांस में ही यह परीक्षा पास कर लूंगा। वे मुझे उच्च से उच्च पद पर देखना चाहते थे। चूंकि मेरा झुकाव कभी भी इस तरह की नौकरियों के प्रति नहीं था, इसलिए फार्म भरने से इनकार किए जाने पर प्रो. त्रिपाठी बहुत निराश हुए थे। फिर भी मेरे द्वारा उच्च से उच्च शिक्षा प्राप्त करने वाले अभियान को वे हमेशा उत्साहित करते रहे। त्रिपाठी जी अत्यंत धार्मिक होते हुए भी सेकुलर व्यक्ति थे। एक बार उन्हीं दिनों प्रो. त्रिपाठी मुझे बनारस के प्रसिद्ध संकटमोचन मंदिर के महंत श्री वीरभद्र मिश्र के भदैनी शिवाला स्थित निवास पर ले गए। मैं बहुत घबराया हुआ था कि दलित होने के नाते पता नहीं महंत जी कैसा व्यवहार करेंगे? प्रो. त्रिपाठी ज्योंही मेरा नाम लेकर महंत जी से परिचय कराने लगे, मिश्र जी बीच में टोकते हुए बोल पड़े—"मैं तुलसीराम को अच्छी तरह से एक कम्युनिस्ट नेता के रूप में जानता हूं। इनके परिचय की जरूरत नहीं है, क्योंकि इनका नाम अकसर अखबारों में छपता रहता है।" मैं महंत जी की बातें सुनकर चकित सा रह गया। उस दिन महंत जी ने हमें खूब मिठाइयां खिलाईं और इस तथ्य को उजागर किया कि बड़े-बड़े सेठ मारवाड़ी देसी घी की मिठाइयां हनुमान जी को चढ़ाने के लिए ले आते हैं, इसलिए वे ऐसे ही प्रसादों से अपने खास मेहमानों का स्वागत करते हैं। इसके बाद महंत जी ने हमसे कहा कि जब भी शुद्ध प्रसाद खाना हो तो हमारे निवास पर आ जाइएगा। हुआ ऐसा ही। त्रिपाठी जी के ही साथ मैं कई बार उनके यहां गया। महंत जी ने हमेशा हमारा स्वागत वैसे ही किया।

महंत जी के निवास पर जाने से पहले मुझे यह गलतफमी थी कि महंत जी एक कट्टरपंथी व्यक्ति होंगे, किंतु बाद के दिनों में मैंने पाया कि वे हमेशा धर्मनिरपेक्षता के लिए बनारस में काम करते रहे। महंत जी की सबसे बड़ी धर्मनिरपेक्ष भूमिका उस समय देखने को मिली जब कुछ साल पहले संकटमोचन मंदिर में कुछ आतंकवादियों ने बम विस्फोट कर दिया, जिसमें कई लोग मारे गए और अनेक घायल हुए। बम विस्फोट के बाद बनारस के हिंदू तथा मुसलमानों के बीच काफी तनाव पैदा हो गया था। ऊपर से आग में घी डालने के उद्देश्य से आडवाणी जी अपने हिंदुत्ववादी जत्थे

के साथ संकटमोचन मंदिर में धरना देने पहुंच गए, किंतु महंत जी ने इस जत्थे को तुरंत मंदिर परिसर से बाहर भेज दिया और उन्होंने साफ कह दिया कि किसी को भी इस विशेष परिस्थिति का राजनैतिक उद्देश्य के लिए फायदा नहीं उठाने देंगे। जहां तक प्रो. हरिहरनाथ त्रिपाठी का संबंध है, उनका भूतकाल काफी रोचक था। वे बनारस के सर्वाधिक कट्टरपंथी साधु स्वामी करपात्री जी के सेक्रेटरी हुआ करते थे। वे संस्कृत के बहुत अच्छे विद्वान थे। स्वामी करपात्री जी की सुप्रसिद्ध कम्युनिस्ट विरोधी पुस्तक 'मार्क्सवाद तथा रामराज्य' (संस्कृत) का सम्पादन भी त्रिपाठी जी ने किया था या यों कहें कि पुस्तक की सारी संरचना त्रिपाठी जी की ही देन थी। स्मरण रहे कि इसी पुस्तक के जवाब में राहुल सांकृत्यायन ने 'रामराज्य तथा मार्क्सवाद' नामक पुस्तक लिखी थी। बाद में त्रिपाठी जी धार्मिक कट्टरता छोड़कर आधुनिक ज्ञान की दुनिया में आ गए और बी.एच.यू. में प्राचीन पोलिटिकल थॉट के प्रोफेसर हो गए। लगभग चार दशक पहले मैं बनारस छोड़कर कर दिल्ली आ गया था, किंतु वहां की अनगिनत स्मृतियों में प्रो. त्रिपाठी तथा महंत वीरभद्र मिश्र का स्थान हमेशा विशिष्ट बना रहेगा।

एम.ए. की शिक्षा के दौरान मेरे कुछ अन्य प्राध्यापक जैसे डॉ. भंवरलाल गर्ग तथा डॉ. रामहर्ष सरन वामपंथ के घोर विरोधी थे। जब दिसंबर 1971 में भारतीय सेना बांगलादेश को स्वतंत्र कराने वाली थी, ठीक उसी समय अमरीका ने अपना सातवां युद्धक बेड़ा (सेवेंथ फ्लीट) बंगाल की खाड़ी में भेज दिया। उस समय पूरे भारत में हाहाकार मच गया था। ऐसा लगता था कि अमरीका पाकिस्तान की तरफ से युद्ध में हस्तक्षेप कर देगा, किंतु दक्षिणपंथी अध्यापक इस विकासक्रम को बड़े सतही ढंग से लेते थे। शीघ्र ही जब सोवियत संघ ने अपने कई युद्ध पोतों को सातवें बेड़े के पीछे लगा दिया, तो इन तमाम दक्षिणपंथी प्राध्यापकों ने इसे अंतरराष्ट्रीय मामलों में 'शक्ति संतुलन' के सिद्धांत की बात कहकर सोवियत संघ की भूमिका को नकारने की कोशिश की। ऐसे प्राध्यापकों से बहुत से छात्र प्रभावित हुए थे। ऐसे छात्रों से कक्षा में मेरी खूब झड़प हो जाती थी। मैं हमेशा कहा करता था कि भारत सोवियत संघ संबंध 'शक्ति संतुलन' के लिए नहीं, बल्कि साम्राज्यवाद विरोधी विचारों के लिए थे। उस समय बंगलादेश में भारतीय हस्तक्षेप को लेकर अमरीका ने संयुक्त राष्ट्र संघ की सुरक्षा काउंसिल में प्रस्ताव भी पास करवाया था, जिसे सोवियत संघ ने 'वीटो' का इस्तेमाल करके निरस्त कर दिया था।

प्रो. राव, गर्ग तथा सरन जैसे प्राध्यापकों की सोवियत विरोधी मानसिकता पर मुझे बहुत आश्चर्य होता था। ये सभी प्राध्यापक मात्र 'शक्ति संतुलन' वाली बातें करके सोवियत संघ द्वारा भारत को दी जा रही हर प्रकार की सहायता के महत्त्व को बिलकुल नकार देते थे। अधिकतर छात्रों के बीच भी इसी तरह की अवधारणा व्याप्त

थी। साथ ही पाकिस्तान की भूमिका को लेकर साम्प्रदायिक भावना काफी भड़क चुकी थी। अनेक छात्र 'क्रश पाकिस्तान' (पाकिस्तान को कुचल दो) लिखकर अपनी साइकिल में पट्टी बांधकर बी.एच.यू. में क्लास करने आते थे। ऐसा देखकर मैंने अपनी साइकिल में यह लिखकर कि 'क्रश अमरीका एंड इट्स रनिंग डॉग्स' (अमरीका तथा इसके पिछलग्गू कुत्तों को कुचल दो) मेरी यह पट्टी कक्षा में अकसर बहस का मुद्दा बन जाती। इतना तो निश्चित हो गया था कि मैं अकेला ऐसा छात्र था, जिसकी समझ औरों से एकदम भिन्न थी। ऐसे वातावरण में मेरी क्लास में अनेक ऐसे छात्र थे, जो कम्युनिस्ट न होते हुए भी मेरे बहुत अच्छे दोस्त बन गए थे। ऐसे छात्रों में एक थे विमल दीक्षित। विमल मेरे द्वारा प्रस्तुत तर्कसंगत विचारों की खूब प्रशंसा करते रहते थे। वे अपने 'धूपचंडी' मोहल्ले स्थित निवास पर मुझे कई बार ले गए थे। उनके चाचा ब्रजमोहन दीक्षित बनारस के सबसे प्रसिद्ध आयुर्वेदिक डॉक्टर थे। उनकी प्रसिद्धि इस बात के लिए हुई थी कि वे धागे से किसी मरीज का बुखार नाप लेते थे। होता यह था कि डॉक्टर साहब एक लम्बे धागे का एक सिरा मरीज को पकड़वा देते थे तथा दूसरा सिरा खुद पकड़कर बताते थे कि उसे कितना बुखार है। धागे से बुखार नापने वाली उनकी यह विधि मरीजों के लिए किसी चमत्कार से कम नहीं थी। एक दिन जब मैं उनके निवास पर था, मैंने विमल दीक्षित से डॉक्टर साहब के चमत्कार का जिक्र किया। विमल दीक्षित हंसते हुए बोले : "आप भी मूर्ख हैं, चाचा जी पुराने खयाल के आदमी हैं। उनके मरीजों में अनेक चमार तथा नीच जाति के लोग हैं, जिन्हें वे छू नहीं सकते, इसलिए धागा पकड़कर बुखार नापते हैं? धागे का रहस्य जानकर मैं भी अपनी हंसी नहीं रोक सका।

जुलाई 1971 से जुलाई 1973 के बीच के दो साल में, जब मैं राजनीतिशास्त्र में एम.ए. कर रहा था, धीरे धीरे विचारधारा के स्तर पर मैं स्थायित्व की तरफ बढ़ने लगा, फिर भी नक्सलवाद की तरफ मेरा झुकाव किसी न किसी रूप में बना रहा। बांग्लादेश की आजादी के विरुद्ध चीन की भूमिका मुझे बहुत खटकती थी। दो साल पूर्व यानी 1969 में सम्पन्न चीन की कम्युनिस्ट पार्टी की नौवीं कांग्रेस के बाद जब माओत्से तुंग का चीन की राजनीति पर एकाधिकार हो गया, तो उन्होंने तत्कालीन रक्षा मंत्री लिन पियाओ को अपना उत्तराधिकारी घोषित कर दिया, किंतु दो साल के अंदर माओ की नजर में वे क्रांतिविरोधी हो गए। परिणामस्वरूप लिन पियाओ को चीन से भागना पड़ा। संयोगवश भागते समय उनका हेलीकॉप्टर मंगोलिया की राजधानी उलन बातोर में दुर्घटनाग्रस्त हो गया, जिसमें उनकी मृत्यु हो गई। इस घटना के परिणामस्वरूप बंगाल के नक्सलवादियों में फूट पड़ गई। एक ग्रुप अपने को लिन पियाओ समर्थक कहने लगा तथा दूसरा लिन पियाओ विरोधी। इस तरह माओत्से तुंग की नीतियों के प्रति अनेक नक्सलवादियों के बीच संदेह पैदा होने

लगा। लिन पियाओ मामले से मैं भी बहुत प्रभावित हुआ था। 1972 के आते-आते नक्सलवादियों में कई ग्रुपपैदा हो गए थे, जो आपस में एक दूसरे को कट्टर दुश्मन समझने लगे थे। भारत में उस समय अधिकतर बड़े नक्सलवादी नेता गिरफ्तार हो चुके थे। अंततोगत्वा चारु मजुमदार को कलकत्ता पुलिस ने 16 जुलाई, 1972 को गिरफ्तार कर लिया। उनकी गिरफ्तारी की खबर से मैं बहुत दुखित हुआ, क्योंकि उनका मोह मेरे दिमाग में बरकरार था। उनकी गिरफ्तारी के बाद बनारस के अखबारों में तरह-तरह की खबरें छपती रहती थीं। एक ऐसी ही खबर से जब यह पता चला कि उनके भूमिगत निवास से आक्सीजन सिलेण्डर मिला, तो मुझे आशंका हो गई थी कि संभवतः चारु मजुमदार बहुत दिन तक जिंदा नहीं रह पाएंगे। अतंतोगत्वा चारु मजुमदार की पुलिस हिरासत में ही कलकत्ता के एक अस्पताल में 28 जुलाई, 1972 को मृत्यु हो गई। उनकी मृत्यु की खबर फैलते ही गोरख पांडे मेरे निवास पर आए और वे अत्यंत दुखित होकर चारु मजुमदार का गुणगान करने लगे। उस दिन मुझे जो चीज सबसे ज्यादा याद आई, वह थी चारु मजुमदार की भविष्यवाणी, जिसमें उन्होंने कहा था–"1975 तक भारत में सशस्त्र क्रांति सफल हो जाएगी।" चारु मजुमदार की मृत्यु के बाद यह साफ होने लगा था कि नक्सलवादी आंदोलन में एकता स्थापित होना असंभव है। उस दौरान विभिन्न जेलों में बंद छह बड़े नक्सलवादी नेताओं द्वारा लिखा गया एक पत्र नक्सलवादियों के आंतरिक सर्किल में चर्चा का विषय बन गया था। इस पत्र को लिखने वालों में कानू सान्याल, नागभूषण पटनायक तथा चौधरी वेंकटेश्वर राव आदि शामिल थे।

इस पत्र से पता चला कि चारु मजुमदार के दूत के रूप में खोकन मजुमदार ने चीन जाकर माओत्से तुंग से मिलने की कोशिश की थी, किंतु मिल नहीं पाए। फिर भी वे चीनी कम्युनिस्ट पार्टी के खुफिया विभाग के डायरेक्टर कांग शेंग से मिलने में सफल रहे। सबसे मजेदार बात यह थी कि कांग शेंग ने भारतीय नक्सलवादियों की सारी 'स्ट्रेटेजी एवं टैक्टिक्स' को गलत बता दिया। उन्होंने गुरिल्ला युद्ध को भी गलत कहा। एक प्रश्न चारु मजुमदार की 'रिवोल्यूशनरी अथारिटी' से था, जिसका मतलब था कि क्रांति से जुड़ी किसी भी नीति का निर्धारण चारु मजुमदार करेंगे। ऐसी अथारिटी लेनिन तथा माओ के पास हुआ करती थी। इसे भी कांग शेंग ने ठुकरा दिया था। इन छह बड़े नक्सलवादी नेताओं के उक्त पत्र में लिखे तथ्यों के बाद मेरे जैसे हजारों समर्थक पूरे आंदोलन के चरित्र से निराश हुए थे। धीरे धीरे माओवाद का बचा-खुचा अस्तित्व मेरे मस्तिष्क से गायब होने लगा। यद्यपि मैं व्यावहारिक रूप से सी.पी.आई. का कार्यकर्ता था, किंतु बी.एच.यू. के हिंदुत्ववादी छात्र नेता मुझे खूंखार माओवादी समझते थे। 1972 की ही बात है छात्रों की विभिन्न मांगों को लेकर बी.एच.यू. छात्रसंघ भवन में विभिन्न संगठनों से जुड़े

छात्रनेता भूख हड़ताल पर बैठ गए। भूख हड़ताल में मैं भी शामिल था। वहां पांच छह आर.एस.एस. से जुड़े विद्यार्थी परिषद के छात्रनेता भी उपस्थित थे। अगस्त का उमस वाला महीना था। मैं भूख हड़ताल स्थल पर दीवार से सटकर पैर फैलाए आंखें मूंदकर आराम करने की मुद्रा में पड़ा हुआ था। विद्यार्थी परिषद् के रामबहादुर राय, सुरेश अवस्थी तथा भरत सिंह जैसे हिंदुत्व के कर्मठ नेता भी वहां थे। वे लोग मुझे सोया हुआ समझकर आपस में कहने लगे कि यह तो नक्सलवादी है। झूठे ही भूख हड़ताल पर बैठा है। इसकी एक दिन पिटाई करनी है। मैं उनकी सारी बातें तथा पिटाई करने की योजना को सुनता जा रहा था। उन लोगों में भरत सिंह की छवि एक बाहुबली की थी। वे लोग जिस तरह से योजना बना रहे थे, मुझे ऐसा लगा कि वे तुरंत हमला करने वाले हैं। उन लोगों में सिर्फ रामबहादुर राय ही एक ऐसे व्यक्ति थे, जो एक सुलझे हुए व्यक्तित्व वाले थे। अतः राय ने हमला करने की योजना का विरोध किया। उस बीच मैं जान-बूझकर सोया हुआ बना रहा, किंतु मैं बहुत घबराया हुआ भी था। थोड़ी देर बाद मैं उठकर बैठ गया। तब तक वहां समाजवादी युवजन सभा आदि संगठनों के अनेक छात्रनेता आ चुके थे। जब विद्यार्थी परिषद के कुछ छात्रनेताओं द्वारा मेरे ऊपर संभावित हमला करने की योजना का पता छात्रनेता मोहन प्रकाश को चला, तो उन्होंने मुझसे कहा–"आप मेरे साथ चलिए। मैं आपके साथ हाथ में माओत्से तुंग की 'रेड बुक' लेकर पूरे बी.एच.यू. कैंपस का चक्कर लगाऊंगा। देखता हूं कि आर.एस.एस. के लोग क्या करते है?"

मोहन प्रकाश बाद में बी.एच.यू. छात्रसंघ के प्रेसीडेंट चुने गए। वे समाजवादी विचारों वाले थे। वे आगे चलकर राजस्थान विधानसभा के लिए भी चुने गए थे। वर्तमान समय में वे कांग्रेस के प्रवक्ता हैं। स्मरण रहे कि उन दिनों बी.एच.यू. के हिंदुत्ववादी छात्र बहुत उग्रवादी थे। अतः हिंसक वातावरण कायम था। इस पृष्ठभूमि में आर.एस.एस. के विपिन बिहारी चतुर्वेदी की भूमिका उल्लेखनीय है। चतुर्वेदी जी ने सन् 1969 में 'दमन सेना' नामक अपना एक व्यक्तिगत संगठन बना रखा था। वास्तव में संगठन के नाम पर इसमें कुछ भी नहीं था, किंतु आर.एस.एस. से जुड़े हुए कुछ बाहुबली किस्म के छात्र इसमें शामिल थे। 'दमन सेना' का मूल उद्देश्य था कम्युनिस्टों का दमन करना। इस संदर्भ में दमन सेना ने अपनी स्थापना के कुछ महीने बाद बी.एच.यू. के कम्युनिस्ट नेता दीपक मलिक पर पहला हमला किया था। उस सभय मलिक साहब बाल-बाल बच गए थे। ठीक उसी समय विपिन बिहारी चतुर्वेदी ने लगभग दो दर्जन कम्युनिस्ट नेताओं की एक लिस्ट को उजागर किया, जिन पर दमन सेना हमला करने वाली थी।

कुछ ही दिनों के भीतर बी.एच.यू. तथा बनारस में दमन सेना का काफी आतंक फैल गया था। संयोगवश मार्च 1971 में बी.एच.यू. के तत्कालीन छात्रसंघ

के अध्यक्ष संतोष कुमार कपूरिया की चाकू मारकर चतुर्वेदी जी ने हत्या कर दी। कपूरिया बनारस के गंगा घाट के एक प्रसिद्ध पंडा के बेटे और इंजीनियरिंग कॉलेज के छात्र थे। यह हत्या आपसी दुश्मनी के चलते हुई थी। इस संदर्भ में रोचक तथ्य यह था कि चाकू से बुरी तरह घायल होने के बावजूद कपूरिया ने चतुर्वेदी को कसकर दबोचे रखा। अत्यधिक खून बह जाने के कारण वे वहीं मर गए, किंतु उनकी पकड़ ने चतुर्वेदी को भागने नहीं दिया। इस बीच अय्यर होस्टल के छात्रों की भीड़ ने उन्हें पुलिस के हवाले कर दिया। चतुर्वेदी को आजीवन कारावास की सजा हुई। उनके जेल जाने से 'दमन सेना' का भी अंत हो गया, अन्यथा भविष्य में मेरे जैसे अनेक कम्युनिस्ट उसके जानलेवा हमले का शिकार हो सकते थे। इस संदर्भ में हैरत में डालने वाला विकासक्रम यह था कि जब 1977 में जय प्रकाश नारायण द्वारा स्थापित जनता पार्टी की केंद्र में सरकार बनी, उस समय जी.डी. तपासे उत्तर प्रदेश के गवर्नर नियुक्त हुए। तपासे उस समय चर्चा में इसलिए थे, क्योंकि वे दलित थे। गवर्नर की हैसियत से उन्होंने चतुर्वेदी की सजा माफ कर दी और वे जेल से बाहर आ गए। स्मरण रहे कि जनता पार्टी की सरकार में आर.एस. एस. की तत्कालीन जनसंघ पार्टी के अटल बिहारी वाजपेयी तथा एल.के. आडवाणी जैसे कई नेता मंत्री थे। कपूरिया की हत्या के बाद बी.एच.यू. की राजनीति में काफी उथल-पुथल देखने को मिली। उस समय बी.एच.यू. छात्रसंघ के संविधान में यह प्रावधान था, जिसके अनुसारः "यदि छात्रसंघ के किसी अध्यक्ष की मृत्यु हो जाती है, तो विगत चुनाव में जो उम्मीदवार दूसरे नम्बर पर मत पाकर हार चुका होता है, वही नया अध्यक्ष होगा।"

इस प्रावधान के चलते छात्रनेता आनंद कुमार स्वतः छात्रसंघ के अध्यक्ष हो गए। उन दिनों बी.एच.यू. में एक-दूसरे से बढ़-चढ़कर प्रशासन के समक्ष मांग रखने की परंपरा कायम हो चुकी थी। संयोगवश 1972 में पहली बार दिल्ली में 'एशिया 72' नाम से व्यापारिक प्रदर्शनी लगी थी। इस प्रदर्शनी का भारत के अखबारों में बहुत जोर शोर से प्रचार किया जा रहा था। अतः नए अध्यक्ष की हैसियत से आनंद कुमार ने तत्कालीन कुलपति डॉ. कालूलाल श्रीमाली के समक्ष एक मांग रखते हुए कहा कि जो भी छात्र 'एशिया 72' देखने दिल्ली जाना चाहते हैं, उन्हें विश्वविद्यालय न सिर्फ आने जाने का किराया दे, बल्कि उनके वहां ठहरने का भत्ता भी दे। अचम्भे की बात यह थी कि इस मांग को लेकर छात्रों ने हड़ताल कर दी। परिणामस्वरूप विश्वविद्यालय को अनिश्चित काल के लिए बंद कर दिया गया तथा आनंद कुमार विश्वविद्यालय से निष्कासित हो गए। अन्य कम्युनिस्ट छात्रों के साथ मैंने इस तरह की मांग का खुलेआम विरोध किया था। उस समय तमाम लोहियावादी छात्रनेता हम कम्युनिस्टों के विरोध में यह नारा लगाते थे–'वी.सी. के घर जाओ काजू किशमिश

खाओ।' आनंद कुमार प्रकरण के बाद बी.एच.यू. छात्रसंघ का संविधान बदल दिया गया, जिसमें यह प्रावधान किया गया कि यदि किसी भी परिस्थिति में अध्यक्ष की मृत्यु हो जाती है तो छात्रसंघ का फिर से चुनाव कराया जाएगा। कपूरिया हत्याकांड के बाद बी.एच.यू. की छात्र राजनीति में आर.एस.एस. विरोधी भावना बड़ी तेजी से भड़क उठी। विद्यार्थी परिषद को छोड़कर कम्युनिस्ट सोशलिस्ट आदि संगठनों के सारे छात्रनेता आर.एस.एस. पर प्रतिबंध लगाने की मांग करने लगे।

बी.एच.यू. में लॉ कॉलेज के परिसर में दो कमरों वाला एक मकान था। इस मकान को बी.एच.यू. के संस्थापक पंडित मदन मोहन मालवीय ने आर.एस.एस. को दे दिया था। आर.एस.एस. की शाखा में जाने वाले छात्र इस मकान में अपनी लाठियों के अलावा शाखा में काम आने वाली अन्य सामग्री को रखते थे। इस मकान को संघ के कब्जे से मुक्त कराने की मांग बड़ी तेजी से होने लगी। इस आंदोलन की गूंज संसद तक सुनाई देने लगी। उन दिनों बी.एच.यू. में तैयार किए गए संघविरोधी वातावरण का परिणाम यह हुआ कि जब 25 जून, 1975 में देश भर में इमरजेंसी लागू की गई, तो उसका फायदा उठाकर डॉ. श्रीमाली ने रातोरात उस मकान को ध्वस्त कराकर सुबह तक उसका सारा मलबा वहां से गायब करा दिया था। सुबह-सुबह उस मकान की जगह खिले हुए गुलाब के फूलों के गमले पाए गए। स्मरण रहे कि इमरजेंसी लागू करने के साथ ही तत्कालीन प्रधानमंत्री इंदिरा गांधी ने आर.एस.एस. पर प्रतिबंध लगा दिया था। इस संदर्भ में एक अजीब हादसा हुआ। सन् 1977 में जब केंद्र में जनता पार्टी की सरकार आई तो बनारस हिंदू यूनिवर्सिटी का माहौल एकदम बदल गया, क्योंकि आर.एस.एस. पर लगा प्रतिबंध हटाया जा चुका था। इससे पहले डॉ. श्रीमाली बी.एच.यू. से रिटायर होकर चले गए थे, किंतु वे साल भर बाद किसी काम से बनारस आए हुए थे और सर्किट हाउस में ठहरे थे। आर.एस.एस. से संबंधित बी.एच.यू. के दर्जनों छात्रों ने डॉ. श्रीमाली को जबरन उठाकर एक गाड़ी में फर्श पर लेटा दिया। उनके ऊपर पैर रखकर वे लोग डॉ. श्रीमाली को बी.एच.यू. छात्रसंघ भवन लाए। इन लोगों ने डॉ. श्रीमाली के गले में जूतों की माला पहनाकर उन्हें मारते-पीटते पूरे विश्वविद्यालय में पैदल घुमाया था। इस तरह इन लोगों ने डॉ. श्रीमाली द्वारा बी.एच.यू. कैंपस स्थित आर.एस.एस. भवन तोड़वाने का बदला ले लिया।

बी.एच.यू. में आर.एस.एस. से संबंधित 1972 की एक अन्य घटना उल्लेखनीय है। फूलचंद राम नामक एक दलित छात्र जो एम.एससी. कर रहे थे, वे रामाकृष्णा होस्टल में रहते थे। उन्होंने होस्टल प्रेसीडेंट के चुनाव में अपना पर्चा दाखिल किया था। उस दौरान वे होस्टल के बाथरूम में झुककर बाल्टी में कुछ कपड़े धो रहे थे। अचानक आर.एस.एस. के सर्वजीत सिंह वहां पहुंचकर फूलचंद राम की पीठ पर

धड़ाधड़ मिट्टी से सनी चप्पलों से मारने लगे। वे गालियां देकर, कहते रहे कि चमार होकर होस्टल प्रेसीडेंट के लिए क्यों खड़े हो गए? सर्वजीत सिंह स्वयं होस्टल प्रेसीडेंट के उम्मीदवार थे। बुरी तरह से मार खाने के बाद फूलचंद राम मेरे पास आए और पूरी घटना बताई। मैं उन्हें लेकर डॉ. श्रीमाली के पास चला गया। श्रीमाली ने फूलचंद राम की कमीज, जिस पर चप्पलों के दाग मौजूद थे, को चीफ प्रॉक्टर द्वारा सील करवा दिया। पूरी घटना सुनकर वे बहुत दुःखित हुए थे। श्रीमाली जी ने स्वयं रामाकृष्णा होस्टल जाकर सर्वजीत सिंह के कमरे पर ताला लगवा दिया तथा उन्हें निलंबित कर दिया। इस घटना के विरोध में दूसरे दिन कम्युनिस्ट छात्रों का एक जुलूस लेकर मैं बी.एच.यू. के सेंट्रल ऑफिस गया। इस बीच आर.एस.एस. से जुड़े छात्रों का भी एक जुलूस सेंट्रल ऑफिस पहुंच गया। हम लोग मांगकर रहे थे कि फूलचंद राम पर हमला करने वाले छात्र सर्वजीत सिंह के खिलाफ कड़ी कार्रवाई की जाए तथा आर.एस.एस. की हिंसक गतिविधियों पर रोक लगाई जाए। इस बीच एक अप्रत्याशित घटना घटी, जिसे देखकर मैं एकदम अचंभित एवं स्तब्ध रह गया। मैंने देखा कि जिस व्यक्ति के लिए मैं वह आंदोलन चला रहा था, वह व्यक्ति स्वयं यानी फूलचंद राम आर.एस.एस. वाले जुलूस के मंच पर खड़े होकर कहने लगे–''मेरे साथ कोई गड़बड़ी हुई है। कुछ लोग बेमतलब का इसे राजनीतिक मुद्दा बना रहे हैं।'' बी.एच.यू. में मेरे राजनैतिक जीवन को व्याकुल करने वाला यह सबसे बड़ा प्रसंग था। फूलचंद राम एक नाजुक मोड़ पर ऐसी पलटी मारेंगे, इसकी मैंने कभी कल्पना नहीं की थी। परिणामस्वरूप सर्वजीत सिंह का निलंबन वापस हो गया तथा उनके कमरे का ताला भी खुल गया। फूलचंद राम के पलट जाने के कारण डॉ. श्रीमाली को भी एक अजीबोगरीब परिस्थिति का सामना करना पड़ा था। आगे चलकर ये वही फूलचंद राम थे, जो पी.सी. राम के नाम से पूरे भारत में उस समय चर्चा का विषय बन गए, जब सन् 2010 में असम के 'उल्फा' नामक संगठन के आतंकवादियों ने उनका अपहरण कर लिया। पी.सी. राम उस समय असम में केंद्रीय सरकार के खाद्य विभाग में एक बड़े अधिकारी थे। संयोगवश पुलिस द्वारा उल्फा के चंगुल से मुक्त कराने की प्रक्रिया में पी.सी. राम गोली के शिकार हो गए। इस तरह उनका दर्दनाक अंत हो गया। उनकी इस हत्या से मुझे बहुत दुःख हुआ था।

कूटनीतिक दृष्टिकोण से सन् 1972 में भारत काफी चर्चा में रहा। इसका सबसे प्रमुख कारण था भारत पाकिस्तान के बीच शिमला समझौता। समझौता वार्ता की पृष्ठभूमि में नए बंगलादेश का निर्माण था। अतः भारत पाकिस्तान के बीच काफी तनाव बढ़ गया था। जब वार्ता के लिए जुल्फिकार अली भुट्टो भारत आए, तो भारतीय अखबारों में सबसे ज्यादा चर्चा उनकी पुत्री बेनजीर भुट्टो, जो ऑक्सफोर्ड यूनिवर्सिटी की छात्रा थीं, की होती थी। बेनजीर भी शिमला आई थीं। हमारी

एम.ए. राजनीतिशास्त्र की कक्षाओं में शिमला वार्ता के बारे में खूब चर्चाएं होती थीं। चूंकि पाकिस्तान एक हारा हुआ देश था, इसलिए तमाम छात्र इंदिरा गांधी की विदेश नीति का खूब समर्थन करते थे। सीमा विवाद जैसी अनेक समस्याओं को हल करने की दृष्टि से शिमला समझौता काफी ऐतिहासिक सिद्ध हुआ था। दोनों देशों के बीच स्थायी शांति स्थापित करने की दृष्टि से यह बहुत महत्त्वपूर्ण कदम था। इस समझौते के चलते लगभग एक लाख पाकिस्तानी युद्धबंदियों को भारत ने रिहा कर दिया और वे पाकिस्तान चले गए। इस संदर्भ में मुझे एक मार्मिक दृश्य याद आता है। जब पाकिस्तानी युद्धबंदी भारत में थे, तो उनके लिए आल इंडिया रेडियो पर रोज शाम एक दस-पंद्रह मिनट का कार्यक्रम प्रसारित किया जाता था। यह कोई सांस्कृतिक कार्यक्रम नहीं होता था, बल्कि उस निर्धारित समय में जितने भी कैदी बोल सकते, वे अपने घर वालों को अपना हालचाल बताते थे। हालचाल बताने के कुछ निर्धारित शब्द होते थे। इन शब्दों के आगे कुछ भी नहीं बोला जाता था, जैसे यदि किसी कैदी को बोलना हो, तो वह सिर्फ इतना ही बोलता था–'मैं मोहम्मद हनीफ, गली, मुहल्ला या गांव फलां फलां, करांची, रावलपिंडी... का रहने वाला हूं। सब कुछ ठीक-ठाक है।' इस कार्यक्रम को हजारों पाकिस्तानी युद्धबंदियों के परिवार बड़े ध्यान से इस आशा में सुना करते थे कि कभी न कभी उनके किसी अपने का संदेश आ जाएगा। यद्यपि उन कैदियों से मेरा कुछ भी लेना देना नहीं था, फिर भी मैं इस कार्यक्रम को नियमित रूप से पूरा का पूरा सुनता रहता था। उस समय मेरे दिमाग में अनायास ही यह बात आती कि इनमें कोई न कोई मेरा भी अपना होगा, जो कहेगा कि सब कुछ ठीक-ठाक है। सब कुछ ठीक-ठाक है; यह वाक्य मुझे हमेशा चौका घाट जेल की भी याद दिला देता था। स्मरण रहे जेल में रात भर चलने वाली कैदियों की गिनती के बाद 'पक्का' लोग चिल्लाकर बोलते थे, 'सब कुछ ठीक-ठाक है।'

जहां तक वैचारिक द्वंद्व का संदर्भ है, सन् 1972 की गर्मियों में पहली बार दस दिन की एक 'पार्टी क्लास' बनारस के जयनारायन इंटर कॉलेज में आयोजित की गई। यह 'पार्टी क्लास' भारतीय कम्युनिस्ट पार्टी के दिल्ली स्थित सदर मुकाम के निर्देश पर आयोजित की गई थी। इस तरह की क्लासें भारत के अन्य राज्यों में भी आयोजित की जा रही थीं। इनका मूल उद्देश्य पार्टी कैडरों को कम्युनिस्ट विचारधारा तथा पार्टी नीतियों से प्रशिक्षित करना था। कम्युनिस्ट सिद्धांत ऐतिहासिक भौतिकवाद, द्वंद्वात्मक भौतिकवाद, वर्ग संघर्ष (कम्युनिस्ट मैनिफेस्टो) क्रांति, सोशलिस्ट सिस्टम आदि से लेकर अंतरराष्ट्रीय कम्युनिस्ट आंदोलन, भारत में कम्युनिस्ट आंदोलन का इतिहास, भारत में क्रांति का सवाल, पार्टी में फूट, माओवाद आदि जैसे विषयों पर पार्टी के अनेक बड़े नेताओं ने उस दस दिन की क्लास में भाषण दिया। इन सारे विषयों पर दिए गए भाषणों को मैं बहुत गंभीरता के साथ

सुनता था। भाषण देने वाले नेताओं में प्रमुख थे, योगेन्द्र शर्मा, इंद्रदीप सिन्हा, काली शंकर शुक्ला, रुस्तम सैटिन तथा मोहित सेन आदि। इन सारे नेताओं में मोहित सेन द्वारा दिए गए माओवाद पर भाषण ने मुझे सबसे ज्यादा प्रभावित किया था। उस समय मैं लगभग आश्वस्त हो गया था कि माओवाद एक भटकाव पैदा करने वाला विचार था तथा उससे क्रांति संभव नहीं है। इस पार्टी क्लास ने मुझे मार्क्स, एंगेल्स तथा लेनिन की तमाम रचनाओं को गहनता से पढ़ने की तरफ प्रेरित किया था। इस कड़ी में सन् 1973 की गर्मियों (मई जून) में पूरे एक महीने की एक 'पार्टी क्लास' कानपुर में आयोजित की गई। कानपुर शहर से पंद्रह बीस किलोमीटर दूर देहाती क्षेत्र में ग्रैंड ट्रंक रोड के पास बसा हुआ 'इमिलिया' नामक एक गांव था, जिसका पोस्ट ऑफिस था 'तांतियागंज'। इसका नाम 1857 के स्वतंत्रता सेनानी तात्या टोपे के नाम पर पड़ा था। उसी गांव के रहने वाले पार्टी समर्थक रामनाथ त्रिपाठी के ग्रैंड ट्रंक रोड से सटे एक बंगले में उत्तर प्रदेश के तमाम जिलों से पचास चुनिंदा सक्रिय कार्यकर्ताओं को बुलाया गया था। बनारस से मेरे अलावा दीपक मलिक, नरेन्द्र सिन्हा, रामकरन पटेल आदि प्रमुख थे। इस क्लास में कम्युनिस्ट पार्टी के एक वर्तमान केंद्रीय सचिव अतुल कुमार अनजान तथा उत्तर प्रदेश सी.पी.आई. के पूर्व महामंत्री अशोक कुमार मिश्र तथा गुजर चुके आलोक भारती भी शामिल थे। ये तीनों उस समय लखनऊ विश्वविद्यालय के छात्र थे। पूरे एक महीने तक चलने वाली इस 'पार्टी क्लास' में अनेक विषयों पर बहुत विस्तार से दिन में नेताओं के भाषण होते तथा रात में कैडरों का अलग-अलग तीन ग्रुप बनाकर उन विषयों पर आपस में बहस की जाती। अपने ग्रुप में मेरा प्रमुख काम होता था दिन में दिए गए नेताओं के भाषणों का सारांश बताना।

मैं ज्यों का त्यों उन भाषणों को रात में दोहरा देता था, जिसके कारण अनेक कैडर बहुत अचंभित होते थे। ऐसी बहसें रात का खाना खाने के बाद शुरू होती थीं। किराए के दो बावर्ची उस बंगले के अहाते में लकड़ी के चूल्हे पर खाना पकाते थे। बनारस की ही तरह उन सारे नेताओं के अलावा पार्टी सदर मुकाम से एन.के. कृष्णन, पार्वती कृष्णन, एस.जी. सरदेसाई, मुकीम फारुकी, जी. अधिकारी, अनिल राजिमवाले, रमेश सिन्हा तथा सी. राजेश्वर राव जैसे बड़े नेता इमिलिया में क्लास लेने आए थे। शुरुआती क्लास भारत के इतिहास पर थी, जिस पर कानपुर सी.पी. आई. के हरवंश सिंह का बहुत रोचक भाषण हुआ था, विशेष रूप से आर्यों के भारत आगमन तथा उनकी भूमिका पर, किंतु मुश्किल से चार दिन बीते थे कि क्लास कर रहे पार्टी कैडरों ने हरवंश सिंह के खिलाफ विद्रोह करके खाना खाने से मनाकर दिया। इसका प्रमुख कारण यह था कि केंद्रीय पार्टी द्वारा क्लास पर खर्च किए जाने वाले पैसों का ठीक से इस्तेमाल नहीं हो रहा था, इसलिए बहुत खराब

खाना मिलता था। दाल एकदम पानी की तरह, वह भी जली हुई मिलती थी। इस संदर्भ में हरवंश सिंह के खिलाफ विद्रोह इसलिए हो गया था, क्योंकि कानपुर के नेता होने के कारण क्लास की सारी स्थानीय जिम्मेदारी उन्हें ही सौंपी गई थी। उस छोटे से विद्रोह का परिणाम बहुत अच्छा हुआ और खाने में सुधार हो गया। बीच-बीच में हरवंश सिंह कानपुर से धागे वाला कबाब भी मंगाते रहते थे। उत्तर प्रदेश में हरवंश सिंह इसलिए भी महत्त्वपूर्ण नेता बन गए थे, क्योंकि उनकी बड़ी बहन सुरजीत कौर का विवाह सी.पी.आई. के राज्य महामंत्री काली शंकर शुक्ला से हुआ था। सुरजीत कौर भी पार्टी में एक दबंग नेता थीं। इस क्लास में बनारस वाले सारे विषयों के अलावा कुछ अन्य महत्त्वपूर्ण विषय जैसे रूसी क्रांति, चीन की क्रांति, भारत का स्वतंत्रता आंदोलन, भारत की अन्य पार्टियां, ट्रेड यूनियन आंदोलन, महिला आंदोलन, छात्र आंदोलन, पार्टी संगठन जैसे तमाम विषय शामिल थे। मोहित सेन द्वारा माओवाद एवं नक्सलवादी आंदोलन पर दिया गया भाषण, वह भी काफी विस्तार से एक बार फिर मेरे लिए दूरगामी प्रभाव वाला सिद्ध हुआ। सच मानिए, तो माओवाद तथा भारत में सशस्त्र क्रांति का नक्सलवादी रास्ता मैंने उस इमिलिया गांव में ही हमेशा के लिए छोड़ दिया। मानसिक स्तर पर मुझे ऐसा लगता था कि जैसे मैंने किसी बड़ी विकट समस्या से छुटकारा पा लिया हो। वह बंगला जिसे 'अमर उद्यान' नाम से जाना जाता था, मेरे लिए पूरे एक महीने तक कम्युनिस्ट शिक्षा का सबसे महत्त्वपूर्ण केंद्र बन गया था। रात में सारे पार्टी कैडर नाच गाकर अपना खूब मनोरंजन करते थे। उस बंगले के आसपास दूर तक कोई अन्य मकान नहीं था, इसलिए उसकी निर्जनता पार्टी क्लास के लिए बहुत उपयुक्त थी, किंतु बहुत पास ग्रैंड ट्रंक रोड पर चौबीसों घंटे दिल्ली की ओर चलने वाले हजारों ट्रकों की घों-घों करने वाली आवाज रात में सोने में बहुत बाधा पहुंचाती थी। जिस दिन पार्टी क्लास खत्म होने वाली थी, उस दिन सी.पी.आई के जनरल सेक्रेटरी सी. राजेश्वर राव आए थे। पार्टी क्लास में उनका अंतिम भाषण हुआ, जो मुझे ही नहीं बल्कि सभी कैडरों को एकदम नीरस लगा।

अंतिम दिन सभी पार्टी कैडरों में यह सोचकर बड़ी निराशा छाई हुई थी कि शीघ्र ही सभी लोग एक दूसरे से बिछड़ जाएंगे। वहां आपस में जबरदस्त भाईचारा स्थापित हो चुका था। जब मैं लौटकर बनारस आया, तो मेरे साथ पार्टी क्लास करने वाले कानपुर के असीम राय, झांसी के रामस्वरूप बादल, मैनपुरी के नरेन्द्र कुमार तोमर, मेरठ के वेद प्रकाश वेद, बस्ती की कमलजीत कौर, लखनऊ के राजकिशोर शर्मा आदि बहुत याद आए। इससे पहले सी.पी.आई. में क्लास चलाने की कोई परंपरा नहीं थी। इस संदर्भ में एक रोचक घटना घटी। सन् 1971-72 में क्लास शुरू करने के कोई एक साल पहले सी. राजेश्वर राव तत्कालीन जर्मन

डेमोक्रैटिक रिपब्लिक (जी.डी.आर.) की कम्युनिस्ट पार्टी के निमंत्रण पर बर्लिन गए थे। संयोग से किसी प्रसंगवश वहां के पार्टी सेक्रेटरी एरिक होनेकर ने राव से पूछ लिया कि भारत में पार्टी क्लास की क्या स्थिति है? जवाब में राजेश्वर राव ने बताया कि वहां कोई पार्टी क्लास नहीं होती है। इस पर अचंभित होकर होनेकर ने कहा–"आप लोग पार्टी कैडरों को ट्रेनिंग कैसे देते हैं?" इस प्रकरण के बाद सी.पी.आई. ने देश के तमाम राज्यों में पार्टी क्लास का आयोजन शुरू कर दिया। इस संबंध में पार्टी के दिल्ली स्थित सदर मुकाम 'अजय भवन' में स्थायी तौर पर पार्टी क्लास की व्यवस्था की गई, जहां देश भर से चुनिन्दा कैडरों की शिक्षा शुरू की गई। इससे पहले सी.पी.आई. हर साल सैकड़ों पार्टी कैडरों को कम्युनिस्ट शिक्षा के लिए मास्को तथा अन्य समाजवादी देशों में भेजा करती थी। इसके अलावा देश भर के पार्टी लीडरों के परिवारों से सैकड़ों छात्र मेडिकल तथा इंजीनियरिंग जैसे विषयों में पढ़ने के लिए भी भेजे जाते थे। इस संदर्भ में पार्टी में यह तर्क दिया जाता था कि जो लोग पार्टी के काम में अपना जीवन समर्पित कर दिए हैं, उनके बच्चों को सोवियत संघ सहित अनेक समाजवादी देशों में मुफ्त शिक्षा दी जाती है, किंतु व्यावहारिक रूप में ऐसा देखने को मिलता था कि दोनों तरह की शिक्षाओं में काफी गड़बड़ियां शुरू हो गई थीं। जो छात्र मेडिकल इंजीनियरिंग के लिए मास्को भेजे जाते थे, वे कभी भी पार्टी के काम नहीं आते थे। उनमें से अधिसंख्य डिग्री लेकर यूरोप तथा अमरीका चले जाते थे। यहां तक कि पार्टी क्लास के लिए जिन्हें मास्को भेजा जाता था, उनमें से भी अधिसंख्य पार्टी में कभी काम नहीं करते थे। सन् 1970 के दशक में सी.पी.आई. ने 'मास मेम्बरशिप' की नीति अपनाई थी। इसका मतलब यह था कि जो भी पार्टी का सदस्य बनना चाहता है, उसे पार्टी में शामिल कर लिया जाए। इसके परिणामस्वरूप हजारों की संख्या में अवसरवादी तत्त्व तथा जमींदार किस्म के लोग पार्टी में शामिल हो गए। ऐसे तत्वों का मूल उद्देश्य था अपने बच्चों को शिक्षा के लिए मास्को भेजना। ऐसे लोग अपने उद्देश्य में शत-प्रतिशत सफल होने लगे। इतना ही नहीं, पार्टी क्लास में भेजे जाने के मामले में भी खूब धांधली होने लगी। इन मामलों में नाते-रिश्तेदारी तथा भाई-भतीजावाद खूब हावी हो गया था। परिणामस्वरूप पार्टी में समर्पित तथा ईमानदारी से काम करने वाले कैडरों की अत्यंत कमी होने लगी। देश भर में कैडर चयन प्रणाली भयंकर गुटबाजी का शिकार हो गई थी।

यह वही समय था जब खुलेआम पार्टी में दो गुटों की चर्चा होने लगी थी। ये गुट राजेश्वर राव तथा डांगे खेमों में बंटे हुए थे। उन दिनों एस.ए. डांगे सी.पी.आई. के चेयरमैन तथा राजेश्वर राव जनरल सेक्रेटरी थे। उक्त गुटबंदी इतनी हावी हो गई थी कि तमाम राज्यों में एक दूसरे को किनारे लगा देने की होड़ सी मच गई

थी। एक रोचक तथ्य यह था कि डांगे द्वारा निर्धारित 'नेशनल बुर्जुआजी' से सहयोग की नीति पर पूरी पार्टी चल रही थी, जिसका मतलब था कांग्रेस पार्टी से सहयोग, किंतु पार्टी में एक सुप्त धारा चल रही थी। इसके अनुसार ऐसा माना जाता था कि राजेश्वर राव डांगे की विचारधारा के विरोधी थे। इस गुटबंदी का परिणाम यह हुआ कि जिले-जिले में पार्टी में दो-दो गुट हो गए थे। राजेश्वर राव के गुट की यह कोशिश थी कि तमाम पार्टी यूनिटों पर उनके समर्थक कब्जा कर लें। उत्तर प्रदेश में इस गुटबंदी का काफी प्रभाव पड़ा। राज्य के जनरल सेक्रेटरी काली शंकर शुक्ला राजेश्वर राव गुट के समर्थक थे तथा एक अन्य सचिव रमेश सिन्हा डांगे समर्थक थे। बनारस में मेरे साथ दीपक मलिक डांगे की नीतियों का समर्थन करते थे। नरेन्द्र प्रसाद सिन्हा, जो बी.एच.यू. छात्रसंघ के भूतपूर्व अध्यक्ष रह चुके थे, वे बनारस की कम्युनिस्ट पार्टी में राजेश्वर राव के समर्थक तथा काली शंकर शुक्ला के बहुत चहेते थे, इसलिए यू.पी.की पार्टी में उनकी बहुत चलती थी। बनारस की ही पार्टी के सबसे बड़े नेता रुस्तम सैटिन यू.पी.सी.पी.आई. के शिक्षा विभाग के इंचार्ज थे। उनकी ही संस्तुति पर प्रदेश से पार्टी कैडर मास्को भेजे जाते थे। उन्होंने इस अधिकार का भरपूर फायदा उठाया। फलतः उनके परिवार से लेकर अनेक रिश्तेदार मास्को हो आए। इनमें से किसी ने भी पार्टी के लिए काम नहीं किया। इमिलिया क्लास के बाद मुझे भी मास्को क्लास के लिए भेजे जाने पर यू. पी. पार्टी में एक बार विचार हुआ था। सामान्यतया हर साल सितम्बर-अक्टूबर में ऐसे चयनित कैडर मास्को जाते थे। ऐन मौके पर नरेन्द्र सिन्हा ने मुझे बताया कि–"आप मास्को जा सकते थे, किंतु बाद में यह विचार किया गया कि आप जैसे कैडर का तेजी से बदलती हुई, राजनीतिक हालत में देश के बाहर रहना पार्टी के लिए नुकसानदेह होगा।" उस समय मुझे मास्को न जाने का जरा भी दुःख नहीं हुआ, उल्टे मैं यह सोचकर अत्यंत खुश हुआ कि पार्टी मेरे बारे में बहुत ऊंचा खयाल रखती है और सोचती है कि मेरे देश से बाहर जाने से उसका नुकसान हो सकता है। उस समय मैं पार्टी के अंदर कैसा दांवपेंच चल रहा था, से बिलकुल अनभिज्ञ था। शीघ्र ही मैंने देखा कि कैसे कैसे लोग मास्को रिटर्न बन गए और वे पार्टी से दूर-दूर का भी रिश्ता नहीं रख सके।

सन् 1973 में ही 26 नवम्बर को सोवियत संघ की कम्युनिस्ट पार्टी के जनरल सेक्रेटरी लिओनिद इल्लिच ब्रेजनेव भारत की यात्रा पर आने वाले थे। उनकी यात्रा को ऐतिहासिक बनाने के लिए सोवियत संघ से विभिन्न कलाकारों के दस्तो तथा अनेक सोवियत विद्वान महीनों पहले भारत आने लगे थे। इन सबका कार्यक्रम कलकत्ता, चेन्नई, मुम्बई समेत देश के अन्य प्रमुख शहरों में आयोजित किया जाता था। इस तरह के प्रतिनिधि मंडल बी.एच.यू. में अवश्य आते थे। इन कार्यक्रमों का

आयोजन सी.पी.आई. से संबद्ध संगठन 'इंडो सोवियत कल्चरल सोसायटी' (इस्कस) करती थी। बी.एच.यू. में इस्कस बहुत सक्रिय था, क्योंकि इसके अध्यक्ष उपकुलपति डॉ. कालूलाल श्रीमाली तथा महामंत्री थे समाजशास्त्र विभाग के अध्यक्ष प्रोफेसर एस.के. श्रीवास्तव। नरेन्द्र प्रसाद सिन्हा उपाध्यक्ष थे। मैं इस्कस का सचिव तथा उसके ऑफिस का इंचार्ज था। इस्कस के ऑफिस के लिए बी.एच.यू. से सटे नरिया मोहल्ले में दो कमरों वाला एक ऑफिस किराए पर ले लिया गया था। इस्कस का काम सुचारू रूप से चलाने के लिए मुझे ऑफिस में रहने के लिए कहा गया। मेरे साथ नरेन्द्र प्रसाद सिन्हा भी वहीं रहने लगे, किंतु वे पार्टी की राज्य परिषद् के सदस्य थे, इसलिए वे ज्यादातर बनारस से बाहर ही रहते थे। बी.एच.यू. के दर्जनों नामी-गिरामी प्रोफेसर शीघ्र ही इस्कस से जुड़ गए थे। इनमें से अनेक प्रोफेसरों का मूल उद्देश्य भारत सोवियत मैत्री को मजबूत करना नहीं, बल्कि वे बी.एच.यू. में अपने प्रोमोशन के लिए आते थे। कुछ का उद्देश्य मास्को की यात्रा पर हो आना भी था, क्योंकि श्रीमाली जी इस्कस की तरफ से पांच-छह बार मास्को हो आए थे। ब्रेजनेव की होने वाली यात्रा के पहले अनेक सांस्कृतिक एवं अकादमिक कार्यक्रम बी.एच.यू. में आयोजित किए गए। इसमें हम सभी भारत सोवियत मैत्री के बढ़ते हुए महत्त्व पर प्रकाश डालते थे। इस कड़ी में सितम्बर 1973 में एक रोचक घटना हुई। सोवियत संघ के विभिन्न प्रांतों से 72 बड़े कलाकारों का एक सांस्कृतिक मंडल बनारस आने वाला था। बी.एच.यू. इस्कस से पूरी बस भरकर प्रोफेसरों का एक जत्था बनारस के बाबतपुर हवाई अड्डे पर रूसियों के स्वागत के लिए गया हुआ था। डॉ. कालूलाल श्रीमाली बी.एच.यू. फ्लाइंग क्लब के एक हेलीकॉप्टर में बैठकर हवाई अड्डे पर स्वागत करने आए थे, जिस समय श्रीमाली हवाई अड्डे पर उतरे, ठीक उसी समय दिल्ली से एक हवाई जहाज भी आ गया। हम सभी माला लेकर हवाई जहाज के पास चले गए। उसमें से उतरने वाले हर व्यक्ति का हम लोगों ने फूल-मालाओं से स्वागत किया। हम लोगों ने जिन्हें माला पहनाई थी, वे लोग खुशी के मारे हवाई पट्टी पर ही उछलकूदकर नाचने लगे। हम लोग भी बहुत खुश हुए थे कि रूसी अतिथि हमारे स्वागत से प्रसन्न होकर नाच रहे थे, किंतु इस रहस्य का कुछ क्षणों में ही भंडाफोड़ हो गया।

वास्तविकता यह थी कि वह पूरा जहाज इटली से आए हुए सैलानियों से भरा हुआ था, इसलिए वे हमारे अप्रत्याशित स्वागत से अचंभित होकर नाचने लगे थे। थोड़ी देर बाद जब एक अन्य जहाज में असली रूसी कलाकारों का जत्था वहां पहुंचा, तो उनके स्वागत के लिए एक फूल भी नहीं बचा था, इसलिए हम सभी को उनसे हाथ मिलाकर संतुष्ट होना पड़ा था। उस दिन आठ बजे रात को बी.एच.यू. के म्यूजिक कालेज के तबलानुमा प्रांगण में रूसी कलाकारों का कार्यक्रम शुरू हुआ, जो

करीब एक बजे रात तक चलता रहा। वहां हजारों छात्र तथा प्राध्यापक मौजूद थे। सोवियत उज्बेकिस्तान से आई हुई एक अति सुंदर युवती का नागिन नृत्य सबको मंत्रमुग्ध कर गया था। इसी तरह लिथुआनिया से एक जूता कारखाने से आए मजदूर कलाकारों की नृत्यकला ने सबको मोह लिया था। कारखाने में जूता बनाने का काम कैसे होता है, सब कुछ नृत्यकला के माध्यम से उन मजदूरों ने मंच पर उतार दिया था। मास्को से आए एक यूरोपीय शास्त्रीय गायक ने अपनी अत्यंत बुलंद आवाज में इटली के लुसियानो पावराती की तरह गायन प्रस्तुत किया था। भाषा की अनभिज्ञता के बावजूद लोग झूम उठे थे। उस रात सोवियत संघ की पूरी सांस्कृतिक धरोहर बी.एच.यू. में उतर आई थी। बी.एच.यू. की तरफ से प्रो. चंद्रशेखर दंपती का भरतनाट्यम् तथा एम.राजम् का वायलिन वादन रूसी कलाकारों को बहुत पसंद आया था। रूसी कलाकारों में कुछ विश्वप्रसिद्ध खिलाड़ी भी शामिल थे, जिनमें तत्कालीन विश्वविजेता फुटबाल टीम के बहुचर्चित गोल कीपर लेवयासिन तथा बैडमिंटन विजेता मैत्रिवेली प्रमुख थे। लेवयासिन एक भीमकाय व्यक्ति थे। दूसरे दिन श्रीमाली जी ने दो बसों का इंतजाम करके सभी रूसी कलाकारों को बौद्धस्थली सारनाथ दिखाने के लिए कहा। दीपक मलिक, नरेन्द्र प्रसाद सिन्हा तथा मैं स्वयं रूसियों के साथ सारनाथ गया। इन सारे कलाकारों ने सबसे ज्यादा समय उस बौद्ध मठ में बिताया, जिसकी दीवारों पर बुद्ध के जन्म से लेकर ज्ञान प्राप्ति तथा निर्वाण के दृश्य चित्रित किए गए थे। पूरी बौद्धस्थली दिखाने के बाद हम सभी शाम तक बी.एच.यू. वापस आ गए। उसी शाम को इन कलाकारों का जत्था दिल्ली रवाना हो गया। वहां से उन्हें कलकत्ता जाना था। बी.एच.यू. के छात्रों के बीच इन कलाकारों की चर्चा कई दिनों तक चलती रही। इन कलाकारों की याद आने पर मुझे एक दृश्य हमेशा याद आता है। जब हम सभी सारनाथ जाने के लिए बस में बैठने जा रहे थे, उस समय उज्बेक नागिन नृत्यांगना जो हमेशा काले कपड़ों में ही रहती थी, को भीमकाय लेवयासिन एक हाथ से कमर पकड़कर बस में फेंक देता था। यही दृश्य वह बस से उतरते हुए भी प्रस्तुत कर देता था। दुबली पतली वह सुंदरी नृत्यांगना स्वयं लेवयासिन के उस कृत्य का खूब मजा लेती थी। उन कलाकारों के चले जाने के बाद हम सभी वैसे ही उदास हो गए थे, जैसे किसी बारात के विदाई के बाद घर वाले। इस क्रम में एक महीने बाद सोवियत संघ से दो बड़े भारतविद ग्रीगोरी कोटोवस्की तथा एरिक कमारोव बी.एच.यू. आए। इस्कस की तरफ से इन दोनों का भाषण आर्ट्स कॉलेज ऑडिटोरियम में आयोजित किया गया। इस तरह बी.एच.यू. के सामाजिक जीवन में इस्कस एक महत्त्वपूर्ण संगठन बन गया था। कम्युनिस्ट छात्र नेता नरेन्द्र प्रसाद सिन्हा उपकुलपति डॉ. श्रीमाली के बहुत चहेता बन गए थे। सिन्हा यह दावा करते थे कि डॉ. श्रीमाली को दूसरा कार्यकाल उन्होंने ही दिलवाया था।

इस संबंध में उनका यह तर्क था कि उन्होंने कम्युनिस्ट नेता भूपेश गुप्त के माध्यम से तत्कालीन शिक्षा मंत्री प्रो. नूरुल हसन पर दबाव डालकर श्रीमाली के लिए दूसरा कार्यकाल हासिल किया था। श्रीमाली जी का धर्म अध्यात्म की तरफ झुकाव बहुत ज्यादा होता था। इस संदर्भ में नरेन्द्र प्रसाद सिन्हा भी कम नहीं थे। वे बैलों द्वारा मूड़ी हिला हिलाकर की जाने वाली भविष्यवाणी में खूब विश्वास करते थे। स्मरण रहे कि उन दिनों बनारस में कुछ जटाधारी साधु बैलों को रंगबिरंगी कौड़ियों तथा घंटियों से सजाकर इधर-उधर घूमा करते थे। इन बैलों को वे शिव जी की सवारी 'नंदी' कहते थे। जब ऐसे बैलों का मालिक साधु उनसे पूछता कि अमुक व्यक्ति का काम हो जाएगा, तो ये प्रशिक्षित बैल अपनी मूड़ी हिला देते थे। बैलों द्वारा मूड़ी हिलाने को अच्छी भविष्यवाणी समझकर लोग साधु बाबा को खूब पैसा देते थे। नरेन्द्र सिन्हा यह भी बताते थे कि वे एक बार डॉ. श्रीमाली को देवरहवा बाबा के पास देवरिया ले गए थे और आशीर्वाद स्वरूप देवरहवा बाबा ने श्रीमाली के सिर पर अपना पैर रख दिया था। संभवतः श्रीमाली तथा नरेन्द्र सिन्हा के बीच का अध्यात्म दोनों को एक दूसरे के बहुत करीब ले आया था। चूंकि मैं इस्कस के ऑफिस में रहने लगा था, जहां मीटिंग आयोजित होने पर श्रीमाली जी भी आया करते थे, इसलिए कुछ हद तक मैं भी उनके नजदीक हो गया था। चाहे जो भी हो श्रीमाली जी की कम्युनिस्टों से नजदीकी अन्य छात्र संगठनों को कभी पसंद नहीं आई। परिणामस्वरूप हम सभी उनकी आलोचना का शिकार होते रहे, किंतु सबसे ज्यादा हैरत मुझे इस बात पर होती कि बी.एच.यू. के अनेक प्राध्यापक मेरे पास अपने प्रमोशन के लिए आते और उनका पूरा विश्वास होता कि यदि मैं श्रीमाली जी से सिफारिश कर दूंगा, तो उनका काम हो जाएगा। नरेन्द्र सिन्हा के ईदगिर्द घूमने वाले ऐसे प्राध्यापकों की संख्या बहुत अधिक होती थी। इस्कस से ही जुड़े रहने के कारण साइंस कॉलेज के प्रोफेसर ब्रजमोहन शुक्ला मास्को के भारतीय दूतावास में कल्चरल सेक्रेटरी नियुक्त हो गए थे। शुक्ला जी की एक खास विशेषता यह थी कि वे रूसी भाषा बहुत अच्छी तरह जानते थे। मास्को से पांच साल बाद लौटने पर वे गोरखपुर यूनिवर्सिटी के वाइस चांसलर भी हुए थे। इस प्रकरण के बाद इस्कस से जुड़े रहने के लिए अनेक ऐसे प्राध्यापकों का तांता लग गया जिनका समाजवाद या समाजवादी विचारधारा से दूर-दूर का रिश्ता नहीं था। जहां तक 26 नवम्बर, 1973 की ब्रेजनेव यात्रा का प्रसंग है, उनके आने के कुछ दिन पहले डॉ. श्रीमाली ने अपने निवास पर इस्कस की एक मीटिंग रखी। इस मीटिंग में इस्कस की राष्ट्रीय जनरल सेक्रेटरी लिट्टो घोष भी दिल्ली से आई थीं।

बी.एच.यू. के अनेक प्रोफेसरों ने भारत सोवियत संबंधों के महत्त्व पर भाषण दिया। उन दिनों भारत में खाद्यान्नों की बहुत कमी थी, क्योंकि देश के कई क्षेत्रों

में सूखा के चलते फसलें नष्ट हो गई थीं। अतः सोवियत संघ ने इस कमी को पूरा करने के लिए लाखों टन गेहूं भारत को सहायता के रूप में देने का प्रस्ताव किया था। इस संदर्भ में इस्कस की तरफ से मुझे एक प्रस्ताव तैयार करने के लिए कहा गया। सोवियत सहायता का वर्णन करते हुए प्रस्ताव के अंत में मैंने लिख दिया था–'हम सोवियतसंघ के एहसानमंद हैं।' उस मीटिंग में उपस्थित पोलिटिकल साइंस के प्रोफेसर द्वारका नाथ वोहरा ने 'एहसानमंद' शब्द पर बहुत आपत्ति उठाई। अंततोगत्वा यह तय किया गया 'एहसानमंद' के बदले 'आभार प्रकट करते हैं' का इस्तेमाल किया जाए। मैंने इस सुधार के साथ प्रस्ताव को फिर से पढ़ा, जिसे तुरंत पारित कर दिया गया। बाद में ब्रेजनेव भारत आए और उनकी यात्रा को काफी महत्त्व दिया गया। उनके जाने के बाद राष्ट्रीय महामंत्री लिट्टो घोष ने यह निर्णय लिया था कि हर साल ब्रेजनेव की भारत यात्रा की वर्षगांठ इस्कस द्वारा मनाई जाएगी। बी.एच.यू. में भी शुरुआती वर्षों में कई बार ब्रेजनेव की यात्रा पर इस्कस द्वारा सेमीनार आयोजित किए गए थे।

जे.पी. आंदोलन तथा फासीवाद विरोधी मुहिम

इस बीच मैं पोलिटिकल साइंस में एम.ए. पूरा करने के बाद जुलाई 1973 के बाद पीएच.डी. के लिए बी.एच.यू. में दाखिला ले चुका था। इस संदर्भ में मैंने 'बंगाल में नक्सलवादी आंदोलन' विषय पर शोध करने का निर्णय लिया। इसका सबसे बड़ा कारण यह था कि शुरुआती वर्षों में मैं स्वयं माओवाद तथा नक्सलवाद से मुक्त हो चुका था। फिर भी इस विषय पर शोध के माध्यम से मैं आंदोलन के यथार्थ को असली रूप में उजागर करना चाहता था। मेरे गाइड थे डॉ. वेद प्रकाश गुप्त। मेरे द्वारा इस विषय के चयन पर गोरख पांडे बहुत खुश हुए थे और उन्होंने अपना मत व्यक्त करते हुए कहा कि उनके फिलासफी डिपार्टमेंट में सारे के सारे प्रोफेसर प्रतिक्रियावादी थे, अन्यथा इस तरह की विचारधारा से जुड़े दार्शनिक विषय पर वह स्वयं शोध करते। स्मरण रहे कि मेरी सलाह तथा व्यक्तिगत सहायता पर गोरख पांडे फिर से फिलासफी में अपना एम.ए. पूरा करके पीएच.डी. के लिए दाखिला लिए थे। वे मुझसे बार-बार कहा करते कि आप नक्सलवादी आंदोलन की सही-सही व्याख्या करेंगे। उन दिनों गोरख पांडे मेरे तथाकथित 'सोशल इम्पीरियलिस्ट' हो जाने पर बहुत दुखित हो गए थे। वे बहुत दृढ़ता से मानते थे कि सोवियत संघ समाजवादी देश नहीं रहा, इसलिए वे चीन या माओ की ही तरह सोवियत संघ के हर कदम का विरोध करते थे। बाद में हम दोनों आपसी संबंध बिगड़ जाने के डर से सोवियत संघ पर बहस करने से परहेज करने लगे। उस समय तक इंदिरा गांधी

देश की राजनीति में बहुत शक्तिशाली बनकर उभर चुकी थीं, किंतु 1974 के आते-आते कुछ अत्यंत नाटकीय परिवर्तन होने लगे। इसकी शुरुआत बड़े रोचक ढंग से गुजरात से हुई। वहां के एक इंजीनियरिंग कॉलेज में खराब खाना मिलने के कारण छात्रों ने हड़ताल कर दी। इस आंदोलन को राज्यव्यापी रूप देने के लिए छात्रों ने 'नवनिर्माण आंदोलन' कहा।

शीघ्र ही नवनिर्माण आंदोलन का चरित्र एकदम राजनीतिक हो गया और तत्कालीन कांग्रेस सरकार के मुख्यमंत्री चिमन भाई पटेल को त्यागपत्र देना पड़ा। उस आंदोलन को चलाने के लिए सात बड़े छात्र नेताओं की, जो नवनिर्माण समिति बनी थी उसमें सी.पी.आई. से संबंधित स्टूडेंट्स फेडरेशन के नेता अशोक पंजाबी भी शामिल थे। मैं व्यक्तिगत रूप से यह जानकर बहुत खुश हुआ था कि गुजरात में नव निर्माण आंदोलन का नेतृत्व एक कम्युनिस्ट भी कर रहा है। पटेल के त्यागपत्र के बाद इस आंदोलन की देश भर में चर्चा होने लगी। इसी आंदोलन से प्रेरणा लेकर जयप्रकाश नारायण ने बिहार में आंदोलन चलाने का निर्णय लिया था। उन्होंने अपने आंदोलन को 'संपूर्ण क्रांति' कहा था। इस क्रांति को सफल बनाने के लिए उन्होंने बिहार के छात्रों से अपील की कि वे पढ़ाई-लिखाई छोड़कर उनके साथ आ जाएं। भ्रष्टाचार को उन्होंने अपने आंदोलन का मुख्य मुद्दा बनाया था। इसके अलावा वे समाज सुधार, जिसमें जनेऊ न पहनने की अपील जैसी बातें करते थे, किंतु 'पार्टीलेस' (दलविहीन) डेमोक्रेसी की बात कर उन्होंने सबको अचंभित कर दिया था। इस संदर्भ में जयप्रकाश नारायण ने विभिन्न विधानसभाओं तथा लोकसभा के सदस्यों से त्यागपत्र देकर अपने आंदोलन में शामिल होने की अपील भी की थी। उनकी अपील पर अनेक लोहियावादी सोशलिस्टों तथा तत्कालीन आर.एस.एस. की पार्टी जनसंघ के नेताओं ने विभिन्न विधानसभाओं तथा लोकसभा से इस्तीफा दे दिया था। वे 'गवर्नमेंट ऑफ गुड पीपुल' यानी 'भले लोगों की सरकार' की भी वकालत करते थे। इन मुद्दों पर आंदोलन शुरू करने के बाद मई 1974 में जयप्रकाश नारायण बी.एच.यू. के लोहियावादी छात्रों के निमंत्रण पर अपनी संपूर्ण क्रांति का अभियान चलाने बनारस आए। बी.एच.यू. गेट के ठीक सामने पंडित मदन मोहन मालवीय की मूर्ति के पास बनाए गए मंच से जयप्रकाश नारायण ने छात्रों तथा आम जनता को शाम के समय संबोधित किया। इतनी ज्यादा भीड़ इससे पहले किसी भी नेता के आने पर नहीं हुई थी। विश्वविद्यालय के सामने लंका स्थित पूरी सड़क लोगों से भरी पड़ी थी। उस सभा में मैं भी उन्हें सुनने के लिए खड़ा था।

जयप्रकाश नारायण अन्य नेताओं की तरह ओजस्वी वक्ता नहीं थे। वे बहुत धीरे-धीरे बोला करते थे। उनकी वाणी में मृदुभाषिता तो थी, किंतु गंभीर विचारों

की कमी झलकती थी। जब उन्होंने कहा कि नवयुवकों को जनेऊ धारण करने जैसे कर्मकांड नहीं करने चाहिए, तो मैंने देखा कि मेरे आसपास खड़े हुए अनेक लोग नाक भौं सिकोड़ने लगे। संभवतः यही दशा पूरी भीड़ की थी। मुझे ऐसा लगा कि भारत की जनता किसी भी रूप में धर्मांधता को अस्वीकार करने के लिए कभी तैयार नहीं होती। आगे उन्होंने यह भी कहा कि जातिसूचक शब्द अपने नाम से न जोड़ा जाए। इस पर मुझे लगा कि असली अपराधी तो धर्म है, जिसके चलते जाति व्यवस्था सदियों से बनी हुई है, किंतु जे.पी. ने धर्म के बारे में एक शब्द भी नहीं बोला। जयप्रकाश नारायण के संबंध में एक घटना मुझे विशेष रूप से याद आती है। इससे मात्र चार महीने पहले वे बी.एच.यू. आए थे और राजाराम मोहन राय होस्टल में उनका एक भाषण रखा गया था। उनके भाषण में उपस्थित शोध छात्र सतीश कुमार राय ने मुझे उसी समय बताया कि जे.पी. के भाषण को सुनने वालों की संख्या मात्र 17 (सत्रह) थी। इस कड़ी में उनके बी.एच.यू. गेट वाले भाषण के दौरान जुटी अपार भीड़ एक जादुई चमत्कार जैसी थी। ठीक उसी समय की एक अन्य घटना मुझे याद आती है। हुआ यह था कि जयप्रकाश नारायण अपने किडनी रोग के इलाज के लिए बी.एच.यू. के सर सुंदरलाल हॉस्पिटल के प्राइवेट वार्ड में भर्ती थे। मैं किसी कार्यवश नरेन्द्र प्रसाद सिन्हा के साथ उपकुलपति डॉ. श्रीमाली के घर गया हुआ था। उस समय श्रीमाली जी ने हमें कहा कि जयप्रकाश जी अस्पताल में भर्ती हैं, उन्हें देखने जा रहा हूं, इसलिए आप लोग भी मेरे साथ चलिए और रास्ते में बातचीत भी हो जाएगी। मैं भी श्रीमाली जी के साथ चल पड़ा। जयप्रकाश नारायण जिस कमरे में भर्ती थे, उससे सटा हुआ एक छोटा सा कमरा था, जिसमें उनकी पत्नी प्रभावती जी बैठी हुई थीं। हम सभी को देखते ही प्रभावती जी जोर से चिल्ला उठीं और कहने लगीं कि आप लोग परेशान मत कीजिए। अभी वे आराम कर रहे हैं। मैं तो एकदम घबरा गया था, किंतु अंदर से जयप्रकाश जी ने अपनी पत्नी पर गुस्सा उतारते हुए कहा–"आप मेरे चाहने वालों से संबंध खराब करवा देंगी।" खैर! जयप्रकाश जी विस्तर से उठकर बैठ गए और करीब दस मिनट ऐसे ही हालचाल होता रहा। श्रीमाली जी ने ही नरेन्द्र प्रसाद सिन्हा तथा मेरा परिचय छात्रनेता के रूप में उनसे करवाया। बातचीत में जे.पी. बहुत शराफत से पेश आते थे।

जहां तक उनके आंदोलन का संदर्भ है उससे मैं कभी प्रभावित नहीं हुआ, क्योंकि उनके आंदोलन की दिशा जनतंत्र पर आघात करने वाली थी। पार्टीलेस डेमोक्रेसी की अवधारणा व्यावहारिक रूप से तानाशाही को बढ़ावा देने वाली थी। एक अन्य बात बहुत खटकती थी, संसद तथा विधानसभाओं से लोगों का त्यागपत्र दिलवाना जनतंत्र के हित में कभी नहीं था। जनतंत्र का मतलब ही होता है जनता

के मत से बहुमत का शासन। केंद्र से लेकर अनेक राज्यों में जहां भी कांग्रेस का बहुमत के आधार पर शासन था, जयप्रकाश नारायण अपने आंदोलन के माध्यम से उसे उखाड़ फेंकना चाहते थे। जे.पी. तथा उनके समर्थक उस समय कांग्रेस के बहुमत वाले शासन को बहुमत की तानाशाही बताया करते थे। उन दिनों काफी समय से भारतीय व्यापारी विभिन्न खाद्यान्नों तथा यूरिया जैसी आवश्यक वस्तुओं की भयंकर जमाखोरी तथा कालाबाजारी में लिप्त थे। इन जमाखोरों के खिलाफ कम्युनिस्ट पार्टी आंदोलन चला रही थी। बनारस में अन्य पार्टी कार्यकताओं के साथ मैं ऐसे व्यापारियों की खोज में अत्यंत सक्रिय हो जाता था। जमाखोर न सिर्फ विभिन्न अनाजों को बाजार से गायब करके उसे मनमाने ढंग से दोगुनी कीमत पर बेचा करते थे, बल्कि यूरिया जैसी कृषि के लिए आवश्यक वस्तुओं की भी वे कालाबाजारी करते थे। उन दिनों कालाबाजारी के चलते आम जनता में काफी बेचैनी फैली हुई थी। अतः कम्युनिस्ट पार्टी के लोग जे.पी. आंदोलन के शुरू होने के साल भर पहले से ही जमाखोरों के खिलाफ अभियान चला रहे थे। बी.एच.यू. की कम्युनिस्ट पार्टी से जुड़े हुए छात्र जमाखोरों के खिलाफ चलाए जा रहे आंदोलन में सबसे बढ़-चढ़कर हिस्सा लेते थे। खाद्यान्नों में सबसे ज्यादा कालाबाजारी 'आदमचीनी' नामक चावल की होती थी। मिर्जापुर जिले में पैदा किया जाने वाला 'आदमचीनी' चावल गंगा में नौकाओं द्वारा लाकर बनारस के कालाबाजार में बेच दिया जाता था।

आदमचीनी चावल बहुत छोटा-छोटा होता था, किंतु पकाते समय बहुत मनमोहक सुगंध निकलती थी और खाने में आज के बासमती चावल से यह कई गुना ज्यादा स्वादिष्ट होता था, इसलिए इसकी मांग बहुत ज्यादा हुआ करती थी। सामान्यतः इसकी कीमत प्रति किलो ढाई तीन रुपए से ज्यादा नहीं होती थी, किंतु कालाबाजारी में दोगुने से भी ज्यादा कीमत होती थी, जो 1973-74 के हिसाब से बहुत ज्यादा भी था। मेरे साथ बी.एच.यू. कम्युनिस्ट पार्टी के अनेक छात्र कई बार किराए की नौका लेकर रामनगर की तरफ से आने वाली उन नौकाओं का पीछा करते थे। हम लोग आदमचीनी चावल से भरी ऐसी नौकाओं को जबरन नगवा मोहल्ले के पास गंगा के किनारे लंगर डालने पर मजबूर कर देते थे। इसकी सूचना हम स्थानीय थानेदार तथा जिलाधिकारी को तुरंत दे देते थे। ऐसे अधिकारी घटनास्थल पर पहुंच जाते थे, फिर पार्टी के एक दो कार्यकर्ता स्थानीय मोहल्लों में रिक्शे पर घूम-घूमकर माइक द्वारा प्रचार करते थे कि जिन्हें कंट्रोल रेट पर चावल लेना है, वे नगवा से गुजरने वाली सड़क पर आ जाएं। ऐसे में ढेर सारे लोग लाइन बनाकर खड़े हो जाते थे और सबके सामने आवश्यकता अनुसार तौल-तौलकर चावल का वितरण कर दिया जाता, उससे जो पैसा इकट्ठा होता था, उसे अधिकारियों को सौंप दिया जाता था। वे इसे चावल मालिक को वापस कर देते थे। गंगा में नौका

द्वारा कम्युनिस्ट पार्टी के दस्ते से संबंधित एक रोचक बात यह थी कि भोला पांडे नामक कार्यकर्ता लाठी लेकर नौका में हमारे साथ चलते और हमेशा कंधे पर लाठी रखकर खड़े रहते और चावल, गेहूं आदि से भरी नौकाओं को एक सिद्धहस्त छापामार की तरह घेरकर नदी के किनारे लाते। भोला पांडे हिंदी के शोध छात्र थे। एक बार छात्रों की किसी मांग को लेकर उन्होंने हिंदी विभाग के अध्यक्ष प्रोफेसर विजयपाल सिंह को दो-चार चांटे लगा दिए, इस घटना के चलते पार्टी की बदनामी के डर से हमने भोला पांडे को निष्कासित कर दिया। निष्कासन के बाद भोला पांडे कांग्रेस में शामिल हो गए, किंतु मुझसे उनका संबंध हमेशा बहुत अच्छा बना रहा।

स्मरण रहे कि यह वही भोला पांडे थे, जो 1977 में जनता पार्टी की सरकार द्वारा इंदिरा गांधी को गिरफ्तार किए जाने के विरोध में दिल्ली से एक हवाई जहाज का अपहरण करके बनारस ले गए थे। संयोगवश एक खिलौने की पिस्तौल तथा रूमाल में लिपटे क्रिकेट बॉल को दिखाकर उन्होंने हवाई जहाज का अपहरण किया था, इसलिए उन्हें कोई सजा नहीं हुई। सजा न होने का एक सबसे महत्त्वपूर्ण कारण यह था कि ढाई साल बाद जनता पार्टी की सरकार गिर गई और इंदिरा गांधी फिर से प्रधानमंत्री बन गई थीं। इसके बाद वे यू.पी. विधानसभा के लिए कांग्रेस पार्टी से चुने गए। हवाई जहाज अपहरण से संबंधित प्रकरण के शुरुआती दिनों में मैं बहुत चिंतित हो गया था, क्योंकि उस समय मैं जवाहरलाल नेहरू यूनिवर्सिटी में पश्तो भाषा में डिप्लोमा कर रहा था और अपहरण के ठीक एक दिन पहले मेरे पास भोला पांडे आए थे। उनके साथ दूसरे अपहरणकर्ता देवेन्द्र पाण्डे भी थे। इन दोनों के साथ मैं जे.एन.यू. ओल्ड कैंपस स्थित क्लब बिल्डिंग में चाय पर देर तक बैठकर राजनीतिक बहस करता रहा। अपहरण के बाद टाइम्स ऑफ इंडिया में प्रथम पृष्ठ पर शीर्षक समाचार के तहत इस तथ्य का भी जिक्र किया गया था कि ये दोनों अपहरणकर्ता अपहरण से पहले जवाहरलाल नेहरू विश्वविद्यालय के कुछ छात्रों से मिले थे। इस समाचार को पढ़कर मैं इसलिए डर गया था कि कहीं पुलिस मारपीट कर अपहरणकर्ताओं से कबुलवा न ले कि वे मेरे पास आए थे। खैर ऐसा कुछ नहीं हुआ।

जहां तक जमाखोरों के खिलाफ आंदोलन का प्रश्न है, इस कड़ी में सबसे बड़ी सफलता हमें उस समय मिली जब खोजवा बाजार के एक व्यापारी के घर से 336 बोरी यूरिया खाद बरामद की गई। इस खाद को भी हम लोगों ने अधिकारियों के सामने कंट्रोल रेट पर आम जनता में बंटवा दिया। यह घटना 27 अगस्त, 1973 की है। जमाखोरों के खिलाफ हमें अधिकारियों का सहयोग इसलिए मिलता था, क्योंकि उत्तर प्रदेश की कांग्रेसी सरकार का कम्युनिस्ट पार्टी को सहयोग प्राप्त था। इस संदर्भ में कमलापति त्रिपाठी तथा बाद में हेमवती नंदन बहुगुणा की भूमिका बहुत सराहनीय थी। खोजवा बाजार के व्यापारी के यहां से प्राप्त यूरिया का

समाचार स्थानीय 'आज' नामक अखबार के मुखपृष्ठ पर प्राथमिकता के साथ प्रकाशित हुआ था। समाचार के साथ हम सारे कम्युनिस्ट कार्यकताओं का एक सामूहिक चित्र भी प्रकाशित हुआ था, जिन्होंने छापामारी में हिस्सा लिया था। इस समाचार से कालाबाजारी करने वाले व्यापारी कम्युनिस्ट पार्टी से बहुत डर गए थे। आम जनता के समर्थन में ऐसी गतिविधियों में शामिल होकर व्यक्तिगत रूप से मुझे बड़ी मानसिक तृप्ति मिलती थी। जमाखोरों के खिलाफ हमारा आंदोलन दो साल से भी ज्यादा समय तक चलता रहा।

इस बीच फरवरी 1974 में उत्तर प्रदेश विधानसभा का मध्यावधि चुनाव हुआ। यह चुनाव इसलिए बहुत महत्त्वपूर्ण हो गया था, क्योंकि जयप्रकाश नारायण का आंदोलन चालू था। चुनाव के संचालन के लिए गोदौलिया स्थित कम्युनिस्ट पार्टी के कार्यालय में एक केंद्र स्थापित किया गया था। पार्टी ने मुझे इस केंद्र का संचालक नियुक्त किया था। अतः मैं पूरे महीने भर की चुनाव प्रक्रिया के दौरान दिन रात पार्टी ऑफिस में ही रहता था। प्रतिदिन कहां-कहां जनसभा का आयोजन करना है, किन- किन नेताओं को वहां बोलना है, इन सारी गतिविधियों का लेखा-जोखा मुझे रखना पड़ता था। एक खास बात यह थी कि यह मध्यावधि चुनाव सिर्फ उत्तर प्रदेश में हो रहा था, इसलिए पासवर्ती राज्य बिहार से पचास पार्टी कार्यकर्ता बनारस आए हुए थे। इन पार्टी कार्यकर्ताओं का नेतृत्व बिहार के सुप्रसिद्ध कम्युनिस्ट नेता सुनील मुखर्जी कर रहे थे। अतः चुनाव केंद्र सुचारू रूप से चलाने के लिए मेरे साथ उन्हें भी नियुक्त कर दिया गया। हम लोग जगह-जगह चुनाव सभाएं आयोजित करते और विभिन्न स्थानीय तथा बिहार से आए कम्युनिस्ट नेताओं के भाषण आयोजित करते। बीच-बीच में राज्य तथा दिल्ली केंद्र से भी कम्युनिस्ट नेता आते रहते थे। इस चुनाव की प्रक्रिया में व्यक्तिगत रूप से मेरी गतिविधियां अपनी चरम सीमा पर थीं। पार्टी के बाकी उम्मीदवार हार गए थे, किंतु देहाती क्षेत्र कोलसला से उदल जी विधानसभा के लिए चुन लिए गए थे। उधर कांग्रेस पार्टी की उत्तर प्रदेश में सत्ता में वापसी हो गई थी, जिसके परिणामस्वरूप हेमवती नंदन बहुगुणा मुख्यमंत्री बने। इस चुनाव के बाद जे.पी. आंदोलन बहुत तेज हो गया था, जिसका सबसे बड़ा कारण यह भी था कि उनके समर्थक आर.एस.एस. की पार्टी तत्कालीन जनसंघ तथा लोहियावादी सोशलिस्ट पार्टी सत्ता पर कब्जा नहीं कर पाई। मुझे यह देखकर हैरत होती थी कि जिन जमाखोरों के खिलाफ हम लोग अभियान छेड़ रखे थे, वे सारे जे.पी. आंदोलन के मुख्य आधार बन गए थे। एक खास बात यह थी कि जे.पी. आंदोलन का प्रमुख घटक होने के नाते साम्प्रदायिक शक्तियों का बड़ी तेजी से विकास होने लगा था। इस खतरे को देखते हुए मुख्यमंत्री हेमवती नंदन बहुगुणा की पत्नी श्रीमती कमला बहुगुणा के नेतृत्व में एक

साम्प्रदायिकता विरोधी 31 सदस्यीय कमेटी का गठन किया गया था, इसमें कांग्रेस तथा कम्युनिस्ट पार्टी के सदस्य शामिल थे।

इस कमेटी में बनारस से मेरे अलावा दीपक मलिक तथा नरेन्द्र प्रसाद सिन्हा शामिल थे। साम्प्रदायिकता विरोधी कमेटी के माध्यम से देश भर में जगह-जगह सभा, गोष्ठियां हुआ करती थीं। हम लोग साम्प्रदायिकता के खिलाफ जनता को जागृत करने का पूरा प्रयास करते रहते थे। जैसा कि अवगत है कि कम्युनिस्ट पार्टी जे.पी. आंदोलन को फासिस्ट के रूप में परिभाषित कर चुकी थी, इसलिए फासीवाद क्या है, यह कैसे क्रियान्वित होता है, इसका उदय इटली तथा जर्मनी में कैसे हुआ तथा भारत में यह किस रूप में विकसित हो रहा है, आदि विषयों पर पार्टी सभा सम्मेलन आयोजित करती थी। मैं इस तरह की गतिविधियों में हमेशा आगे बढ़कर हिस्सा लेता था। बी.एच.यू. में छात्रों के बीच मैं उठते-बैठते फासिज्म के बारे में हरदम बहस करता रहता था। मेरा मानना था कि भारत में साम्प्रदायिक राजनीति फासीवाद का मूल आधार है। यह मान्यता आज भी उतनी ही सही है, जितनी की पहले थी। जे.पी. आंदोलन के दौरान उनके समर्थक बनारस में जनता कर्फ्यू जबरन लागू करते थे। वे लोग जबर्दस्ती दुकानें बंद कराते थे तथा लोगों को सड़क पर आने से रोकते थे। वहीं कम्युनिस्ट पार्टी तथा कांग्रेस के कार्यकर्ता गोदौलिया चौराहे पर कर्फ्यू तोड़ने के लिए सड़क पर आ जाते थे। मैं भी बड़ी सक्रियता के साथ कर्फ्यू तोड़ने का काम करता था। कभी-कभी जे.पी. समर्थकों से हमारी खूब झड़प भी हो जाती थी। एक बार ऐसी झड़प के दौरान गोदौलिया चौराहे पर पुलिस ने मुझे पकड़ लिया। वहां बनारस कम्युनिस्ट पार्टी के सेक्रेटरी गिरिजेश राय मौजूद थे। उन्होंने पुलिस अधिकारियों से तुरंत कहा कि वे कम्युनिस्ट कार्यकर्ताओं को गिरफ्तार नहीं कर सकते। परिणामस्वरूप पुलिस ने मुझे छोड़ दिया। दूसरे दिन सोशलिस्टों तथा संघ वालों का स्थानीय अखबारों में बयान छपा कि पुलिस ने कम्युनिस्ट गुंडों को छोड़ दिया, किंतु उनके कार्यकर्ताओं को गिरफ्तार कर लिया। 'कम्युनिस्ट गुंडा' के रूप में परिभाषित होकर मैं मनोरंजन का शिकार हो गया था। यह मार्च 1975 की घटना थी। इस कड़ी में जब जे.पी. आंदोलन अपनी चरम सीमा पर था, बी.एच.यू. में मेरे रिसर्च (पीएच.डी.) का दूसरा साल पूरा होने वाला था। इसके बाद मैं किसी भी समय थीसिस जमा कर सकता था। जैसा कि मेरे शोध का विषय : 'बंगाल में नक्सलवादी आंदोलन' था, इसलिए मैं मई 1975 के अंतिम सप्ताह में एक महीने के लिए फील्ड ट्रिप पर कलकत्ता चला गया। वहां मुझे मुख्य रूप से नेशनल लाइब्रेरी में काम करना था। बी.एच.यू. पोलिटिकल साइंस विभाग के तत्कालीन अध्यक्ष प्रोफेसर मनोरंजन झा ने नेशनल लाइब्रेरी कलकत्ता के डायरेक्टर डॉ. नागपाल के नाम एक पत्र लिखकर मुझे दिया था। कलकत्ता में मेरे

रहने का इंतजाम गिरिजेश राय ने अपने एक मित्र मदन गोपाल मोयत्रा के घर में किया था। मोयत्रा सियालदह जंक्शन के निकट हैरीसन स्ट्रीट में रहते थे। वे सी.पी.आई. (एम.) के समर्थक थे।

जब मैं मोयत्रा के घर पहुँचा, तो वे वहाँ नहीं थे, किन्तु उनकी पत्नी बनारस के सोनारपुरा की ही रहने वाली थी। वे मुझे देखकर भौंचक रह गई। उन दोनों में से कोई मुझे नहीं जानता था। मैंने तुरन्त गिरिजेश राय की चिट्ठी उन्हें दे दी। श्रीमती मोयत्रा बार-बार बोलती रहीं कि चिट्ठी पहले क्यों नहीं भेजी? थोड़ी देर बाद मोयत्रा साहब आ गए। अतः मामला सलट गया। वे मकान के प्रथम तल पर रहते थे। नीचे भूतल पर एक कमरा था, जहाँ मेरे रुकने का इन्तजाम हो गया। प्रो. मनोरंजन झा ने मुझे इतिहासकार गौतम चट्टोपाध्याय जो कलकत्ता के 'पाम प्लेस' में रहते थे, से मिलने के लिए कहा था, ताकि मैं अपने शोध कार्य के बारे में उनसे बहस कर सकूँ। मैं पहले ही दिन सुबह ढूँढ़ते हुए उनके घर चला गया। दरवाज़ा बन्द था। बहुत देर तक खटखटाने के बावजूद कोई उत्तर नहीं मिला। मैं वापस आने ही वाला था कि ऊपर से बांग्ला भाषा में कुछ आवाज़ आई। मैं जोर से अंग्रेज़ी का सहारा लेते हुए बोला कि मैं बी.एच.यू. में नक्सलबाड़ी आन्दोलन पर शोध कर रहा हूँ। मुझे प्रोफेसर मनोरंजन झा ने आपके पास भेजा है। गौतम चट्टोपाध्याय बड़े गुस्से में थे। वे कहने लगे कि पहले फोन करके समय क्यों नहीं लिया? मैं मन-ही-मन सोचने लगा कि बनारस में तो जो अप्वाइन्टमेंट से मिलता है, उससे तो कोई मिलने जाता ही नहीं है। मैंने तो बी.एच.यू. के वाइसचांसलर से भी मिलने के लिए कभी समय नहीं माँगा था। मुझे सबसे ज्यादा हैरत इस बात की हुई थी कि चट्टोपाध्याय सी.पी.आई. के सदस्य थे, फिर भी उनके अन्दर जरा भी कामरेडाना बर्ताव नहीं था।

आरम्भिक गुस्से के बाद मुझे नीचे बैठने के लिए कहा। मैं करीब आधा घंटा बैठा रहा, किन्तु दरवाज़ा नहीं खुला। अचानक फिर ऊपर से ही आवाज़ आई : ''अगले संडे को शाम के छह बजे आना।'' मैं बड़ा निराश होकर हैरीसन स्ट्रीट लौट गया। मैं पुनः उनके घर जाना नहीं चाहता था। किन्तु प्रो. झा को दिमाग में रखते हुए उस रविवार की शाम एक बार फिर पाम प्लेस चला गया। उनसे कोई खास वार्ता नहीं हो पाई, क्योंकि वे बिलकुल बेमन से मिले। उन्होंने चाय जरूर पिलाया। जब मैं वहाँ से बस पकड़ने के लिए करीब एक किलोमीटर पैदल चलकर बिरला गर्ल्स हाई स्कूल के पास पहुँचा, तो वहाँ का नज़ारा देखकर मैं दंग रह गया। अँधेरा हो चला था। बस स्टॉप के पास सड़क के किनारे करीब 25-30 युवतियाँ कतार में खड़ी थीं। लोग आते और बड़े अनुशासित ढंग से हर युवती के चेहरे पर गिद्ध दृष्टिपात करते हुए किसी एक का हाथ पकड़कर टाना रिक्शा में बैठते ही

अन्तर्ध्यान हो जाते थे। शुरू में मुझे कुछ समय में नहीं आया। बस स्टॉप पर खड़ा एक व्यक्ति बांग्ला में कुछ बोला। मैं भावार्थ समझ गया कि यहाँ भी रोज कलकत्ता का सेक्स बाजार सजता है। मोयत्रा के घर उस रात लौटने के बाद सोते समय लोग किसी युवती के हाथ पकड़कर भागते हुए मेरे सपने में आते रहे।

मैं रोज उनके घर से बस पकड़कर धरमतल्ला जाता था और वहां से ट्राम द्वारा अलीपुर स्थित नेशनल लाइब्रेरी चला जाता था। प्रो. मनोरंजन झा की चिट्ठी के कारण डॉ. नागपाल मेरा बहुत ध्यान रखते थे। उन्होंने लाइब्रेरी के कर्मचारियों को मेरी हर संभव सहायता के लिए निर्देश दे रखा था। नेशनल लाइब्रेरी इतिहास तथा पुराने दस्तावेजों के लिए अपना विशेष स्थान रखती थी। तमाम अखबारों तथा पत्रिकाओं की वर्षों पुरानी फाइलों का विस्तृत भंडार था। नक्सलवादियों द्वारा प्रकाशित तमाम सामग्री भी वहां उपलब्ध थी। इस सेक्शन के इंचार्ज सेन गुप्ता साहब थे। शीघ्र ही मेरी उनसे बहुत घनिष्ठता हो गई। उन्होंने मुझको अन्य शोध सामग्री पर निगाह डालने से पहले सलाह दी कि यदि बंगाल को समझना है, तो सबसे पहले वहां के गजेटियर्स को पढ़ जाऊं। अतः उनकी ही सलाह पर मैंने शुरू के पंद्रह दिन बंगाल के तमाम जिलों के गजेटियर्स को सरसरी निगाह से पढ़ डाला तथा रिसर्च काड्र्स पर नोट भी लेता रहा। बाकी के लगभग दो सप्ताह नक्सलवादी आंदोलन से संबंधित सामग्री इकट्ठा करता रहा। चूंकि नक्सलवादी आंदोलन 25 मई, 1967 को शुरू हुआ था, इसलिए 26 मई को कलकत्ता से निकलने वाले सारे अखबारों में प्रकाशित खबरों को पढ़ डाला, साथ ही नोट भी बनाता गया। बांग्ला में प्रकाशित अखबार आनंद बाजार पत्रिका को सेन गुप्ता ने मुझे पढ़कर सुनाया तथा उसका अर्थ भी समझाया। उस समय तक का मैंने सर्वाधिक गहन अध्ययन नेशनल लाइब्रेरी में किया था। सुबह 10 बजे से लेकर शाम पांच बजे तक लगातार लाइब्रेरी में पढ़ता रहता था। सिर्फ आधे घंटे के लिए सेन गुप्ता जी के साथ लाइब्रेरी कैंटीन में दोपहर का खाना खाने जाता था। मैं प्रतिदिन लाइब्रेरी से वापस धरमतल्ला मैदान में आकर एक डेढ़ घंटे तक इधर-उधर बौड़ियाता रहता था तथा हैरीसन स्ट्रीट लौटने से पहले सियालदह स्टेशन के सामने वाले बाजार में एक बुढ़िया दादी का छोटा-सा होटल था, उसमें भात मछली खा लेता था। बुढ़िया दादी कोहड़े के डंठल के साथ मछली पकाती थी, जिसे मैंने पहली बार खाया था। डंठल वाली मछली मुझे इतनी पसंद आई कि मैं रोज वहीं खाने लगा। बुढ़िया दादी मुझे बहुत मानने लगी थी, इसलिए वह मेरी अपनी दादी जैसी लगने लगी थी, किंतु सुबह के नाश्ते से संबंधित एक रोचक घटना घटी। हैरीसन स्ट्रीट के सामने वाली मुख्य सड़क के बीचोबीच एक पानी की पाइप फट गई थी, जिससे करीब दो मंजिली इमारत से ज्यादा ऊंचाई वाली पानी की बौछार गिरती रहती थी। ठीक उसके सामने

सड़क के किनारे लकड़ी से बनी एक छोटी सी गुमटी थी, जिसके ऊपर एक बोर्ड टंगा था, जिस पर लिखा था : 'सत्तू होटल'। गुमटी में दर्जन भर टिन की थालियां रखी हुई थीं। उसका मालिक चार आने का एक पाव सत्तू तौलकर थाली में रख देता था। उस क्षेत्र के रिक्शाचालक तथा अन्य मजदूर थाली में सत्तू लेकर सड़क के बीचोबीच चले जाते थे। तेज धार से गिरते पानी को हाथ में रोप-रोपकर सत्तू सान लेते थे। फिर उसे खाने के बाद उसी पानी से थाली को धोकर गुमटी में रख देते थे। थाली धोना बड़ी आसानी से हो जाता था, क्योंकि काफी ऊंचाई से गिरती पानी की बौछार से थाली अपने आप साफ हो जाती थी। अनेक मजदूर बीच सड़क पर ही खड़े होकर नहा भी लेते थे। यह घटनाक्रम रोज ब रोज चलता रहता था। इस सत्तू होटल की गतिविधियां जब मैंने पहली बार देखीं, तो मुझे बहुत रोचक लगीं। अगले दिन से जब मैं मोयत्रा के घर से नेशनल लाइब्रेरी जाने के लिए निकलता था, उसी सत्तू होटल से चार आने का सत्तू लेकर अन्य मजदूरों की ही तरह सड़क पर गिरते हुए पानी से सान लेता था। यही मेरा रोज का नाश्ता हो जाता था। धीरे-धीरे शुरुआती हिचक के बाद सड़क पर खड़ा होकर सत्तू सानने में मुझे भी मजा आने लगा था। कभी-कभी मुझे ऐसा लगता था कि मानो सत्तू नहीं, बल्कि मैं किताबों को सानकर खाता था। सबसे रोचक बात यह थी कि उस फटे हुए पाइप को कोई ठीक नहीं करता था। मेरे कलकत्ता से वापस आने तक अनेक गरीब लोगों का वही फटा हुआ पाइप एक सहारा था।

मैं रोज की तरह 25 मई, 1975 की शाम को नेशनल लाइब्रेरी से वापस धरमतल्ला मैदान में ट्राम से उतर गया। अचानक देखा कि एक लड़का हाथ में अखबारों का बंडल लिए जोर-जोर से चिल्लाकर कह रहा था–'दिल्ली थेके टेलीग्राम–दिल्ली थेके टेलीग्राम।' ऐसा कहकर वह बड़ी तेजी से इधर-उधर भागता। लोग उसके पीछे-पीछे दौड़ते और पच्चीस पैसे में अखबार का एक पन्ना खरीदते। कुतूहलवश मैंने भी दौड़कर पच्चीस पैसे में वह अखबार खरीद लिया, जो कलकत्ता से प्रकाशित होने वाले अंग्रेजी अखबार 'स्टेट्समैन' का इवनिंग न्यूज था। उसका मोटा मोटा शीर्षक था–'भारत में इमरजेन्सी लागू जयप्रकाश नारायण सहित अनेक नेता गिरफ्तार'। इस खबर से मैं अचंभित अवश्य हुआ, किंतु जे.पी. आंदोलन के चलते जिस तरह से पूरे उत्तर भारत में भीड़तंत्र का उपद्रव मचा हुआ था, उसे देखते हुए मैंने इमरजेंसी को सही माना। चूंकि मैं पार्टी का होलटाइमर था इसलिए नेशनल लाइब्रेरी की पढ़ाई अधूरी छोड़कर तुरंत बनारस लौटने का फैसला कर लिया। 25 मई की शाम काफी देर तक मैं धरमतल्ला मैदान में इधर-उधर घूमकर लोगों की बातें सुनता रहा। अधिकतर लोगों को 'इमरजेंसी ठीक आछे' कहते हुए सुना। अचानक मैंने देखा कि बड़ा बाजार क्षेत्र की तरफ से बहुत बड़ा जुलूस

धरमतल्ला मैदान में आ गया। यह जुलूस कांग्रेस पार्टी का था। लोग इंदिरा गांधी तथा इमरजेंसी के समर्थन में नारा लगा रहे थे। बीच-बीच में लोगों से 'सिद्धार्थ शंकर रे जिंदाबाद' का नारा भी सुनने को मिलता था। स्मरण रहे कि सिद्धार्थ शंकर रे उस समय बंगाल के मुख्यमंत्री थे। काफी देर बाद जब मैं बस द्वारा हैरीसन स्ट्रीट वापस आने लगा, तो देखा कि सभी लोग इमरजेंसी की ही चर्चा कर रहे थे। पूरा कलकत्ता राजनीतिक रूप से एकदम गरम हो गया था। दूसरे दिन 26 मई को रोज की तरह सुबह वाला सत्तू खाकर बहू बाजार स्थित कम्युनिस्ट पार्टी के दफ्तर चला गया, जहां बंगाल कम्युनिस्ट पार्टी के सेक्रेटरी गोपाल बनर्जी से मिला। पार्टी की केंद्रीय नीति के अनुरूप वे लोग भी इमरजेन्सी सहित इंदिरा गांधी की तमाम नीतियों का समर्थन कर रहे थे। उसी दिन शाम को मैं हाबड़ा से दून एक्सप्रेस पकड़कर बिना आरक्षित सीट के ही बनारस लौट आया, किंतु इमरजेंसी लागू होने के मात्र चौबीस घंटे के अंदर मुझे देखने को मिला कि पहले की तरह ट्रेन में कोई मारामारी नहीं थी। पहले की तरह रेल कर्मचारियों द्वारा घूसखोरी भी नहीं थी। सब कुछ अनुशासित सा लगा। अपने शोध कार्य के दौरान मैं बी.एच.यू. के राजाराम मोहन राय छात्रवास में रहने लगा था, यद्यपि कैलाश भवन वाला कमरा मेरे ही कब्जे में था। मैं वहां प्रतिदिन दो चार घंटे बिताया करता था। मुझसे मिलने वाले भी कैलाश भवन ही आया करते थे, किंतु जब मैं 27 जून, 1975 को कलकत्ता से राजाराम मोहन राय होस्टल आया, तो उस रात दो बजे से ही बी.एच.यू. के तमाम होस्टलों पर छापा पड़ने लगा।

पुलिस ढूंढ़-ढूंढ़कर जे.पी. समर्थकों को गिरफ्तार कर रही थी। उस दौरान बनारस के पुलिस कप्तान प्रेमचंद सिंह करीब पचास पुलिस वालों के जत्थे के साथ अन्य कमरों की तलाशी लेते हुए रूम नम्बर 17 वाले मेरे कमरे पर आए। उनके साथ होस्टल के मुख्य वार्डेन प्रोफेसर रामऋषि त्रिपाठी भी थे। मुझे देखते ही त्रिपाठी जी ने प्रेमचंद सिंह से कहा कि 'ए तो कम्युनिस्ट नेता हैं, चलिए आगे बढ़िए।' इस पर कप्तान साहब भी बोल पड़े कि मैं भी इन्हें जानता हूं। ऐसा कहकर वे रूम नम्बर 18 में तलाशी लेने चले गए। मैं डर के मारे अपना कमरा बंद करके बड़ी देर तक बैठा रहा, जिसका एकमात्र कारण यह था कि पुलिस के डर से एक जे.पी. समर्थक छापा पड़ते ही मेरे कमरे में भाग आया था। कम्युनिस्ट पार्टी के एक अन्य कार्यकर्ता शिवानंद दूबे भी उस रात मेरे कमरे पर ही रुके हुए थे। हमारे होस्टल पर करीब दो घंटे तक छापा पड़ता रहा तथा कई जे.पी. समर्थकों को गिरफ्तार कर पुलिस ले गई। पुलिस के छापे से पूरा बी.एच.यू. आतंकित हो गया था।

जहां तक 25 जून, 1975 को इमरजेंसी लागू होने का सवाल है इसके पीछे सबसे बड़ा महत्त्वपूर्ण कारण था इलाहाबाद हाईकोर्ट द्वारा इंदिरा गांधी का लोकसभा

के लिए चुनाव को अवैध घोषित किया जाना। हुआ यह था कि 1971 के लोकसभा के चुनावों के दौरान समाजवादी नेता राजनारायण रायबरेली से इंदिरा गांधी के विरुद्ध चुनाव लड़कर हार गए थे। उन्होंने इलाहाबाद हाईकोर्ट में इंदिरा गांधी के चयन को निरस्त करने के लिए एक याचिका दाखिल की थी। राजनारायण का मुख्य तर्क यह था कि इंदिरा गांधी ने लोकसभा चुनाव में भ्रष्ट तरीके अपनाए थे। इस संदर्भ में उनकी मुख्य दलील यह थी कि प्रधानमंत्री पद पर रहते हुए इंदिरा गांधी ने सरकारी कर्मचारियों का चुनाव में दुरुपयोग किया था। उस समय प्रधानमंत्री आफिस (पी.एम.ओ.) के एक कारकुन यशपाल कपूर काफी चर्चा में आ गए थे। जब इंदिरा गांधी रायबरेली में लोकसभा के लिए पर्चा दाखिल करने गई थीं, तब यशपाल कपूर उनके साथ थे। अतः राजनारायण का सबसे बड़ा तर्क यही था कि किसी सरकारी कर्मचारी द्वारा किसी भी नेता के चुनाव में सहायता पहुंचाना चुनाव आचार संहिता का उल्लंघन है। संयोगवश जब जे.पी. आंदोलन अपनी चरम सीमा पर था, ठीक उसी समय इलाहाबाद हाईकोर्ट के चीफ जस्टिस जगमोहन सिन्हा ने अपना निर्णय सुनाते हुए इंदिरा गांधी के चुनाव को रद्द कर दिया। इस निर्णय के बाद देश भर में हाहाकार मच गया। जे.पी. समर्थक पार्टियां इंदिरा गांधी का त्यागपत्र मांगने लगीं तथा लाखों लोग उत्तर भारत के अनेक शहरों में प्रदर्शन करने लगे। चारों तरफ भीड़तंत्र का बोलबाला सा हो गया था। शुरुआती दौर में सुप्रीम कोर्ट ने इंदिरा गांधी को राहत देते हुए इलाहाबाद हाईकोर्ट के जजमेंट को स्थगित कर दिया था। उस समय एच.आर. खन्ना सबसे सीनियर जज होने के कारण सुप्रीम कोर्ट के चीफ जस्टिस होने वाले थे, किंतु उनकी जगह उनसे जूनियर अजीत कुमार रे को चीफ जस्टिस बना दिया गया। जस्टिस खन्ना के बारे में कहा जाता था कि वे आर.एस.एस. तथा जे.पी. समर्थक थे। जे.पी. समर्थकों का इंदिरा गांधी पर यह आरोप भी था कि वह न्यायपालिका के क्षेत्र में हस्तक्षेप कर रही थीं। स्मरण रहे कि इससे पहले विपक्षी दलों के अनेक सांसद तथा विधायक त्यागपत्र दे चुके थे। उस समय ऐसा लगता था कि मानों देश में शासन प्रणाली एकदम ठप्प हो गई थी। उस विकट परिस्थिति में इंदिरा गांधी ने इमरजेंसी लागू करने का फैसला किया था। इमरजेंसी लागू होते ही हजारों जे.पी. समर्थक नेताओं तथा कार्यकर्ताओं को गिरफ्तार कर लिया गया, फिर भी फासिज्म के विरुद्ध कम्युनिस्ट कांग्रेस मुहिम जारी रही। कम्युनिस्ट पार्टी की नीति के अनुसार मैं हर जगह इमरजेंसी का समर्थन करता था तथा फासिस्ट विरोधी सभा सम्मेलनों के आयोजन में बनारस से लेकर लखनऊ तक हिस्सा लेने जाता रहा।

उस गहन फासिस्ट विरोधी अभियान के दौरान पटना में एक विश्व स्तरीय फासिस्ट विरोधी सम्मेलन आयोजित किया गया, जो 25 नवम्बर, 1975 को शुरू

हुआ और तीन दिन तक चलता रहा। इस सम्मेलन में भारत के कोने-कोने से लगभग दस हजार प्रतिनिधियों ने हिस्सा लिया। सोवियत संघ समेत तमाम कम्युनिस्ट देशों से 100 से ज्यादा प्रतिनिधियों ने भी हिस्सा लिया था। बी.एच.यू. से गए एक पच्चीस सदस्यीय प्रतिनिधि मंडल में मैं भी शामिल था। सम्मेलन में कुछ कांग्रेसी कार्यकर्ता भी आए थे। हमारे प्रतिनिधि मंडल में इस्कस से संबंधित अधिकतर बी.एच.यू. के प्रोफेसर थे। सम्मेलन में जाने से पहले हम वाइस चांसलर डॉ. कालूलाल श्रीमाली से मिले। डॉ. श्रीमाली ने हमें निर्देश दिया था कि सम्मेलन के उद्घाटन के समय आ रहे तत्कालीन कांग्रेस अध्यक्ष देवकांत बरुआ से मिलकर हम उन्हें यह बताएं कि कुलपति महोदय किस तरह बी.एच.यू. में साम्प्रदायिकता तथा फासीवादी शक्तियों से लड़ रहे थे। पटना में संपन्न फासिस्ट विरोधी सम्मेलन के संबंध में एक रोचक घटना यह थी कि शुरू शुरू में यह तय हुआ था कि सम्मेलन का उद्घाटन संयुक्त रूप से इंदिरा गांधी तथा कम्युनिस्ट पार्टी के चेयरमैन एस.ए. डांगे करेंगे, किंतु कांग्रेस के कुछ नेताओं ने इंदिरा गांधी को यह सलाह दी कि वे इस सम्मेलन में न जाएं, क्योंकि ऐसा करने से कम्युनिस्टों का ही प्रचार होगा। अतः अंतिम क्षणों में इंदिरा गांधी ने उस सम्मेलन में भाग लेने से अपनी असमर्थता जता दी, इसलिए उनके बदले देवकांत बरुआ उद्घाटन समारोह में शामिल हुए। 25 नवम्बर, 1975 की शाम को चार बजे फासिस्ट विरोधी सम्मेलन का उद्घाटन होने वाला था। उस दिन सुबह 10 बजे हम बी.एच.यू. का एक दस सदस्यीय प्रतिनिधि मंडल लेकर देवकांत बरुआ से मिले। बरुआ तत्कालीन बिहार के मुख्यमंत्री जगन्नाथ मिश्र के निवास पर ठहरे हुए थे। उनसे मिलकर हमारे प्रतिनिधि मंडल के साथी दीपक मलिक तथा नरेन्द्र प्रसाद सिन्हा ने श्रीमाली जी की भूमिका के बारे में बरुआ से बातचीत की। बरुआ से बातचीत में हम काफी तल्लीन हो गए थे। मुझे वे बहुत बातूनी व्यक्ति लगे। वे किसी की बात को पूरा नहीं सुनते थे। बीच-बीच में वे खुद टपक पड़ते थे। हमारी वार्ता कुछ ज्यादा देर तक चलती रही। अतः बगल में बैठे जगन्नाथ मिश्र को मैंने देखा कि उन्होंने बरुआ की ओर घूरते हुए अपनी एक आंख दबाकर मूंड़ी हिला दी। इसमें छिपे मतलब के अनुसार हमारी वार्ता बंद हो गई। जब हम उनके घर से बाहर निकल गए, तो सभी ने एक स्वर में बनारसी लहजे में कहा कि यह तो जगन्नाथ मिश्रा का काइयांपन था।

पटना के राजेन्द्र मैदान के विशाल क्षेत्र में दर्जनों तम्बू गाड़े गए थे। मुख्य पांडाल सबसे बड़ा था, जिसमें दस हजार लोग बैठ सकते थे। अतः शाम के चार बजे फासिस्ट विरोधी सम्मेलन का भव्य उद्घाटन समारोह शुरू हुआ। सबसे पहले कांग्रेस अध्यक्ष देवकांत बरुआ ने उद्घाटन भाषण दिया। बरुआ उस समय काफी चर्चा में इसलिए हो गए थे, क्योंकि उन्होंने इंदिरा गांधी की एक नई परिभाषा दी

थी, जिसमें उन्होंने कहा था–'इंदिरा इज इंडिया एंड इंडिया इज इंदिरा'। यानी इंदिरा ही भारत है तथा भारत ही इंदिरा है। वैसे देवकांत बरुआ के भाषण में कोई विशेष तथ्य नहीं था, किंतु उनके बाद जब कम्युनिस्ट नेता एस.ए. डांगे बोलने आए, तो सारा वातावरण यकायक तालियों की गड़गड़ाहट से गूंज उठा। डांगे जब भी बोलते थे, वे अपने श्रोताओं को मंत्रमुग्ध कर देते थे। उनका भाषण हमेशा ऐतिहासिक तथ्यों से भरा होता था। उस दिन भी शुरू में ही उन्होंने कह दिया कि यह वही पाटलिपुत्र है, जहां प्राचीन काल में अजातशत्रु ने सत्ता के लिए अपने पिता सम्राट बिम्बसार की हत्या कर दी थी। उनके इस वाक्य ने श्रोताओं में कोलाहल सा पैदा कर दिया था। उन्होंने इटली तथा जर्मनी में फासीवाद के विकासक्रम की व्याख्या करते हुए जे.पी. आंदोलन को जनतंत्र विरोधी बताया था। बाद के दो दिनों में अलग-अलग करीब एक दर्जन सत्र साथ-साथ चलते रहे, जिनमें देश-विदेश से आए तमाम प्रतिनिधियों ने फासीवाद के ऊपर अपने विचार व्यक्त किए। बी.एच.यू. से आए समाजशास्त्र विभाग के अध्यक्ष प्रोफेसर एस.के. श्रीवास्तव ने जब एक सत्र में कहा कि यदि भारत में अभी समाजवाद की स्थापना नहीं हुई, तो इस देश में समाजवाद कभी नहीं आएगा, तो सारा हॉल तालियों से उनका स्वागत़ करने लगा। उस सत्र की अध्यक्षता पोलैंड की कम्युनिस्ट पार्टी के पोलित ब्यूरो के एक सदस्य कर रहे थे। फासिस्ट विरोधी प्रोपेगैंडा के हिसाब से यह कान्फ्रेंस बहुत कामयाब रही। इस कॉन्फ्रेंस के बाद मैं जार्जी दिमित्रेव द्वारा दी गई परिभाषा : 'फासिज्म इज द टेररिस्ट डिक्टेटरशिप ऑफ फिनांस कैपिटल', यानी फासीवाद वित्तीय पूंजी का आतंकवादी तानाशाही होता है, को हमेशा छात्रों के बीच दोहराया करता था। स्मरण रहे कि जार्जी दिमित्रेव बुलगारिया की कम्युनिस्ट पार्टी के जनरल सेक्रेटरी थे। सन् 1935 में मास्को में संपन्न कम्युनिस्ट इंटरनेशनल की सातवीं एवं अंतिम कांग्रेस में यूरोप में उभरते फासीवादी विचारों पर गहन बहस हुई थी। इसी कांग्रेस में जार्जी दिमित्रेव ने फासीवाद को उपरोक्त रूप में परिभाषित किया था। विचारधारा के स्तर पर पार्टी द्वारा चलाई गई फासीवाद विरोधी मुहिम के चलते एक तरह से मुझे फासिस्ट आइडियोलॉजी के बारे में दक्षता हासिल हो गई थी।

कम्युनिस्ट पार्टी तथा दलित प्रश्न

पटना की फासिस्ट विरोधी कॉन्फ्रेंस वास्तव में मेरे लिए अंतिम राजनीतिक गतिविधि थी। सन् 1974-75 में जे.पी. आंदोलन के चलते जहां मैं राजनीति में सबसे ज्यादा सक्रिय हो गया था, वहीं यह समय कम्युनिस्ट पार्टी के अंदर मेरे अलग-थलग पड़ जाने का भी था। कम्युनिस्ट पार्टी का ढांचा ही ऐसा होता है, जिसमें कोई भी कैडर

उच्च पदाधिकारियों की मर्जी के बिना आगे नहीं बढ़ सकता था। मेरे साथ भी ऐसा ही होने लगा। जैसा कि अवगत है, बनारस तथा लखनऊ स्थित पार्टी सेक्रेटेरिएट में नरेन्द्र प्रसाद सिन्हा की खूब चलती थी। बनारस में तो बिना उनकी मर्जी के किसी कैडर का उत्थान बहुत मुश्किल था। इसका एकमात्र कारण यह था कि वे 1968 में बी.एच.यू. छात्रसंघ के प्रेसीडेंट चुने गए थे। उत्तर प्रदेश कम्युनिस्ट पार्टी के जनरल सेक्रेटरी कालीशंकर शुक्ला तथा नेशनल कांउसिल के सदस्य रुस्तम सैटिन की छत्रछाया में सिन्हा बड़ी तेजी से पार्टी में आगे बढ़ रहे थे। अतः बनारस पार्टी से संबंधित किसी भी मामले में नरेन्द्र प्रसाद सिन्हा की राय को अंतिम फैसला माना जाता था। मेरी उनसे अनबन मामूली मसलों से शुरू हुई, किंतु बाद में चलकर तिल का ताड़ बन गया। 1974 की शुरुआत में सिन्हा ने एक पाक्षिक पत्रिका निकालने का प्रस्ताव रखा। इसके साल भर पहले हम दोनों ने मिलकर 'चिंतन' नामक मासिक पत्रिका का संपादन किया था, किंतु प्रवेशांक के बाद वह बंद हो गई। 'युवा मोर्चा' नामक पाक्षिक पत्रिका का उन्होंने मुझे संपादक नियुक्त किया और स्वयं वे मुख्य संपादक बन गए। इस पत्रिका के सिर्फ चार अंक निकले थे, जिन्हें वैचारिक रूप देने के लिए मैंने स्वयं अनेक लेख लिखे। इन लेखों में मई दिवस का इतिहास, कार्ल मार्क्स तथा राहुल सांकृत्यायन के व्यक्तित्व एवं कृतित्व जैसे लेख शामिल थे। इसके अलावा बी.एच.यू. की गतिविधियां तथा अन्य स्थानीय एवं राष्ट्रीय मुद्दों से संबंधित समाचार भी पत्रिका में छपते थे। मेरे वैचारिक लेखों को बी.एच.यू. में लोग बहुत पसंद करते थे, किंतु हर अंक में उत्तर प्रदेश में दलितों के ऊपर ढाए जाने वाले जुल्मों की कहानी का छपना पार्टी में कुछ लोगों को संभवतः उचित नहीं लगता था। इस तरह के जुल्मों को मैं बड़ा बड़ा शीर्षक देकर छापता था। इसके पहले जब रामकृष्ण होस्टल वाला फूलचंद राम कांड हुआ था, तो नरेन्द्र प्रसाद सिन्हा ने उस जातीय अत्याचार पर एक पर्चा लिखने के लिए मुझे कहा था। पर्चे का मुख्य उद्‌देश्य यह था कि उस घटना से बी.एच.यू. के छात्रों को अवगत कराया जाए।

मैंने एक लंबा पर्चा लिखा था, जिसमें एक जगह यह उल्लेख किया था–''ऐसे जातिवादियों के बावजूद डॉ. आम्बेडकर जैसे एक दलित ने भारत का संविधान लिखा था।'' पर्चा छपने से पहले नरेन्द्र प्रसाद सिन्हा ने इस वाक्य को निकलवा दिया। उस समय मैंने बिलकुल ध्यान नहीं दिया कि ऐसा क्यों हुआ? किंतु कुछ बाद में चलकर धीरे-धीरे यह साफ होने लगा कि कम्युनिस्ट पार्टी की निगाह में डॉ. आम्बेडकर का कोई महत्त्व नहीं था। युवा मोर्चा में छपने वाली सामग्री के परिणामस्वरूप मुझे यह भी प्रतीत हुआ कि जब कोई उच्च जाति का व्यक्ति दलितों पर किए जाने वाले अत्याचार पर लिखता या बोलता है, तो वह समाज सुधारक

कहलाता है, किंतु जब वही बात कोई दलित लिखता या बोलता है, तो उसे जातिवादी मान लिया जाता है। पार्टी में कुछ ऐसा ही संयोग मेरे साथ जुड़ गया। बनारस की कम्युनिस्ट पार्टी में एक पी. भट्टाचार्य साहब थे, जो मुझे खुलेआम जातिवादी कहने लगे। वे पार्टी कैडरों में यह दुर्विचार फैलाने लगे कि मैं कम्युनिस्ट पार्टी के अंदर लीडरशिप में 'रिजर्वेशन' चाहता हूं। पार्टी में रिजर्वेशन की बात मैं सपने में भी नहीं सोच सकता था। दिल्ली से निकलने वाली साप्ताहिक पत्रिका 'दिनमान' ने मई, जून 1973 में विभिन्न राजनीतिक पार्टियों पर एक पुरस्कार प्रतियोगिता आयोजित की थी। मैंने भारतीय कम्युनिस्ट पार्टी पर एक छोटा सा लेख लिखकर भेजा था। इस अखिल भारतीय प्रतियोगिता में मुझे 51 रुपए का द्वितीय पुरस्कार मिला था। इस पुरस्कार का मुख्य कारण यह था कि मैंने उस लेख में विशेष रूप से इस बात का उल्लेख किया था कि भारतीय कम्युनिस्ट पार्टी में कोई भाई-भतीजावाद या जातिवाद नहीं चलता है तथा पार्टी कैडरों का उत्थान उनकी क्षमता पर निर्भर होता है, किंतु जब मेरे ऊपर जातिवादी होने का आरोप परोक्ष या अपरोक्ष लगने लगा, तो मुझे अपार मानसिक पीड़ा ने घेर लिया।

धीरे-धीरे क्लास (वर्ग) तथा कास्ट (जाति) की अवधारणा समस्याजनक होकर मेरे सामने आने लगी। व्यावहारिक रूप में मुझे यह अनुभव होने लगा कि मार्क्स जिस मजदूर वर्ग की बात करते थे, उसका अधिसंख्य हिस्सा भारत में सामाजिक भेदभाव का शिकार दलित समाज से आता था। शायद कम्युनिस्ट पार्टी का ध्यान इस प्रश्न पर नहीं जाता था। मुझे आज भी आश्चर्य होता है कि भारत में कम्युनिस्ट आंदोलन के लगभग 90 साल पूरे होने जा रहे हैं, किंतु कम्युनिस्ट पार्टी ने कभी भी कोई राष्ट्रीय स्तर पर जाति व्यवस्था विरोधी आंदोलन नहीं चलाया। इसका परिणाम यह हुआ कि समय के बीतने के साथ ही दलितों के बीच कम्युनिस्ट पार्टी का आधार लगभग समाप्त हो गया। इन तमाम नकारात्मक परिस्थितियों का प्रभाव यह पड़ा कि दलित भी सवर्णों की तरह जातिवादी राजनीति में व्यस्त हो गए। परिणामस्वरूप जातिवाद जितना शक्तिशाली इस समय है, उतना वह पहले नहीं था। कम्युनिस्ट पार्टी का यह तर्क आज भी आश्वस्त नहीं कर पाता है कि समाजवादी व्यवस्था लागू होने के बाद सारे वर्ग जाति के भेदभाव समाप्त हो जाएंगे। कल्पना के तौर पर यह बात अच्छी लगती है। यह कल्पना मुझे किसी उपन्यास की परिकल्पना सी लगती है। भारतीय समाज के बारे में मार्क्स एंगेल्स ने 1853 तथा 1858 के बीच कई लेख लिखे। मूलतः जाति से संबंधित कार्ल मार्क्स के विचार अधूरे रह गए, अन्यथा हमारे लिए वे युगांतरकारी सिद्ध हुए होते।

मार्क्स बुद्ध को नहीं जानते थे। यदि ऐसा होता, तो वे जाति व्यवस्था के बारे में बहुत कुछ लिख जाते। फिर भी उन्होंने जो कुछ लिखा है, उससे बहुत सीख ली

जा सकती थी। मार्क्स भारत के विकास में जाति व्यवस्था को सबसे बड़ी बाधा मानते थे। उन्होंने भारत में धर्मांधता तथा मिथकों की तरफ भी ध्यान आकर्षित किया है। मार्क्स ने जगन्नाथ यात्रा के दौरान रथ के पहिए के नीचे कूदकर आत्महत्या करने वालों का भी जिक्र किया है। इन आत्महत्याकर्ताओं का विश्वास था कि ऐसा करने से वे सीधे स्वर्ग चले जाएंगे। मार्क्स ने जगन्नाथ मंदिर से संबद्ध धार्मिक वेश्यावृत्ति का भी जिक्र किया है। इस कड़ी में सबसे महत्त्वपूर्ण बात उन्होंने यह लिखी है कि भारत को भारतीय लोगों ने जीत कर अंग्रेजों को सौंप दिया। मार्क्स ने प्रमुखता से उल्लेख किया है कि सिंधिया राजघराना अंग्रेजों को समर्थन दे रहा था। सन् 1857 के बंगाल रेजिमेंट की भारतीय इतिहासकारों द्वारा बड़ी तारीफ की जाती है, क्योंकि मंगल पांडे उसी के सिपाही थे, जिन्होंने हथियारों में गोचर्म के इस्तेमाल के विरुद्ध विद्रोह कर दिया था। कार्ल मार्क्स उस रेजिमेंट के बारे में लिखते हैं कि बंगाल आर्मी के कुल 80 हजार सैनिक थे, जिनमें 28 हजार राजपूत, 23 हजार ब्राह्मण तथा 13 हजार मुसलमान थे। निम्न जातियों से सिर्फ पांच हजार लोग थे। अपने गहन अध्ययन के बावजूद पार्टी में मैं मूर्ख बना रहा। ऊपर से जातिवादी होने वाले आरोप से मैं छिन्न-भिन्न होने लगा था। उस समय मेरी समझ में आने लगा था कि वर्ग संघर्ष के माध्यम से भारत में समाजवादी व्यवस्था लागू होना असंभव सा है। मार्क्स ने कहा था कि ब्रिटिश शासकों का भारत में दोहरा मिशन था। एक तो यहां के एशियाटिक समाज को ध्वस्त करना तथा दूसरा एशिया में यूरोपीय सामाजिक व्यवस्था लागू करना। मार्क्स के इस कथन से ही जाहिर होता है कि एशियाई समाज यूरोपीय समाज से बिलकुल भिन्न था, इसलिए वर्ग संघर्ष का फार्मूला यहां फिट नहीं बैठता है। भारत के मजदूरों का एक हिस्सा हिंदुत्ववादी ताकतों के साथ है। बाकी सैकड़ों यूनियनों में बंटा हुआ है। यहां हर पार्टी की अपनी मजदूर यूनियनें हैं। फिर क्रांति का आधार कहां से आएगा?

इन वैचारिक द्वंद्वों के बीच एक अजीब सा हादसा हो गया। नरेन्द्र प्रसाद सिन्हा ने अपने जिला बिहार के सीतामढ़ी से राजेन्द्र सिंह नामक एक सत्रह अठारह साल के लड़के को लाकर मेरे साथ भारत सोवियत मैत्री संस्था के आफिस में रहने के लिए कहा। वह लड़का ऑफिस में रहने लगा। सिन्हा का कहना था कि वह बहुत गरीब तथा बेरोजगार है, इसलिए हमारे साथ रहकर उसका गुजारा हो जाएगा। यह बात सन् 1974 के शुरुआती दिनों की है। अभी दो माह मुश्किल से बीते थे कि एक दिन मैं बी.एच.यू. से लंच के समय उस ऑफिस में आया, तो देखा कि उसका ताला टूटा हुआ है। आफिस में मेरा एक मर्फी ट्रांजिस्टर था, वह गायब था। यही ट्रांजिस्टर मेरे लिए राष्ट्रीय अंतरराष्ट्रीय खबरों को जानने का एकमात्र सहारा था। अतः मुझे बहुत क्षोभ हुआ। हैरत इस बात की थी कि राजेन्द्र वहां से गायब था।

लंका पुलिस चौकी में उस समय आजमगढ़ के ही रहने वाले इंद्र बहादुर राय इंचार्ज थे। वे कम्युनिस्ट नेता झारखंडे राय के बहुत प्रशंसक थे, जिसके कारण मुझसे उनकी दोस्ती हो गई थी। मैंने यूं ही उनसे कार्यालय के ताला टूटने तथा ट्रांजिस्टर चोरी चले जाने की बात कर दी। इसके पीछे किसी भी तरह की शिकायत करने का मेरा इरादा नहीं था और न किसी व्यक्ति विशेष पर कोई शक था। राय साहब सारी जिम्मेदारी अपने ऊपर लेते हुए राजेन्द्र सिंह को पकड़कर चौकी पर ले गए। गहन पूछताछ से पता चला कि नरिया के एक असामाजिक तत्त्व महेन्द्र के साथ ताला तोड़कर राजेन्द्र ने ट्रांजिस्टर को चोरी कराया था। महेन्द्र भी पकड़ा गया। राय ने तुरंत दोनों को जेल भिजवा दिया। जेल में डलवाने में मेरा कोई हाथ नहीं था। वास्तविकता यह थी कि दूसरे दिन मुझे पता चला कि राजेन्द्र जेल चला गया। घटना के समय सिन्हा बनारस में नहीं थे, किंतु जब वे बनारस आए, तो बहुत दुखी थे। उस समय बी.एच.यू. कर्मचारी संघ के अध्यक्ष वीर बहादुर सिंह मुझे पीटने के लिए लगभग तैयार हो गए थे। उस दिन उन्होंने बहुत गालियां दी थीं। इन सबके पीछे एकमात्र तथ्य यह था कि राजेन्द्र भी क्षत्रिय था। इस घटना के बाद नरेन्द्र प्रसाद सिन्हा मेरे एकदम विरोध में आ गए। परिणामस्वरूप उन्होंने प्रांतीय जनरल सेक्रेटरी कालीशंकर शुक्ला से कहकर मुझे जो होल टाइमरी के लिए प्रतिमास 50 रुपया पार्टी वेज (यानी मजदूरी) मिलता था, उसे बंद करवा दिया। मेरे ऊपर आरोप लगाया गया कि मैं पार्टी का काम ठीक से नहीं कर रहा था। हकीकत तो यह थी कि पार्टी के अलावा एक पल भी मैं कुछ और नहीं सोचता था। पार्टी में मेरी आस्था पर यह एक गहरी चोट थी।

सबसे रोचक बात यह थी कि रामबली राम (एम.ए.) नामक एक बी.एच.यू. के छात्र को मैं ही पार्टी में लाया था, सिन्हा ने मेरे बदले उन्हें होल टाइमर नियुक्त करा दिया। रामबली राम भी दलित थे। इस संदर्भ में सिन्हा ने एक तीर से दो निशान साधे। रामबली को होल टाइमर नियुक्त करके सिन्हा ने यह दिखाना चाहा कि उनका यह काम सामाजिक भेदभाव से प्रेरित नहीं था। यह एक पुरानी रणनीति रही है कि किसी दलित को कुचलना हो, तो उसके समक्ष दूसरे दलित को खड़ा कर दिया जाए। रामबली राम पार्टी के सदस्य तो थे, किंतु मार्क्सवाद के बारे में उनका ज्ञान शून्य के बराबर था। सबसे पहले मुझे प्रोफेसर हरिहर नाथ त्रिपाठी ने बताया कि सिन्हा ने एक दलित को आगे कर दूसरे को नेस्तनाबूद कर दिया। पार्टी वेज बनारस में मेरे जीवनयापन के लिए बहुत बड़ा सहारा था, जो यकायक समाप्त हो गया। पार्टी वेज समाप्त कराने के बाद सिन्हा ने मुझसे भारत सोवियत मैत्री संघ कार्यालय छोड़ देने के लिए कहा। मैं तुरंत राजा राम मोहन राय शोध छात्रावास में कमरा लेकर बी.एच.यू. में रहने लगा। दूभर जीवन के बावजूद मैं पार्टी में पहले ही

जैसा सक्रिय रहा। प्रोफेसर हरिहरनाथ त्रिपाठी ने ही मुझे सबसे पहले यह सुझाव दिया था कि उक्त मामले को मैं कम्युनिस्ट पार्टी की नेशनल लीडरशिप को बताऊं। उनके ही सुझाव पर मैं वैसा करने के लिए राजी हो गया। मैंने तथ्यों के आधार पर नरेन्द्र सिन्हा के विरुद्ध एक विस्तृत चिट्ठी पार्टी के केंद्रीय 'कंट्रोल कमीशन' के चेयरमैन योगेन्द्र शर्मा तथा स्टेट कंट्रोल कमीशन के चेयरमैन मुंशी गुरुप्रसाद को भेजी। चिट्ठी में मैंने इस तथ्य को विशेष रूप से उजागर किया था कि सिन्हा धर्मांधता के शिकार हैं तथा व्यक्तिगत कारणों से उन्होंने मेरा पार्टी वेज बंद करा दिया, जिसका एकमात्र कारण था पार्टी लीडरशिप में उनकी व्यक्तिगत पहुंच। मैंने कंट्रोल कमीशन से यह अपील की थी कि मेरे साथ न्याय किया जाए। मैं स्वयं नहीं सोच पाता था कि मेरी चिट्ठी पर कोई कार्रवाई होगी, फिर भी मैंने पार्टी कार्यों में अपनी सक्रियता जारी रखी। स्मरण रहे कि दुनिया भर की कम्युनिस्ट पार्टियों के नेतृत्व वर्ग में 'कंट्रोल कमीशन' का प्रावधान किया जाता है। इसका मुख्य उद्देश्य होता है, पार्टी कैडरों की शिकायतों को सुनना तथा छानबीन के बाद उस पर कार्रवाई करना। इस बीच मैं छात्रों की कुछ मांगों को लेकर उप कुलपति डॉ. श्रीमाली के निवास पर गया था। नरेन्द्र सिन्हा वहां पहले ही से मौजूद थे। श्रीमाली जी ने मुझे एक टाइप किया हुआ कागज दिया तथा कहा कि इस कागज पर जैसे भी हो प्रोफेसर के.वी. राव का हस्ताक्षर करा के लाओ। इसके लिए यदि बल प्रयोग करना पड़े, तो भी वैसा किया जाए।

हुआ यह था कि पोलिटिकल साइंस डिपार्टमेंट के प्रोफेसर के.वी.राव दिल्ली से निकलने वाले अखबार टाइम्स ऑफ इंडिया में संपादक के नाम दो पत्र प्रकाशित करा चुके थे। इन पत्रों में उन्होंने डॉ. श्रीमाली की कार्यप्रणाली की आलोचना की थी। जाहिर है डॉ. राव दक्षिणपंथी राजनीति से जुड़े हुए थे। जो कागज डॉ. श्रीमाली ने मुझे दिया था, वह डॉ. राव के अपने ही विचारों का खंडन था। श्रीमाली जी इस खंडन पत्र को टाइम्स ऑफ इंडिया में छपवाना चाहते थे। इस काम में हिचक के बावजूद मैं कम्युनिस्ट पार्टी से जुड़े करीब 25 छात्रों को लेकर डॉ. के.वी. राव के बी.एच.यू. सीमा के पीछे स्थित निवास पर पहुंचा। डॉ. राव उस समय बी.एच.यू. से रिटायर हो चुके थे। मैं उनके घर से थोड़ी दूर एक पेड़ के पीछे छिप गया, क्योंकि राव मुझे बहुत अच्छी तरह से पहचानते थे। बाकी लोगों ने राव के घर में प्रवेश करके उन्हें उस कागज पर हस्ताक्षर करने के लिए कहा। राव ने हस्ताक्षर करने से मना कर दिया। इस बीच एक कार्यकर्ता के मुंह से अनजाने में यह बात निकल गई कि तुलसी जी से पूछकर आया जाए कि आगे क्या कार्रवाई की जाए? मेरा नाम सुनकर राव चकित हो गए, जैसा कि कार्यकर्ताओं ने मुझे बताया। दो कार्यकर्ता मुझसे सलाह लेने के लिए उस पेड़ के पास आए, जहां मैं छिपकर बैठा था। मैंने

उनसे कहा कि थोड़ा बलप्रयोग करना हो, तो भी कीजिए, किंतु उनका हस्ताक्षर बहुत जरूरी है। हमारे जत्थे में कुछ बाहुबली भी थे। अंततोगत्वा प्रोफेसर राव ने उस कागज पर हस्ताक्षर कर दिया। इस संदर्भ में गोपेश पांडे नामक एक छात्र (जो बाद में 'आज' अखबार के लखनऊ ब्यूरो के प्रमुख बने) ने डॉ. राव के किचन में पड़ा हुआ हलवा खा डाला, जिस पर राव साहब बहुत दुखित हुए थे। जो भी हो, मैंने वह कागज डॉ. श्रीमाली को वापस दे दिया। दूसरे दिन यह जोर-जबरदस्ती वाली खबर बनारस के स्थानीय अखबारों में प्रमुखता से छप गई। यद्यपि इस खबर में किसी का नाम नहीं था, किंतु मैं बहुत डर गया था। संयोगवश इस घटना के दो महीने बाद ही जून 1975 में इंदिरा गांधी ने इमरजेंसी लागू कर दी थी, जिसके कारण सारा केस दब गया।

इस तरह के लफड़े चल ही रहे थे कि उस बीच गाजीपुर जिले के शेरपुर नामक गांव में दलित अत्याचार से संबंधित एक बहुत बड़ा कांड हो गया। इस अत्याचार कांड ने न सिर्फ देश के, बल्कि यूरोप तथा अमेरिका के अनेक पत्रकारों का ध्यान अपनी तरफ खींचा था। इसका समाचार भारतीय अखबारों में सुर्खियों में छपता रहता था। बी.बी.सी. रेडियो तथा वायस ऑफ अमरीका से शेरपुर कांड के बारे में कई दिनों तक प्रसारण होता रहा। शेरपुर बड़े बंदूकधारी सामंतों का गांव था, जिसके कारण उस गांव में जाने के लिए पत्रकारों को भी पुलिस की सहायता लेनी पड़ती थी। यह घटना 27 अप्रैल, 1975 को घटी थी, जिससे मैं काफी विचलित हो गया था। अतः मैंने उस गांव में जाकर सारे मामले की छानबीन करके पार्टी अखबारों में लिखने की बात सोची। बनारस में मुझे अनेक साथियों ने वहां जाने से मना किया। उनका कहना था कि शेरपुर के भूमिहार जमींदार बहुत खूंखार हैं, इसलिए वे दलितों से सहानुभूति रखने वाले किसी भी व्यक्ति को हिंसा का शिकार बना सकते हैं। इस परिस्थिति का मुकाबला करने के लिए मैंने एक निदान ढूंढ़ निकाला। शेरपुर गांव गाजीपुर जिले की जिस युसुफपुर मोहम्दाबाद तहसील में पड़ता था, वहीं का रहने वाला शाहनवाज खान नामक मेरे साथ बी.एच.यू. में पढ़ने वाला एक साथी था।

खान एक बाहुबली किस्म का आदमी था, जिससे न सिर्फ उसके इलाके में, बल्कि बी.एच.यू. में भी लोग डरते थे। मैंने खान को अपनी समस्या बताई। खान ने तुरंत कहा—"मैं आपको शेरपुर ले चलूंगा, देखता हूं किसकी हिम्मत है, जो आपके खिलाफ कुछ कर दे।" शेरपुर कांड के ठीक 20 दिन बाद 16 मई, 1975 को शाहनवाज खान मुझे उस गांव ले गया। युसुफपुर मोहम्दाबाद से खान अपने साथ एक फोटोग्राफर भी ले गया था। शेरपुर गांव मोहम्दाबाद से लगभग 14 किमी. दक्षिण पूर्व की ओर स्थित था। गांव से दक्षिण की ओर दो मील की दूरी पर गंगा

बहती है। मैं एक दिन पहले ही शाहनवाज के साथ उनके घर पर पहुंच चुका था और रात को वहीं टिक गया था। 16 मई, 1975 को जब मैं सुबह के आठ बजे शाहनवाज खान के साथ शेरपुर गांव पहुंचा, तो देखा कि एक 22 वर्षीय युवक खलिहान में चारपाई पर बैठा था। उसके कंधे के आरपार एक मोटा सा जनेऊ लटक रहा था। खान ने जब उससे पूछा कि जली हुई चमटोली किधर है? उस युवक ने जवाब दिया–''चमटोली देखै जात हउवा, अरे! चमारन के जरावत केतना देर लगी।'' इसके बाद उसने चमटोली को गांव के दक्षिण में होने का इशारा किया। मुझे उस गांव का एक रोचक आंकड़ा यह मिला कि तेइस हजार की आबादी में लगभग तेरह हजार भूमिहार जमींदार तथा साढ़े तीन हजार दलित थे। बाकी अन्य जातियों से संबंधित लोग थे।

मेरे वहां पहुंचने से पहले भूमिहार बहुल शेरपुर गांव अपने सामंती अत्याचार के लिए विश्व प्रसिद्ध हो चुका था। नजदीक पहुंचकर ज्योंही मेरी निगाह चमटोली (चमार बस्ती) पर पड़ी, तो ऐसा लगा कि मानो अभी-अभी ज्वालामुखी का उद्‌गार हुआ हो, या कि बनारस के सारे श्मशान घाट एक ही साथ उठकर उक्त चमटोली में अपना तबादला करा लिए हों। सारी चमटोली एक बड़े शवदाह पर रखी हुई प्रतीत हो रही थी। ऐसा लगता था कि बस्ती के सारे मकान तथा पेड़ जलकर आत्महत्या कर लिए हों। एक पीपल का पेड़ कुछ झुलसा तथा कुछ हरा- भरा आत्मदाह के प्रयास में असफल प्रतीत हो रहा था। चारों तरफ राख, जले फूटे मिट्‌टी के घड़े, हंड़िया, थपुआ, धुंअठी दीवारें, नंगधड़ंग बच्चे, चिलचिलाती धूप में खंडहरों में बैठकर हुक्का पीते कुछ बूढ़े, राख से जले अनाजों को अलग करती हुई औरतें तथा अधजला कोयं कोयं करता हुआ एक कुत्ता, जिसके पास चिथरू नामक नंगा खड़ा एक दलित बालक मुझे सर्वप्रथम दिखाई पड़ा। एक अधज़ली खटिया पर बैठे कुछ बूढ़े हमें अपनी तरफ आते देखकर शंकावश जल्दबाजी में उठते हुए थोड़ी दूर पर स्थित पुलिस कैम्प की तरफ भागने की मुद्रा में आ गए। मनोवैज्ञानिक ढंग से एकदम आतंकित उन बूढ़ों ने मुझे भूमिहार जमींदारों का 'आदमी' समझ लिया था। हम बड़ी मुश्किल से उन्हें भागने से रोकने में सफल हुए। शाहनवाज खान एक हट्‌टा- कट्‌टा आदमी था, जिससे वे बहुत डर गए थे। उन्हें विश्वास दिलाने के लिए कि हम दुश्मन वर्ग से नहीं हैं, शाहनवाज खान ने झूठमूठ में मेरे बारे में उन बूढ़ों से कह दिया–''घबड़ा मत, इ लेखक हउवै, दिल्ली से आयल बाड़ै। इनके इंदिरा गांधी सही सही बात क पता लगावै खातिर भेजले हंई।'' शाहनवाज का यह नुस्खा काम कर गया और उनकी घबड़ाहट कम होने लगी तथा कई बूढ़ी औरतें रोने लगीं। पास में मैंने देखा कि रजउती नामक चमाइन उस जले उजड़े खंडहर में बैठकर अपने दो छोटे बच्चों को मिट्‌टी का एक टुकड़ा खिला रही थी। मैं भीड़ से निकलकर

उसके पास पहुंचने ही वाला था कि वह फूट-फूटकर रोने लगी। दो-तीन मिनट के अंदर ही वह चाय की प्याली भर रो दी। सिसकियां भरते हुए उसने कहा–"जमिदरवा धमकावत हंउवे, हम कहां जाईं ये बाबू।" रजउती के खंडहर के पास जब मैं दूसरे खंडहर की ओर बढ़ा, तो जलकर बिलकुल काले कोयले के चूरन की तरह अनाजों के एक ढेर के पास सिर पर हाथों को साटे बैठे बनवारी नामक दलित ने मुझे नमस्ते किया तथा बिना मेरे द्वारा कुछ पूछे ही वह कहने लगा कि गांव के भूमिहार हमारी बहू-बेटियों की आए दिन इज्जत लूटते रहते हैं, किंतु हम जानकर भी कुछ नहीं कर पाते।

बनवारी कुछ और कहना चाहता था कि बीच में ही हाईस्कूल फेल होने के बाद शिक्षामुक्त खेदारू नामक युवक कहने लगा कि भूमिहारों का अत्याचार बेमिसाल है। एक घटना का जिक्र करते हुए उसने कहा कि कुछ माह पूर्व उसके गांव के हंसलाल नामक धोबी का रामलाल नामक 22 वर्षीय बेटा बगल के गांव में नाच देखने गया था। संयोगवश अनजाने में पास खड़े गांव के ही उमा राय नामक जमींदार का पैर कुचल गया। उमा राय वहीं उसे मारने लगे। थोड़ा सा प्रतिरोध करने पर जब रामलाल घर वापस आ रहा था, तो उमा राय अपने कुछ अन्य साथियों के साथ उसे रास्ते से पकड़कर अपने घर लाए और उसे रस्से से बांधने के बाद इतना मारा कि रामलाल हमेशा के लिए सांस लेने से वंचित हो गया। खेदारू अन्य घटना के बारे में कहने लगा कि चेंगन राय नामक जमींदार ने गंगाराम चमार को ईख की पतई का बोझ बनाकर कहीं रखने को कहा, किंतु गंगाराम ने बड़ी नम्रता से राय साहब से दो-तीन दिन बाद वह काम लेने की प्रार्थना की, क्योंकि फसल की कटाई का मौसम होने के कारण कटनी से वह कुछ और मजदूरी कमा लेना चाहता था। गंगाराम उक्त प्रार्थना के अपराध में एक नीम के पेड़ से बांधा गया और तब तक पिटता रहा, जब तक कि उसने दम तोड़ने की मंजिल को पार न कर लिया। खेदारू की ये सब बातें मैं सुन ही रहा था कि पचासों बूढ़े-बुढ़िया मुझे घेरकर खड़े हो गए और हर कोई अपने ऊपर ढाए गए अत्याचार को नोट करवाकर ही दम लेना चाहता था। मेरे अनुरोध करने पर वे उन खंडहरों में बैठ गए तथा मेरे साथ गया फोटोग्राफर सबकी फोटो खींचने लगा। फोटो में खींचा जाना उनकी तात्कालिक प्रसन्नता का सबसे बड़ा कारण प्रतीत हो रहा था। कैमरे के निशाने को देखकर एक छोटा बच्चा पास पड़ी चारपाई के नीचे घुसकर चिल्लाने लगा। इस बच्चे की हरकत को देखकर हम सभी हंसने ही वाले थे कि वहां खड़े एक व्यक्ति ने फोटोग्राफर को एक मिनट रुकने की विनती करते हुए कहा–"बाबू जी तनी रुकि जांई, हम बीड़िया बुताइ देईं, नहीं त फोटुआ जरि जाई।" उस बच्चे और इस व्यक्ति के भोलेपन पर हम सभी जोरों से हंस पड़े।

मुझे ऐसा अनुभव हुआ कि ये चमटोली वाले बस्ती जलाए जाने के बाद पहली बार इतना जोर से हंसे होंगे। फोटो खिंच जाने के बाद सरकार द्वारा दी जाने वाली भोजन सामग्री के बारे में जब मैंने पूछा, तो वहां खड़े पांचू राम ने बताया कि सरकार जो देती है वही हम खाते हैं। हम तो अपना दुखड़ा किसी से कह भी नहीं पाते हैं कि हमें और चाहिए। इसके बाद वह यह बताना नहीं भूला कि बगुना साहेब (तत्कालीन मुख्यमंत्री हेमवती नंदन बहगुणा) आयल रहेलैं, तब से हमहन के हालत तनी ठीक होइ गइल हव। वहीं अतवारू कहने लगा कि दिन भर काम करने के बदले सेर भर लतरी मिलती है। उसने यह भी कहा, यह लतरी भी समय से नहीं मिलती, और जब हम मांगते हैं, तो पहले गाली फिर दो-चार झापड़ पा जाना तो हमारे लिए रोजमर्रा की बात है, इसलिए हम लोग गाली और झापड़ के इतने आदी हो चुके हैं कि अब वह हमें बुरा नहीं लगता। स्मरण रहे कि लतरी उड़द की तरह एक ऐसी फसल होती है, जिसे पशुओं को खिलाने के लिए बोया जाता है। मेरे यह पूछे जाने पर कि चमटोली जलने के बाद आप लोगों को यहां कैसा लगता है? तो दर्जनों लोग एक ही स्वर में जोर देकर कहने लगे कि हम भीख मांगकर खाएंगे, किंतु हम न तो इस गांव में रहेंगे और न भूमिहारों की हरवाही करेंगे। जब मैंने कहा कि आप लोगों का जो यहां खेत है, उसका क्या होगा, तो सभी ने गिड़गिड़ाते हुए कहा कि 360 घरों की बस्ती में दो आदमियों के पास थोड़ी सी निजी जमीन है। अतः यहां छूटने के लिए हमारे पास यही जले हुए खंडहर के सिवाय कुछ भी नहीं है। उनकी इस बात को सुनकर मुझे कार्ल मार्क्स द्वारा मजदूरों के बारे में कही गई यह बात कि 'तुम्हें खोने के लिए बेड़ियां, किंतु पाने के लिए सारा संसार है' याद आई। जब मैंने उनसे पूछा कि दो को छोड़कर आप सभी भूमिहीन हैं, तो मुझे जवाब मिला कि इस इलाके में जिन गांवों में अन्य ऊंची जाति वाले हैं, वहां दलितों के पास कुछ न कुछ जमीन अवश्य होती है, किंतु जिन गांवों में भूमिहार हैं, वहां किसी भी दलित के पास एक इंच भी जमीन नहीं होती। उनकी इस बात पर मुझे विश्वास नहीं हो रहा था, किंतु बाद में उस इलाके के पासवर्ती गांव कुंडेसर, बारा तथा करीमुद्दीनपुर आदि गांवों के अनेक व्यक्तियों से मिलने पर उनकी बातों की सच्चाई की पुष्टि हो गई। इस बीच अतवारू एक बार फिर हकलाते हुए कहने लगा कि जमींदार हमें बरसात में मार-मारकर पानी में बहा देने की धमकी दे रहे हैं, क्योंकि गंगा नदी गांव के पास से ही गुजरती है। बरसात में गंगा में बहा दिए जाने के डर से वहां उपस्थित सारे लोगों को मैंने आतंकित देखा। काफी देर तक एक ही खंडहर में खड़े रहने के बाद जब मैं उस जली चमटोली के अन्य हिस्से की ओर मुड़ गया, तो पीछे दर्जनों लोग चल पड़े।

इस समय तक मैं उनके बीच अपना सा लगने लगा था। अतः उन्हें मुझसे खुलकर बातें करने में बड़ी शांति महसूस होने लगी थी। एक उजड़ी दीवार की छाया में जली चारपाई पर लेटी 70 वर्षीय सोनबरसी नामक बुढ़िया कराह रही थी। उसका सिर फटा था, जिस पर कुछ कपड़े लिपटे थे। सोनबरसी ने कांपते हुए चेहरे से बताया कि जब उसकी झोपड़ी जल रही थी, तो उसमें घुसकर अपनी फटी हुई गुदड़ी निकालना चाहती थी। इस प्रयास में जमींदारों ने लाठियों से मार मारकर उसका सिर फोड़ दिया। आग लगने के बाद सोनबरसी की पतोहू पतिया अपने मायके मोहम्मदाबाद भाग गई थी, ताकि वह अपनबी इज्जत बचा सके। मैं कुछ और आगे बढ़ा तो बिना हैंडिल का एक चापाकल देखा, जिसके चारों ओर बच्चे तथा बूढ़े खड़े थे, किंतु पानी बिलकुल नहीं आ रहा था। उन्होंने अनुरोध करके उस चापाकल के साथ अपना फोटो खिंचवाया। शायद उन्हें यह विश्वास था कि जब मैं फोटो खींचकर ले जाऊंगा तो चापाकल में पानी अवश्य आने लगेगा। इसके बाद उन्होंने चमटोली के दक्षिण में एक गड्ढा दिखाया, जिसमें सैकड़ों जलकर मरे पशुओं के कंकाल पड़े थे। जलकर मरने वाली एक गाभिन गाय का मालिक इस तरह बिलख पड़ा कि मानो उसकी बेटी ही मर गई हो। इन हृदय विदारक दृश्यों के बीच जब मैंने चमटोली में शिक्षितों की संख्या के बारे में पूछा, तो इंदरदेव ने बताया कि 360 घरों वाली बस्ती में शीरी, बालामृत तथा भगवान नामक तीन दलित बालक आठवें दर्जे में तथा करीब दर्जन भर प्राइमरी स्कूल में पढ़ते हैं। इनके अलावा श्रीनाथ नामक एक व्यक्ति प्राइमरी स्कूल का अध्यापक था, जो उस घटना के सिलसिले में जेल में बंद था। इंदरदेव ने यह भी बताया कि जमींदार चमार बच्चों को पढ़ने से रोकते हैं और जो भी बच्चे पढ़ रहे थे, वे सब अपने ननिहालों में जाकर। गांव में उन्हें पढ़ने नहीं दिया जाता है।

अनपढ़ किंतु समझदार इंदरदेव 'चमटोली क्यों जलाई गई' के जवाब में कुछ बताने से डरने लगा तथा वह हाथ जोड़कर बोला–"इ बतिया जमिदरवा जानि जइहैं त म जिंदा ना बचि पइबो।" किसी से भी न बताने की कसम खिलाकर इंदरदेव घटना का सही-सही विवरण बताने लगा। सबसे पहले उसने शेरपुर के कुख्यात प्रधान महेन्द्र राय सहित जोखू राय, बाघा राय, बुद्धू राय, बदन राय तथा बम्मे राय जैसे अनेक जमींदारों का नाम लिया, जो दलितों पर अत्याचार करने में सबसे आगे रहते थे। 360 घरों वाली दलित बस्ती को जलाए जाने का विवरण कुछ इस प्रकार था। राधेश्याम नामक युवक को लल्लन राय ने 26 अप्रैल, 1975 की शाम को भूसा ढोने के लिए बुलाया। उसके साथ उसकी वयस्क बहन दुलरिया भी थी। रात को भूसा ढोने से इनकार किए जाने पर दुलरिया के साथ लैंगिक रिश्ते कायम करने

की धमकी मिली। डरकर दोनों भाई बहन अपनी झोपड़ी में भाग गए। फिर बनारसी नामक दूसरे दलित को उसी काम के लिए बुलाया गया। दिन भर अथक परिश्रम करने की थकान के कारण बनारसी ने भी रात को भूसा ढोने से इनकार कर दिया। यह एक संयोग ही था कि उसी रात को लल्लन राय के पिता रामचंद्र राय तथा मंगला राय का एक खलिहान में कत्ल हो गया। कत्ल किसने किया, यह एक रहस्यमय घटना थी, किंतु शेरपुर के भूमिहार जमींदारों ने इस कत्ल में राधेश्याम और बनारसी का हाथ होना निश्चित कर दिया। इन दोनों को बुलाया गया और जहां कत्ल की हुई लाशें पड़ी थीं, वहीं ले जाकर जमींदारों ने उन्हें मारना शुरू कर दिया।

जिस समय राधेश्याम और बनारसी को बेरहमी से पीटा जा रहा था, उस समय भांवरकोल थाने के थानेदार तथा कुछ अन्य पुलिस वाले वहां उपस्थित थे। थानेदार ने जमींदारों को मनाने की कोशिश की, किंतु उसके बदले उसे भी जान से मार देने की धमकी मिली। स्थिति की गंभीरता को देखते हुए थानेदार वहां से भाग निकला और उसने गाजीपुर के अन्य पुलिस अधिकारियों को फोर्स के साथ तत्काल घटना स्थल पर पहुंचने की सूचना दी। जब तक पुलिस आई, तब तक राधेश्याम और बनारसी दम तोड़ चुके थे। साथ ही 360 घरों की चमटोली श्मशान हो चुकी थी। तीन अन्य दूधमुंहे बच्चे जलकर अपनी माताओं को छाती पीटने पर मजबूर कर चुके थे तथा सैकड़ों पशु भी आत्मदाह कर चुके थे। आग लगाने की शुरुआत अति विचित्र ढंग से की गई। इंदरदेव ने मुझे बताया कि गांव के प्रधान महेन्द्र राय ने करीब पांच सौ सशस्त्र भूमिहारों के साथ सर्वप्रथम गांव में पूजी जाने वाली 'भगवती माई' का शुद्ध घी से हवन किया। हवन की जलती हुई आग से महेन्द्र राय ने एक झोपड़ी को जलाने की शुरुआत की, फिर पांच सौ की भीड़ ने 'बोलो भगवती माई की जै, बोलो महावीर जी की जै' जैसे अफीमची नारे लगाते हुए पूरी चमटोली को जला डाला। भीड़ ने पुलिस को बस्ती में प्रवेश न करने देने का भी असफल प्रयास किया, किंतु चमटोली में घुसकर पुलिस ने पचासों घायलों को अस्पताल पहुंचाया। यह सारी घटना 27 अप्रैल, 1975 की सुबह को घटी थी।

इंदरदेव ने आगे बताया कि शेरपुर गांव के भूमिहारों के पास 18 ट्रैक्टर, पचासों की संख्या में पम्पिंगसेट तथा कृषिकार्य में प्रयोग होने वाली अन्य मशीनें थीं। अतः ट्रैक्टरों का डीजल छिड़क छिड़ककर पूरी चमटोली जलाई गई। इतनी सारी जानकारियां मैंने उस जले हुए खंडहर में विराजमान पचासों दलितों से हासिल कर ली थीं। अतः मैंने कुछ और खंडहरों पर नजरें फेर लेना चाहा। मेरे इस अभियान को देखकर शाहनवाज खान बोल पड़ा–''तूं त ई खड़हरवन में आर्कियोलाजिस्टवन जइसे कंकड़ पत्थर ढूंढ़ै लगला।'' जवाब में मैंने कहा कि कंकड़ पत्थर वाला तो

नहीं, मैं इन खंडहरों में सामंती जुल्म की कहानी ढूंढ़ने वाला आर्कियोलाजिस्ट (पुरातत्त्ववेत्ता) जरूर हूं। अशरफी नामक एक बुढ़िया छिछले टिन के पत्तर में जले हुए कोयले के चूरन की तरह कुछ अनाज लेकर मेरे सामने खड़ी होकर अपना दुखड़ा सुनाने लगी। लगभग तीन घंटे के पर्यटन के बाद मैं उन श्मशानी खंडहरों से विदा हुआ। पचासों दलित एक साथ हाथ जोड़े हमें नमस्कार करते हुए तब तक देखते रहे, जब तब कि हम भूमिहारों की बस्ती की आड़ में न चले गए। उन खंडहरों से मैं यही सोचते हुए निकला कि शायद उन दलितों के बीच मैं पहला उनका अपना आदमी था, जिससे उन्होंने खुलकर बातें कीं। शेरपुर के वे खंडहर मेरे लिए मोहनजोदड़ो तथा हड़प्पा के खंडहरों से जरा भी कम नहीं थे। अब सिर्फ मुझे एक ही बात खटक रही थी कि गैं किसी भूमिहार जमींदार से बातचीत नहीं कर पाया। मैं ऐसा सोच ही रहा था कि कुछ दूर आगे जाने पर धोती कुर्ता पहने एक 50 वर्षीय सज्जन मिले। वे भी मोहम्मदाबाद जा रहे थे। देखने में ही वे जमींदार लगे। मैंने उनका गांव पूछा। जवाब में शेरपुर मिला।

मन ही मन मैं बड़ा खुश हुआ और कुछ दांवपेंच से काम लेना चाहा। अतः चमारों के प्रति कुछ अपशब्दों का इस्तेमाल करते हुए मैंने उनसे कहा–''चमरा बउरा गयल हउवैं, दिनवै पर दिनवै डाकू होत जात हउवैं।'' मेरे इन शब्दों को सुनते ही उस सज्जन का सीना फूलने लगा और मेरी ओर बड़े प्यार से देखते हुए सर्वप्रथम भारतीय संविधान पर चोट करते हुए उन्होंने कहा कि कुछ कहिए मत साहब, संविधान में संशोधन करके चमारों को तमाम सुविधाएं दी गई हैं। वे कलेक्टर, एस. एस.पी. तथा मंत्री होने लगे हैं, जिससे उनका दिमाग चढ़ गया है। न चाहते हुए भी तुरंत मैंने हामी भर दी। परिचय पूछने पर उस सज्जन ने अपना नाम रामाधार राय बताया, जो शेरपुर मिडिल स्कूल के प्रधानाचार्य थे। अब मेरी उत्सुकता और बढ़ गई। चमटोली जलाए जाने की घटना पर जब कुछ कहने के लिए प्रश्न किया, तो रामाधार राय ने बताया कि अभी तो कुछ नहीं हुआ है। हम सरकार के सामने कभी नहीं झुकेंगे। चाहे हम भले ही टुकड़े-टुकड़े हो जाएं। हमारा शेरपुर गांव अंग्रेजों के सामने भी नहीं झुका था। आगे उन्होंने कहा कि घटना के तीसरे दिन बारा गांव के हमारी विरादरी (भूमिहार) के चालीस जवान बंदूकों से लैस होकर हम लोगों से मिले और इस इलाके के तमाम चमारों गुराहरों को नेस्तनाबूद करने की इजाजत मांगी, किंतु हम लोगों ने उन्हें ठहरने को कहा है। राधाधार राय ने यह भी बताया कि बारा गांव वाले भूमिहार मुकदमा लड़ने के लिए 24 हजार रुपया चंदा देकर वापस चले गए। इस तरह हमारी बिरादरी से एक लाख रुपया इकट्ठा हो चुका है। मैं रामाधार प्रधानाचार्य की बातों को अचंभित होकर सुनता रहा। मोहम्मदाबाद पहुंचने पर उन्होंने मुझे चाय पिलाई। चाय के बाद मैं उस 'गुरुजी' को प्रणाम करता

हुआ बनारस जाने के लिए बस स्टेशन की ओर चल पड़ा। संयोगवश राय साहब यह मान बैठे थे कि मैं भी भूमिहार हूंगा, इसलिए उन्होंने मेरा परिचय नहीं पूछा।

चलते-चलते शाहनवाज खान ने मेरी बात मुहम्मदाबाद के कुछ दुकानदारों से कराई। दुकानदारों ने बताया कि कोई भूमिहार यदि सौ रुपए का सामान लेता है, तो पचास रुपए देकर चलता बनता है। शेष मांगने पर बड़े गर्व से वे 'शेरपुरवासी' कहकर मारने की धमकी देने लगते हैं। राम नरेश चौधरी नामक एक दुकानदार ने बताया कि सन् 1968 में शेरपुर गांव के कुछ भूमिहार छात्रों ने एक दुकान पर पकौड़ी खाई। पैसा मांगने पर दुकानदार से कुछ कहा सुनी हो गई। इस छोटी सी घटना के कारण दूसरे दिन शेरपुर के सैकड़ों भूमिहारों ने बंदूकों, भालों तथा गड़ासों से लैस होकर पूरे मोहम्मदाबाद कस्बे को ही लूटने के लिए धावा बोल दिया, किंतु उस समय कस्बे के कुल 16 हजार नागरिकों की सूझबूझ के कारण बड़े पैमाने पर खून-खराबा होते-होते बचा। अंग्रेजों के जमाने में शेरपुर के डॉ. शिवपूजन राय नामक एक महान क्रांतिकारी अंग्रेजों की गोली के शिकार हो गए थे। उस स्थान पर मोहम्मदाबाद में शहीद पार्क बना हुआ है, किंतु शेरपुर के सामंतों ने दलितों पर अपने जुल्म के कारण उस क्रांतिकारी की छवि को धूमिल कर दिया था। शेरपुर तथा मोहम्मदाबाद के बीच मैं जिससे भी मिला, उससे अत्याचार की ही दास्तान सुनी। चलते-चलाते बसअड्डे के पास हरीराम नामक इंटर में पढ़ने वाले एक दलित छात्र से मुलाकात हो गई। वह्र शेरपुर इलाके का रहने वाला था। उसने बताया कि उसके घर पर कई बार पुलिस का छापा पड़ चुका था। पुलिस उसे नक्सलवादी बताकर धमकाती थी। बेचारे निर्दोष हरीराम ने मुझसे नक्सलवादियों के बारे में कुछ जानना चाहा कि यह क्या चीज होती है?

जब हरीराम को संक्षेप में बताते हुए मैंने अपने बारे में कहा कि मैं नक्सलवादी आंदोलन पर बी.एच.यू. से पीएच.डी. कर रहा हूं, तो वह चौंक गया और कहने लगा कि भाई साहब, आप तो बड़े हिम्मती हैं। यह तथ्य बड़ा रोचक है कि सन् 1975 में दलितों को नक्सलवादी कहकर पुलिस तंग करती थी, किंतु लगभग 40 साल बाद आज भी इसी आरोप में देश के अनेक हिस्सों में दलित आदिवासी अकूत हिंसा तथा जमींदार, पुलिस के अत्याचार के शिकार हो रहे हैं। मैं 16 मई, 1975 की देर शाम शेरपुर से बनारस वापस आ गया, किंतु मेरे दिमाग में लगातार उस गांव के दलित खंडहर कौंधते रहे। बिना किसी अपराध के निर्दोष दलितों के ऊपर अत्याचार की शेरपुर में यह विचित्र कहानी थोपी गई थी, फिर भी यह घटना अपवाद नहीं थी। देश के अनेक हिस्सों में यही कहानी आज भी दोहराई जाती है। इस घटना के ठीक दो महीने बाद 25 जून, 1975 को भारत में इमरजेन्सी लागू कर दी गई, अन्यथा शेरपुर के सामंत उस इलाके में बड़े पैमाने पर दलित संहार करने की तैयारी कर

चुके थे। बनारस लौटने के दो-तीन दिन के अंदर शेरपुर कांड का पूरा लंबा विवरण लिखकर दिल्ली से प्रकाशित होने वाले कम्युनिस्ट पार्टी के अखबार 'जनयुग' में छपने के लिए भेजा, किंतु उसमें नहीं छप सका। संयोगवश पार्टी की युवा शाखा की पाक्षिक पत्रिका 'युवावेदी' ने उस विवरण को छाप दिया। इस विवरण का शीर्षक था–'गाजीपुर की माई लाई शेरपुर की चमटोली'। स्मरण रहे कि माई लाई वियतनाम का एक गांव था, जहां 1967 में जनसंहार के बाद अमरीकी सैनिकों ने उसे जला दिया था। बाद में इसे फैजाबाद से निकलने वाले अखबार 'जनमोर्चा', पटना से प्रकाशित 'जनशक्ति' तथा कानपुर से प्रकाशित होने वाली उस समय की एकमात्र दलित मासिक पत्रिका 'निर्णय' आदि ने पुनर्प्रकाशित किया था। उन दिनों सैकड़ों लोग मेरे लेख से द्रवित होकर मुझे चिट्ठियां भेजते रहे। मैं जब भी कोई ऐसी चिट्ठी पढ़ता, शेरपुर के खंडहरों में रोते बूढ़े बुढ़िया, जानवरों के कंकाल तथा जले हुए अनाजों के ढेर मुझे अत्यंत विचलित कर देते थे। ठीक उसी समय डेनमार्क के दो शोध छात्र बी.एच.यू. आए। वे भारत में चल रहे छात्र आंदोलन पर एक किताब लिख रहे थे। उन्होंने उप कुलपति डॉ. कालूलाल श्रीमाली से मिलकर जानकारी लेनी चाही कि किससे मिलकर उनका उद्देश्य पूरा हो सकेगा। श्रीमाली जी ने उन्हें मेरे पास भेज दिया। उनमें से एक का नाम था डेन रेसेन्डे होस्कोल तथा दूसरे का नाम था हेनरी मूलर। भारत में चल रहे छात्र आंदोलनों के बारे में मैंने विस्तार से उन्हें जानकारी दी। वे एक दिन करीब 6 घंटे तक मुझसे बहस करते रहे। पूरी जानकारी के बाद उन्होंने खुश होकर कहा कि किसी अन्य से बात करने की जरूरत नहीं है, इसलिए वे किसी अन्य छात्र नेता से नहीं मिले।

संयोगवश मैंने अपने कमरे पर उन्हें खाना खाने को निमंत्रित किया। डेन रेसेन्डे ने तुरंत कहा कि वे एकदम इंडियन स्टाइल का खाना खाएंगे। मैंने मसालेदार सब्जी, अरहर की दाल, चावल तथा रोटी पकाई। दाल को देशी घी का तड़का दे दिया। इन दोनों ने सबसे ज्यादा दाल को ही पसंद किया। परिणामस्वरूप उन्हें डायरिया हो गया। उनकी बड़ी बुरी हालत हो गई थी। मैं एकदम डर गया था। अतः तुरंत उन्हें मैं बी.एच.यू. अस्पताल ले गया तथा मेडिसिन विभाग के अध्यक्ष प्रो. एस. के. वैश को बुला लाया। डॉ. वैश से मेरे बहुत अच्छे संबंध थे। उन्होंने तुरंत उन दोनों का इलाज शुरू कर दिया और वे दूसरे दिन एकदम ठीक हो गए। यह घटना मई 1975 के तीसरे सप्ताह की है। बाद में वे दोनों दिल्ली होते डेनमार्क लौट गए और 6 महीने के अंदर डैनिस भाषा में उनकी किताब प्रकाशित हो गई, जिसमें विस्तार से मेरा जिक्र किया गया था। उसी समय मिर्जापुर के रेनूकूट स्थित बिरला की 'हिंदाल्को' नामक फैक्टरी में एक बड़ी हड़ताल हो गई। दस हजार मजदूरों वाली ट्रेड यूनियन का नेतृत्व कम्युनिस्ट पार्टी के द्वारका प्रसाद सिंह कर रहे

थे। हड़ताली मजदूरों पर पुलिस का अत्याचार बहुत बढ़ गया था तथा सैकड़ों मजदूर गिरफ्तार हो गए थे। गिरफ्तारी से बचने के लिए द्वारका प्रसाद सिंह भूमिगत हो गए थे। वे छिपते-छिपाते बनारस आए और करीब एक महीने तक मेरे होस्टल के कमरे में रहे। पूछने पर किसी को बताते थे कि वह धर्मेन्द्र नामक पटना विश्वविद्यालय के शोधछात्र हैं। लंबी हड़ताल समाप्त होने के बाद वे रेनूकूट लौट गए। उस साल एक महत्त्वपूर्ण बात यह थी कि 12 अगस्त, 1975 को ए.आई.एस.एफ. की स्थापना के 40 वर्ष पूरे होने वाले थे। इस अवसर पर नागपुर में एक बड़ा सम्मेलन आयोजित किया गया था, जिसका उद्घाटन ए.बी.वर्धन ने किया था। यह सम्मेलन नागपुर विश्वविद्यालय के अंदर हुआ था। देश भर से आए सैकड़ों छात्रों के बीच मुझे अपार हर्ष इसलिए हुआ था कि सारे लोग मिलकर 'दुनिया के मजदूरों एक हो' का नारा सम्मेलन स्थल पर आते जाते हरदम लगाते रहते थे। इस सम्मेलन को एस.ए. डांगे ने भी संबोधित किया था।

नागपुर से लौटने के तुरंत बाद 15 अगस्त, 1975 को मैं लखनऊ जा रहा था, क्योंकि अगले दिन मुख्यमंत्री हेमवती नंदन बहुगुणा के निवास पर साम्प्रदायिकता विरोधी कमेटी की मीटिंग होने वाली थी। अभी मैं 'काशी विश्वनाथ' एक्सप्रेस ट्रेन में दिन के दो बजे बैठा ही था कि ट्रांजिस्टर पर खबर आई कि नवनिर्मित बंगलादेश के राष्ट्रपति मुजीबुर्रहमान की हत्या कर दी गई है तथा सेना के प्रमुख जनरल जिया ने सत्ता पर कब्जा कर लिया है। यह खबर आते ही मुझे लगा कि आगे बांग्लादेश भारत समर्थक होना बंद कर देगा और वहां धर्मांधता बड़ी तेजी से बढ़ेगी। साथ ही वहां अमरीकी हस्तक्षेप भी बढ़ेगा। आगे चलकर मेरी सोच सही निकली। लखनऊ में मैं पार्टी केंद्र कैसरबाग में ठहरा हुआ था। वहीं पर पार्टी के सेक्रेटरी कालीशंकर शुक्ला ने मुझे सूचित किया कि 25 अगस्त, 1975 को हैदराबाद के प्रांतीय सदर मुकाम 'मखदूम भवन' में एक कॉन्फ्रेंस बुलाई गई है, जिसमें 'माओवाद' पर पार्टी की नेशनल पालिसी का निर्धारण होगा। उन्होंने यह भी बताया कि इस कॉन्फ्रेंस में पार्टी के सभी प्रांतीय शिक्षा विभाग के इंचार्ज हिस्सा लेंगे। शुक्ला ने मेरे बारे में कहा कि कॉन्फ्रेंस के इंचार्ज पार्टी के मुख्य नीति निर्धारक मोहित सेन ने मुझे 'विशेष निमंत्रित' व्यक्ति के रूप में हैदराबाद आने के लिए कहा है। यह निमंत्रण मुझे इसलिए मिला था, क्योंकि मैं नक्सलवादी आंदोलन पर बी.एच.यू. में शोध कर रहा था। मोहित सेन के इस निमंत्रण से मैं इसलिए अत्यंत उत्साहित हुआ था, क्योंकि यही वह समय था, जब बनारस की कम्युनिस्ट पार्टी में मैं दिन-प्रतिदिन अलग-थलग पड़ता जा रहा था। अतः उस समय मोहित सेन मेरे लिए आशा की एक किरण के रूप में आए। कई बार बनारस आते-जाते मोहित सेन से मेरी नजदीकी काफी बढ़ गई थी, जिसका एकमात्र कारण था उनके साथ

अंग्रेजी भाषा में धाराप्रवाह वार्ता। मोहित सेन ने यह भी निर्देश दिया था कि मेरे हैदराबाद जाने का सारा इंतजाम प्रांतीय कम्युनिस्ट पार्टी करेगी। अतः शुक्ला जी ने कहा कि उत्तर प्रदेश कम्युनिस्ट पार्टी के शिक्षा विभाग के इंचार्ज रुस्तम सैटिन किसी कारणवश हैदराबाद नहीं जा सकेंगे। उनकी जगह सांसद झारखंडे राय जाएंगे। उन्होंने बताया कि किसी भी सांसद के साथ एक व्यक्ति सेवक के रूप में मुफ्त यात्रा कर सकता है। अतः हैदराबाद की यात्रा में सेवक के रूप में झारखंडे राय के साथ मेरा जाना निश्चित कर दिया गया।

दूसरे दिन बहुगुणा के निवास पर साम्प्रदायिकता विरोधी कमेटी की मीटिंग में तय किया गया कि प्रदेश भर में साम्प्रदायिकता के खिलाफ लगातार जन जागृति के लिए सभा सम्मेलन किए जाएं। इस तरह के अभियान में भी मैं सक्रियता से हिस्सा लेने लगा। समय आने पर मैं झारखंडे राय के साथ माओवाद पर होने वाली कॉन्फ्रेंस में हिस्सा लेने के लिए हैदराबाद चला गया। उस समय हैदराबाद के हिमायत नगर में राज्य पार्टी का 'मखदूम भवन' नाम से नया सदर मुकाम बनकर तैयार हुआ था। स्मरण रहे कि मखदूम मोहिउद्दीन हैदराबाद के प्रसिद्ध क्रांतिकारी शायर थे, जिनका 'ए जंग है जंगे आजादी, आजादी के परचम के तले' नामक गीत स्वतंत्रता आंदोलन के दौरान बहुत प्रसिद्ध हुआ था। मखदूम भवन में पार्टी की यह पहली गतिविधि थी। आंध्र प्रदेश कम्युनिस्ट पार्टी के जनरल सेक्रेटरी तम्मा रेड्डी ने कॉन्फ्रेंस का उद्घाटन किया। करीब सोलह प्रांतों से आए पार्टी के शिक्षा इंचार्जों ने माओवाद तथा नक्सलवाद पर अपने विचार रखे। मैंने भी अपना अनुभव सुनाया, जिसे मोहित सेन ने बहुत पसंद किया था। उन्होंने तुरंत कहा कि मुझे पार्टी में आइडियोलॉजी का काम करना चाहिए। उस कॉन्फ्रेंस का मुख्य प्रस्ताव था युवाओं तथा छात्रों के बीच माओवाद के खिलाफ विचारधारा का प्रचार-प्रसार अविलंब तेज कर दिया जाए। कॉन्फ्रेंस के बाद दिल्ली जाने से पहले मोहित सेन ने मुझे बुलाकर कहा कि मेरे जैसे पार्टी कार्यकर्ता को हेडक्वार्टर्स, यानी दिल्ली में काम करना चाहिए। सोचूंगा, ऐसा कहकर मैं उनसे विदा हो गया। कॉन्फ्रेंस के दूसरे दिन झारखंडे राय मुझे लेकर 'निजाम म्यूजियम' देखने के लिए ले गए। यह म्यूजियम बहुत विशाल था। निजाम के हथियारों का सेक्शन अदभुत था। हाथी के दांतों वाला एक छोटा चाकू वहां रखा हुआ था, जिसके बारे में एक कर्मचारी ने बताया कि इसी चाकू से नूरजहा फल काटकर खाया करती थी। म्यूजियम की आर्ट गैलरी भी बहुत आकर्षक थी। वहां अनेक यूरोपीय कलाकारों द्वारा निर्मित बहुमूल्य पेंटिंग रखी हुई थीं। यूरोपीय विधा 'स्टिल लाइफ' (अब भी जीवन) की सीरीज वाली कलाकृतियां मुझे बुरी तरह अपनी तरफ खींच रही थीं। एक कलाकृति मुझे कभी नहीं भूलती, जिसमें दिखाया गया था कि हजारों मरी हुई चिड़ियां नीचे पड़ी हुई थीं और उनके

ऊपर आसमान से गिरता हुआ एक घोड़ा पेंट किया गया था। वहीं मैंने 'ब्लैक टेरर' यानी 'अश्वेत आतंक' सीरीज की एक रंगभेद वाली पेंटिंग भी देखी, जिसमें एक गर्भवती अधनंगी श्वेत महिला के पेट में एक काला हब्सी नुकीले भाले से प्रहार कर रहा था। इसे देखकर साफ जाहिर हो जाता था कि अश्वेतों के प्रति घृणा फैलाने के उद्‌देश्य से उस कलाकार ने कल्पना के आधार पर उस पेंटिंग को निर्मित किया था। कुल मिलाकर निजाम म्यूजियम ने मुझे पूर्ण रूप से इतिहास बोध कराया था।

दोपहर बाद हम चारमीनार देखने गए। उसकी सीढ़ियों पर काफी ऊपर हम चढ़ चुके थे। अचानक झारखंडे राय फिसलकर सीढ़ियों पर नीचे की तरफ लुढ़कने लगे। संयोगवश मैंने उनकी धोती को पकड़ लिया, जिसके कारण बड़ी दुर्घटना होते-होते बच गई। चारमीनार के पास ही हैदराबाद की प्रसिद्ध मक्का मस्जिद थी। हम वहां पहुंच गए। मस्जिद के अहाते में बाईं तरफ हैदरा कुली निजामों की कतार से मजारें थीं। वहीं पास में जूता चप्पल रखने का इंतजाम था। एक हद से ज्यादा काली लड़की जूता चप्पल की रखवाली करती थी। 'हसीना' नाम सुनकर मैं सोचने लगा कि वह इतनी करिया कैसे हो गई? मस्जिद के पीछे एक छोटा सा पत्थर दीवार में पिरोया हुआ था, जिसे मक्का से लाया गया था, इसीलिए इस मस्जिद को मक्का मस्जिद कहा जाता था। यह मस्जिद काफी आकर्षक थी। हम बड़ी देर तक अंदर बाहर घूमकर उसे देखते रहे। वहां का एक मौलवी बताने लगा कि चारों तरफ परिक्रमा करने के बाद मस्जिद के पीछे लगे मक्का से लाए गए पत्थर को छू लेने पर सारी कामनाएं पूरी हो जाती हैं। हम उस पत्थर को छूकर बाहर निकले, किंतु मैंने कोई कामना नहीं की, जबकि झारखंडे राय हाथ जोड़कर कुछ विनती करते रहे। हैदराबाद की यात्रा में ही मालूम हुआ कि झारखंडे राय अत्यंत धर्मभीरू व्यक्ति थे। हैदराबाद तथा वहां सम्पन्न माओवाद पर कॉन्फ्रेंस से मैं बहुत उत्साहित होकर बनारस वापस आया था, किंतु पार्टी के अंदर मेरे अस्तित्व का सवाल निरंतर हावी था। इस बीच पार्टी की सेंट्रल सेक्रेटैरिएट से निर्देश आया कि हर छोटी बड़ी यूनिट में चुनाव के द्वारा पदाधिकारी नियुक्त होंगे। इसका अर्थ यह था कि मतदान द्वारा नियुक्तियां होंगी। मैं बनारस जिले के ए.आई.एस.एफ. के महामंत्री होने के साथ-साथ बी.एच.यू. की कम्युनिस्ट शाखा का भी सेक्रेटरी था।

पार्टी की इस नीति से गुटबंदी बड़ी तेजी से बढ़ने लगी। इस बीच भारतीय कम्युनिस्ट पार्टी की स्थापना की 50 वीं वर्षगाठ 25 दिसंबर, 1975 को आने वाली थी, जिसे बड़े धूमधाम से मनाया जाने वाला था। इससे पहले सारे चुनाव सम्पन्न होने वाले थे। इस संदर्भ में मैंने बी.एच.यू. की पार्टी शाखा का सम्मेलन 15 दिसंबर, 1975 को मेडिकल कॉलेज के होस्टल के कमेटी रूम में रखा। इस सम्मेलन में मैंने स्टेट पार्टी के सेक्रेटैरिएट मेम्बर तथा कंट्रोल कमीशन के चेयरमैन मुंशी गुरु प्रसाद

को पर्यवेक्षक के रूप में निमंत्रित किया था। उनकी उपस्थिति में पार्टी कान्फ्रेंस शुरू हुई। उन्होंने ही कॉन्फ्रेंस का उद्घाटन किया। उनके बाद मुझे पार्टी की वार्षिक रिपोर्ट प्रस्तुत करनी थी। मैंने प्रस्तावना के तौर पर संक्षेप में सोवियत कम्युनिस्ट पार्टी तथा अक्तूबर क्रांति के बारे में कुछ कहा तथा बाद में पार्टी की नीतियों के बारे में बात की। रिपोर्ट पर बहस के दौरान वही भट्टाचार्य साहब उठकर बोले– ''हम यहां प्रवचन सुनने नहीं आए हैं।'' उनकी इस प्रतिक्रिया को मैं समझ नहीं पाया कि उन्होंने ऐसा क्यों कहा? खैर, जब चुनाव का समय आया, तो मैं पहले से ही मान बैठा था कि हमेशा की तरह सर्व सम्मति से सेक्रेटरी चुन लिया जाऊंगा, किंतु मेरा खयाल एकदम धराशायी हो गया। अत्यंत नाटकीय विकास हुआ। एक तरह का यह सैनिक तख्तापलट जैसा हुआ। कॉन्फ्रेंस के सारे प्रतिनिधियों ने फूलचंद सिंह नामक छात्र को सेक्रेटरी चुन लिया। मुझे एक भी व्यक्ति का समर्थन नहीं मिला। पार्टी की होल टाइमरी पहले ही छीनी जा चुकी थी और अब सेक्रेटरी का पद भी चला गया। इन सारे विकासक्रमों से साफ हो गया था कि बनारस की कम्युनिस्ट पार्टी में मैं पूर्णरूपेण एक अनचाहा व्यक्ति बन गया था। मेरे सामने अब सिर्फ अंधेरा ही अंधेरा छाया हुआ नजर आने लगा। उस रात राजा राममोहन राय होस्टल के कमरा नम्बर 17 में सुबह होने तक एक कोने से दूसरे कोने में घूमता रहा। बड़बड़ाने की हालत में मेरे मुंह से बार-बार निकलता : 'मार्क्सवाद को मैंने अपने अंधकारमय भविष्य में चिराग के रूप में अपनाया था, इसलिए तमाम परेशानियों के बावजूद मैंने अपने को कम्युनिस्ट पार्टी के लिए समर्पित कर दिया था तथा होल टाइमर बना था। सब कुछ मिट गया।' उसी रात को मैंने तय कर लिया था कि अब बनारस में नहीं रहूंगा और दिल्ली जाकर अनिश्चित भविष्य की तलाश करूंगा। शायद कुतुबमीनार पर खड़ा होकर सारी दुनिया को समानता की दृष्टि से देख सकूंगा। सोच सोचकर यह बात बार-बार दिमाग में आती कि घर से भागने के बाद मेरी अपनी मां पीछे छूट गई थी, किंतु कम्युनिस्ट पार्टी उसका स्थान ले चुकी थी। अतः इसे भी छोड़कर अब कहां जाऊं? दिल्ली में मेरा एकमात्र सहारा थे मोहित सेन। वे जनरल सेक्रेटरी राजेश्वर राव के दाहिने हाथ माने जाते थे। अतः पूरा विश्वास था कि वे हेड क्वार्टर्स में मुझे कोई न कोई पार्टी का काम अवश्य सौंप देंगे। बनारस के तमाम अनुभवों के बावजूद मैं पार्टी से दूर नहीं जाना चाहता था। पार्टी में बौद्धिक भूमिका के लिए अब भी आशावान था।

इस तरह की सोच के बीच मैं बुरी तरह से उद्वेलित हो रहा था कि बनारस छोड़ने के मात्र तीन चार दिन पहले मुंशी गुरु प्रसाद एक बार फिर बनारस आए और उन्होंने मुझे सूचित किया कि पार्टी के कंट्रोल कमीशन ने मेरी सारी दलीलों को सही पाया, इसलिए करीब डेढ़ साल से बंद सारी पार्टी वेज को उन्होंने मुझे लौटा

दिया तथा पार्टी का यह भी निर्णय सुनाया कि मैं बनारस में होल टाइमरी करता रहूंगा। मुंशी गुरु प्रसाद ने नरेन्द्र प्रसाद सिन्हा के द्वारा उठाए गए सारे कदमों को गलत बताया। पार्टी के कंट्रोल कमीशन की रिपोर्ट मेरे लिए अत्यंत राहतकारी थी, किंतु तब तक काफी देर हो चुकी थी। मैं अपना फैसला बदलने की स्थिति में नहीं था। संयोगवश जिस समय यह रिपोर्ट आई, उस समय सिन्हा मास्को में साल भर की पार्टी क्लास कर रहे थे। वहां से लौटने के बाद उन्होंने पार्टी छोड़ दी और किसी साधु सम्प्रदाय के भक्त बन गए। उस सम्प्रदाय के उत्तराधिकारी के रूप में वे आज भी बनारस के अस्सी घाट पर एक मकान खरीदकर रहते हैं। सुनने में मिलता है कि उनका धर्मांध जीवन बहुत सफल है और अपने सम्प्रदाय के अनुगामियों को वे 'स्वर्ग' भेजने में मदद करते हैं, जिससे उन्हें काफी दक्षिणा मिलती रहती है। यह भी सुना है कि उनके अनुगामी विदेशों में भी हैं।

अंततोगत्वा, 21 जनवरी, 1976 को 'अपर इंडिया एक्सप्रेस' ट्रेन से मैं बनारस को हमेशा के लिए छोड़कर दिल्ली चला आया। दिल्ली प्रस्थान की पूर्व संध्या पर गोदौलिया स्थित पार्टी ऑफिस गया। मुझसे किसी ने भी नहीं पूछा कि मैं बनारस क्यों छोड़ रहा हूं? हमेशा की तरह दशाश्वमेध घाट पर जाकर गंगा को सलाम किया। इससे कुछ दिन पहले जब गोरख पांडे को पता चला कि मैं बनारस छोड़कर दिल्ली जा रहा हूं, तो उन्होंने भाव विभोर होकर कहा कि वे भी मेरे साथ दिल्ली जाकर मेरी ही तरह एक नए भविष्य की तलाश करेंगे। तमाम अनिश्चितता के बावजूद वे मेरे साथ हो लिए। मुझे स्टेशन पर छोड़ने मेरे करीब 25 व्यक्तिगत दोस्त आए थे, जिनमें शिवानंद दूबे भी शामिल थे। हर किसी की आंखें डबडबाई थीं, किंतु ला कॉलेज के अरुण सिंह (आज आजमगढ़ में एक प्रसिद्ध एडवोकेट) ट्रेन के छूटते ही पूरी ताकत से रो पड़े। रेलगाड़ी में बगल में बैठते गोरख पांडे को देखकर मुझे याद आया कि प्रेम में असफलता क्रांति की सफलता की गारंटी नहीं होती, किंतु उस समय सबसे ज्यादा याद आ रही थीं बनारस की तंग गलियां,'राम नाम सत्य है' वाले नारे, मंदिरों में बजने वाले घंटे, नंगे साधुओं के जुलूस, बी.एच.यू. माई की गोद में बैठी सबीहा, तथा जलती चिताओं वाली मणिकर्णिका। पूरा बनारस मेरी पलकों पर था और गंगा मेरी आंखों में।

प्रीति करै ना कोय

उत्पलवर्णा

सन् 1970 की बात है। गर्मियों के दिन थे। मैं बी.ए. फाइनल की परीक्षाओं की तैयारी में लगा हुआ था। लंका स्थित कैलाश भवन में बिजली का कनेक्शन नहीं था। इसलिए अपने 25 नम्बर वाले कमरे का दरवाजा हमेशा खुला छोड़कर पढ़ाई किया करता था, ताकि बाहर से हवा का संचार होता रहे और उजाला भी साफ रहे। रात के समय लैम्प जलाकर पढ़ता था। एक दिन शाम होने वाली थी। अचानक दरवाजे से आवाज आई: ''क्या मैं आप से बातें कर सकती हूं।'' मैं चारपाई पर उल्टी दिशा में खिड़की की तरफ मुंह करके बैठा पढ़ रहा था। किताब थी जान मिल्टन की 'लिसिडस'। दरवाजे से आई आवाज के जवाब में मुड़कर देखा तो एक बहुत ही आकर्षक युवती खड़ी थी। मैं हड़बड़ाकर खड़ा हो गया। उसे कमरे के अंदर आने को तो कह दिया, किंतु बैठने के लिए झिलगी चारपाई के अलावा कुछ भी नहीं था। उसने कहा कि कोई बात नहीं, मैं यूं ही कुछ बातें कर लेती हूं। वह बताने लगी कि कलकत्ता से बी.ए. की प्राइवेट परीक्षा देने आई है तथा उसके विषय थे इंगलिश लिटरेचर, हिंदी साहित्य और पोलिटिकल साइंस। उन दिनों बी.एच.यू. में लड़कियों को प्राइवेट पढ़ने का प्रावधान हुआ करता था। अतः वे घर पर रहते हुए परीक्षा दे सकती थीं। वह अपनी मां के साथ परीक्षाओं से करीब दो माह पहले कैलाश भवन में किराए पर कमरा नं. 27 में रह रही थी। उन दिनों कैलाश भवन में अकसर वे लोग अस्थायी रूप से कमरा लेकर रहते थे, जो बी.एच.यू. अस्पताल में इलाज कराने आते थे। पहले मैं सोचता था कि वह लड़की अपनी मां का इलाज कराने आई होगी। आसपास रहने वालों से उसे पता चल गया था कि मैं भी बी.ए. की परीक्षा दे रहा हूं और पढ़ाई लिखाई में ठीक ठाक हूं। मेरे विषय थे इंगलिश लिटरेचर, हिंदी तथा समाजशास्त्र।

उसने कहा कि इंगलिश और पोलिटिकल साइंस का कोर्स समझ में नहीं आ रहा। करीब आधे घंटे तक वह दरवाजे के बीच खड़ी होकर बातें करती रही और मुझसे

पढ़ाई में सहायता करने को कहा। सहायता की बात सुनकर मैं उत्तेजित हो गया था। मैंने कहा कि जो कुछ पढ़ता हूं, उसे आप को बता दूंगा। किंतु पोलिटिकल साइंस मेरा विषय नहीं है, फिर भी किताब से पढ़कर समझा सकता हूं। कल से हमारी पढ़ाई शुरू होगी', ऐसा कहकर वह अपना नाम बिना बताए वापस मुड़ गई। बाहर झांकने की मेरी हिम्मत नहीं पड़ी, किंतु सोचता रहा कि उसका नाम क्या होगा? उस रात कुतूहलवश न तो सो पाया और न कुछ पढ़ पाया। कल्पना का पहाड़ निर्मित होता रहा। बार-बार यह खयाल आता कि यदि उसका नाम मालूम होता, तो उसे संबोधित करके शेक्सपीयर, मिल्टन, बर्नार्ड शा, कीट्स, शेली आदि जो भी कोर्स में थे, उनके लेखन पर चर्चा करता। यद्यपि ये चर्चाएं अगले दिन से ही शुरू होने वाली थीं, फिर भी ऐसा लगता था कि सब कुछ उस रात में ही संभव हो जाए, तो कितना अच्छा होता, भले ही कल्पना में ही सही। उसने दरवाजे में जिस तरह खड़ी होकर पढ़ाई में मदद मांगी थी, मैंने महसूस किया था कि जैसे कोई ताजा फूलों का गट्ठर खुद पैदल चलकर आया हो, जो हवा के झोंकों से अचानक उड़ गया। इसके पहले इतना लगाव किसी से भी नहीं हुआ था, शायद बुद्ध से भी नहीं। उस रात उसके द्वारा बोले गए सारे शब्दों को दोहराता रहा।

इस बीच लंका की मुख्य सड़क से अचानक आवाज आईः 'राम नाम सत्य है, राम नाम सत्य है'। जाहिर है कोई मुर्दा मणिकर्णिका या हरिश्चंद्र घाट की ओर ले जाया जा रहा था। मेरे लिए ये शब्द सुबह की आहट दे रहे थे। ऐसे नारे लगभग रोज ही लंका पर सुनाई देते थे। वहीं एक बार फिर अचानक रोज की तरह पास वाले सुंदर बगिया (नरिया) मोहल्ले से कई मुर्गों की 'कुकहूकू' की आवाज सुनाई दी। 'सबेरा निकट है' की कल्पना पर इन मुर्गों ने भी ठप्पा लगा दिया। उस दौरान कैलाश भवन से मुश्किल से दो सौ मीटर दूर स्थित संकटमोचन मंदिर के घंटे भी बजने लगे थे। उस रात की सारी गतिविधियां आज भी याद हैं। वह सवेरा मेरे इंतजार में हद से ज्यादा इसलिए शामिल हो गया था, क्योंकि इसमें उसके आने का वादा जुड़ा हुआ था। दूसरे दिन करीब दस बजे वह पिछली शाम की ही तरह दरवाजे पर खड़ी होकर अंदर आने की बात कहने लगी। उसके हाथ में सारे विषयों के पाठ्यक्रम थे। वह अंदर आकर मेरी चारपाई के गोड़वारी बैठ गई और मैं मुड़वारी। उसने कहा कि पाठ्यक्रम एकदम समझ में नहीं आ रहा। मैं उसकी सारी बातें सुनता जा रहा था, किंतु मेरा ध्यान उसका नाम क्या होगा, पर लगा हुआ था। उस समय तक मैं बौद्ध साहित्य में वर्णित एक बुद्धकालीन बौद्ध भिक्षुणी उत्पलवर्णा (उप्पलबन्ना) के बारे में पढ़ चुका था कि वह अपने जमाने की अत्यंत सुंदर युवती थी, जो अनगिनत राजकुमारों के विवाह प्रस्ताव से ऊबकर बुद्ध की शरण में जाकर भिक्षुणी बन गई थी, किंतु उसकी याददाश्त बहुत कमजोर थी, इसलिए बुद्ध स्वयं

उसकी शिक्षा दीक्षा का कार्य करते थे। मुझे उसका नाम पूछने में हिचक हो रही थी, किंतु दिमाग में यह बात बार-बार आती थी कि उसका चाहे जो भी नाम हो, मैं उसे 'उत्पलवर्णा' ही जानूंगा। इस बीच वह बोल पड़ी कि आपका ध्यान कहीं और जान पड़ता है? शायद उसने अपने को उपेक्षित समझकर यह बात कही थी। मैंने उसकी बातों का खंडन करते हुए कहा था कि मैं पाठ्यक्रमों के बारे में सोच रहा था। इसके बाद वह निधड़क बोल उठी कि एक महीने तक पढ़ाने का सौ रुपया फीस के रूप में देगी। ऐसा सुनकर मैं अचंभित सा हो गया, क्योंकि वह मुझे बस एक ट्यूटर समझ रही थी। इसके बाद सारी कल्पनाएं चकनाचूर हो गईं। वह सौ रुपए देने की जिद करती रही और मैं उसके प्रस्ताव को ठुकराता रहा। मैंने उससे कहा कि आप मेरी क्लास फेलो हैं, इसलिए पैसे का प्रश्न ही नहीं उठता। इस बात पर वह राजी हो गई। फिर वह अपने आप बताने लगी कि उसके माता पिता मध्य प्रदेश के छत्तीसगढ़ के रहने वाले थे, किंतु इसाई धर्म को अपना कर कलकत्ता चले आए थे। पिता कलकत्ते में सरकारी कर्मचारी थे। वह अब भी अपने परिवार के साथ रह रही है, इसलिए उसका असली नाम जाहिर नहीं करूंगा। अतः आगे से उसे उत्पलवर्णा नाम से ही संबोधित करूंगा। उत्पलवर्णा कहने लगी कि वह जो कुछ पढ़ती है, उसे याद नहीं रख पाती, इसलिए वह चाहती थी कि अंग्रेजी के पाठ्यक्रम में जो कुछ था, उसे मैं हिंदी में समझाऊं, ताकि वह अच्छी तरह आत्मसात कर सके। मैंने वैसा ही करना शुरू कर दिया। ओथेलो, मैकबेथ, आर्म्स एंड द मेन, कैंडीडा, प्राइड एंड प्रेजडिस, लिसिडस तथा कीट्स और शेली की कविताएं आदि जो भी पाठ्यक्रम में शामिल था, उन्हें मैं हिंदी में धीरे-धीरे करके समझाता गया। इस तरह मुझसे पढ़ने में उसकी रुचि बढ़ती गई। पोलिटिकल साइंस बी.ए. में मेरा विषय नहीं था, फिर भी उसके द्वारा उपलब्ध कराई गई किताबों को पढ़कर उसे सब कुछ समझाता गया।

धीरे-धीरे हमारी मित्रता गहरी होती गई। उसकी मां मुझमें हद से ज्यादा विश्वास करने लगी। अभी दस दिन भी नहीं हुए थे कि वह कहने लगी कि मेरी बेटी तुम्हारे साथ रहेगी, तो अच्छी तरह पास हो जाएगी, इसलिए मैं कलकत्ता वापस जा रही हूं, क्योंकि उत्पलवर्णा के पिता वहां अकेले पड़ गए हैं। वह वापस कलकत्ता चली गई। उत्पलवर्णा के साथ मैं भी बनारस कैंट स्टेशन पर उसे छोड़ने गया था। अपनी मा के चले जाने के बाद वह मेरे ही कमरे में खाना बनाती और खाती। मेरे साथ लंका त्रिमुहानी के सब्जी बाजार से सब्जियां खरीदवाती। बनारस वालों को वह दृश्य बड़ा अचंभित करता। कई बार 'बोलियां' भी सुनने को मिलतीं। कैलाश भवन के उस 25 नम्बर वाले कमरे में हम जब भी खाना खाते, हमारे सामने दूसरी प्लेट नहीं होती। वह कहती कि बी.ए. पास करने के बाद रेगुलर नाम लिखाकर एम.ए.

पोलिटिकल साइंस से करेगी। वह मुझको भी अपने ही विषय में एम.ए. करने को कहती। इसके पीछे उसका तर्क था कि बिना पढ़े ही आप को पोलिटिकल साइंस का इतना ज्ञान है, तो बाकायदा पढ़ेंगे तो कितना अच्छा होगा। वैसे मैं इंगलिश में एम.ए. करने का इरादा रखता था, किंतु उसकी बात मान गया था। वह हमेशा कहती कि हम एक ही रिक्शे से क्लास जाया करेंगे। इन सारी योजनाओं पर उस समय पानी फिर गया, जब मैं बी.एच.यू. में चल रहे छात्र आंदोलन के चलते पुलिस द्वारा गिरफ्तार कर लिया गया। उस साल परीक्षाएं देर से अगस्त 1970 में होने वाली थीं। परीक्षाओं के दौरान मैं करीब एक महीने तक बनारस के चौकाघाट जेल में था। जैसाकि प्रशासन ने जेल से परीक्षा देने की अनुमति नहीं दी, इसलिए पूरा एक और साल बर्बाद हो गया। उस दौरान एक दिन उत्पलवर्णा मुझसे मिलने जेल में आई थी और इम्तिहान के दौरान मुझसे न पढ़ पाने से बहुत चिंतित हो उठी थी। वह बार-बार कहती कि जमानत के लिए कोशिश करेगी, किंतु कम्युनिस्ट पार्टी का निर्देश था कि जमानत पर नहीं छूटना है, इसलिए मैंने उसे मनाकर दिया। वह बड़ा निराश होकर कैलाश भवन गई थी। मैं सितम्बर 1970 के प्रथम सप्ताह में जेल से छूटकर आया, तो पाया कि सारी परीक्षाएं समाप्त हो चुकी थीं। शीघ्र ही वह कलकत्ता वापस चली गई यह कहकर कि रिजल्ट के बाद पुनः बनारस वापस आएगी और एम.ए. में दाखिला लेकर पढ़ेगी। ऐसा ही हुआ। वह वापस आकर पोलिटिकल साइंस में एम.ए. करने लगी।

मैं बी.ए. में ही लटका हुआ था, किंतु पहले की ही तरह वह मुझसे फिर पढ़ने लगी। शिक्षा के मामले में वह मुझ पर पूर्णरूपेण निर्भर हो गई थी। यद्यपि इस बार वह महिला कॉलेज के हॉस्टल में रहने लगी थी, किंतु सारी दिनचर्या पहले की ही तरह शुरू हो गई। दोपहर वाला खाना वह हमेशा मेरे साथ कैलाश भवन में खाती। मैं शाम के समय उसे हमेशा हॉस्टल छोड़ने जाता। वह शहर में जहां भी जाती, मुझे साथ ले जाती। ऐसे अवसरों पर हम दशाश्वमेध घाट पर अवश्य जाते और देर तक गंगा का नजारा देखते रहते। कभी-कभी नौका द्वारा हम मणिकर्णिका घाट तक जाते और वापस आकर दशाश्वमेध घाट पर गोलगप्पा खाना नहीं भूलते। जिंदगी ऐसे ही चलती रही। इस बीच जाड़े के दिनों में मैं बुरी तरह बीमार पड़ गया। बुखार इतना तेज रहता था कि मैं मशीन की तरह बिस्तर से उछल पड़ता था। ऐसा लगता था कि जान अब गई कि तब। मैं बी.एच.यू. के सर सुंदर लाल अस्पताल के स्टूडेंट वार्ड में भर्ती हो गया। करीब दो सप्ताह अस्पताल में रहा। अनेक लोग मुझे प्रतिदिन देखने आते, किंतु सबका ध्यान आकर्षित करती उत्पलवर्णा। मैं हाल ही में कम्युनिस्ट पार्टी का 'होल टाइमर' बना था, इसलिए कोई न कोई मार्क्सवादी किताब मेरे पास अवश्य होती। अस्पताल में लेटे लेटे मेरे हाथ में जब भी कोई किताब

देखती, उत्पलवर्णा उसे छीनकर बेड के पास सामान रखने वाले छोटे से रैक में डाल देती। उसने पहली बार जिस किताब को छीना था, उसका नाम था 'स्टेट एंड रिवोलूशन' जिसे लेनिन ने लिखा था। किताब छीनते समय उसने कहा था कि जब तक अस्पताल में हैं, तब तक बिना कुछ पढ़े मूर्ख बने रहिए। उसकी इस आत्मीयता ने मस्तिष्क को छू लिया था। एक दिन एक नर्स मुझे व्हील चेयर पर बैठाकर इंजेक्शन रूम में ब्लड टेस्ट के लिए ले गई। उस दिन खूब ठंडी हवा चल रही थी। व्हील चेयर पर मैं ज्यों ही ब्लड देकर बाहर निकला, उत्पलवर्णा अपना दुपट्टा मुझे ओढ़ाने के लिए दौड़ पड़ी। मुझे उस समय ऐसा लगा कि मानो मैंने एक नई जिंदगी ओढ़ ली। वह बड़ा ही मार्मिक पल था। वह मार्मिकता मेरे मस्तिष्क पर हमेशा के लिए आरूढ़ हो गई। इस घटना ने मुझे उत्पलवर्णा को कभी भी नहीं भूल पाने की स्थिति में पहुंचा दिया। उसके प्रति अटूट मोह यहीं से शुरू हुआ था। वह कभी मुझसे अलग हो जाएगी, इस कल्पना मात्र से मेरा पूरा अस्तित्व दहल जाता था। उसके अंदर एक अजीब सा जादुई आकर्षण था। धीरे धीरे वह मेरी मनोवैज्ञानिक आवश्यकता बन गई। जिस दिन उससे बातें नहीं कर पाता, मुझे ऐसा लगता कि निराशा ने मेरे ऊपर अपनी पूरी ताकत से हमला बोल दिया हो। जिस स्थिति में मैं अपने घर से भागा था, उसमें ऐसी स्थिति की कल्पना कभी नहीं की थी। सब कुछ सपने जैसा लगता था। बीमारी की हालत में मुझसे कुछ खाया नहीं जाता था। अस्पताल में मैं जब भी उत्पलवर्णा से कहता कि मुझे अंदर से ठीक नहीं लगता, इसलिए, शायद बहुत दिन तक जिंदा न रहूं। इस पर वह लाख-लाख रुपए की बाजी लगाकर कहती कि आप सौ साल तक जीवित रहेंगे। उसकी ऐसी शर्त ने मुझे उसके प्रति हद से ज्यादा मोहग्रस्त कर दिया था।

अस्पताल में उसकी सुबह शाम मेरे ही साथ होती। अस्पताल से निकलने लगा, तो मेरे मस्तिष्क में यह बात गहराई से आई कि जब उत्पलवर्णा जैसा कोई साथ में हो, तो बीमार रहना ही बेहतर होता है। कालांतर मई 1971 में उसकी एम.ए. प्रथम वर्ष की परीक्षाएं समाप्त हो गईं और वह वापस कलकत्ता जाने लगी। मैं उसके साथ बनारस कैंट स्टेशन गया। दून एक्सप्रेस में उसकी आरक्षित बर्थ थी। हम गाड़ी के अंदर बैठ गए। कुछ यों ही गपशप होता रहा। इस बीच गाड़ी छूटने से दो मिनट पहले उसने मेरे सामने यह प्रस्ताव रखकर अचंभित कर दिया कि मैं भी उसके साथ कलकत्ता चलूं। वह कहने लगी कि टी.टी. को दो चार रुपए देकर साधारण टिकट बनवा लेगी और उसकी आरक्षित बर्थ पर आधा-आधा लेटे कलकत्ता पहुंच जाएंगे। उसका यह नाटकीय प्रस्ताव मुझे बहुत अच्छा लगा था। मैं उसके साथ कलकत्ता चल पड़ा। उस बर्थ पर हम आधा-आधा लेटे थे, किंतु ट्रेन की वह यात्रा किसी शयनकक्ष में सोने से कम नहीं थी। सुबह हम हावड़ा पहुंचकर एक लोकल ट्रेन से कोई

आधे घंटे की यात्रा के बाद ओल्ड जगाचा पहुंचे। वहीं पास में उसका घर था। उसकी मां अचानक मुझे देखकर बहुत खुश हुई थी। वह कहने लगी कि दस दिन यहां रहकर कलकत्ता खूब घूमो। हम सभी एक ही कमरे में सोते। पहली ही रात को विचित्र नजारा प्रस्तुत हुआ। उत्पलवर्णा की बारह तेरह साल की लोपा नामक एक नौकरानी थी। वह जादू टोने में खूब विश्वास रखती थी। अतः हम ज्यों ही बिस्तर पर गए, वह पता नहीं क्या-क्या मंत्र पढ़ती हुई हम सबके ऊपर फूंक- फूंककर सरसों के दाने फेंकने लगी। अचानक मेरे मस्तिष्क में बंगालिनों के बारे में प्रचलित अवधारणा कि वे आदमियों को भेड़ा बकरा बनाकर रखती हैं, आने लगी। मुझे अचंभित देखकर उत्पलवर्णा की मां कहने लगी कि घबड़ाओ मत, लोपा सबके कल्याण के लिए सोने से पहले ऐसा करती है।

उस रात को घटने वाली एक अन्य घटना ने मुझे और भी अचंभित कर दिया था। मैंने देखा कि उत्पलवर्णा के साथ उसके मां बाप सोने से पहले खड़े होकर दिन भर किए गए क्रियाकलापों को दोहराते और ईसा मसीह से माफी मांगते। मुझे उसके पिता के मुंह से सुनकर हैरत हुई, जब उन्होंने कहा कि हे ईसा मसीह! मैंने आफिस में कई आदमियों से उनका काम करने के लिए दो-दो रुपया घूस लिया था, अतः मुझे माफ कर दो। ऐसी स्वीकारोक्ति उनके रोजमर्रा के जीवन में शामिल हो गई थी। उत्पलवर्णा भी कुछ बोलती, किंतु उसकी कोई बात साफ नहीं सुनाई देती। उस समय ऐसा लगा कि उसने ईसा मसीह से उस रात इस बात के लिए माफी मांगी, क्योंकि ट्रेन में एक ही बर्थ पर लेटे हुए मेरे साथ कलकत्ता आई थी। उत्पलवर्णा कलकत्ता के कलाकार स्ट्रीट स्थित एक हाई स्कूल में इंगलिश पढ़ाती थी। वह रोज स्कूल जाने लगी। स्कूल जाने से पहले वह मुझे शाम को हावड़ा स्थित एक किताब की दुकान पर रोज आने को कहती, ताकि वह मेरे साथ घर वापस आए, साथ ही मेरा मनबहलाव भी हो सके। मैं वैसा ही करने लगा। वह हर शाम मुझे हाबड़ा पुल की पटरी पर लगी दुकानों से सब्जी मछली आदि की खरीददारी के लिए ले जाती। उन दिनों हाबड़ा पुल का वह विशाल लोहे का कंकाल सही अर्थों में मोहजाल जैसा दिखाई देने लगा था। कलकत्ता की पहली यात्रा से यह यात्रा बिलकुल भिन्न थी।

उसके घर के पास माल गोदाम जैसा 'शांति' नाम का एक सिनेमा हाल था, जिसमें पुरानी फिल्में दिखाई जाती थीं। उत्पलवर्णा ने मेरे साथ इस हाल में तीन फिल्में देखी थीं, जिनमें शरतचंद्र के प्रसिद्ध उपन्यास पर आधारित 'देवदास' भी शामिल थी। इस फिल्म को देखकर सारा हाल रो पड़ा था। वह भी खूब रोई और मैं भी। उस दिन मेरे प्रवास का नौवां दिन था। दसवें दिन की सुबह जब वह कलाकार स्ट्रीट जाने लगी, तो उसने कहा कि मैं हाबड़ा न आऊं और उसके बदले शाम को घर के पास ओल्ड जगाचा, स्टेशन पर ही मिलूं। उस दिन मुझे आभास

होने लगा था कि कोई अनहोनी अवश्य होने वाली थी। शाम को जब वह ओल्ड जगाचा पर उतरी, तो प्लेटफार्म पर एक पत्थर की पटिया वाली बेंच पर मुझे बैठने को कहा, हम फिर गोड़वारी मुड़वारी की स्थिति में बैठ गए। उसने अगले दिन का हाबड़ा से बनारस तक का रेल का टिकट देते हुए मुझसे कहा कि एम.ए. फाइनल में वह रेगुलर नहीं पढ़ पाएगी, क्योंकि स्कूल वाले उसे आगे छुट्टी नहीं दे रहे, लेकिन इसके आगे की बात कहकर उसने मेरे अस्तित्व को एकदम चकनाचूर कर दिया। उसने बताया कि उसका एक मित्र रांची में रहता है और वह परसों कलकत्ता आ रहा है। अतः आप कल बनारस चले जाइए। वह आगे बोली कि मैं चिट्ठी द्वारा आप से हमेशा बातचीत करती रहूंगी। मैं उत्पलवर्णा से बार-बार पूछता कि उसके मित्र का नाम क्या है, वह क्या करता है, कैसा है आदि, आदि? वह उसके नाम पर हरदम मुझे भटका देती थी, जिससे मेरी उत्सुकता और भी बढ़ती गई। मैं उसके बारे में सब कुछ जान लेना चाहता था, किंतु उत्पलवर्णा सब कुछ छिपाने पर आमादा थी। मैं जितना ही उसके बारे में जानने की कोशिश करता, वह उतना ही छिपाती। इसके बाद हम ओल्ड जगाचा से उसके घर की आधा किलोमीटर की दूरी साथ-साथ चले, किंतु यह पहला अवसर था, जब हम एक दूसरे से कुछ भी नहीं बोल पाए। ऐसी शांति निश्चित रूप से प्रचंड क़ोलाहल मचा रही थी। अगले दिन वह ट्रेन पकड़वाने के लिए हाबड़ा छोड़ने आई। हम आरक्षित डिब्बे में बैठे बैठे बातें करते रहे। वह अपने एम.ए. फाइनल के पाठ्यक्रम को बातचीत का मुद्दा बनाना चाहती, किंतु मैं बार-बार उसके भावी जीवन के मुद्दे पर उतर आता। इसके जवाब में वह कहती कि हम अगले जनम में भी मिलेंगे। उसकी इस बात से मुझे ऐसा लगा था कि मानो हाबड़ा का पुल अभी-अभी भहराकर मेरे सिर पर गिर पड़ा और मैं पुनर्जन्म की स्थिति में आ गया। अगले जनम में मिलने वाली बात को पहले भी उत्पलवर्णा ने कई बार दोहराया था।

यद्यपि, मैं उस समय पूर्णरूपेण कट्टर नास्तिक हो चुका था और आत्मा, परमात्मा तथा पुनर्जन्म आदि जैसी अवधारणाओं से बिलकुल मुक्त था, फिर भी कुछ पल के लिए ऐसा लगा था, कि वह सच बोल रही थी। कोई हद से ज्यादा प्रिय व्यक्ति मस्तिष्क में बस जाए, तो उसकी हर बात सच लगने लगती है। वास्तविकता यह थी कि इस जनम में मिलकर भी उसका मिलना असंभव हो गया था, इसलिए अगले जनम की बात कहकर वह मुझे एक मनोवैज्ञानिक झांसा देने लगी थी। उसकी एक अन्य बात मुझे बहुत अच्छी लगती थी। यह जानते हुए कि मैं ईश्वर में विश्वास नहीं रखता, वह अकसर मुझसे कहती रहती कि मैं जब भी किसी देवालय से गुजरूं, तो उसके लिए दुआएं मांगूं। कई बार मैं ऐसा करके उसे बताता, तो वह बहुत खुश हो जाती थी। बाद में मैं यह सोचकर अपराधबोध से पीड़ित हो

जाता था कि एक लड़की के चलते आस्तिक क्यों बन जाता था? इस मानसिक हलचल के बीच जब ट्रेन चलने वाली थी, तो हंसते हुए उत्पलवर्णा ने अपने मित्र का आधा नाम बताया, 'सैमुएल'। न जाने क्यों मुझे यह नाम फर्जी लगा। अचानक मेरे मन में आया कि मैं भी कह दूं उत्पलवर्णा! चल मेरे साथ, आरक्षित बर्थ पर आधा-आधा लेटे बनारस पहुंच ही जाएंगे। इस बीच दून एक्सप्रेस चल पड़ी और उत्पलवर्णा प्लेटफार्म पर ही छूट गई। तुरंत मुझे असलियत का आभास हो गया कि प्लेटफार्म पर वह नहीं, बल्कि मैं छूट गया। वह तो रांची पहुंच गई। मैं उसे दृश्यपटल से ओझल होने तक ट्रेन के दरवाजे से एकटक देखता रहा। वह हाथ हिलाती मेरी आंखों से ओझल तो हो गई, किंतु मेरे मस्तिष्क में उसका पूरा अस्तित्व बड़ी गहराई से उतर आया। आखिर, यह आंखों का ही तो धोखा था। जैसे-जैसे ट्रेन आगे बढ़ती गई, बार-बार मीराबाई की यह पंक्ति : 'नगर ढिढ़ोरा पीटती, प्रीति करै ना कोय', मेरे मस्तिष्क को चीरती रही। बीच-बीच में भिखारी ठाकुर की 'रेलिया बैरिन भई' भी कानों में गूंजती रही। उन दिनों मैं व्यंग्यात्मक शैली में कविताएं खूब लिखा करता था, जो प्रकाशित भी हुआ करती थीं। हाबड़ा से चलकर जब ट्रेन बंडेल पहुंची, तो मैंने एक कागज पर लिखा :

मैं हो चुका हूं
गलतफहमियों का
इस कदर शिकार।
जब कोई कान
खुजलाने के लिए
उठाता है हाथ,
तो मैं कहता हूं नमस्कार।

ऐसे नमस्कारों से मुझे जिंदगी भर छुटकारा नहीं मिला। पहली बार यह अनुभव हुआ कि लगाव एक मानसिक भटकाव होता है। ऐसा भी लगा कि दुनिया को तमाम खामियों के लिए चाहे जितना भी कोसा जाए, किंतु जब वही दुनिया छूटने लगती है, तो मोहवश उसे कसकर धरे रहने का मन करता है। उत्पलवर्णा मेरे लिए दुनिया का पर्याय बन चुकी थी। बुद्ध ने सच ही कहा था कि मोह से दुख उत्पन्न होता है। इन तमाम ख्यालों के बीच गाड़ी बर्दवान पहुंची, जहां बीस मिनट का हाल्ट था। संध्या होने वाली थी। मैं उदास खिड़की पर सिर ओंठगाकर अपनी सीट पर बैठा हुआ था। उन दिनों रेलगाड़ियों की खिड़की में राड नहीं हुआ करते थे। पूरी खिड़की खुली होती थी। अचानक मेरी ही उम्र का एक लड़का मुझे कसकर एक चांटा मारकर प्लेटफार्म पर ऐसे आगे बढ़ गया, जैसे कि कुछ हुआ ही न हो। वह नक्सलवादी उग्रपंथ का जमाना था। एक बार मुझे ऐसा लगा कि मानो सैमुएल ने

मुझे चांटा मारा हो। चाहे जो भी हो, असली चांटा तो उत्पलवर्णा का था। अब मैं अनुभव करने लगा कि आगे मैं यात्रा नहीं कर रहा, बल्कि रेलगाड़ी मुझे अपने पीछे बांधकर ठिठराती हुई बनारस छोड़ने जा रही थी। दूसरे दिन की सुबह बनारस में प्रवेश करने से पहले जब रेलगाड़ी गंगा पर बने राजघाट पुल पर पहुंची, तो जलती चिताओं से उठते धुएं को देखकर मैंने एक बार फिर मणिकर्णिका की पहचान कर ली। इसके पहले मैंने इतना उदास बनारस में कभी प्रवेश नहीं किया था। जब बहुत दिन तक उत्पलवर्णा की कोई चिट्ठी नहीं मिली, तो मैंने उसी व्यंग्यात्मक शैली में एक और कविता लिखी। हुआ यह था कि कुछ पहले सोवियत संघ का 'लूना' नामक अंतरिक्षयान चांद पर उतरकर ढेर सारी सूचनाओं के साथ चांद की मिट्टी भी लाया था। मैंने लिखा :

आप से तो बेहतर है
रूस का लूना।
जो भेजता है समाचार
रात चौगुना दिन दूना।
इतना ही नहीं,
वह ला देता है
चांद की मिट्टी भी।
और एक आप हैं,
जो भेज नहीं पातीं
एक चिट्ठी भी।

यों ही मेरी खाली-खाली सुबह और सूनी-सूनी शाम होती रही। इस बीच शाम इसलिए भी सूनी लगती थी, क्योंकि बनारस का सूरज गांव के मुर्दहिया की तरह हजारों पक्षियों के कोलाहल के बीच नहीं डूबता था। वह चोर की तरह भागता नजर आता था। सारा समय कम्युनिस्ट पार्टी की होल टाइमरी में जाता रहा। कभी मार्क्स आगे होते, तो बुद्ध पीछे। कभी क्रांति का भूत सवार होता, तो कभी उत्पलवर्णा का। कभी-कभी ऐसा भी लगता था कि मानो गलतफहमी जीने का सहारा बन गई हो। अंततोगत्वा 1972 के नववर्ष पर उत्पलवर्णा की एक चिट्ठी आई, जिसमें लिखा था कि 16 जनवरी को उसकी शादी है। यह मात्र एक सूचना थी, निमंत्रण नहीं। मैंने तुरंत उपहारस्वरूप एक अच्छी बनारसी साड़ी पार्सल द्वारा ओल्ड जगाचा भेजी और जवाब में लिखा कि शादी के अवसर पर उत्पलवर्णा मेरी दी गई साड़ी को ही पहने, किंतु उस पार्सल के मिलने या न मिलने की कोई सूचना मुझे नहीं मिली। जाहिर है 16 जनवरी, 1972 को रांची के किसी चर्च की घंटियां बज उठीं और अपने इष्टदेव की कसम खाकर उत्पलवर्णा सैमुएल की बांहों में अटक गई। मेरे हाई स्कूल के

प्रिंसिपल धर्मदेव मिश्र कक्षा में पढ़ाते हुए अनेक बार इस तथ्य को दोहराए थे कि रात में कौन लोग जागते हैं? उत्तर में वे बतलाते थे : 'जोगी भोगी रोगी वियोगी'। सोलह जनवरी की रात ये चारों एक साथ मेरे मस्तिष्क में उतर आए थे। इन सबके भार तले मैं एकदम अजलस्त हो गया था। तरह-तरह की कल्पना से सराबोर मैं सारी रात जागता रहा। बचपन से ही मेरी सबसे बड़ी पूंजी विल पावर, यानी इच्छाशक्ति थी, किंतु अब ऐसा लगा कि मानो उस पर डाका पड़ गया हो। उस रात तनावग्रस्त होने के लिए उत्पलवर्णा नहीं, बल्कि खजुराहो के मंदिरों की मूर्तियों की कल्पना ही काफी थी। अब मेरे सामने दो उत्पलवर्णा थीं–एक 16 जनवरी के पहले वाली और दूसरी उसके बाद की। इन दोनों ने मिलकर मेरे अस्तित्व पर ऐसा हमला बोला कि मेरी आंखें विस्फोटित हो उठी थीं। इसी स्थिति में दिन बीतते गए।

मैं जब भी अपने उस कमरे में खाना खाता, हमेशा इस अनुभूति से भावुक हो उठता था कि उत्पलवर्णा अभी कहीं से टपक पड़ेगी। मेरे उस कमरे की खिड़की पर कबूतरों का बड़ा जमावड़ा रहता था। मैं हर रोज खाने का कुछ हिस्सा कबूतरों को अवश्य खिला देता था। जैसा कि उन्हें संदेशवाहक कहा जाता है, अतः कभी न कभी वे रांची या हाबड़ा से कोई न कोई संदेश अवश्य लाएंगे? चिट्ठी द्वारा हमेशा मुझसे बातचीत करती रहेगी, अपने इस वादे से उत्पलवर्णा हमेशा के लिए मुकर गई। आज भी वे सारे वृत्तांत ताजा लगते हैं। याद आने पर अकसर संवेगात्मक भटकाव का शिकार हो जाता था। ऐसे अवसरों पर मुझे ऐसां लगता था कि मानो बरफ हिमालय से नहीं बल्कि आंखों से पिघलती है। ऐसा भी लगता था कि मिथक या किवदंती गढ़ने वालों ने भूल से कह दिया कि गंगा शिव की जटाओं से निकली थी। हकीकत तो यही रही होगी कि अपनी पार्वती के लिए शिव बहुत रोए होंगे, अतः गंगा उनकी आंखों से निकली होगी। मैं, जैसे कभी-कभी मुम्बई या चेन्नई के किनारों पर खड़ा होकर समुद्र की असीमितता को देखा करता था, वैसे ही उत्पलवर्णा मेरे लिए असीमित थी। मेरे जिस मस्तिष्क में ईश्वर का प्रवेश हमेशा के लिए वर्जित हो गया था, उसमें वह बेरोकटोक प्रवेश कर जाती थी। उसके व्यक्तित्व में एक अजीब किस्म का हीलिंग टच यानी घाव भरने की कला थी। वह मेरी वैकल्पिक जिंदगी बन गई थी। टी.एस. इलियट के शब्दों में मैं टूटे हुए शीशों का गट्ठर बन गया था।

उसके जाने के काफी दिनों बाद मैं मई 1975 के अंतिम सप्ताह में एक बार फिर कलकत्ता गया। इस बार बी.एच.यू. में 'नक्सलवादी आंदोलन' पर पीएच.डी. करने के दौरान 'फील्ड ट्रिप' पर एक महीने के लिए नेशनल लायब्रेरी में आया था। जब 16 जून आया, तो मैंने सोचा कि हावड़ा होते लोकल ट्रेन से ओल्ड जगाचा चलूं, शायद कहीं आते-जाते वह दिख जावे। मैंने वैसा ही किया। ओल्ड जगाचा स्टेशन

पर शाम के समय उसी पत्थर की पटिया पर मैं बैठ गया, जिस पर तीन साल पहले उसने मुझे बनारस वापस जाने का टिकट दिया था। करीब आधे घंटे तक हावड़ा से हर आने वाली लोकल ट्रेन को मैं अपनी आंखों में समेट लेता था, किंतु वह अदृश्य बनी रही। उस समय बार-बार एक बारह-तेरह साल का लड़का मेरा ध्यान अपनी तरफ खींचता रहा। वह लोहे की सिकड़ी में कोयला जलाकर चाय की केटली से घूम-घूमकर छोटे-छोटे मिट्टी के भरुके में लोगों को चाय बेचता था। एक ग्राहक से दूसरे ग्राहक के बीच की दूरी तय करते हुए वह बड़ी सुरीली आवाज में गाता : 'मुसाफिर जाएगा कहां?' करीब आधे घंटे तक मैं उस पटिया पर बैठा रहा। थक-हारकर उस लड़के से एक चाय लेकर पिया और बंडेल से तत्काल आने वाली ट्रेन में हावड़ा जाने के लिए सवार हो गया। ट्रेन एक मिनट रुकने के बाद चल दी और एक बार फिर स्टेशन के किसी कोने से उस चाय वाले लड़के की क्षीण होती आवाज सुनाई दी : 'मुसाफिर जाएगा कहां?' मैं नए सिरे से मोहग्रस्त हो गया। मोह में तो जानवर भी एकाधिकारवादी बन जाता है, फिर मानव का क्या कहना? एकाधिकार समाप्त होते ही ईर्ष्या घेर लेती है। बुद्ध ने तो बहुत पहले चेता दिया था कि ईर्ष्या से भी दुख होता है। जब मोह और ईर्ष्या एक साथ हमला बोल दें, तो दुख का निवारण या निर्वाण कहां? आखिर, सब कुछ जानते हुए कोई दूसरा तो बुद्ध नहीं बन जाता फिर भी मेरा मन करता है कि बुद्ध की ही तरह बौद्ध भिक्षु बनकर उसके द्वार पर जाऊं और उत्पलवर्णा मुझे बिना पहचाने मेरे भिक्षापात्र में कुछ अन्न डालकर वापस अपने घर के अंदर चली जावे और मैं किसी बौद्ध मठ में। उसे याद कर आज भी प्राचीन ग्रीक कवि होमर के बारे में जार्ज ग्रीफिन द्वारा कही गई यह पंक्ति याद आती है कि पानी या बालू पर हजारों शब्द लिखने से बेहतर है पत्थर पर सिर्फ एक शब्द लिखना। जाहिर है, मेरे लिए उसके द्वारा बोले गए हजारों शब्द बनारस की गंगा बहा ले गई, किंतु मेरे मस्तिष्क रूपी पाषाण पटल पर वह खोदकर चली गई बस एक शब्दः 'उत्पलवर्णा'।

टामुन

उत्पलवर्णा के बाद एक विशेष घटना यह थी कि मैं सन् 1974 के मार्च महीने के किसी दिन साइकिल से बी.एच.यू. से गोदौलिया स्थित कम्युनिस्ट पार्टी के दफ्तर जा रहा था। उन दिनों पार्टी दफ्तर जाना मेरे रूटीन में शामिल था। जिस दिन वहां नहीं जाता, ऐसा लगता था कि कुछ खो सा गया है। मेरा पार्टी से भी उतना ही लगाव था, जितना कि उत्पलवर्णा से। उस दिन हुआ यह कि जब मैं पार्टी दफ्तर के नजदीक पहुंचने ही वाला था, अचानक पीछे से आवाज आई : 'तुलसीबाबू

तुलसीबाबू'। मैंने मुड़कर देखा तो एक रिक्शावाला मुझे बुला रहा था। मैं उस रिक्शे के पास चला गया। रिक्शावाला कहने लगा कि बाबू तूं पहिचानत ना हउवा। हम शिवधन हंई शिवधन। मुझे तुरंत याद आ गया कि शिवधन मेरे गुस्सैल चाचा नग्गर के बड़े दामाद थे। वे एक नामी पहलवान हुआ करते थे, किंतु गरीबी के कारण बनारस आकर रिक्शा चलाने लगे। वे भावविभोर होकर कहने लगे कि तोहार नांव (नाम) अखबार में निकरैला, ई बहिन जी कब्बो कब्बो बतावैली, लेकिन तोहार पता मालुम ना होवै से हम कबहूं मिलि ना पउंलीं। वे जिसे 'ई बहिन जी' बता रहे थे, मैंने देखा कि एक खूबसूरत लड़की रिक्शे में बैठी थी। उसने मुझे नमस्कार किया। इस बीच शिवधन जी कहने लगे कि हम ये ही बहन जी के गराज में रही ला आउर ई जहां जा लीं, इनके उहां ले जाइला। इसके बाद वह लड़की कहने लगी कि वह बनारस के आर्य महिला डिग्री कॉलेज में बी.ए. फाइनल में पढ़ती है और बी.एच.यू. किसी काम से जा रही थी। उसने तुरंत मेरे बिना किसी आग्रह के अपना नाम पता लिखकर मुझे देते हुए कहा कि किसी दिन हमारे घर जरूर आइएगा। शिवधन ने भी उसकी हां में हां मिला दिया। मैं उसके घर जाने का अनमना सा वादा करके पार्टी दफ्तर चला गया और वह रिक्शे में बी.एच.यू.। एक सप्ताह बीत जाने के बाद पार्टी दफ्तर में बैठे-बैठे मुझे याद आया कि उसने अपना पता दिया है और शिवधन जी भी वहीं रहते हैं, इसलिए सबसे मिल आऊं। मैं साइकिल से विशेश्वरगंज चल पड़ा, जहां वह रहती थी। उसका मकान आसानी से मिल गया। लड़की का असली नाम फिर छिपाऊंगा, क्योंकि वह अब भी अपने नए परिवार के साथ बनारस में रह रही है।

पिता पुराने स्वतंत्रता सेनानी तथा गांधी-नेहरू के बड़े प्रशंसक थे। वे मुझसे कहने लगे कि आप तो नेता हैं, इसलिए आप का नाम अखबार में छपता रहता है। शिवधन को जब पता चलता है, तो वे खुश होकर कहते हैं कि तुलसी बाबू हमार साला हउवैं। उनकी तीन संतानों में सबसे बड़ा बेटा तथा दो बेटियों में वह सबसे छोटी थी, इसलिए उसकी मां उसे 'टामुन' कहकर बुलाती थी। पिता जी ने मुझसे पूछा कि आप किस कक्षा में पढ़ते हैं। मैंने उन्हें बताया कि मैं नक्सलवादी आंदोलन पर पी-एच.डी. कर रहा हूं। पीएच.डी. की बात सुनकर वे थोड़ा अचंभित जरूर हुए, किंतु तुरंत कहने लगे कि टामुन बी.ए. फाइनल में पोलिटिकल साइंस में फेल हो गई तथा वह दोबारा इम्तिहान देने वाली है, इसलिए सप्ताह में दो-तीन दिन आकर उसे पढ़ा दीजिए, तो बड़ी मेहरबानी होगी। ऐसा सुनकर टामुन बोल पड़ी कि उसे प्लेटो, अरस्तू एकदम समझ में नहीं आते। मैंने कहा कि शनिवार रविवार को दो दिन आ सकता हूं। उत्पलवर्णा को पढ़ाते-पढ़ाते मैं पोलिटिकल साइंस का एक्सपर्ट हो गया था। मैंने तत्काल प्राचीन राजनैतिक विचारों पर सुकरात से लेकर प्लेटो, अरस्तू तक

पर एक लंबा-चौड़ा भाषण दे दिया। उस दिन टामुन से कहीं ज्यादा उसके पिता जी खुश हुए थे। मैं वादे के अनुसार सप्ताह में दो दिन उसके घर जाने लगा। इस तरह एक नए ट्यूशन की शुरुआत हो गई। एक सप्ताह बीतने पर टामुन कहने लगी कि क्या आप रोज नहीं आ सकते? मैंने जवाब दिया कि इम्तिहान के नजदीक आने पर रोज आऊंगा। मैं शीघ्र ही उसके घर रोज जाने लगा। उसका भाई लकड़ी की खड़ाऊं पहनकर कंधे पर एअर गन लेकर मोहल्ले में चहलकदमी किया करता था।

वह बड़ा ही औघड़ किस्म का आदमी था। मुझे उसकी बंदूक से बहुत डर लगता था इसलिए मैं कभी भी टामुन की तरफ आंख उठाकर नहीं देखता था। मैं सिर झुकाए-झुकाए पढ़ाया करता था। हम उसके घर के प्रथम तल पर पढ़ा करते थे। वहां कोई अन्य नहीं होता था। अचानक एक दिन उसने मेरे ललाट पर अपना हाथ रखकर मेरा सिर ऊपर की तरफ टान दिया और वह कहने लगी कि आप सीधे क्यों नहीं देखते हैं? उस समय मैं एकदम अचंभित हो गया था। अविलंब, वह बेहिचक बोल पड़ी—"तूं त किसना जइसन लगैला।" मैंने पूछ लिया कौन किसना? उसने बताया कि किसना (कृष्णा) उसका घनिष्ट मित्र था, जो उसे छोड़कर इलाहाबाद भाग गया। वहीं उसकी शादी हो गई। मैं इसके बाद कुछ बोल नहीं सका। काफी देर हो चुकी थी। मैं साइकिल उठाकर लंका वापस चल दिया। 'किसना जइसन लगैला', में छिपे अर्थ को ढूंढ़ने की जितनी ही कोशिश करता, शीघ्र ही मीराबाई याद आने लगती कि 'प्रीति करै ना कोय'। कलकत्ता वाली घटना यकायक ताजा हो गई। अगले दिन मैं विशेश्वरगंज नहीं गया, किंतु दूसरे दिन गया, तो देखा कि टामुन की आंखें डबडबाई सी थीं। वह घर में अकसर भोजपुरी बोलती थी। वह कहने लगी—"कल्हियां काहें ना अउला।" मैंने पार्टी के काम का बहाना बना दिया। पिछले दिन पढ़ाते हुए मैंने रुसो को अधूरा छोड़ दिया था और दूसरी तरफ टामुन की कहानी भी अधूरी रह गई थी। हरदम किसना किसना। बात की बात में उसने यह कहकर विस्फोट कर दिया कि तूं हमरे जाति क होता, त हम तोहसे वियाह कै लेइत। ऐसा तो कभी उत्पलवर्णा ने भी नहीं कहा था, जब कि वह हद से ज्यादा मेरे नजदीक थी। उसकी इस बात से मैं बिलकुल स्तब्ध रह गया था। उस समय सिर्फ यही याद आया कि 'चल खुसरो घर आपने, रैन भई चहुं देश'। मैं जल्दी जल्दी उसका कोर्स समाप्त करने लगा, किंतु उसका ध्यान पढ़ाई में बिलकुल नहीं लगता था। मैंने करीब एक महीना पढ़ाकर उसके घर जाना बंद कर दिया, किंतु उल्टे वह लंका स्थित मेरे निवास पर आने लगी। उन दिनों मैं एकदम घबड़ा सा गया था। धीरे-धीरे मैं किसना में बदलता चला गया। उसकी हर बात का मैं नकारात्मक जवाब देने लगा। सोचता था कि यह रूढ़िवादियों का बनारस है, जान भी जा सकती है। उसके भाई की एअरगन तो मैंने पहले ही देख ली थी। सबसे

ज्यादा चिंता इस बात की थी कि उसके मां बाप का मेरे अंदर जो अटूट विश्वास था, वह टूट जाएगा और मैं विश्वासघाती बन जाऊंगा। एक दिन वह शीशा पीस कर रूमाल में बांधकर लाई और कहने लगी कि इसे पीकर मर जाऊंगी। मेरे लिए यह एक नई सूचना थी कि शीशा पीने से मृत्यु हो जाती है। मैंने शीशे की पोटली उठाकर खिड़की से बाहर फेंक दी और उसे हर तरह से समझाता रहा। समझाते-समझाते जैसे-तैसे दो साल बीत गए। उत्पलवर्णा के उलट यह एक नई परिस्थिति थी। अंततोगत्वा किसना की ही तरह मैं भी उसे बनारस में ही छोड़कर जनवरी 1976 में दिल्ली भाग गया।

सबीहा

पिछली दो घटनाओं की अपेक्षा यह एक विचित्र किस्म का हादसा है। उत्पलवर्णा के कलकत्ता चले जाने के बाद जुलाई 1971 में मैंने पोलिटिकल साइंस, एम.ए. प्रथम वर्ष में नाम लिखाया। हमारी क्लास हमेशा पुरातत्व विभाग के लेक्चर हाल में लगा करती थी। कक्षाएं अकसर 10 बजे शुरू हो जाती थीं। दिसंबर 1971 की बात है। प्रो. हरिहर नाथ त्रिपाठी की 'ऐंशिएंट पोलिटिकल थाट' पर क्लास शुरू होने वाली थी। मैं प्रायः 15 मिनट पहले ही क्लास में पहुंच जाया करता था। उन दिनों हमारे क्लास की सबसे सुंदर और आकर्षक छात्रा होती थी 'सबीहा बानो'। वह किसी से बातचीत नहीं करती थी। वह सारी दुनिया से कटी-कटी नजर आती थी। वह कभी बुर्का पहनकर तो कभी बिना नकाब के कक्षा में आया करती थी। नकाब में वह हद से ज्यादा आकर्षक लगती थी। अभी दो-चार दिन ही हुए थे बंगलादेश को स्वतंत्र हुए। अमरीका द्वारा कुख्यात जंगी जहाज 'सेवेंथ फ्लीट' जिसे बंगाल की खाड़ी में भेजा गया था, उसकी चर्चा हर एक की जबान पर थी। एक खास बात यह थी कि सबीहा न सिर्फ सुंदर बल्कि क्लास की अन्य लड़कियों में सबसे लंबी भी थी, इसलिए लड़के आपस में बात करते हुए उसे 'सेवेंथ फ्लीट' कहकर संबोधित करते थे। चूंकि मैं कम्यूनिस्ट पार्टी का होल टाइमर था, इसलिए सारा विश्वविद्यालय मुझे जानता था। मेरी छवि एक गंभीर कम्युनिस्ट की बन चुकी थी। जब मैं उस दिन क्लास के लिए पहुंचा, तो देखा कि वह कक्षा के सामने वाले लॉन में खड़ी थी और दो लड़के उसे घेरे हुए थे। उसमें से एक बहुत वाचाल था। वह कहने लगा–"तूं त सेवेंथ फ्लीट हऊ, तोहसे त पूरा देसवै बर्बाद होइ जाई।" इस बीच उन लड़कों ने मुझे देख लिया और वे तुरंत वहां से भाग गए। सहमी हुई सबीहा मेरे पास आकर खड़ी हो गई। वह कुछ कहना तो अवश्य चाहती थी, किंतु आदतन बोल नहीं पा रही थी।

मैंने भी संकोचवश कुछ नहीं बोला और कक्षा में जाकर बैठ गया। थोड़ी देर बाद सबीहा मेरे बगल में आकर बैठ गई। उस दिन प्रो. हरिहर नाथ त्रिपाठी अरस्तू के दासता के सिद्धांत पर बहस करने वाले थे, किंतु भारत द्वारा बांग्लादेश को स्वतंत्र किए जाने की घटना इतनी हावी थी कि वे बार-बार पाकिस्तानी सेना द्वारा भारत के सामने समर्पण की घटना का जिक्र कर रहे थे। वे कहते कि जनरल ए. ए.के. नियाजी, जिन्होंने भारत के जनरल जगजीत सिंह अरोड़ा के समक्ष 98 हजार सैनिकों के साथ समर्पणपत्र पर जिस कलम से हस्ताक्षर किया था, उसकी बिक्री बहुत घट जाएगी। उन्होंने उस कलम की कंपनी का नाम 'पार्कर' बताया था। उनके इस कथन पर सारे छात्र हंस पड़े थे। सबीहा भी खूब हंसी थी। प्रो. त्रिपाठी की क्लास के बाद माडर्न पोलिटिकल थाट पर प्रो. गणेश प्रसाद उनियाल की क्लास थी। वे भी बांग्लादेश की सरगर्मी पर कुछ देर बहस करते रहे और अंत में कुछ मिनट बोदां के दर्शन पर उनका भाषण हुआ। प्रो. उनियाल का भाषण बहुत गंभीर किंतु विनोदपूर्ण हुआ करता था। उस दिन उन्होंने बताया कि बोदां का दर्शन परंपरा एवं आधुनिकता का एक अजीब मिश्रण था। उदाहरण के लिए उन्होंने कहा जैसे भारतीय दूल्हा, जो सूट टाई बांधे सिर पर मौर रख लेता है। उनके इस उदाहरण पर भी सारी क्लास ठहाकों से गूंज उठी थी। प्रो. उनियाल के लेक्चर के बाद उस दिन कोई और क्लास नहीं थी। सारे छात्र कक्षा से बाहर लंच के लिए चल पड़े।

मैं भी क्लास से बाहर जाने वाला था कि सबीहा ने मुझे रुकने के लिए कहा। मैंने पूछा कि कोई काम है? उसने नकारात्मक उत्तर दिया। फिर भी वह मेरे साथ हो ली। हम पैदल महिला कालेज तक गए। उसने सबसे पहले मुझे बताया कि मीरा प्रकाश (क्लास की एक कम्युनिस्ट छात्रा) से पता चला कि आप घर से भागकर कम्युनिस्ट बन गए और ट्यूशन से काम चलाते हैं। मैंने कहा कि मैं घर से भागा पढ़ाई के लिए, न कि कम्युनिस्ट बनने के लिए, किंतु परिस्थितियों ने मुझे कम्युनिस्ट बना दिया। इसके बाद सबीहा ने कहा कि सुना है आप सबकी बहुत मदद करते हैं। मैंने कहा कि ऐसा दावा नहीं कर सकता, हां इतना जरूर है कि मेरा जीवन कम्युनिस्ट पार्टी को समर्पित है। इसी तरह की बातें करते-करते जब हम महिला कॉलेज के पास पहुंचे, तो उसने मुझसे पूछा कि आप कहां रहते हैं? मैंने बता दिया 25 कैलाश भवन, लंका। इसके बाद उसने कहा कि मेरा भाई आप की बहुत तारीफ करता है। मैं चौंक गया कि इसका भाई मुझे कैसे जानता है। फिर पता चला कि सबीहा शमीम की बहन है। शमीम सिद्दीकी मेरे साथ बी.ए. में पढ़ता था। ऐसा जानकर मुझे खुशी भी हुई, क्योंकि शमीम मेरा घनिष्ठ दोस्त था। उस समय सबीहा ने यह कहकर मुझे अचंभित कर दिया कि किसी दिन शाम को मेरे निवास पर आकर

कुछ जरूरी बात करेगी। मैंने कह दिया ठीक है। वह कुछ दिन बाद शाम को बुर्का ओढ़े मेरे पास आई। मैं पहले से दृढ़प्रतिज्ञ था कि अब किसी और को उत्पलवर्णा हरगिज नहीं बनने दूंगा। सबीहा बहुत घबड़ाई हुई थी। थोड़ी देर तक वह कुछ नहीं बोल पाई। हिम्मत जुटाकर वह कहने लगी कि उसका एक लड़के से प्यार हो गया है, और वह उससे शादी करना चाहती है। इस प्रयास में वह मुझसे मदद की विनती करने लगी। मैंने सबीहा को आश्वस्त किया कि जो भी मदद वह चाहेगी, मैं उसे पूरा करूंगा।

जब मैंने पूछा कि वह लड़का कौन है, तो उसने बताया एस. खान। मैं खान का नाम सुनकर एकदम घबड़ा गया, क्योंकि वह बी.एच.यू. का एक बाहुबली था। खान फुटबाल का बहुत अच्छा खिलाड़ी भी था। मेरी चुप्पी को भांपते हुए सबीहा कहने लगी कि खान के बारे में मैं सब कुछ जानती हूं, फिर भी वह मुझे बहुत पसंद है। इस प्रकरण के चलते सबीहा मेरे बहुत नजदीक होती चली गई। उसका मन पढ़ाई में बिलकुल नहीं लगता था। अतः उत्पलवर्णा की ही तरह वह भी पढ़ाई के लिए मेरे ऊपर निर्भर हो गई। इस बीच खान को फुटबाल की विशेष ट्रेनिंग के लिए पटियाला के एन.आई.एस. अर्थात नेशनल इंस्टीट्यूट आफ स्पोर्ट्स में दाखिला मिल गया, जहां उसे एक साल तक रहना था। इस दौरान सबीहा की पूरी दिनचर्या उत्पलवर्णा जैसी हो गई। जहां भी मैं होता, वह भी वहीं होती। यहां तक कि मेरे ही चलते उसने कम्युनिस्ट पार्टी की छात्र शाखा ए.आई.एस.एफ. (आल इंडिया स्टूडेंट्स फेडरेशन) की सदस्यता भी ग्रहण कर ली। बी.एच.यू. में मेरी उसकी खूब चर्चा होती। इस चर्चा का कुछ अटपटा रूप खान तक पहुंच गया। जैसा कि स्वाभाविक था, सबीहा से कहा गया कि वह मेरा साथ छोड़ दे। मैं खान के बाहुबली रूप से बहुत डर गया था, किंतु सबीहा में मेरे लिए हद से ज्यादा विश्वास पैदा हो गया था, इसलिए उसने खान से साफतौर पर कह दिया था कि वह गुरुजी (यानी मैं) का साथ कभी नहीं छोड़ेगी। खान एकदम घबड़ा गया था। उसने मजबूर होकर परिस्थितियों से समझौता कर लिया और मेरा विरोध करना बंद कर दिया। मैंने भी उसे आश्वस्त कर दिया कि मैं उन दोनों के बीच नहीं, बल्कि उनके साथ हूं। उसी समय 1972 की ईद आई और सबीहा मुझे साथ लेकर इलाहाबाद जिले के फूलपुर स्थित अपने घर चली गई। वह पहले से ही अपने मां बाप को मेरे बारे में अच्छी तरह बता चुकी थी। अतः उसके घरवालों ने मेरा खूब स्वागत किया। सबीहा मुझे जानबूझकर अपने घर ले गई थी, ताकि सभी लोग ठीक से परिचित हो सकें। मैं चार दिन उनके यहां रहा।

सबीहा के चाचा फैजाबाद में जेल सुपरिनटेंडेंट थे। वे भी ईद के अवसर पर घर आए हुए थे। उसके परिवार के सभी लोग नेहरू के बड़े प्रशंसक थे। रोज

शाम को नेहरू की विदेश नीति पर खूब चर्चा होती। अरब इजराइल संघर्ष तथा यासिर अराफात की पैलेस्टाइन राजनीति पर मेरे विचारों से वे लोग बहुत खुश होते थे। पांचवें दिन सबीहा मेरे साथ ट्रेन द्वारा बी.एच.यू. वापस आ गई। वह इस बात से काफी खुश थी कि मैंने उसके घर वालों का दिल जीत लिया। राजनीति यह थी कि समय आने पर मैं उसके घरवालों को खान से शादी करने के लिए मना लूंगा। जिस समय सबीहा मुझे अपने घर ले गई थी, उस समय किसी को पता नहीं था कि उसका खान से किसी तरह का संबंध है। बाद में जब हम एम.ए. फाइनल में पहुंचे, तो घरवालों को खान के बारे में पता चल गया। उसके घर में कोहराम मच गया। उसके पिता सबीहा की पढ़ाई छोड़वा देने पर उतारू थे। आखिर मैं ही काम आया। वे लोग इस बात पर राजी हो गए कि एम.ए. फाइनल की परीक्षाएं पूरा होने तक वह बी.एच.यू. में रहेगी। अंत में हुआ यही। एम.ए. फाइनल की परीक्षाएं पूरा होते ही सबीहा अपने घर में कैद हो गई। इस बीच खान एन.आई.एस. पटियाला की ट्रेनिंग करके वापस आ गया। अब बड़ी विचित्र परिस्थिति उत्पन्न हो गई थी। खान मुझसे बातें करते-करते रो पड़ता था। मैं उसे आश्वासन देता रहता था कि कोई न कोई उपाय निकल आएगा। संयोगवश जून 1973 के शुरू में मुझे सबीहा की एक बैरंग चिट्ठी मिली। डाकिया ने चार आने लेकर वह चिट्ठी मुझे दी थी। उसकी उर्दू भाषा में महारत थी। पूरी चिट्ठी नागरी लिपि में थी, किंतु भाषा शुद्ध उर्दू थी। घर में कैद रहते-रहते सबीहा बहुत भावुक हो गई थी। उसने शुरू में ही लिखा था : "गुरु जी आकर मुझे पढ़ाओ।" पूरी चिट्ठी दिल को छू लेने वाली थी। मेरे कट्टर कम्युनिस्ट होने के बारे में सबीहा की ये लाइनें मुझे ज्यों की त्यों आज भी याद हैं। उसने लिखा था– "इंशा अल्लाह तेरा कभी बुरा न हो। मगर यदि तुम मेरे सामने खुदा से मिलने सातवें आसमां पर पहुंचे, तो तेरे जनाजे पर जमाना मेरा तमाशा देखेगा। मैं वर्णन नहीं कर सकती, लेकिन तुम्हारी इच्छा के अनुकूल तुम्हारी मजार पर लाल चिराग जलाऊंगी, लाल परचम फहराऊंगी।"

चिट्ठी के अंत में लिखा था कि अगले रविवार को तुम फूलपुर स्टेशन पर आ जाना, वहां घर का बाल नौकर दस वर्षीय नन्हे मियां लाल रूमाल की झंडी लिये मिलेगा। चिट्ठियों का आदान-प्रदान नन्हे मियां के माध्यम से होना था। पिछली ईद को जब मैं सबीहा के घर गया था, तो नन्हे मियां मुझसे काफी घुल-मिल गए थे। उसके कथनानुसार मैं उस रविवार को गोरखपुर इलाहाबाद पैसेंजर ट्रेन से बनारस से दो घंटे की यात्रा के बाद फूलपुर पहुंचा। वहां स्टेशन पर लाल झंडी फहराते हुए नन्हे मियां मुझे आसानी से मिल गए। नन्हे मियां को मैंने पांच रुपया देकर कहा कि चिट्ठियों को किसी और को न दिखावें। नन्हे मियां खुदा की कसम खाकर

कहने लगे कि वे सबीहा आपा को ही चिट्ठी देंगे। एक चिट्ठी खान की और दूसरी अपनी मैंने नन्हे मियां को सौंप दी। मुझे फूलपुर स्टेशन पर साढ़े चार घंटा रुककर लौटती हुई ट्रेन को पकड़ना था। यानी संध्या के समय करीब पांच बजे। समय का ख्याल रखते हुए सबीहा ने ढेर सारे कबाब और सीरमाल एक कपड़े में लपेटकर भेजा था। नन्हे मियां उसे मुझे देते हुए बोले कि कबाब सीरमाल खाकर स्टेशन के नलके से पानी पी लूं और पास वाली बाग में सो जाऊं। नन्हे मियां ने यह भी कहा कि गाड़ी आने से पहले वे दोबारा चिट्ठियों का जवाब लेकर आएंगे। स्टेशन पर मैं बहुत डरा हुआ था। सबसे ज्यादा डर सबीहा के भाई शमीम से था कि कहीं वह न मिल जाए। खैर मैं कबाब सीरमाल खाकर स्टेशन के नलके से पानी पीकर पास वाले बाग में एक पेड़ के नीचे सो गया। करीब साढ़े चार बजे नन्हे मियां जवाब लेकर फिर आ गए। थोड़ी देर बाद इलाहाबाद से वापस ट्रेन आ धमकी और मैं उसमें दाखिल हो गया। मैंने पलटकर देखा तो नन्हे मियां लाल झंडी हिलाते हुए मुझे विदाई दे रहे थे।

सबीहा ने निश्चित कर दिया था कि मैं हर महीने के पहले रविवार को फूलपुर स्टेशन पर आया करूं। मैं करीब एक साल तक वैसा ही करता रहा और नन्हे मियां हमेशा लाल झंडी दिखाकर मुझे रोकते रहे। फिर सारी दास्तान ज्यों की त्यों। वही कबाब, वही सीरमाल और सोने के लिए वही बाग। इस काम में मुझे भी मजा आने लगा था। उत्पलवर्णा प्रकरण के बाद मुझे यह अनुभूति होने लगी थी, कि यदि किन्हीं दो चाहने वालों को आपस में मिला देने में मेरी कोई भूमिका सफल हो जाए, तो मुझे बहुत संतुष्टि मिलेगी। मैं इसी दिशा में अग्रसर होने लगा था। डेढ़ साल बाद घर में सबीहा को कैद देखकर उसकी मां को दया आ गई और वे लोग उसे बनारस के राजघाट स्थित महिला कॉलेज में बी.एड. कराने पर राजी हो गए। उनका विचार यह था कि वह बी.एड. करके फूलपुर के किसी हाई स्कूल में पढ़ाकर अपना गुजारा कर लेगी। राजघाट महिला कॉलेज लड़कियों के प्रति अपनी कड़ाई के लिए प्रसिद्ध था। सबीहा ने वहीं से बी.ए. किया था। कॉलेज होस्टल में लड़कियों का जीवन जेल जैसा ही होता था। सिर्फ लोकल गार्जियन को हर बुधवार को किसी भी लड़की से मात्र एक घंटे के लिए मिलने दिया जाता था। सबीहा के पिता जी उसे लेकर जुलाई 1975 में मेरे पास आए और हमने राजघाट जाकर उसका बी.एड. में दाखिला करा दिया। होस्टल फार्म में लोकल गार्जियन (यानी एल.जी.) वाले कालम में सबीहा के पिता जी ने मेरा नाम लिख दिया। उस समय सबीहा के चेहरे की खुशी देखते ही बनती थी। एक नई कहानी शुरू हुई। मैं हर बुधवार को राजघाट महिला कॉलेज के होस्टल में जाने लगा। सबीहा गेस्ट रूम में हमेशा तैयार मिलती, किंतु हॉस्टल वार्डेन सुमति नेने मुझे देखते ही कम से कम 15 मिनट शारीरिक

नैतिकता पर अपना प्रवचन अवश्य सुनातीं। लड़कियां उनसे जितना डरती थीं, उससे कहीं ज्यादा चिढ़ती थीं। सारी लड़कियां बतातीं कि सुमति जी कुआंरी रह गईं, इसलिए नैतिकता पर हमेशा जोर देती हैं। एक रोचक बात वहां यह होती थी कि लड़कियां किसी हमउम्र एल.जी. को देखकर आपस में कहतीं कि यह एल.जी. 'लवर गार्जियन' है। कुछ लड़कियां सबीहा को भी ऐसा कहकर चिढ़ाती थीं। डेढ़ साल घर में कैद के बाद सबीहा की जिंदगी में बहार सी आ गई थी। जब वह राजघाट आई, खान की पिथौरागढ़ में स्पोर्ट्स आफिसर की नौकरी लग गई और वह वहां चला गया था। फिर भी उससे संपर्क आसान हो गया था। राजघाट महिला कॉलेज में लड़कियों को महीने में एक दिन एल.जी. के घर जाना स्वीकृत था। ऐसे अवसरों पर सबीहा मेरे पास आ जाया करती थी।

वह बड़ा ही रोचक समय था। उत्पलवर्णा द्वारा निर्मित खालीपन को सबीहा लगभग भरने लगी थी। सबसे अच्छी बात यह थी कि हमारे आपसी संबंध परिभाषित हो चुके थे, इसलिए गलतफहमी की कोई गुंजाइश नहीं थी। वह मुझसे इतना ज्यादा घुलमिल गई थी कि मुझे छोड़कर सारा बी.एच.यू. गलतफहमी का शिकार हो गया था। एक दिन टामुन मुझसे मिलने कैलाश भवन आई। संयोगवश सबीहा भी उसी समय आ गई। मैंने परिचय कराते हुए सबीहा से कहा कि यह टामुन है, मैं इसे ट्यूशन देता था। वह कुछ नहीं बोली। थोड़ी देर बाद वापस चली गई। यद्यपि इसके पहले सबीहा ने उसे कभी देखा नहीं था और न उसके बारे में कुछ जानती थी, किंतु अजीब बेरुखी से वह कहने लगी–"इस लड़की का हावभाव ठीक नहीं लगता। वह तुझे अपने रास्ते से भटका देगी, इसलिए उसका साथ छोड़ दे, वर्ना मैं तुझे छोड़ दूंगी।" सबीहा का ऐसा रूप देखकर मैं एकदम डर गया था। मैं कभी भी नहीं चाहता था कि वह मुझसे दूर चली जावे। अतः मैं टामुन से स्वयं दूर होने लगा। सबीहा जब भी किसी बात पर मुझसे असहमत होती, मेरे बाल पकड़कर सिर को हिलाने लगती थी। ऐसे अवसरों पर वह एकदम छोटी सी बच्ची जैसी लगने लगती थी। उस दिन भी उसने वैसा ही किया। ऐसा दौर चल ही रहा था कि मुझे हमेशा के लिए बनारस छोड़कर दिल्ली जाना पड़ा, क्योंकि मुझे वहां पार्टी हेडक्वार्टर में काम करना था। कोई हफ्ता भर पहले मैंने बनारस छोड़ने की बात सबीहा को बताई। उसे एकदम विश्वास नहीं हुआ। वह एकटक बिना पलक झपकाए मुझे घूरती रही। आदतन एक बार फिर उसने मेरे सिर को झकझोर दिया और कहने लगी कि बोल दे यह सब झूठ है। बड़े दुखी मन से वह होस्टल के अंदर चली गई। अगले रविवार को वह वार्डेन सुमति नेने से आज्ञा लेकर एल.जी. यानी मेरे निवास पर आई। आते ही वह मुझे पकड़कर देर तक रोती रही। वह बार-बार कहती कि मुझे बीचधारा में छोड़कर क्यों भाग रहे हो? मैं उसे समझाता

कि खान को नौकरी मिल गई है, अब ठीक हो जाएगा। वह कहां मानने वाली थी। उस दिन उसे सिर्फ रोना आया था। बड़ी मुश्किल से उसे मैं वापस राजघाट छोड़ने गया। जब मैं उसके हॉस्टल से चलने लगा, तो वह चिल्लाकर रो पड़ी। यही उससे अंतिम मुलाकात थी। फिर दो-तीन दिन बाद मैं 21 जनवरी, 1976 को अपर इंडिया एक्सप्रेस ट्रेन से दिल्ली चला गया। मेरे दिल्ली आने के बाद उसकी तीन चार चिट्ठियां पार्टी हेडक्वार्टर 15 कोटलामार्ग, अजय भवन, नई दिल्ली के पते पर समय समय पर मुझे मिली थीं। बाद में धीरे-धीरे मेरा संपर्क टूट गया। सन् 1977 की गर्मियों में मैं यूं ही एक बार बनारस गया। सोचा कि पुराने सम्पर्कों को फिर से जिंदा किया जाए। इस कड़ी में मैं सबसे पहले बी.एच.यू. महिला कॉलेज की प्राध्यापिका हेमप्रिया जी के निवास पर गया। वे कम्युनिस्ट पार्टी की सदस्या थीं। वे मुझे देखते ही बोल पड़ीं–"तुम सबीहा की शादी में आए हो, उसकी आज ही तो खान से शादी है।" ऐसा सुनकर मैं अचंभित रह गया, क्योंकि इसकी मुझे कोई खबर नहीं थी। मैं हेमप्रिया जी को हां में झूठमूठ का उत्तर देकर जब उनके घर से लंका की तरफ चला, तो मुझे ऐसा लगा कि मानो नन्हे मियां ने लाल झंडी के बदले हरी झंडी दिखाकर मेरा दिल्ली वापस जाने का रास्ता एकदम साफ कर दिया।

□□□